Rosner | **Optimale Vorbereitung auf das**
**Abitur in Mathematik**

**Erhöhtes Anforderungsniveau**

*Verständliche Zusammenfassungen*
*und Basisübungen*
*mit ausführlichen Lösungen*

Rosner

# Optimale Vorbereitung auf das Abitur in Mathematik
## Erhöhtes Anforderungsniveau

*Verständliche Zusammenfassungen und Basisübungen mit ausführlichen Lösungen*

Berufliches Gymnasium in Baden-Württemberg

Merkur
Verlag Rinteln

Wirtschaftswissenschaftliche Bücherei für Schule und Praxis
Begründet von Handelsschul-Direktor Dipl.-Hdl. Friedrich Hutkap †

Der Verfasser:

**Stefan Rosner**

Lehrer an der Kaufm. Schule in Schwäbisch Hall

stefan_rosner@hotmail.com

Coverbild (Joker): © fotomaedchen - Fotolia.com

* * * * *

8. Auflage 2023

© 2016 by MERKUR VERLAG RINTELN

Gesamtherstellung:

MERKUR VERLAG RINTELN Hutkap GmbH & Co. KG, 31735 Rinteln

E-Mail:   info@merkur-verlag.de

          lehrer-service@merkur-verlag.de

Internet: www.merkur-verlag.de

Merkur-Nr. 0383-08

ISBN 978-3-8120-1098-6

*„Sie müssen das Buch so schreiben, dass alles drin ist, aber man es trotzdem versteht!"*
(Aufforderung einer Schülerin)

# Vorwort

**Liebe Schülerinnen und Schüler,**

dieses Buch und die Videos sollen Sie dabei unterstützen,

• sich in den letzten beiden Schuljahren optimal auf Klausuren und auf das Abitur in Mathematik vorzubereiten.

• sich alle Lehrplaninhalte anhand verständlicher und übersichtlicher Stoffzusammenfassungen anzueignen.

• Ihr gewonnenes Wissen anhand von Basisübungen mit ausführlichen Lösungen schnell und prüfungsbezogen zu vertiefen.

• durch Erfolge neue Motivation für das Fach Mathematik zu bekommen.

• eine gute Note in der Abiturprüfung zu erreichen.

**Liebe Fachkolleginnen und Fachkollegen,**

dieses Buch und die Videos sollen Sie dabei unterstützen,

• die zeitintensive Stoffwiederholung, Klausur- und Abiturvorbereitung teilweise aus dem Unterricht auslagern zu können.

• auf diese Weise mehr Zeit für verständnisorientierten Unterricht zu gewinnen.

• sicherzustellen, dass Ihre Schülerinnen und Schüler über ausreichendes Basiswissen verfügen.

• den Notendurchschnitt Ihrer Klasse in der Abiturprüfung zu optimieren.

# Konzept

Der Kern des Buches besteht aus eingängigen **Stoffzusammenfassungen zu allen Lehrplanthemen** des **erhöhten Anforderungsniveaus** am beruflichen Gymnasium in Baden-Württemberg.
Die Zusammenfassungen sind so konzipiert, dass alle mathematischen Inhalte direkt aufgenommen und kognitiv verarbeitet werden können.

Die über **100 Videos** im Buch bieten einen weiteren Lernzugang, welcher in Kombination mit dem Buch bei vielen Schülerinnen und Schülern nachweisbar zu besseren Lernergebnissen führt.

Das Ende des Buches besteht aus kurzen, elementaren **Basisübungen** zu allen Themen. Diese werden **ausführlich gelöst**.

# Ablauf der Abiturprüfung

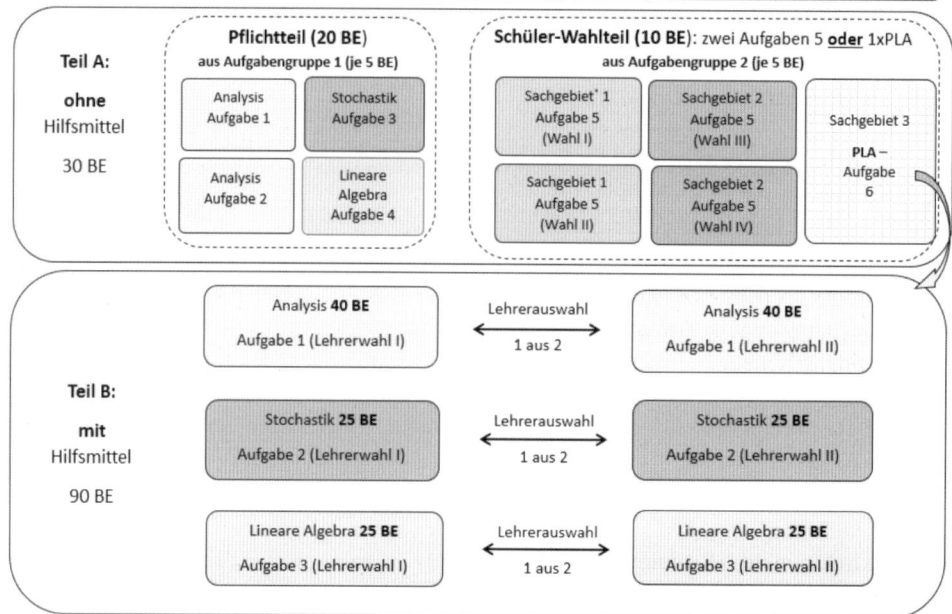

**Erhöhtes Anforderungsniveau:**
270 Min Arbeitszeit plus 30 Min Auswahl, insgesamt 300 Minuten: 120 Bewertungseinheiten

**Teil A:**

**ohne** Hilfsmittel

30 BE

| Pflichtteil (20 BE) aus Aufgabengruppe 1 (je 5 BE) | |
| --- | --- |
| Analysis Aufgabe 1 | Stochastik Aufgabe 3 |
| Analysis Aufgabe 2 | Lineare Algebra Aufgabe 4 |

**Schüler-Wahlteil (10 BE):** zwei Aufgaben 5 **oder** 1xPLA
aus Aufgabengruppe 2 (je 5 BE)

| Sachgebiet[*] 1 Aufgabe 5 (Wahl I) | Sachgebiet 2 Aufgabe 5 (Wahl III) | Sachgebiet 3 PLA – Aufgabe 6 |
| --- | --- | --- |
| Sachgebiet 1 Aufgabe 5 (Wahl II) | Sachgebiet 2 Aufgabe 5 (Wahl IV) | |

**Teil B:**

**mit** Hilfsmittel

90 BE

| | Lehrerauswahl | |
| --- | --- | --- |
| Analysis **40 BE** Aufgabe 1 (Lehrerwahl I) | 1 aus 2 | Analysis **40 BE** Aufgabe 1 (Lehrerwahl II) |
| Stochastik **25 BE** Aufgabe 2 (Lehrerwahl I) | 1 aus 2 | Stochastik **25 BE** Aufgabe 2 (Lehrerwahl II) |
| Lineare Algebra **25 BE** Aufgabe 3 (Lehrerwahl I) | 1 aus 2 | Lineare Algebra **25 BE** Aufgabe 3 (Lehrerwahl II) |

\* Sachgebiete sind Analysis, Stochastik und Lineare Algebra

Quelle: IBBW Baden-Württemberg

## Erläuterungen

- **Pflichtteil (Teil A, ohne Hilfsmittel)**: Die vorgelegten 4 Aufgaben (zu allen Themen des Lehrplans) müssen bearbeitet werden.

- **Schüler-Wahlteil (Teil A, ohne Hilfsmittel)**
  **Beispiel:** Es liegen 2 Aufgaben zur Analysis (Sachgebiet 1) und 2 Aufgaben zur Stochastik (Sachgebiet 2) vor. Alle diese Aufgabe sind mit „Aufgabe 5" bezeichnet. Zusätzlich liegt die Aufgabe 6 zum Problemlösen (PLA) zur Linearen Algebra vor. Die Schüler*in wählt dann **entweder zwei beliebige Aufgaben 5 aus** oder **wählt (nur) die Aufgabe 6 zum Problemlösen** aus. In diesem Fall gibt die Schüler*in **vor** der Bearbeitung der Problemlöseaufgabe den Teil A ab und erhält dann zur Bearbeitung der Problemlöseaufgabe die **Hilfsmittel (Taschenrechner und Merkhilfe)**.

- **Teil B, mit Hilfsmittel:** Vor der Prüfung wählt die Lehrer*in aus je zwei Aufgaben zur Analysis, Stochastik und Linearer Algebra jeweils eine Aufgabe aus.

**Faustformel zur Zeitplanung:** Aus 300 min für 120 BE ergeben sich **2,5 min pro BE**.

**Hinweis:** Zur weiteren Erläuterung sei auf das nachfolgende **Video** verwiesen.

www.mvurl.de/irzj

# Inhaltsverzeichnis

Ganzrationale
Funktion

$$f(x) = x^4 - 2x^3 - 1$$

$(S.\,12)$

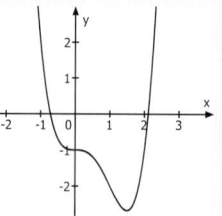

Potenzfunktionen

$$f(x) = \frac{1}{x^2}$$

$(S.\,16)$

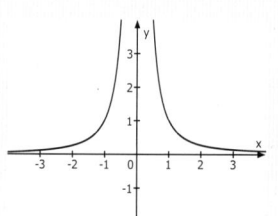

Funktionstypen

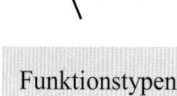

Exponentialfunktion

$$f(x) = e^x - 2$$

$(S.\,18)$

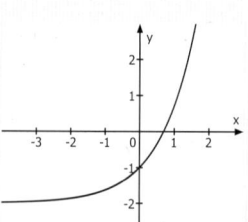

Trignonometrische
Funktion

$$f(x) = 2 \cdot \sin(x)$$

$(S.\,20)$

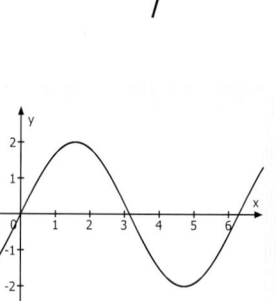

Nullstellenansatz

$$f(x) = (x+1)^2 \cdot (x-1)$$

(S. 14)

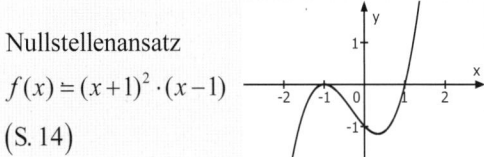

**Analysis**
**Funktionen**

Symmetrie

...zur $y$-Achse

...zum Ursprung

(S. 24)

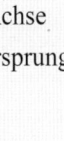
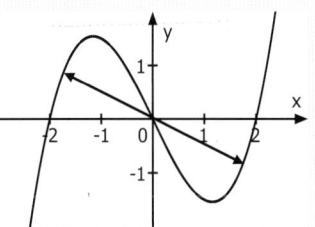

Spiegeln, Strecken
und Verschieben

(S. 22)

Umkehrfunktion

$$f(x) = x^2$$

$$f^{-1}(x) = \sqrt{x}$$

(S. 25)

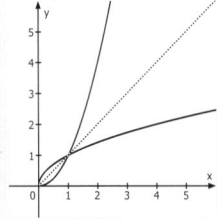

# 1 Funktionen

## 1.1 Ganzrationale Funktionen (Polynome)

| 1. Grades (Geraden) | 2. Grades (Parabeln) |
|---|---|
| **Hauptform :** $y = mx + b$ <br> →gerade <br><br> Vorgehen zum Einzeichnen: <br><br> $y = \dfrac{hoch / runter}{rechts} \cdot x + \dfrac{y\text{-}Achsen\text{-}}{abschnitt}$ <br><br> Steigung aus 2 Punkten: $m = \dfrac{y_2 - y_1}{x_2 - x_1}$ <br> wennin Aufg. gegeben <br> Steigungswinkel aus Steigung bestimmen: <br> $m = \tan(\alpha)$ <br><br> Parallele Geraden: <br> $m_1 = m_2$ (gleiche Steigung) <br><br> Senkrechte (orthogonale) Geraden: <br> Steigungen sind negative Kehrwerte <br><br> voneinander: $m_2 = -\dfrac{1}{m_1}$ bzw. $m_1 \cdot m_2 = -1$ <br><br> 1. Winkelhalbierende: $y = x \ (m = 1)$ <br> 2. Winkelhalbierende: $y = -x \ (m = -1)$ | **Allg.:** $f(x) = ax^2 + bx + c$ <br><br> Scheitelpunkt-Ansatz: <br> $f(x) = a \cdot (x - x_s)^2 + y_s$ mit $S(x_s \mid y_s)$ <br> ↳Punkt dadurch bestimmten <br><br> $a > 0$: nach oben geöffnet bzw. <br> Verlauf von II nach I <br><br> $a < 0$: nach unten geöffnet bzw. <br> Verlauf von III nach IV <br><br> Schnittpunkt mit $y$-Achse: $S_y(0 \mid c)$ <br><br> Bei Symmetrie zur $y$-Achse: <br> $f(x) = ax^2 + c$ (nur gerade Hochzahlen) <br><br> $f(-x)$ ⟨ $f(x)$ Achsensymmetrie <br> $-f(x)$ Punktsymmetrie |
| 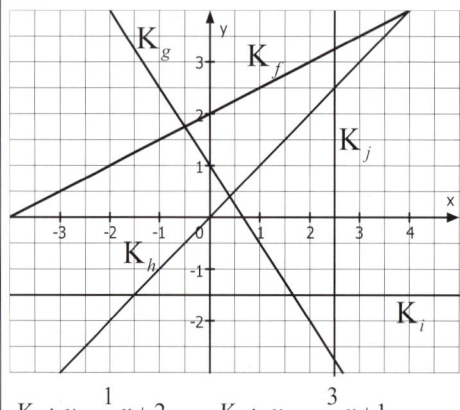 | 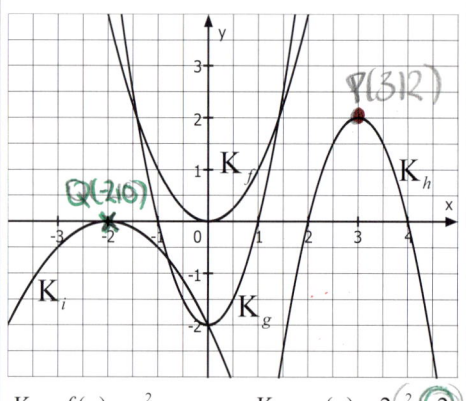 |
| $K_f: y = \dfrac{1}{2}x + 2 \qquad K_g: y = -\dfrac{3}{2}x + 1$ <br><br> $K_h: y = x$ (1. Winkelhalbierende) <br><br> $K_i: y = -1{,}5 \qquad K_j: x = 2{,}5$ | $K_f: f(x) = x^2 \qquad K_g: g(x) = 2x^2 - 2$ <br> $K_h: h(x) = -2(x - 3)^2 + 2 \quad$ P(3|2) Q(-2|0) <br> 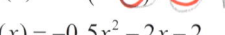 <br> $K_i: i(x) = -0{,}5x^2 - 2x - 2$ |

| 3. Grades | 4. Grades |
|---|---|
| **Allg.:** $f(x) = ax^3 + bx^2 + cx + d$ | **Allg.:** $f(x) = ax^4 + bx^3 + cx^2 + dx + e$ |
| $a > 0$: Verlauf von III nach I | $a > 0$: Verlauf von II nach I |
| $a < 0$: Verlauf von II nach IV | $a < 0$: Verlauf von III nach IV |
| Schnittpunkt mit $y$-Achse: $S_y(0 \mid d)$ | Schnittpunkt mit $y$-Achse: $S_y(0 \mid e)$ |
| *f(-x)* <br> Ansatz bei Symmetrie zum Ursprung: <br> $f(x) = ax^3 + cx$ (nur ungerade Hochzahlen) | Ansatz bei Symmetrie zur $y$-Achse: <br> $f(x) = ax^4 + cx^2 + e$ (nur gerade Hochzahlen) |
| 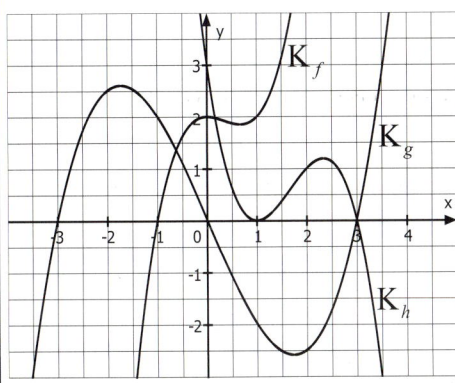 | 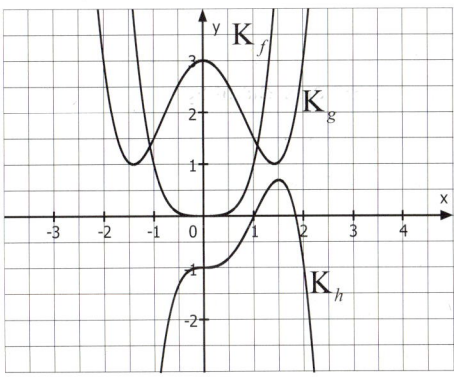 |
| $K_f$: $f(x) = x^3 - x^2 + 2$ <br> $K_g$: $g(x) = \dfrac{1}{4}x^3 - \dfrac{9}{4}x$ <br> $K_h$: $h(x) = -x^3 + 5x^2 - 7x + 3$ | $K_f$: $f(x) = x^4$ <br> $K_g$: $g(x) = 0{,}5x^4 - 2x^2 + 3$ <br> $K_h$: $h(x) = -x^4 + 2x^3 - 1$ |

**Tipp** (für alle ganzrationalen Funktionen)
$a > 0$: Verlauf von ... nach **I** („endet **oben**")
$a < 0$: Verlauf von ... nach **IV** („endet **unten**")

*gerade HZ → Symmetrie y-Achse*
*ungerade HZ → Symmetrie Ursprung*

**Die Quadranten**

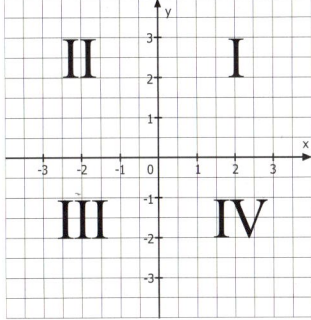

## 1.2 Der Nullstellenansatz und die Vielfachheit von Nullstellen

**Beispiele**

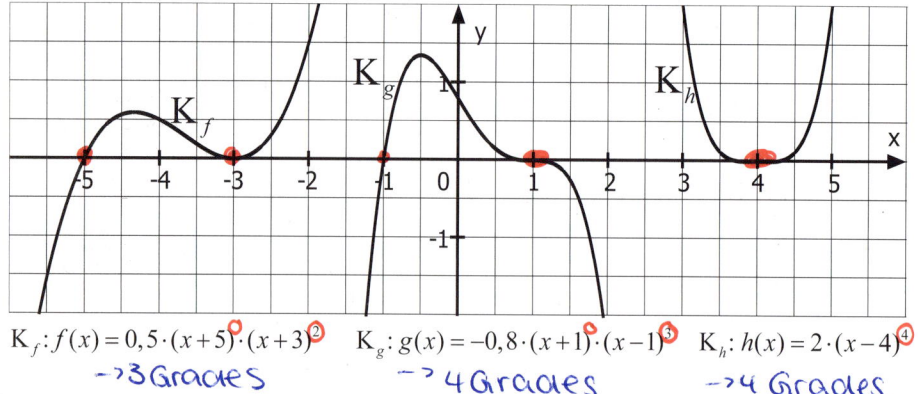

$$K_f: f(x) = 0{,}5 \cdot (x+5) \cdot (x+3)^2 \qquad K_g: g(x) = -0{,}8 \cdot (x+1) \cdot (x-1)^3 \qquad K_h: h(x) = 2 \cdot (x-4)^4$$

→ 3 Grades             → 4 Grades             → 4 Grades

**Aufbau des Nullstellenansatzes** (am Beispiel)

$$g(x) = -0{,}8 \cdot (x+1) \cdot (x-1)^3$$

| Verlauf von III nach IV | $x_0 = -1$ ist einfache Nullstelle | $x_{1/2/3} = +1$ ist dreifache Nullstelle |
|---|---|---|

$a < 0$   verlauf III → IV

$a > 0$   verlauf von II → I

**Übersicht (für ganzrationale Funktionen)**

| Vielfachheit Nullstelle | Faktor im Nullstellenansatz | Skizze | Beschreibung |
|---|---|---|---|
| **Einfache** Nullstelle: $x_0$ | $f(x) = \ldots \cdot (x - x_0) \cdot \ldots$ | | Schaubild **schneidet** $x$-Achse (mit Vorzeichen-wechsel VZW) |
| **Doppelte** Nullstelle: $x_0$ | $f(x) = \ldots \cdot (x - x_0)^2 \cdot \ldots$ | | Schaubild **berührt** $x$-Achse (ohne VZW) |
| **Dreifache** Nullstelle: $x_0$ | $f(x) = \ldots \cdot (x - x_0)^3 \cdot \ldots$ | | Schaubild **schneidet** und **berührt** $x$-Achse (mit VZW) |
| **Vierfache** Nullstelle: $x_0$ | $f(x) = \ldots \cdot (x - x_0)^4 \cdot \ldots$ | | Schaubild **berührt** $x$-Achse (ohne VZW) („breiter" geformt als doppelte Nullstelle) |

# 1.3 Potenzfunktionen: $f(x) = x^{...}$

## Typ 1: mit natürlicher Hochzahl: $f(x) = x^n$ $\left(n \in \{1, 2, ...\}\right)$

$f(x) = x$

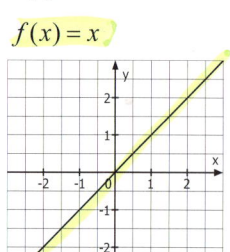

$f(x) = x^2$

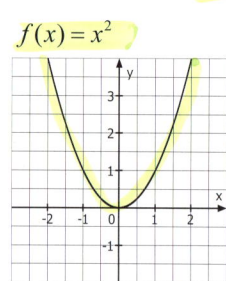

$f(x) = x^3$

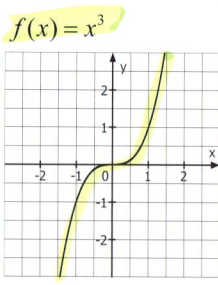

$f(x) = x^4$

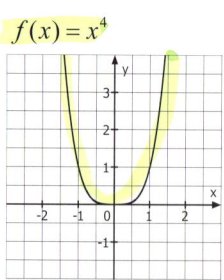

### Eigenschaften

- **Definitionsbereich:** $x \in \mathbb{R}$ (für alle $x$-Werte definiert)

- **Symmetrie** $\begin{cases} n \text{ gerade:} & \text{Symmetrie zur } y\text{-Achse} \\ n \text{ ungerade:} & \text{Symmetrie zum Ursprung} \end{cases}$

## Typ 2: mit neg. ganzer Hochzahl: $f(x) = x^{-n}$ bzw. $f(x) = \dfrac{1}{x^n}$ $\left(n \in \{1, 2, ...\}\right)$

$f(x) = x^{-1} = \dfrac{1}{x}$

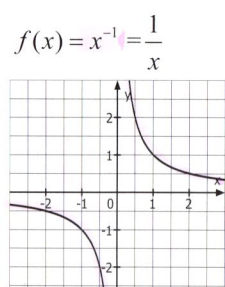

$f(x) = x^{-2} = \dfrac{1}{x^2}$

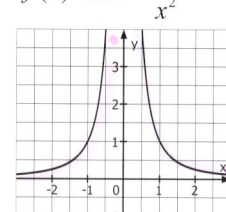

$f(x) = x^{-3} = \dfrac{1}{x^3}$

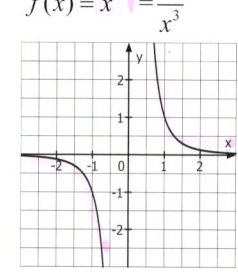

$f(x) = x^{-4} = \dfrac{1}{x^4}$

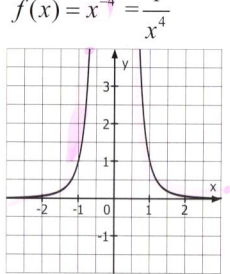

### Eigenschaften

- **Definitionsbereich:** $x \in \mathbb{R}^*$ Für alle $x$-Werte außer 0 definiert, $x = 0$ ist Definitionslücke. Grund: das Teilen durch 0 ist nicht definiert.

- **Symmetrie** $\begin{cases} n \text{ gerade:} & \text{Symmetrie zur } y\text{-Achse} \\ n \text{ ungerade:} & \text{Symmetrie zum Ursprung} \end{cases}$

- **Asymptoten** (Näherungsgeraden) $\begin{cases} \text{Senkrechte Asymptote: } x = 0 \ (y\text{-Achse}) \\ \text{Waagrechte Asymptote: } y = 0 \ (x\text{-Achse}) \end{cases}$

**Typ 3 : mit „Bruch in der Hochzahl":** $f(x) = x^{\frac{1}{n}}$ bzw. $f(x) = \sqrt[n]{x}$ $\left(n \in \{2, 3, \ldots\}\right)$

$f(x) = x^{\frac{1}{2}} = \sqrt{x}$

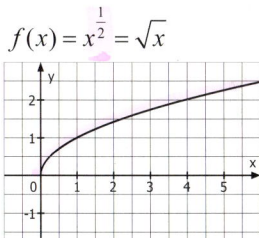

$f(x) = x^{\frac{1}{3}} = \sqrt[3]{x}$

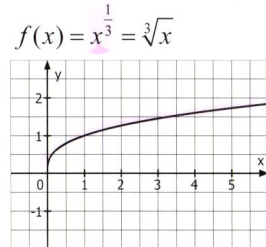

$f(x) = x^{\frac{1}{4}} = \sqrt[4]{x}$

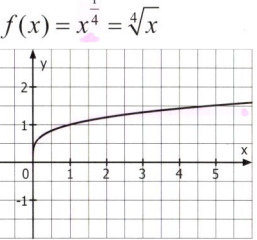

**Eigenschaft**

• **Definitionsbereich :** $x \in \mathbb{R}_+$ (nur für $x \geq 0$ definiert)

**Weitere Beispiele (mit Verschiebungen)**

$f(x) = x^3 + 1$

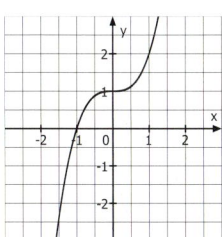

(Versch. 1 nach oben)

$f(x) = \dfrac{1}{x^3} - 1$

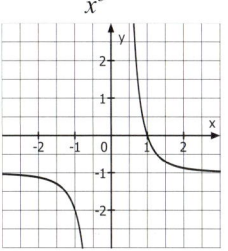

(Versch. 1 nach unten)

$f(x) = \sqrt[3]{x} + 1$

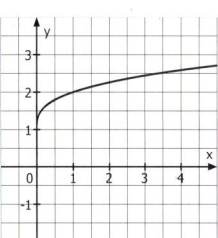

(Versch. 1 nach oben)

$f(x) = (x - 2)^4$

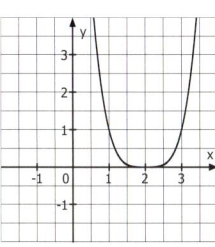

(Versch. 2 nach rechts)

$f(x) = \dfrac{1}{(x + 1)^4}$

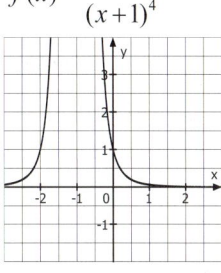

(Versch. 1 nach links)

$f(x) = \sqrt[4]{x - 2}$

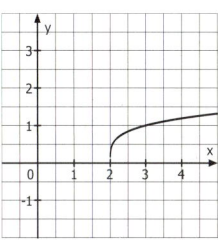

(Versch. 2 nach rechts)

17

## 1.4 Exponentialfunktionen

### 1. Verlauf : $f(x) = e^x$

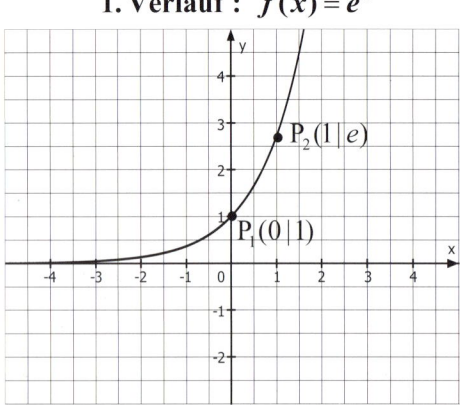

### 2. Spiegelungen

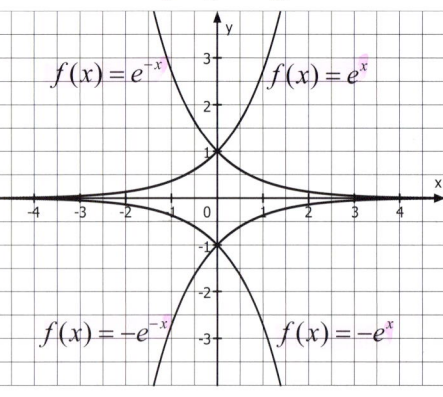

### 3. Koeffizienten in : $f(x) = a \cdot e^{b \cdot (x-c)} + d$

**$a$ - Streckung / Stauchung in $y$-Richtung**

$a > 1$:   „steiler"
$0 < a < 1$: „flacher"
($a < 0$:   an der $x$-Achse gespiegelt)

**$b$ - ansteigendes oder fallendes Schaubild**

$b > 0$:   ansteigendes Schaubild
$b < 0$:   fallendes Schaubild
(bzw. an der $y$-Achse gespiegelt)

**$c$ - Verschiebung in $x$-Richtung**

$c > 0$:   nach rechts
$c < 0$:   nach links

**$d$ - Verschiebung in $y$-Richtung**
($y = d$ ist Asymptote)

$d > 0$:   nach oben
$d < 0$:   nach unten

#### Vorsicht beim Koeffizienten $c$

Das Schaubild zu $f(x) = e^{x-3}$ wurde um 3 Einheiten
nach *rechts* verschoben!
Der Koeffizient $c$ hat hier den Wert $+3$, das Minuszeichen
kommt vom allgemeinen Ansatz der Funktion.

Entsprechend $f(x) = e^{x+2}$: Verschiebung um 2 nach *links*!

## 4. Asymptoten (Näherungsgeraden)

| Beispielfunktion | Asymptote | Schaubilder |
|---|---|---|
| $f(x) = e^x$ | $y = 0$ ($x$ – Achse) für $x \to -\infty$ | |
| $g(x) = e^x + 2,2$ | $y = 2,2$ für $x \to -\infty$ | |
| $h(x) = e^{-x} + 2,2$ | $y = 2,2$ für $x \to +\infty$ | |
| $i(x) = e^{-x} + x - 1$ | $y = x - 1$ für $x \to +\infty$ | |
| $j(x) = 0,5e^{x-2} + x - 1$ | $y = x - 1$ für $x \to -\infty$ | |

(Schaubild mit Kurven $K_h$, $K_g$, $K_f$, $K_j$, $K_i$, Geraden $y = 2,2$, $y = 0$, $y = x-1$, Beschriftung *schiefe Asymptote*)

**1. Regel (Asymptotengleichung):** $y =$„Exponentialgleichung ohne $e^{...x}$"

Man erhält die Asymptotengleichung, indem man die Gleichung der Exponentialfunktion schlicht übernimmt, jedoch hierbei auf den Summanden im Funktionsterm, der $e^{...x}$ enthält (dieser strebt gegen 0), verzichtet.

**2. Regel (Annäherungsrichtung):** Bei $e^{„+x"}$ für $x \to -\infty$ bzw. bei $e^{„-x"}$ für $x \to +\infty$

Die Annäherungsrichtung wird durch den Summanden im Funktionsterm, der $e^{...x}$ enthält, festgelegt: Steht vor dem $x$ im Exponenten ein Pluszeichen, so nähert sich die Asymptote für große negative $x$-Werte („links" im Koordinatensystem) dem Schaubild an.
Steht hier hingegen ein Minuszeichen, so findet die Annäherung bei großen positiven $x$-Werten („rechts" im Koordinatensystem) statt.

## 5. Anwendungen

Wachstumsvorgänge werden oft mit dem Typ $f(x) = e^{„+x"}$ modelliert, Zerfallsvorgänge hingegen mit $f(x) = e^{„-x"}$.

## 1.5 Trigonometrische Funktionen

### 1. Verlauf

$$f(x) = \sin(x)$$

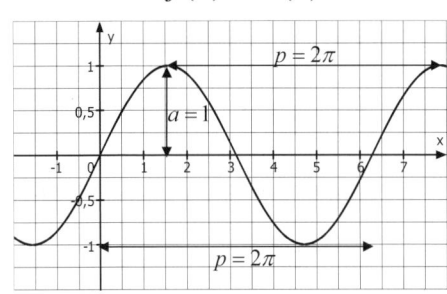

$$f(x) = \cos(x)$$

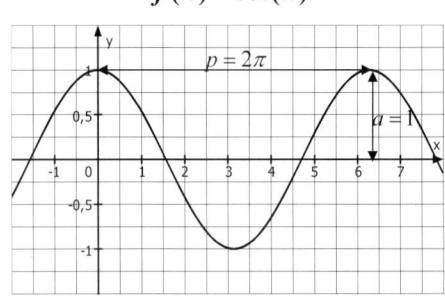

**2. Koeffizienten**: $f(x) = a \cdot \sin\big(b \cdot (x - c)\big) + d$ und $f(x) = a \cdot \cos\big(b \cdot (x - c)\big) + d$

**$a$ - Amplitude**
($|a|$, also „Zahl $a$ ohne Vorzeichen",
gibt max. Abstand zur „Mittellinie" an)
(Streckung in $y$-Richtung)

$\left( a < 0: \begin{array}{l} \text{an der } x\text{-Achse} \\ \text{gespiegelt} \end{array} \right)$ $\left( a = \dfrac{y_{max} - y_{min}}{2} \right)$

**$b$ - entscheidet Periodenlänge**
(„Dauer eines Durchlaufes")
$\left( \text{Streckung in } x\text{-Richtung um } \dfrac{1}{b} \right)$

$b = \dfrac{2\pi}{p}$ $\left( \begin{array}{l} p \text{ entspricht der} \\ \text{Periodenlänge} \end{array} \right)$

**$c$ - Verschiebung in $x$-Richtung**

$c > 0:$ nach rechts
$c < 0:$ nach links

**$d$ - Verschiebung in $y$ - Richtung**
(„Höhe der Mittellinie")

$d > 0:$ nach oben
$d < 0:$ nach unten

$\left( d = \dfrac{y_{max} + y_{min}}{2} \right)$

**Vorsicht beim Koeffizienten $c$**

Das Schaubild zu $f(x) = \sin(x - 3)$ wurde um 3 Einheiten
nach *rechts* verschoben!
Der Koeffizient $c$ hat den Wert $+3$, das Minuszeichen
kommt vom allgemeinen Ansatz der Funktion.

Entsprechend $f(x) = \sin(x + 2)$: Verschiebung um 2 nach *links*!

**Beispiel 1** (Zusätzlich ist das Schaubild von $f(x) = \sin(x)$ gestrichelt eingezeichnet.)

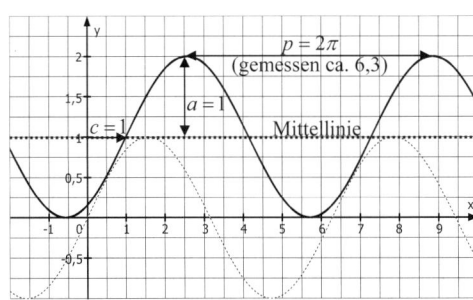

Mit $f(x) = a \cdot \sin(b \cdot (x-c)) + d$ :

• $d = 1$ Mittellinie auf Höhe $+1$
$$\left( \text{oder mit } \frac{2+0}{2} = \frac{2}{2} = 1 \right)$$

• $a = 1$ (max. Abstand von 1 zur Mittellinie) $\left( \text{oder mit } \dfrac{2-0}{2} = \dfrac{2}{2} = 1 \right)$

• $c = 1$ Verschiebung um 1 nach rechts

• $b = \dfrac{2\pi}{p} = \dfrac{2\pi}{2\pi} = 1$

$\Rightarrow f(x) = \sin(x-1) + 1$
$\Big(\text{Alternativ: } f(x) = \cos(x-2,57) + 1\Big)$

**Beispiel 2**

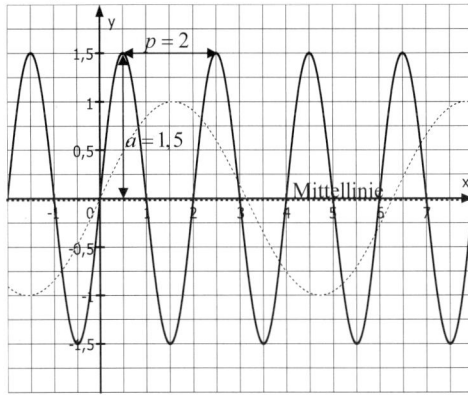

Mit $f(x) = a \cdot \sin(b \cdot (x-c)) + d$ :

• $d = 0$ Mittellinie auf Höhe 0
$$\left( \text{oder mit } \frac{1,5 + (-1,5)}{2} = \frac{0}{2} = 0 \right)$$

• $a = 1,5$ max. Abstand von 1,5 zur Mittellinie $\left( \text{oder mit } \dfrac{1,5 - (-1,5)}{2} = \dfrac{3}{2} \right)$

• $c = 0$ keine Verschiebung bei sin

• $b = \dfrac{2\pi}{p} = \dfrac{2\pi}{2} = \pi$

$\Rightarrow f(x) = 1,5 \cdot \sin(\pi \cdot x)$
$\Big(\text{Alternativ: } f(x) = 1,5 \cdot \cos(\pi \cdot (x - 0,5))\Big)$

**Tipp**

Arbeiten Sie die Koeffizienten in dieser Reihenfolge ab!

**Äußere** Koeffizienten regeln Eigenschaften, die an der **y - Achse** gemessen werden.

$$f(x) = a \cdot \sin(b \cdot (x-c)) + d$$
$$f(x) = a \cdot \cos(b \cdot (x-c)) + d \qquad \textbf{Hilfe}$$

**Innere** Koeffizienten regeln Eigenschaften, die an der **x - Achse** gemessen werden.

## 3. Anwendungen

Periodische Vorgänge, also Vorgänge, die sich in gleichen Zeitabschnitten wiederholen, werden oft mit trigonometrischen Funktionen modelliert.

# 1.6 Übersicht: Spiegeln, Strecken und Verschieben   $f(x)$   $\rightarrow$

| | Spiegeln an ... | | Strec- |
|---|---|---|---|
| | **... $x$ - Achse** | **... $y$ - Achse** | **... $y$ - Richtung** |
| $f(x) = x^2$ | $g(x) = -x^2$ | $g(x) = (-x)^2 = x^2$ | $g(x) = 2 \cdot x^2$ $\left(\begin{array}{c}\text{gestreckt mit Faktor 2}\\ \text{in } y\text{-Richtung}\end{array}\right)$ |
| $f(x) = e^x$ | $g(x) = -e^x$ | $g(x) = e^{-x}$ | $g(x) = 0,5 \cdot e^x$ $\left(\begin{array}{c}\text{gestreckt mit Faktor 0,5}\\ \text{in } y\text{-Richtung}\end{array}\right)$ |
| $f(x) = \sin(x)$ | $g(x) = -\sin(x)$ | $g(x) = \sin(-x)$ | $g(x) = 2 \cdot \sin(x)$ $\left(\begin{array}{c}\text{gestreckt mit Faktor 2}\\ \text{in } y\text{-Richtung}\end{array}\right)$ |
| | $g(x) = -f(x)$ „ $-$ " vor Funktionsterm | $g(x) = f(-x)$ „$x$" durch „$-x$" ersetzt | $g(x) = a \cdot f(x)$ Streckung mit Faktor $\lvert a \rvert$ in $y$-Richtung |

$$\rightarrow \quad g(x) = a \cdot f\big(b \cdot (x - c)\big) + d$$

| ...ken in ... | Verschieben in ... | |
|---|---|---|
| **... $x$ - Richtung** | **... $y$ - Richtung** | **... $x$ - Richtung** |
| $g(x) = (2x)^2 = 4x^2$ | $g(x) = x^2 - 2$ | $g(x) = (x-2)^2$ |
| $\left(\text{gestreckt mit Faktor } \dfrac{1}{2} \text{ in } x\text{-Richtung}\right)$ | | |
| $g(x) = e^{0,5x}$ | $g(x) = e^x + 2$ | $g(x) = e^{x-2}$ |
| $\left(\text{gestreckt mit Faktor } \dfrac{1}{0,5} = 2 \text{ in } x\text{-Richtung}\right)$ | | |
| $g(x) = \sin(2x)$ | $g(x) = \sin(x) + 2$ | $g(x) = \sin(x+2)$ |
| $\left(\text{gestreckt mit Faktor } \dfrac{1}{2} \text{ in } x\text{-Richtung}\right)$ | | |
| $g(x) = f(b \cdot x)$ <br><br> Streckung mit Faktor $\dfrac{1}{\lvert b \rvert}$ in $x$-Richtung | $g(x) = f(x) \pm d$ <br><br> z.B. <br> $... + 2$ : Versch. nach oben <br> $... - 2$ : Versch. nach unten | $g(x) = f(x \pm c)$ <br><br> z.B. <br> $(x - 2)$ : V. nach rechts <br> $(x + 2)$ : V. nach links |

## 1.7 Symmetrie zur *y*-Achse bzw. zum Ursprung

Bei **ganzrationalen Funktionen** kann anhand der **Hochzahlen** (nur **gerade** bzw. **ungerade** Hochzahlen oder gemischt) entschieden werden, ob ein gegebenes Schaubild symmetrisch zur *y*-Achse bzw. zum Ursprung ist, oder ob keine dieser beiden Symmetriearten vorliegt.

Bei **anderen Funktionstypen** müssen hingegen die **allgemeinen Bedingungen** zur Symmetrieuntersuchung verwendet werden.

### 1. Allgemeine Bedingung für Achsensymmetrie zur *y*-Achse: $f(-x) = f(x)$

**Bedingung in Worten** = gerade Exponenten

An den Stellen $x$ und $-x$ sind die *y*-Werte gleich groß.

#### Beispiel

Ist das Schaubild der Funktion $f$ mit $f(x) = e^{-x} + e^{x}$ achsensymmetrisch zur *y*-Achse?

$$f(-x) = e^{-(-x)} + e^{-x} = \underline{e^{x} + e^{-x}}$$
$$f(x) = \underline{e^{-x} + e^{x}}$$

Es gilt:
$$f(-x) = f(x)$$

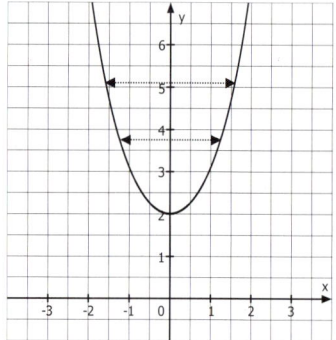

$\Rightarrow$ Somit symmetrisch zur *y*-Achse!

### 2. Allgemeine Bedingung für Punktsymmetrie zum Ursprung: $f(-x) = -f(x)$

**Bedingung in Worten** = ungerade Exponenten

An den Stellen $x$ und $-x$ haben die *y*-Werte den gleichen „Zahlenwert", jedoch mit verschiedenen Vorzeichen. Mit dem Minuszeichen vor $f(x)$ sind die Werte gleich.

#### Beispiel

Ist das Schaubild der Funktion $f$ mit $f(x) = x^3 + \dfrac{1}{x}$ punktsymmetrisch zum Ursprung?

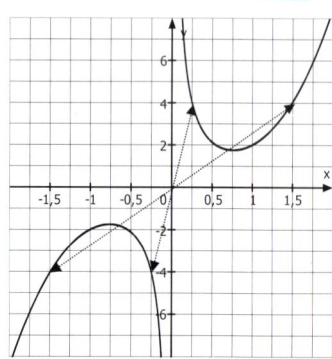

$$f(-x) = (-x)^3 + \frac{1}{-x} = \underline{-x^3 - \frac{1}{x}}$$

$$-f(x) = -\left(x^3 + \frac{1}{x}\right) = \underline{-x^3 - \frac{1}{x}}$$

Es gilt:
$$f(-x) = -f(x)$$

$\Rightarrow$ Somit punktsymmetrisch zum Ursprung!

# 1.8 Die Umkehrfunktion $f^{-1}(x)$

## Begriffserklärung

Stellen Sie sich die Wertetabelle zu einer gegebenen Funktion vor. Vertauschen Sie nun gedanklich die $x$- und $y$-Werte aller Kurvenpunkte (Beispiel: $P(1|4) \to P'(4|1)$).
Das Schaubild welcher Funktion verläuft durch alle Punkte der „neuen" Wertetabelle?
Das Schaubild der zugehörigen Umkehrfunktion!

**Beispiel 1 :** Umkehrfunktion zu $f(x) = 2x + 2$.

### 1. Rechnerische Bestimmung

**Schritt 1 : Vertauschen von $x$ und $y$.**

$y = 2x + 2$

$x = 2y + 2$

**Schritt 2 : Auflösen nach $y$. Ersetzen durch $f^{-1}(x)$.**

$$x = 2y + 2 \quad |-2$$
$$x - 2 = 2y \quad |:2$$
$$0,5x - 1 = y \quad \Rightarrow \quad \boxed{f^{-1}(x) = 0,5x - 1}$$

### 2. Grafische Bestimmung

Spiegelung an der 1.Winkelhalbierenden ($y = x$).

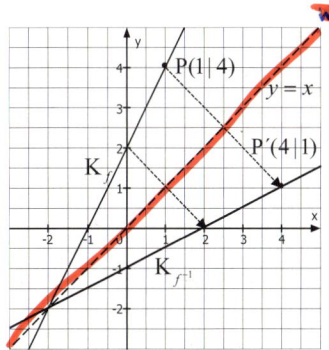

### Beispiel 2

$g(x) = e^x$ und $g^{-1}(x) = \ln(x)$

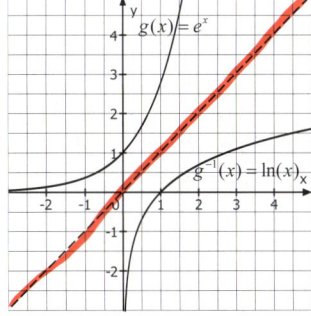

## Umkehrbarkeit

Nicht jede Funktion besitzt eine Umkehrfunktion.

**Beispiel :** Die Normalparabel mit $y = x^2$ besitzt keine Umkehrfunktion. Durch Spiegelung an der 1. Winkelhalbierenden geht ein Spiegelbild hervor, welches nicht das Schaubild einer Funktion darstellt, da es z.B. zu $x = 3,8$ **zwei $y$-Werte** gibt.

Um trotzdem eine Umkehrfunktion bilden zu können, kann der Definitionsbereich eingeschränkt werden.

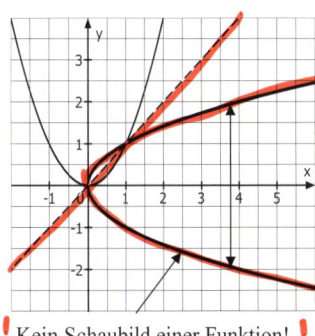

! Kein Schaubild einer Funktion! !

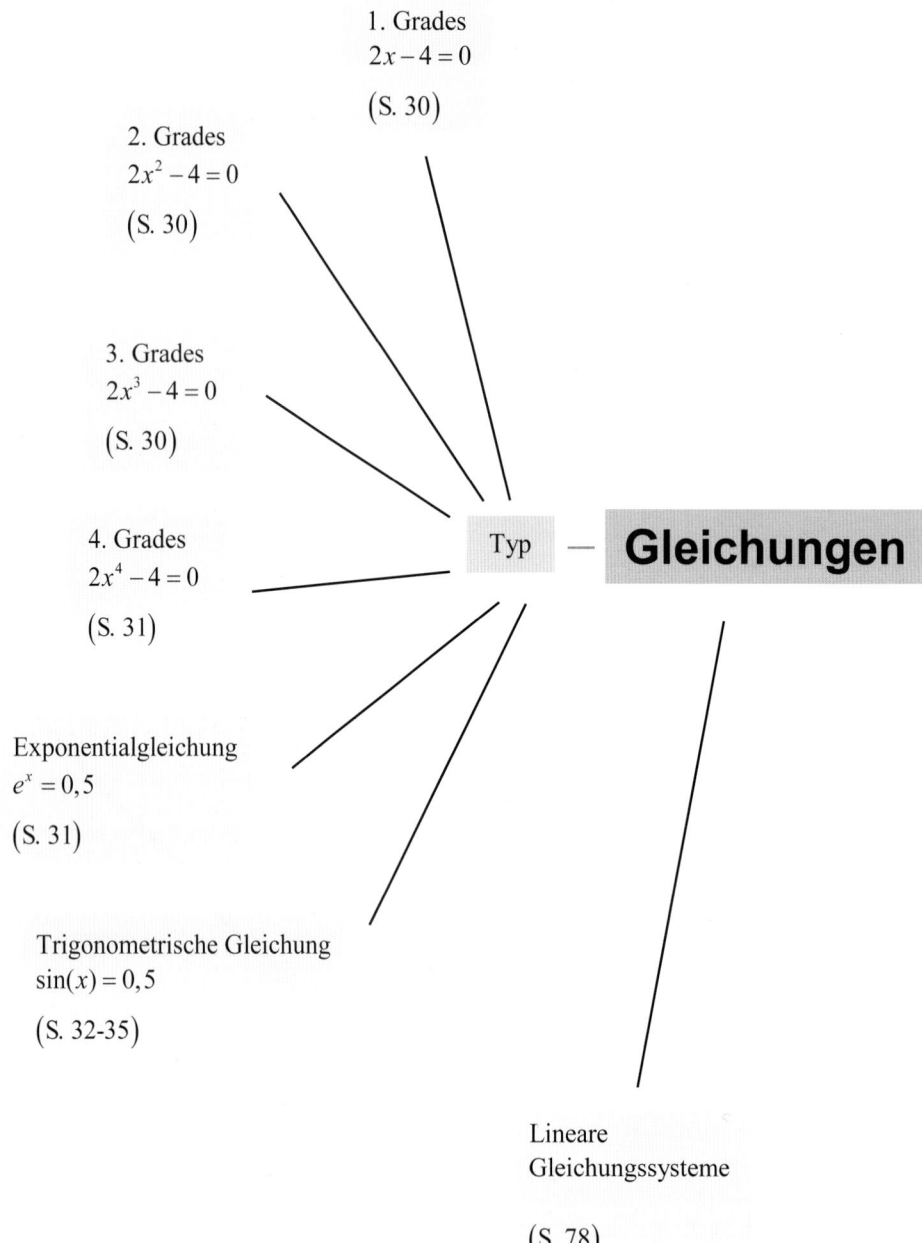

1. Grades
$2x - 4 = 0$

(S. 30)

2. Grades
$2x^2 - 4 = 0$

(S. 30)

3. Grades
$2x^3 - 4 = 0$

(S. 30)

4. Grades
$2x^4 - 4 = 0$

(S. 31)

Exponentialgleichung
$e^x = 0,5$

(S. 31)

Trigonometrische Gleichung
$\sin(x) = 0,5$

(S. 32-35)

Typ — **Gleichungen**

Lineare
Gleichungssysteme

(S. 78)

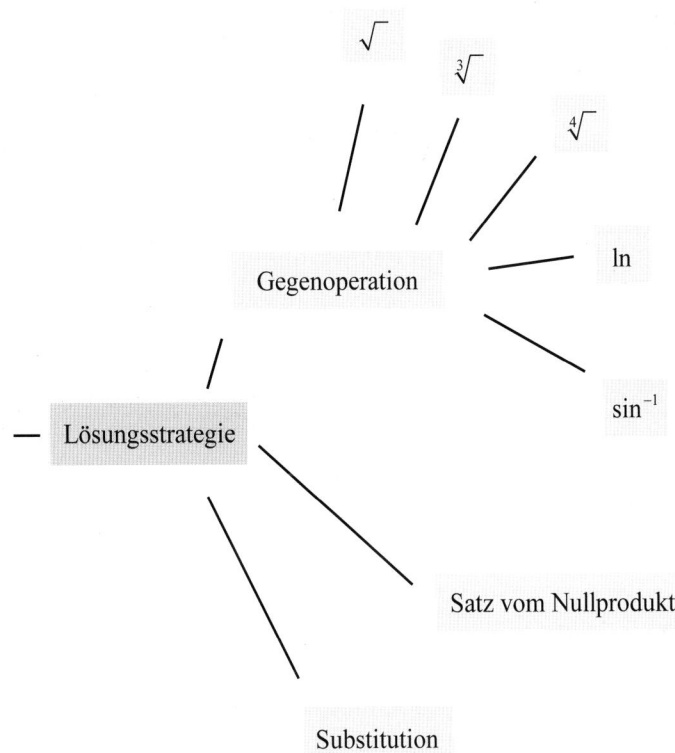

# 2 Gleichungen

## 2.1 Gleichungstypen: Übersicht

| | Typ 1 | Typ 1$S$ |
|---|---|---|
| **Gleichung 1. Grades** (linear) (S. 30) | $2x - 4 = 0$ | |
| **Gleichung 2. Grades** (quadratisch) (S. 30) | $2x^2 - 4 = 0$ | |
| **Gleichung 3. Grades** (S. 30) | $2x^3 - 4 = 0$ | |
| **Gleichung 4. Grades** (S. 31) | $2x^4 - 4 = 0$ | |
| **Exponentialgleichung** (S. 31) | $e^x = 0,5$ oder $e^{2x-1} = 0,5$ | |
| **Sinusgleichung** (S. 32) | $\sin(x) = 0,5$ | $\sin(2x-1) = 0,5$ |
| **Kosinusgleichung** (S. 32) | $\cos(x) = 0,5$ | $\cos(2x-1) = 0,5$ |
| **Merkmal** | umformbar auf $$\left.\begin{array}{c} x \\ x^2 \\ x^3 \\ x^4 \\ e^x \text{ oder } e^{\text{„nicht nur x"}} \\ \sin(x) \\ \cos(x) \end{array}\right\} = \ldots$$ | umformbar auf $$\left.\begin{array}{c} \sin(\text{„nicht nur x"}) \\ \cos(\text{„nicht nur x"}) \end{array}\right\} = \ldots$$ |
| **Lösungsstrategie** | **Gegenoperation** $$\left\{\begin{array}{c} \overset{\cdot}{\div} \\ \sqrt{\phantom{x}} \\ \sqrt[3]{\phantom{x}} \\ \sqrt[4]{\phantom{x}} \\ \ln \\ \sin^{-1} \\ \cos^{-1} \end{array}\right\}$$ | $\mathbf{S}$**ubstitution :** $u = $„*nicht nur x*" **führt zu** $\left\{\begin{array}{c} \sin(u) \\ \cos(u) \end{array}\right\} = \ldots;$ Trig. Gleichung vom Typ 1 lösen; **Rücksubstitution** |

**Abkürzung :** ... steht für eine Zahl.

www.mvurl.de/hutq

| Typ 2 | Typ 3 | Typ S |
|---|---|---|
| | | |
| $2x^2 - 4x = 0$ | $x^2 - 8x + 15 = 0$ | |
| $2x^3 - 4x = 0$ | | |
| $2x^4 - 4x = 0$ | | $x^4 - 8x^2 + 15 = 0$ |
| $2e^{2x} - e^x = 0$ | | $e^{2x} - 8e^x + 15 = 0$ |
| | | |
| | | |
| Alle Summanden enthalten mindestens $x$ (bzw. $e^x/\sin(x)/\cos(x)$). Kein Summand besteht nur aus einer „Zahl". Somit kann „etwas mit $x$" ausgeklammert werden. | umformbar auf $...x^2 + ...x + ... = 0$ | umformbar auf $$\left.\begin{array}{lll} ...x^4 & + & ...x^2 & +... \\ ...e^{2x} & + & ...e^x & +... \end{array}\right\} = 0$$ |
| (evtl.) Ausklammern; **Satz vom Nullprodukt** (S. 36) | **abc - bzw. pq - Formel** MNF | **S**ubstitution führt zu $...u^2 + ...u + ... = 0$; abc- bzw. pq-Formel; **Rücksubstitution** |

**Bemerkung:** Eine Gleichung, die keinem dieser Gleichungstypen zuordenbar ist, kann in der Regel nicht „von Hand" gelöst werden.

## 2.2 Gleichungstypen: Konkretes Lösungsvorgehen

### 1. Polynomgleichungen

| Typ 1<br>Gegenoperation | Typ 2<br>Satz vom Nullprodukt | Typ 3<br>abc - bzw. pq - Formel |
|---|---|---|
| $2x - 4 = 0 \quad \mid +4$<br>$2x = 4 \quad \mid :2$<br>$x = 2$ | | |
| $2x^2 - 4 = 0 \quad \mid +4$<br>$2x^2 = 4$<br>$x^2 = 2 \quad \mid \sqrt{\phantom{x}}$<br>$x_1 = \sqrt{2} \approx 1,41$<br>$x_2 = -\sqrt{2} \approx -1,41$ | $2x^2 - 4x = 0$<br>$x \cdot (2x - 4) = 0$<br>**S. v. Nullpr.**<br>(S. 36)<br>$x_1 = 0 \qquad 2x - 4 = 0$<br>$\qquad\qquad 2x = 4$<br>$\qquad\qquad x_2 = 2$ | $x^2 - 8x + 15 = 0$<br>mit **abc - Formel**:<br>$(a = 1; \ b = -8; \ c = 15)$<br>$x_{1/2} = \dfrac{-b \pm \sqrt{b^2 - 4ac}}{2a}$<br>$= \dfrac{8 \pm \sqrt{8^2 - 4 \cdot 15}}{2}$<br>$= \dfrac{8 \pm 2}{2}$<br>$x_1 = 5; \quad x_2 = 3$<br><br>oder mit **pq - Formel**:<br>$x_{1/2} = -\dfrac{p}{2} \pm \sqrt{\left(\dfrac{p}{2}\right)^2 - q}$<br>*(Bei dieser Formel muss vor dem $x^2$ stets eine +1 stehen!)* |
| $2x^3 - 4 = 0$<br>$2x^3 = 4$<br>$x^3 = 2 \quad \mid \sqrt[3]{\phantom{x}}$<br>$x = \sqrt[3]{2}$<br>$x \approx 1,26$ | $2x^3 - 4x = 0$<br>$x \cdot (2x^2 - 4) = 0$<br>**S. v. Nullpr.**<br>$x_1 = 0 \qquad 2x^2 - 4 = 0$<br>$\qquad\qquad 2x^2 = 4$<br>$\qquad\qquad x^2 = 2 \quad \mid \sqrt{\phantom{x}}$<br>$\qquad\qquad x_2 = \sqrt{2} \approx 1,41$<br>$\qquad\qquad x_3 = -\sqrt{2} \approx -1,41$ | |

| **Typ 1**<br><br>**Gegenoperation** | **Typ 2**<br><br>**Satz vom Nullprodukt** | **Typ S**<br><br>**S**ubstitution führt zu<br>$... u^2 + ... u + ... = 0$ |
|---|---|---|
| $2x^4 - 4 = 0 \qquad \vert +4$<br>$2x^4 = 4 \qquad \vert : 2$<br>$x^4 = 2 \qquad \vert \sqrt[4]{\ }$<br>$x_1 = \sqrt[4]{2} \approx 1,19$<br>$x_2 = -\sqrt[4]{2} \approx -1,19$ | $2x^4 - 4x = 0$<br>$x \cdot \left( 2x^3 - 4 \right) = 0$<br>**S. v. Nullpr.**<br>$x_1 = 0 \qquad 2x^3 - 4 = 0$<br>$\qquad\qquad 2x^3 = 4$<br>$\qquad\qquad x^3 = 2$<br>$\qquad\qquad x_2 = \sqrt[3]{2}$<br>$\qquad\qquad x_2 \approx 1,26$ | $x^4 - 8x^2 + 15 = 0$<br><br>**Substitution** : $\left( x^4 = u^2;\ x^2 = u \right)$<br>$u^2 - 8u + 15 = 0$<br>$u_{1/2} = \dfrac{8 \pm \sqrt{8^2 - 4 \cdot 15}}{2} \quad$ (abc-Formel)<br>$\qquad = \dfrac{8 \pm 2}{2}$<br>$u_1 = 5; \qquad\qquad u_2 = 3$<br><br>**Rücksubstitution** :<br>$x^2 = 5 \qquad\qquad x^2 = 3$<br>$x_1 = \sqrt{5} \approx 2,34 \qquad x_3 = \sqrt{3} \approx 1,73$<br>$x_2 = -\sqrt{5} \approx -2,34 \qquad x_4 = -\sqrt{3} \approx -1,73$ |

## 2. Exponentialgleichungen

| **Typ 1**<br><br>**Gegenoperation** | **Typ 2**<br><br>**Satz vom Nullprodukt** | **Typ S**<br><br>**S**ubstitution führt zu<br>$... u^2 + ... u + ... = 0$ |
|---|---|---|
| $e^x = 0,5 \qquad \vert \ln$<br>$x = \ln(0,5)$<br>$x \approx -0,69$<br><br>oder<br><br>$e^{2x-1} = 0,5 \qquad \vert \ln$<br>$2x - 1 = \ln(0,5) \qquad \vert +1$<br>$2x = \ln(0,5) + 1 \ \vert : 2$<br>$x = \dfrac{\ln(0,5) + 1}{2}$<br>$x \approx 0,153$ | $2e^{2x} - e^x = 0$<br>$e^x \cdot (2e^x - 1) = 0$<br>**S. v. Nullpr.**<br>$e^x = 0 \qquad 2e^x - 1 = 0$<br>$x = \ln(0) \qquad e^x = 0,5$<br>keine Lösung $\qquad x = \ln(0,5)$<br>$\qquad\qquad\qquad x \approx -0,69$ | $e^{2x} - 8e^x + 15 = 0$<br><br>**Substitution** :<br>$\left( e^{2x} = u^2;\ e^x = u \right)$<br>$u^2 - 8u + 15 = 0$<br>$u_{1/2} = \dfrac{8 \pm \sqrt{8^2 - 4 \cdot 15}}{2} \quad$ (abc-F.)<br>$\qquad = \dfrac{8 \pm 2}{2}$<br>$u_1 = 5; \qquad\qquad u_2 = 3$<br><br>**Rücksubstitution** :<br>$e^x = 5 \qquad\qquad e^x = 3$<br>$x_1 = \ln(5) \approx 1,6 \quad x_2 = \ln(3) \approx 1,1$ |

## 3. Trigonometrische Gleichungen

| Sinusgleichung Typ 1 Gegenoperation | Kosinusgleichung Typ 1 Gegenoperation |
|---|---|
| $\sin(x) = 0,5 \qquad \vert \sin^{-1}$ <br> $x = \sin^{-1}(0,5)$ <br> $x_1 = \dfrac{1}{6}\pi$ (WTR) <br> $x_2 = \pi - x_1 = \pi - \dfrac{1}{6}\pi = \dfrac{5}{6}\pi$ <br><br> alle Lösungen: <br> $x = \dfrac{1}{6}\pi + k \cdot 2\pi$ <br> und $\qquad (k = ..., -1, 0, 1, 2, ...)$ <br> $x = \dfrac{5}{6}\pi + k \cdot 2\pi$ | $\cos(x) = 0,5 \qquad \vert \cos^{-1}$ <br> $x = \cos^{-1}(0,5)$ <br> $x_1 = \dfrac{1}{3}\pi$ (WTR) <br> $x_2 = 2\pi - x_1 = 2\pi - \dfrac{1}{3}\pi = \dfrac{5}{3}\pi$ <br><br> alle Lösungen: <br> $x = \dfrac{1}{3}\pi + k \cdot 2\pi$ <br> und $\qquad (k = ..., -1, 0, 1, 2, ...)$ <br> $x = \dfrac{5}{3}\pi + k \cdot 2\pi$ |

**Unterschied**

Sinusgleichung: $\quad \boldsymbol{x_2 = \pi - x_1}$

Kosinusgleichung: $\boldsymbol{x_2 = 2\pi - x_1}$

**Hinweis :** Bis Kosinusgleichungen kann alternativ über $\boldsymbol{x_2 = -x_1}$ vorgegangen werden.

**Verständnis**

Eine ausführliche Erklärung des Lösungsvorgehens finden Sie auf den kommenden beiden Seiten.

| Sinusgleichung<br>**Typ 1S**<br>**S**ubstitution führt zu : $sin(u) = ...$ | Kosinusgleichung<br>**Typ 1S**<br>**S**ubstitution führt zu : $cos(u) = ...$ |
|---|---|
| $\sin(2x-1) = 0,5$<br>**Substitution :** $(2x-1=u)$ | $\cos(2x-1) = 0,5$<br>**Substitution :** $(2x-1=u)$ |

<table>
<tr>
<td>

$\sin(u) = 0,5 \qquad | \sin^{-1}$
$\quad u = \sin^{-1}(0,5)$
$u_1 = \dfrac{1}{6}\pi \quad \text{(WTR)}$
$u_2 = \pi - u_1 = \pi - \dfrac{1}{6}\pi = \dfrac{5}{6}\pi$

alle Lösungen:
$u = \dfrac{1}{6}\pi + k \cdot 2\pi$
und $\qquad (k = ..., -1, 0, 1, 2, ...)$
$u = \dfrac{5}{6}\pi + k \cdot 2\pi$

</td>
<td>

$\cos(u) = 0,5 \qquad | \cos^{-1}$
$\quad u = \sin^{-1}(0,5)$
$u_1 = \dfrac{1}{3}\pi \quad \text{(WTR)}$
$u_2 = 2\pi - u_1 = 2\pi - \dfrac{1}{3}\pi = \dfrac{5}{3}\pi$

alle Lösungen:
$u = \dfrac{1}{3}\pi + k \cdot 2\pi$
und $\qquad (k = ..., -1, 0, 1, 2, ...)$
$u = \dfrac{5}{3}\pi + k \cdot 2\pi$

</td>
</tr>
<tr>
<td>

**Rücksubstitution :**
$2x-1 = \dfrac{1}{6}\pi + k \cdot 2\pi \qquad |+1$
$\quad 2x = \dfrac{1}{6}\pi + 1 + k \cdot 2\pi \quad |:2$
$\quad\quad x = \dfrac{1}{12}\pi + 0,5 + k \cdot \pi$
$\quad\quad x \approx 0,76 + k \cdot \pi$
und $\qquad (k = ..., -1, 0, 1, 2, ...)$
$2x-1 = \dfrac{5}{6}\pi + k \cdot 2\pi \qquad |+1$
$\quad 2x = \dfrac{5}{6}\pi + 1 + k \cdot 2\pi \quad |:2$
$\quad\quad x = \dfrac{5}{12}\pi + 0,5 + k \cdot \pi$
$\quad\quad x \approx 1,81 + k \cdot \pi$

</td>
<td>

**Rücksubstitution :**
$2x-1 = \dfrac{1}{3}\pi + k \cdot 2\pi \qquad |+1$
$\quad 2x = \dfrac{1}{3}\pi + 1 + k \cdot 2\pi \quad |:2$
$\quad\quad x = \dfrac{1}{6}\pi + 0,5 + k \cdot \pi$
$\quad\quad x \approx 1,02 + k \cdot \pi$
und $\qquad (k = ..., -1, 0, 1, 2, ...)$
$2x-1 = \dfrac{5}{3}\pi + k \cdot 2\pi \qquad |+1$
$\quad 2x = \dfrac{5}{3}\pi + 1 + k \cdot 2\pi \quad |:2$
$\quad\quad x = \dfrac{5}{6}\pi + 0,5 + k \cdot \pi$
$\quad\quad x \approx 3,12 + k \cdot \pi$

</td>
</tr>
</table>

## Trigonometrische Gleichungen: Ausführliche Erklärung und Verständnis

### Vorgehen und Erklärung am Beispiel

| Sinusgleichung | Kosinusgleichung |
|:---:|:---:|
| $\sin(x) = 0,5$ | $\cos(x) = 0,5$ |

| 1. Schritt : $x_1$ durch WTR (Einstellung: *rad*) | |
|:---:|:---:|
| $\sin(x) = 0,5 \qquad \lvert \sin^{-1}$ <br><br> $x = \sin^{-1}(0,5)$ <br><br> $x_1 = \frac{1}{6}\pi \approx 0,52$ | $\cos(x) = 0,5 \qquad \lvert \cos^{-1}$ <br><br> $x = \cos^{-1}(0,5)$ <br><br> $x_1 = \frac{1}{3}\pi \approx 1,05$ |

| 2. Schritt : $x_2$ aus $x_1$ berechnen | |
|:---:|:---:|
| $x_2 = \pi - x_1 \approx \pi - 0,52 \approx 2,62$ | $x_2 = 2\pi - x_1 \approx 2\pi - 1,05 \approx 5,23$ |

**Erklärung**

In den unten stehenden Koordinatensystemen werden die Gleichungen $\sin(x) = 0,5$ und $\cos(x) = 0,5$ veranschaulicht.

Jeder $x$-Wert, welcher eine Lösung der Gleichung $\sin(x) = 0,5$ darstellt, muss beim Schaubild der Sinusfunktion zum $y$-Wert 0,5 führen. Bei $x_1 \approx 0,52$, der ersten Lösung der Gleichung, erreicht das Schaubild der Sinusfunktion diesen $y$-Wert. Bevor das Schaubild bei $x = \pi$ die $x$-Achse durchquert, erreicht es jedoch abermals, beim gesuchten $x$-Wert $x_2$, den $y$-Wert 0,5.

Aufgrund der Achsensymmetrie des Schaubildes muss der Abstand zwischen $x_2$ und $\pi$ dem Abstand zwischen 0 und $x_1$ entsprechen und damit $x_1$ bzw. 0,52 betragen. Hierdurch kann $x_2$ errechnet werden: $x_2 = \pi - x_1 \approx \pi - 0,52 \approx 2,62$.

Im Unterschied hierzu führt die Achsensymmetrie des Schaubildes der Kosinusfunktion dazu, dass $x_2$ errechnet werden kann, indem $x_1$ von $2\pi$ subtrahiert wird: $x_2 = 2\pi - x_1$.

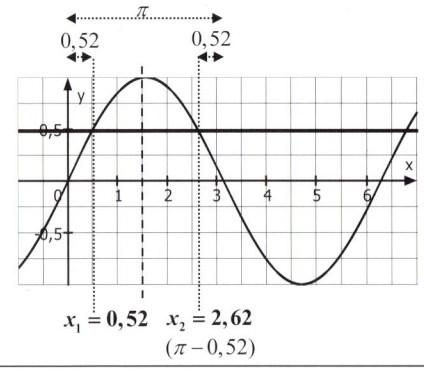

$x_1 \doteq 0,52 \quad x_2 \doteq 2,62$
$(\pi - 0,52)$

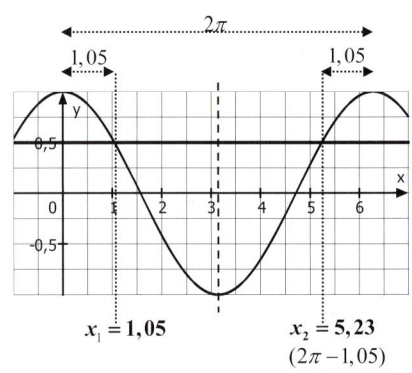

$x_1 \doteq 1,05 \qquad x_2 \doteq 5,23$
$(2\pi - 1,05)$

## 3. Schritt : Alle Lösungen der Gleichung beschreiben

| | |
|---|---|
| $x \approx 0,52 + k \cdot 2\pi$ <br> und <br> $x \approx 2,62 + k \cdot 2\pi$ <br> (mit $k = ..., -1, 0, 1, 2, ...$, also $k \in \mathbb{Z}$) | $x \approx 1,05 + k \cdot 2\pi$ <br> und <br> $x \approx 5,23 + k \cdot 2\pi$ <br> (mit $k = ..., -1, 0, 1, 2, ...$, also $k \in \mathbb{Z}$) |

**Erklärung** (Am Beispiel: $\sin(x) = 0,5$)

Das Schaubild einer Sinus- oder Kosinusfunktion besitzt eine Periodenlänge von $2\pi$ ($\approx 6,3$). Nach dem Durchlaufen einer Periode wiederholt sich stets ihr Ablauf.

Das Schaubild der Sinusfunktion erreicht beim $x$-Wert von $0,52$ den $y$-Wert $0,5$. $0,52$ stellt also die erste Lösung der Gleichung dar. Eine Periode „später", beim $x$-Wert von $0,52 + 1 \cdot 2\pi$ ($\approx 6,8$) erreicht das Schaubild jedoch ebenfalls diesen $y$-Wert. Damit ist $6,8$ eine weitere Lösung der Gleichung.

Ebenso gelangt man zu einer weiteren Lösung, indem man beispielsweise 4 Perioden-längen subtrahiert und beim $x$-Wert $0,52 - 4 \cdot 2\pi \approx -24,61$ landet.

Insgesamt gesehen erhält man aus den beiden Basislösungen $x_1 \approx 0,52$ und $x_2 \approx 2,62$ alle weiteren Lösungen, indem man zu diesen schlicht eine beliebige Anzahl von Perioden-längen ($2\pi$) addiert oder subtrahiert, was mathematisch durch $x \approx 0,52 + k \cdot 2\pi$ bzw. $x \approx 2,62 + k \cdot 2\pi$ ausgedrückt wird.

$k$ kann alle positiven und negativen ganzen Zahlen annehmen und steht für die Anzahl der addierten oder subtrahierten Periodenlängen.

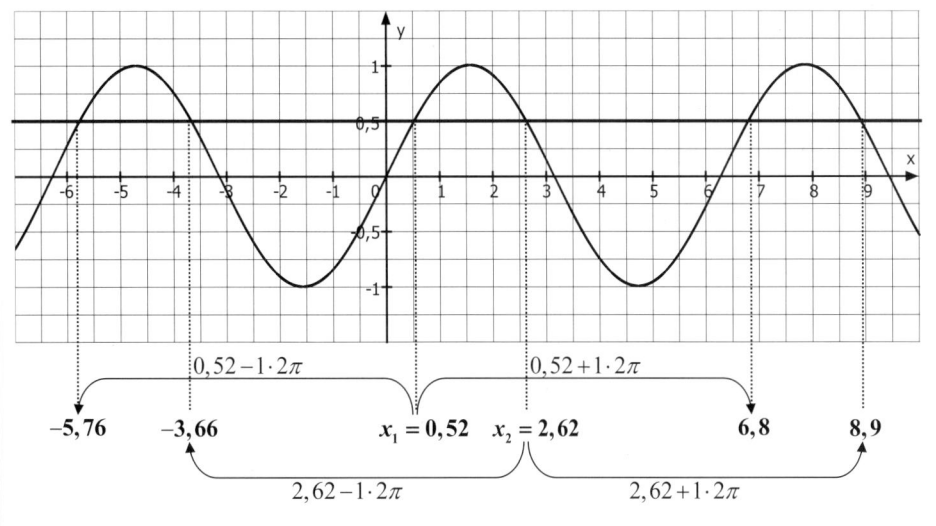

35

## 2.3 Goldene Regeln zum Lösen von Gleichungen

### 1. Regel: **Gleichungen näherungsweise mit dem WTR lösen**

Alle Gleichungen können (näherungsweise) mit dem WTR gelöst werden, indem die Nullstellen der zugehörigen Funktionen (näherungsweise) im TABLE-Menü ermittelt werden. Dies wird durch schrittweises „Verfeinern" von Wertetabellen erreicht.

**Beispiel:** Lösung der Gleichung $e^x = x^2$?

Zugehörige Funktion: $f(x) = e^x - x^2$; (Ansatz für Nullstelle: $e^x - x^2 = 0$)

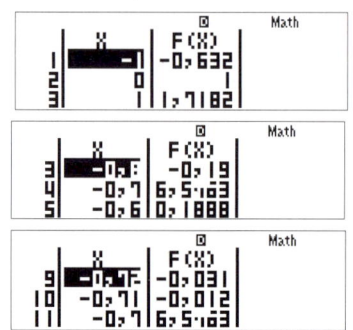

1. „Grobe" Wertetabelle (Schrittweite: 1):
Nullstelle liegt zwischen $x = -1$ und $x = 0$
da hier Vorzeichenwechsel.

2. „Feinere" Wertetabelle (Schrittweite: 0,1):
Nullstelle liegt zwischen $x = -0,8$ und $x = -0,7$
da hier Vorzeichenwechsel.

3. „Noch feinere" Wertetabelle (Schrittweite: 0,01):
Nullstelle liegt zwischen $x = -0,71$ und $x = -0,70$
da hier Vorzeichenwechsel.

Mittelwert $x \approx -0,705$ als (näherungsweise) Lösung für Nullstelle und Gleichung.

**Hinweis:** Bei einigen WTR-Typen können $x$-Werte auch direkt eingegeben (und $y$-Werte hieraus berechnet) werden. Dies beschleunigt den obigen Prozess deutlich.

### 2. Regel: **Der Satz vom Nullprodukt als wichtiges Werkzeug**

- **Wozu?**

Eine schwierige Gleichung kann hiermit in zwei (oder mehr) einfache Gleichungen zerlegt werden.

- **Beispiel:**

$$e^{2x}x^2 - 2x^2 = 0 \quad (\textit{schwierige Gleichung})$$
$$\underline{x^2 \quad \cdot \quad (e^{2x} - 2) = 0}$$
$$\textbf{S. v. Nullpr.}$$

(*einfache Gl.*)        (*einfache Gl.*)

$$x^2 = 0 \quad | \sqrt{} \qquad\qquad e^{2x} - 2 = 0 \quad | +2$$
$$x_{1/2} = 0 \qquad\qquad\qquad\quad e^{2x} = 2 \quad | \ln$$
$$2x = \ln(2) \quad |:2$$
$$x_3 = \frac{\ln(2)}{2}$$

- **Wann anwendbar?**

Wenn eine Gleichung in der Form: <u>Faktor 1 · Faktor 2 · ... = 0</u> gegeben ist, oder durch Ausklammern auf diese Form gebracht werden kann. Die Gleichung sollte also insbesondere kein Absolutglied („keine Zahl ohne $x$") enthalten.

„Mischgleichungen" wie $e^x x^2 - 2x^2 = 0$, die beispielsweise sowohl Polynombausteine ($x^2$) als auch Exponentialbausteine ($e^x$) enthalten, können in der Regel nur über den Satz vom Nullprodukt von Hand gelöst werden.

### • Weshalb gilt der Satz vom Nullprodukt?

Wenn zwei Zahlen multipliziert werden, sodass das Ergebnis die Zahl 0 ist, kann dies nur gelingen, wenn die eine oder die andere der beiden Zahlen selbst 0 ist.
(*Oder haben Sie ein Gegenbeispiel?*)
Übertragen auf die obige Gleichung $x^2 \cdot (e^{2x} - 2) = 0$ kann das Produkt aus $x^2$ und $(e^{2x} - 2)$ nur dann zu 0 werden, wenn entweder $x^2$ oder $(e^{2x} - 2)$ den Wert 0 annimmt. Deshalb werden alle $x$-Werte berechnet, die mindestens einen dieser beiden Faktoren zu 0 machen.

## 3. Regel: Das Teilen durch $x$ ist VERBOTEN !

• **Falsch :**
$$4x^2 = x \quad |:x$$
$$4x = 1 \quad |:4$$
$$x = 0{,}25$$

• **Grund :** $x_2 = 0$ ist eine weitere Lösung dieser Gleichung (Probe!), diese ging jedoch im Lösungsvorgang „verloren", da durch $x$ geteilt wurde.

• **Stattdessen: Satz vom Nullprodukt**
$$4x^2 = x \quad |-x$$
$$4x^2 - x = 0$$
$$x \cdot (4x - 1) = 0$$
$$\textbf{S. v. Nullpr.}$$
$$x_1 = 0 \qquad 4x - 1 = 0 \quad |+1$$
$$4x = 1 \quad |:4$$
$$x_2 = 0{,}25$$

• **Bemerkung:** Hingegen ist das Teilen durch $e^x$ erlaubt (da $e^x \neq 0$).

## 4. Regel: Das Lösen von Ungleichungen

• **Beispiel :**
$$-2x + 2 < 6 \quad |-2$$
$$-2x < 4 \quad |:(-2) \text{ oder } \cdot \left(-\frac{1}{2}\right)$$
$$\downarrow$$
$$x > -2$$

### • Einziger Unterschied zum Lösen von Gleichungen

Bei Multiplikation oder Division mit einer negativen Zahl wird das Ungleichheitszeichen „umgedreht".

Tangente

(S. 44)

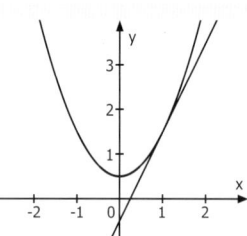

Ableitungsregeln
$f(x) =$
$f'(x) =$

(S. 40)

Monotonie

(S. 46)

## Differenzialrechnung

Krümmung

(S. 47)

Hochpunkte
und
Tiefpunkte

(S. 48)

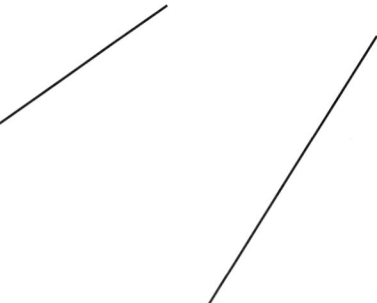

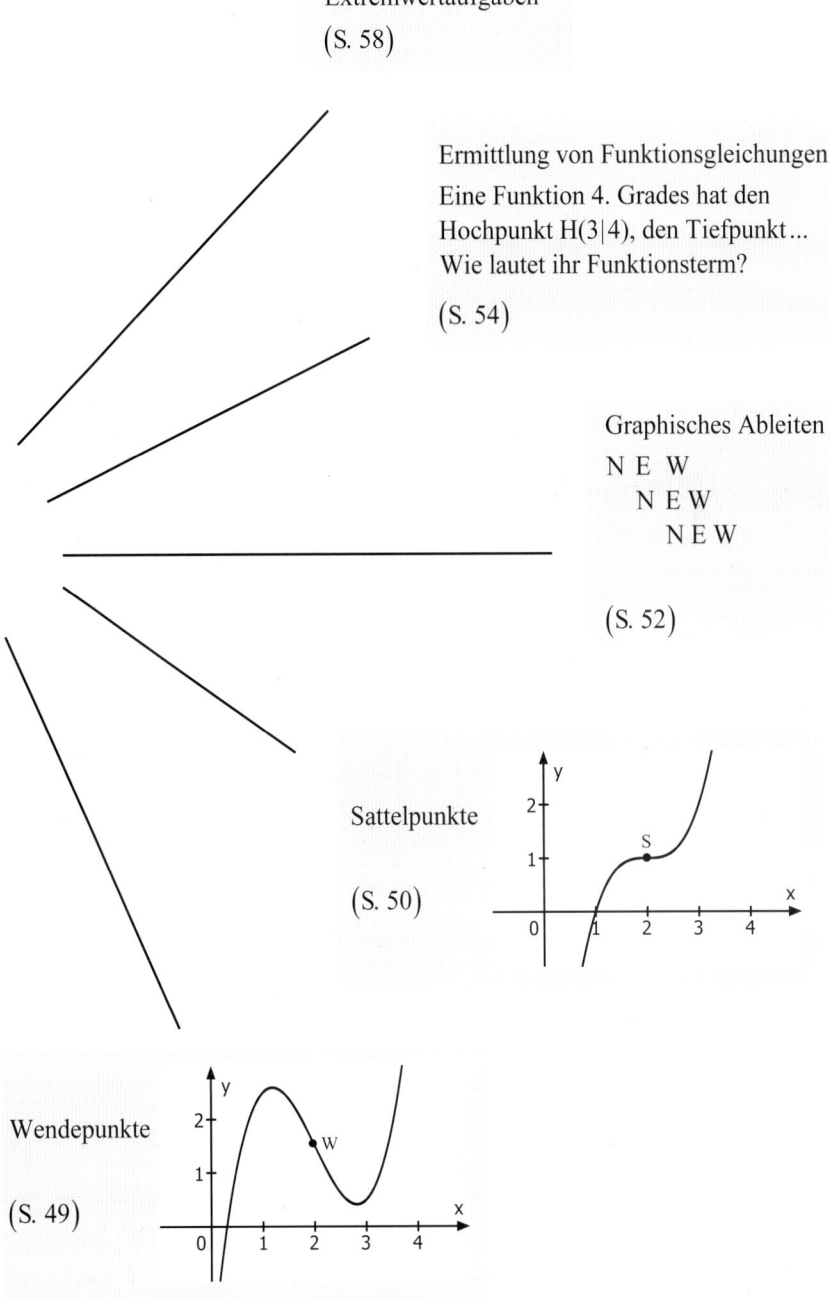

Extremwertaufgaben
(S. 58)

Ermittlung von Funktionsgleichungen
Eine Funktion 4. Grades hat den
Hochpunkt H(3|4), den Tiefpunkt...
Wie lautet ihr Funktionsterm?
(S. 54)

Graphisches Ableiten
N E W
　N E W
　　N E W

(S. 52)

Sattelpunkte

(S. 50)

Wendepunkte

(S. 49)

# 3 Differentialrechnung

## 3.1 Ableitungsregeln

| Nr. | Beispiel | Vorgehen |
|-----|----------|----------|
| | **Elementarregeln** | |
| 1 | $f(x) = x^5$ <br> $f'(x) = 5 \cdot x^{5-1} = 5x^4$ <br><br> $f(x) = x^2$ <br> $f'(x) = 2x^1 = 2x$ <br><br> $f(x) = x$ <br> $f'(x) = 1 \cdot x^0 = 1 \cdot 1 = 1$ | $f(x) = x^{Exponent}$ <br> $f'(x) = Exponent \cdot x^{Exponent-1}$ <br><br> (Potenzregel) |
| 2 | $f(x) = \dfrac{1}{x^2} = x^{-2}$ <br> $f'(x) = -2 \cdot x^{-3} = -\dfrac{2}{x^3}$ <br><br> $f(x) = \sqrt{x} = x^{\frac{1}{2}}$ <br> $f'(x) = \dfrac{1}{2} \cdot x^{-\frac{1}{2}} = \dfrac{1}{2 \cdot x^{\frac{1}{2}}} = \dfrac{1}{2 \cdot \sqrt{x}}$ | **Vor dem Ableiten** <br> $\dfrac{1}{x^n} = x^{-n}$ <br> $\sqrt{x} = x^{\frac{1}{2}}$ |
| 3 | $f(x) = e^x$ <br> $f'(x) = e^x$ | *Abschreiben* |
| 4 | $f(x) = \ln(x)$ <br> $f'(x) = \dfrac{1}{x}$ | *„In den Nenner"* |
| 5 | $f(x) = \sin(x)$ <br> $f'(x) = \cos(x)$ | sin <br> $-\cos$     $\cos$ <br> $-\sin$ |
| 6 | $f(x) = \cos(x)$ <br> $f'(x) = -\sin(x)$ | *(Im Uhrzeigersinn!)* |

https://mvurl.de/9lhq

| Nr. | Beispiel | Vorgehen |
|---|---|---|
| | | **Vorgehensregeln** |
| 7 | $f(x) = \mathbf{3} \cdot x^2$ <br> $f'(x) = \mathbf{3} \cdot 2x = 6x$ | *„Zahlen" mit · oder : „bleiben"* <br> (Faktorregel) |
| 8 | $f(x) = x^2 + \mathbf{2}$ <br> $f'(x) = 2x$ | *„Zahlen" mit + oder − „verschwinden"* |
| 9 | $f(x) = x^2 - 4x$ <br> $f'(x) = 2x - 4$ | *+ und − Zeichen unterteilen die Funktion* <br> *in Teilfunktionen, welche einzeln abgeleitet werden* <br> (Summenregel) |

| | **Produktregel** | |
|---|---|---|
| 10 | $f(x) = x^2 \cdot \sin(x)$ <br> $f'(x) = 2x \cdot \sin(x) + x^2 \cdot \cos(x)$ | $f(x) = u(x) \cdot v(x)$ <br> $f'(x) = u'(x) \cdot v(x) + u(x) \cdot v'(x)$ <br> *Ableiten · Abschreiben + Abschreiben · Ableiten* |

**Aber**: Die Produktregel nur dann anwenden, wenn zwei Faktoren, die **beide** $x$ enthalten, miteinander **multipliziert** werden.

$f(x) = 3x + \sin(x)$ $\qquad$ $f(x) = 3 \cdot \sin(x)$ $\qquad$ $f(x) = 3x \cdot \sin(x)$
$f'(x) = 3 + \cos(x)$ $\qquad$ $f'(x) = 3 \cdot \cos(x)$ $\qquad$ $f'(x) = 3 \cdot \sin(x) + 3x \cdot \cos(x)$

*(Keine Produktregel,* $\qquad$ *(Produktregel unnötig,* $\qquad$ *(Produktregel)*
*da keine Multiplikation)* $\qquad$ *Faktor 3 enthält kein x)*

| Nr. | Beispiel | Vorgehen |
|-----|----------|----------|
| | **Anwendungen der Kettenregel** | |
| 11 | $f(x) = e^{2x+3}$ <br> $f'(x) = e^{2x+3} \cdot 2$ | $f(x) = e^{Exponent}$ <br> $f'(x) = e^{Exponent} \cdot Exponent\ abgeleitet$ |
| 12 | $f(x) = \ln(2x+3)$ <br> $f'(x) = \dfrac{1}{2x+3} \cdot 2$ | $f(x) = \ln(Klammerinhalt)$ <br> $f'(x) = \dfrac{1}{Klammerinhalt} \cdot Klammerinhalt\ abgeleitet$ |
| 13 | $f(x) = \sin\left(2x+3\right)$ <br> $f'(x) = \cos\left(2x+3\right) \cdot 2$ | $f(x) = \sin(Klammerinhalt)$ <br> $f'(x) = \cos(Klammerinhalt) \cdot Klammerinhalt\ abgeleitet$ |
| 14 | $f(x) = \cos\left(2x+3\right)$ <br> $f'(x) = -\sin\left(2x+3\right) \cdot 2$ | $f(x) = \cos(Klammerinhalt)$ <br> $f'(x) = -\sin(Klammerinhalt) \cdot Klammerinhalt\ abgeleitet$ |
| 15 | $f(x) = \left(2x+3\right)^5$ <br> $f'(x) = 5 \cdot \left(2x+3\right)^4 \cdot 2$ <br> $\quad = 10 \cdot \left(2x+3\right)^4$ <br><br> $f(x) = \dfrac{1}{\left(x^2+3\right)^5}$ <br> $\quad = \left(x^2+3\right)^{-5}$ <br> $f'(x) = -5 \cdot \left(x^2+3\right)^{-6} \cdot 2x$ <br> $\quad = -\dfrac{10x}{\left(x^2+3\right)^6}$ | $f(x) = \left(Klammerinhalt\right)^{Exponent}$ <br> $f'(x) = Exponent \cdot \left(Klammerinhalt\right)^{Exponent-1} \cdot Klammerinhalt\ abgeleitet$ |

Die allgemeine Kettenregel, aus welcher sich die Regeln 11-15 ergeben, lautet:

$$f(x) = u\left(v(x)\right) \;\rightarrow\; f'(x) = \underbrace{u'\left(v(x)\right)}_{\text{Äußere Abl.}} \cdot \underbrace{v'(x)}_{\text{Innere Abl.}}$$

Quotientenregel

$$f(x) = \frac{u(x)}{v(x)} \;;\; f'(x) = \frac{u'(x) \cdot v(x) - u(x) \cdot v'(x)}{v(x)^2}$$

## Weitere Beispiele

a) $f(x) = 2x^4 - x^3 + 1$
   $f'(x) = 8x^3 - 3x^2$

b) $f(x) = -x^2 + x$
   $f'(x) = -2x + 1$

c) $f(x) = -\sin(x)$
   $f'(x) = -\cos(x)$

d) $f(x) = e^x \cdot (x^3 - 1)$
   $f'(x) = e^x \cdot (x^3 - 1) + e^x \cdot 3x^2$

e) $f(x) = e^{4x^2 - 2} + 3$
   $f(x) = e^{4x^2 - 2} \cdot 8x$

f) $f(x) = \ln(1 - 2x)$
   $f'(x) = \dfrac{1}{1 - 2x} \cdot (-2)$

g) $f(x) = 4\cos(1 + x^3)$
   $f'(x) = -4\sin(1 + x^3) \cdot 3x^2$
   $= -12x^2 \cdot \sin(1 + x^3)$

h) $f(x) = (x^3 + 1)^5$
   $f'(x) = 5 \cdot (x^3 + 1)^4 \cdot 3x^2$
   $= 15x^2 \cdot (x^3 + 1)^4$

i) $f(x) = \dfrac{1}{(x^3 - 2)^4} = (x^3 - 2)^{-4}$
   $f'(x) = -4 \cdot (x^3 - 2)^{-5} \cdot 3x^2$
   $= \dfrac{-12x^2}{(x^3 - 2)^5}$

- äußere mal innere Ableitung

## Verständnis

Warum „verschwinden" konstante Summanden (± Zahl) beim Ableiten?

Beispiel:
$f_1(x) = x^2 + \mathbf{1}$          $f_{-2}(x) = x^2 - \mathbf{2}$          ...
$\qquad\quad f'(x) = 2x$

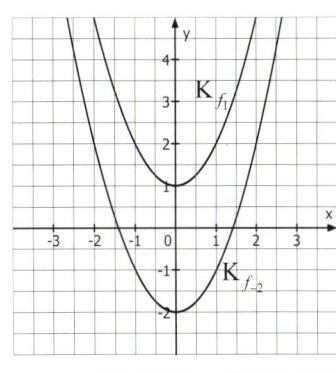

Der konstante Summand **verschiebt** nur das Schaubild von $f$ nach oben bzw. unten, hat jedoch keinen Einfluss auf dessen Steigung.

Da die Ableitungsfunktion die **Steigungen** des Schaubildes angibt, spielt der konstante Summand hierfür **keine Rolle**.

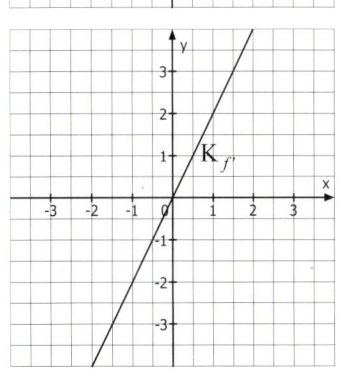

## 3.2 Tangente

### 1. Aufgabentyp  (Tangente im Kurvenpunkt)

Gegeben ist die Funktion
$f$ mit $f(x) = x^2 + 0,5$.
Bei dem $x$-Wert 1 wird eine Tangente
und an das Schaubild angelegt.
Berechnen Sie deren Gleichung.

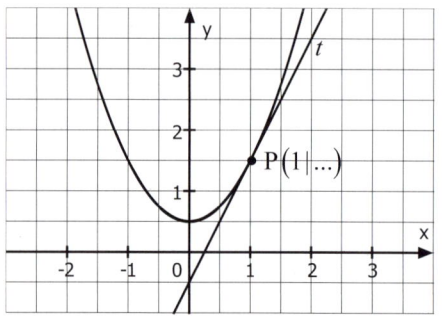

| Vorgehen: Ermittlung einer Tangente im Kurvenpunkt | |
| --- | --- |
| (geg. $f(x)$ und $x$-Wert des Kurvenpunktes) | |
| **1. $y$-Wert des Kurvenpunktes berechnen** <br><br> (Einsetzen in $f(x)$) | $f(1) = 1^2 + 0,5 = 1,5 \quad \rightarrow P(1\,|\,1,5)$ |
| **2. Tangentensteigung berechnen** <br><br> (Einsetzen in $f'(x)$) | $f'(x) = 2x$ <br> $f'(1) = 2 \cdot 1 = 2 \quad (= m_t)$ |
| **3. Tangentengleichung berechnen** <br><br> (Einsetzen in $y = m \cdot x + b$) | $y = m_t \cdot x + b$ <br> $1,5 = 2 \cdot 1 + b$ <br> $1,5 = 2 + b \quad \mid -2$ <br> $-0,5 = b$ <br><br> $\Rightarrow$ Tangente: $y = 2x - 0,5$ |

**Alternative:** Durch Einsetzen in die nachfolgende **Punkt-Steigungs-Formel** (siehe Merkhilfe) kann alles in einem Schritt ausgeführt werden: *warum sollte es dazu kommen?*

Formel (allg.):  $y = f'(u) \cdot (x - u) + f(u)$      (mit $u$ als Berührstelle)

Einsetzen :     $y = f'(1) \cdot (x - 1) + f(1)$
$\phantom{Einsetzen :     } y = 2 \cdot (x - 1) + 1,5$
$\phantom{Einsetzen :     } y = 2x - 0,5$  (Tangente)

www.mvurl.de/pm16

## 2. Aufgabentyp (Tangente mit gegebener Steigung)

Gegeben ist die Funktion $f$
mit $f(x) = x^2 + 0,5$.
Eine Tangente mit Steigung 2 soll an das
Schaubild angelegt werden.
Berechnen Sie deren Gleichung.

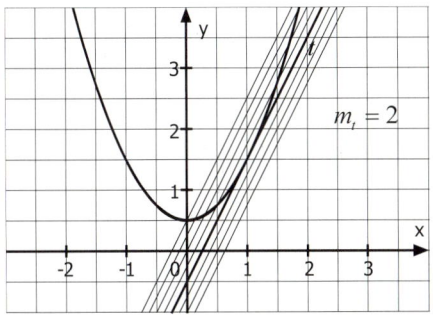

| Vorgehen: Ermittlung einer Tangente mit gegebener Steigung | |
|---|---|
| (geg. $f(x)$ und Steigung der Tangente) | |
| **1. $f'(x) = m_t$ liefert $x$ - Wert des Kurvenpunktes** <br><br> (Gleichsetzen von $f'(x)$ und gegebener Tangentensteigung $m_t$; Gleichung lösen) | $f'(x) = 2x;\ m_t = 2$ <br><br> $f'(x) = m_t$ <br> $2x = 2$ <br> $x = 1$ <br><br> (An dieser Stelle hat die Parabel also die Steigung 2. Hier muss sich demnach der Berührpunkt befinden.) |
| **2. $y$-Wert des Kurvenpunktes berechnen** <br><br> (Einsetzen in $f(x)$) | $f(1) = 1^2 + 0,5 = 1,5 \quad \rightarrow \mathrm{B}(1 \mid 1,5)$ |
| **3. Tangentengleichung berechnen** <br><br> (Einsetzen in $y = mx + b$) | $y = m_t \cdot x + b$ <br> $1,5 = 2 \cdot 1 + b$ <br> $1,5 = 2 + b \qquad \mid -2$ <br> $-0,5 = b$ <br><br> $\Rightarrow$ Tangente: $y = 2x - 0,5$ |

## 3.3 Monotonie

| Monotonie und Ableitung | Beispiel |
|---|---|
| Gilt am $x$-Wert: $x_0$<br><br>$f'(x_0) > 0$  $\qquad$  $f'(x_0) < 0$<br><br>so nennt man die<br>Funktion hier<br><br>**streng<br>monoton<br>steigend**  $\qquad$  **streng<br>monoton<br>fallend**<br><br>Männchen geht<br>bergauf  $\qquad$  Männchen geht<br>bergab | **Einzunehmende Perspektive**:<br>Sie sehen **von der Seite** auf das Männchen,<br>welches ein hügeliges Gelände durchläuft.<br>Das Gelände sehen Sie im Profil. 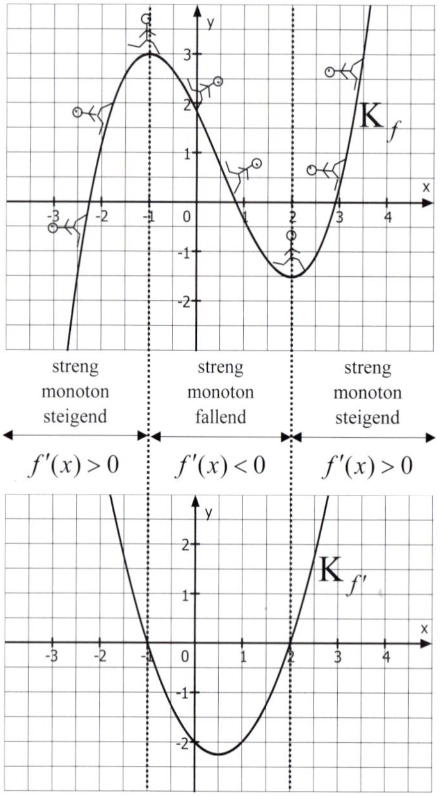 |

Definition: Gilt für eine Funktion $f$ für alle $x_1, x_2$:

$x_1 < x_2 \Rightarrow f(x_1) < f(x_2)$   so heißt $f$ streng monoton steigend.

**Achtung:** Es gilt zwar $f'(x) > 0 \Rightarrow f$ streng monoton steigend, aber **nicht** die Umkehrung ($f'(x) > 0 \nLeftarrow f$ str. mon. steigend)!

**Gegenbeispiel:** Gemäß Definition ist $f$ mit $f(x) = x^3$ streng monoton steigend. Jedoch gilt $f'(0) = 0$ und damit nicht $f'(x) > 0$.

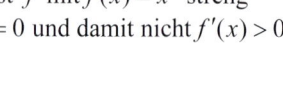

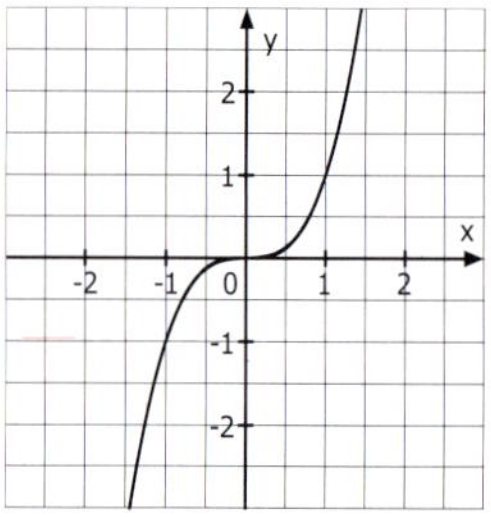

Weitere Erläuterungen im Video!

www.mvurl.de/ypcs

## 3.4 Krümmung    $f''(x)$

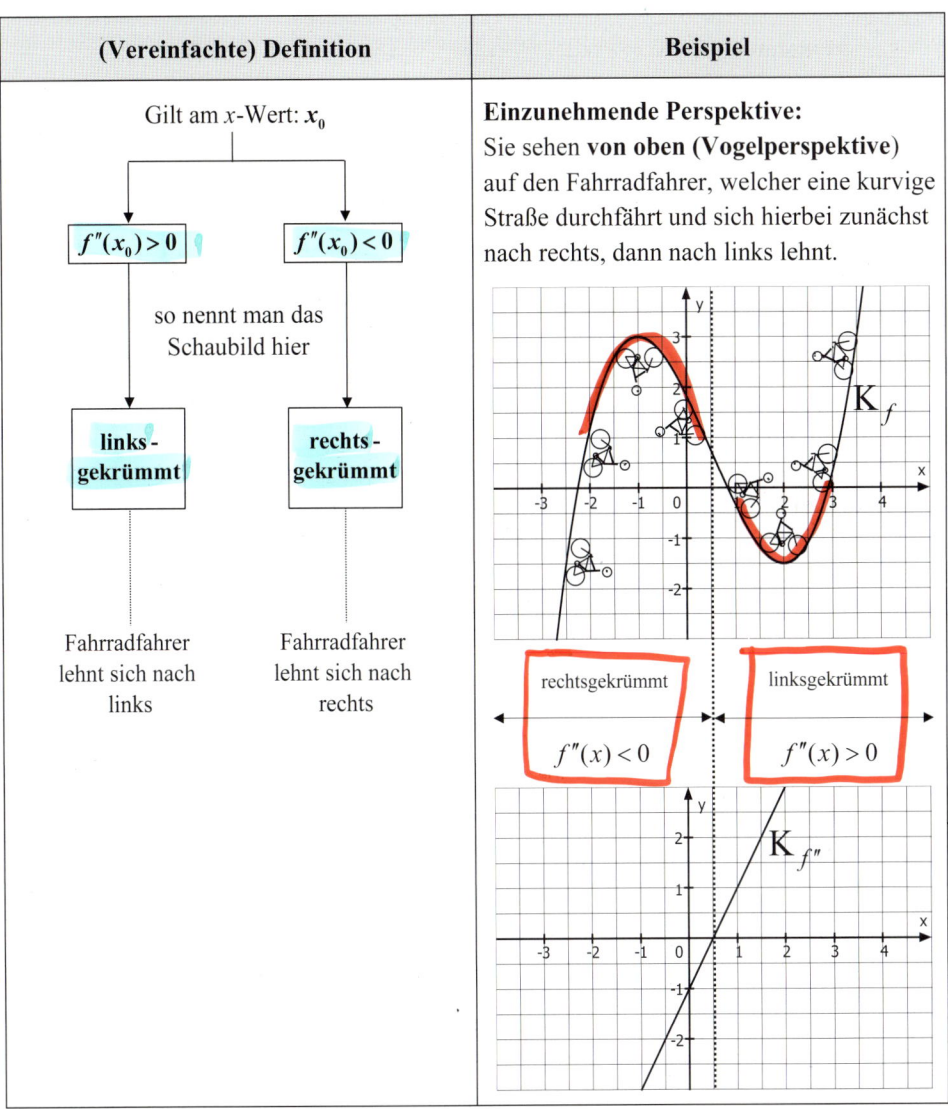

| (Vereinfachte) Definition | Beispiel |
|---|---|

**Definition:**

Gilt am $x$-Wert: $x_0$

$f''(x_0) > 0$    $f''(x_0) < 0$

so nennt man das
Schaubild hier

links -
gekrümmt    rechts -
gekrümmt

Fahrradfahrer
lehnt sich nach
links    Fahrradfahrer
lehnt sich nach
rechts

**Beispiel:**

**Einzunehmende Perspektive:**
Sie sehen **von oben (Vogelperspektive)**
auf den Fahrradfahrer, welcher eine kurvige
Straße durchfährt und sich hierbei zunächst
nach rechts, dann nach links lehnt.

$K_f$

rechtsgekrümmt    linksgekrümmt

$f''(x) < 0$    $f''(x) > 0$

$K_{f''}$

$f''(x)$ n**e**gativ $\Rightarrow$ r**e**chtsgekrümmt
$(f''(x)$ pos**i**tiv $\Rightarrow$ l**i**nksgekrümmt)

## 3.5 Extrempunkte (Hochpunkte und Tiefpunkte)

<table>
<tr><td colspan="2" align="center">Vorgehen zur Ermittlung von Hoch- und Tiefpunkten (am Beispiel)</td></tr>
<tr>
<td></td>
<td>

$f(x) = \frac{1}{3}x^3 - \frac{1}{2}x^2 - 2x + \frac{11}{6}$    (Beispiel)

$f'(x) = x^2 - x - 2$

$f''(x) = 2x - 1$

</td>
</tr>
<tr>
<td>

**1. Schritt:** $f'(x) = 0$

Stellen mit waagrechter Tangente
(Steigung von 0) ermitteln.

</td>
<td>

$$f'(x) = 0$$
$$x^2 - x - 2 = 0$$
$$x_{1/2} = \frac{-(-1) \pm \sqrt{(-1)^2 - 4 \cdot 1 \cdot (-2)}}{2 \cdot 1}$$
$$= \frac{1 \pm \sqrt{1+8}}{2} = \frac{1 \pm 3}{2}$$
$$\Rightarrow x_1 = -1; \ x_2 = 2$$

</td>
</tr>
<tr>
<td>

**2. Schritt: Einsetzen in** $f''(x)$

Falls $\begin{cases} f''(x) < 0 \\ f''(x) > 0 \end{cases}$ liegt $\begin{cases} \textbf{Hochpunkt} \\ \textbf{Tiefpunkt} \end{cases}$ vor.

</td>
<td>

$f''(-1) = 2 \cdot (-1) - 1 = -3 \quad < 0 \quad \rightarrow \textbf{H}$

$f''(2) = 2 \cdot 2 - 1 = 3 \qquad\qquad > 0 \quad \rightarrow \textbf{T}$

</td>
</tr>
<tr>
<td>

**3. Schritt: Einsetzen in** $f(x)$

$y$-Koordinaten der Hoch- bzw.
Tiefpunkte bestimmen.

</td>
<td>

$f(-1) = \frac{1}{3} \cdot (-1)^3 - \frac{1}{2} \cdot (-1)^2 - 2 \cdot (-1) + \frac{11}{6}$

$\quad = 3 \qquad\qquad \rightarrow \ \textbf{H}(-1|3)$

$f(2) \ = \frac{1}{3} \cdot 2^3 - \frac{1}{2} \cdot 2^2 - 2 \cdot 2 + \frac{11}{6}$

$\quad = -1,5 \quad \rightarrow \ \textbf{T}(2|-1,5)$

</td>
</tr>
</table>

**Alternative zum 2. Schritt: Untersuchung auf Vorzeichenwechsel**

Hat $f'(x)$ eine Nullstelle mit Vorzeichenwechsel, dann hat das Schaubild von $f(x)$ hier
einen Extrempunkt.

Bei einem Vorzeichenwechsel von $\begin{cases} + \text{ nach } - \\ - \text{ nach } + \end{cases}$ liegt ein $\begin{cases} \text{Hochpunkt} \\ \text{Tiefpunkt} \end{cases}$ vor.

z.B. bei $x_2 = 2$:

$f'(1) = 1^2 - 1 - 2 = -2 \ < 0$

$f'(3) = 3^2 - 3 - 2 = 4 \ > 0$

VZW von $-$ nach $+$

$\Rightarrow$ somit Tiefpunkt

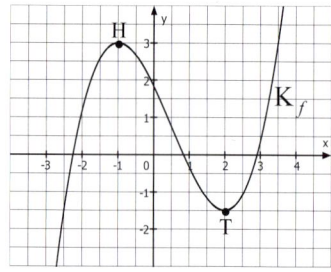

www.mvurl.de/3vs8

## 3.6 Wendepunkte

| **Vorgehen zur Ermittlung von Wendepunkten (am Beispiel)** | |
|---|---|
| **1. Schritt:** $f''(x) = 0$<br>Stellen „ohne Krümmung" ermitteln. | $f(x) = \dfrac{1}{3}x^3 - \dfrac{1}{2}x^2 - 2x + \dfrac{11}{6}$ (Beispiel)<br>$f'(x) = x^2 - x - 2$<br>$f''(x) = 2x - 1$<br>$f'''(x) = 2$<br><br>$\begin{aligned}f''(x) &= 0\\ 2x - 1 &= 0 \quad |+1\\ 2x &= 1 \quad |:2\\ x &= 0{,}5\end{aligned}$ |
| **2. Schritt:** Einsetzen in $f'''(x)$<br>Wendepunkt, falls $f'''(x) \neq 0$. | $f'''(0{,}5) = 2 \quad \neq 0 \quad \rightarrow \mathbf{W}$ |
| **3. Schritt:** Einsetzen in $f(x)$<br>$y$-Koordinaten der Wendepunkte bestimmen. | $f(0{,}5) = \dfrac{1}{3}\cdot 0{,}5^3 - \dfrac{1}{2}\cdot 0{,}5^2 - 2\cdot 0{,}5 + \dfrac{11}{6}$<br>$= 0{,}75 \quad \rightarrow \quad \mathbf{W\left(0{,}5\,|\,0{,}75\right)}$ |

**Alternative zum 2. Schritt: Untersuchung auf Vorzeichenwechsel**

Hat $f''(x)$ eine Nullstelle mit Vorzeichenwechsel, dann hat das Schaubild von $f(x)$ hier einen Wendepunkt.

am Beispiel: $x = 0{,}5$:

$f''(0) = 2 \cdot 0 - 1 = -1 \quad < 0$

$f''(1) = 2 \cdot 1 - 1 = 1 \quad > 0$

$\Rightarrow$ Vorzeichenwechsel

$\Rightarrow$ somit Wendepunkt

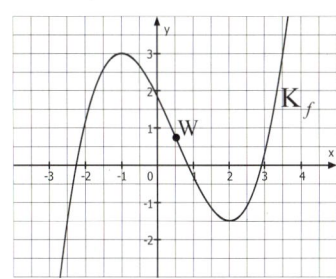

**Bemerkungen**

• Als **Wendetangente** wird eine Tangente bezeichnet, welche das Schaubild im Wende-punkt berührt. Die **Wendenormale** steht senkrecht zur Wendetangente und verläuft ebenfalls durch den Wendepunkt.

• An einer **Wendestelle** hat das Schaubild entweder die **größte** oder die **kleinste Steigung**. Das Schaubild von $f'(x)$ hat hier deshalb entweder einen Hochpunkt oder einen Tiefpunkt.

## 3.7 Sattelpunkte

Ein Sattelpunkt ist ein **Wendepunkt mit waagrechter Tangente**, also mit einer Steigung von 0. $m=0$

Somit hat ein Sattelpunkt neben den Eigenschaften eines Wendepunktes $\left( f''(x)=0 \text{ und } f'''(x) \neq 0 \right)$ noch die **zusätzliche Eigenschaft** $f'(x)=0$.

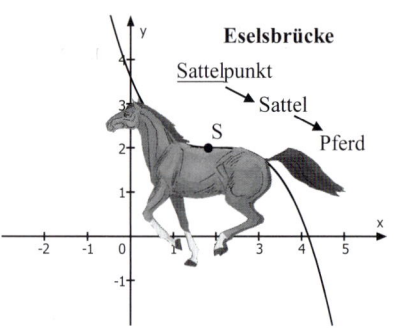

Eselsbrücke
Sattelpunkt
Sattel
S
Pferd

| **Vorgehen zur Ermittlung von Sattelpunkten (am Beispiel)** |
| --- |

(1. bis 3. Schritt: Ebenso wie bei der Ermittlung von Wendepunkten)

$$f(x)=\frac{1}{4}x^4-\frac{2}{3}x^3+2 \qquad \text{(Beispiel)}$$
$$f'(x)=x^3-2x^2$$
$$f''(x)=3x^2-4x$$
$$f'''(x)=6x-4$$

| | |
| --- | --- |
| **1. Schritt :** $f''(x)=0$ <br> Stellen „ohne Krümmung" ermitteln. | $f''(x)=0$ <br> $3x^2-4x=0$ <br> $x\cdot(3x-4)=0$ <br> **S. v. Nullpr.** <br> $x_1=0 \qquad\qquad 3x-4=0$ <br> $\qquad\qquad\qquad 3x=4$ <br> $\qquad\qquad\qquad x_2=\dfrac{4}{3}$ |
| **2. Schritt :** **Einsetzen in** $f'''(x)$ <br> Wendepunkt, falls $f'''(x) \neq 0$. | $f'''(0)=6\cdot0-4=-4 \quad \neq 0 \ \rightarrow W$ <br> $f'''\left(\dfrac{4}{3}\right)=6\cdot\dfrac{4}{3}-4=4 \quad \neq 0 \ \rightarrow W$ |
| **3. Schritt :** **Einsetzen in** $f(x)$ <br> $y$-Koordinaten der Wendepunkte bestimmen. | $f(0)=\dfrac{1}{4}\cdot0^4-\dfrac{2}{3}\cdot0^3+2=2 \qquad \rightarrow W(0\,\vert\,2)$ <br> $f\left(\dfrac{4}{3}\right)=\dfrac{1}{4}\cdot\left(\dfrac{4}{3}\right)^4-\dfrac{2}{3}\cdot\left(\dfrac{4}{3}\right)^3+2=\dfrac{98}{81} \rightarrow W\left(\dfrac{4}{3}\,\Big\vert\,\dfrac{98}{81}\right)$ |

(4. Schritt: **Zusätzlich**)

| | |
| --- | --- |
| **4. Schritt :** **Gilt** $f'(x)=0$? <br> In diesem Fall liegt ein Sattelpunkt vor. Ansonsten handelt es sich um einen „gewöhnlichen" Wendepunkt. | $f'(0)=0^3-2\cdot0^2=0 \qquad\qquad =0 \rightarrow S(0\,\vert\,2)$ <br> $f'\left(\dfrac{4}{3}\right)=\left(\dfrac{4}{3}\right)^3-2\cdot\left(\dfrac{4}{3}\right)^2=-\dfrac{32}{27} \neq 0 \rightarrow W$ |

www.mvurl.de/adoh

Im Koordinatensystem finden Sie das Schaubild der

Funktion $f$ mit $f(x) = \dfrac{1}{4}x^4 - \dfrac{2}{3}x^3 + 2$

und den berechneten Sattelpunkt.

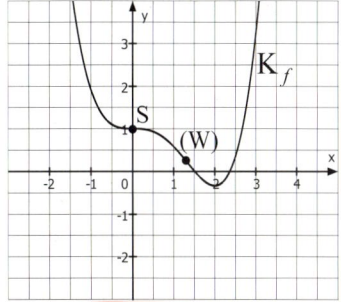

**Jeder Sattelpunkt ist auch ein Wendepunkt, aber nicht jeder Wendepunkt ist auch ein Sattelpunkt!**

## 3.8 Zusammenhang zwischen den Schaubildern von Funktion und Ableitung

### 1. Grundsätzlicher Zusammenhang

Der $y$-Wert des Schaubildes von $f'(x)$ entspricht an jedem $x$-Wert der Steigung des Schaubildes von $f(x)$.

### 2. Zusammenhang zwischen den besonderen Punkten

**Kurzversion** (Merkregel: In jeder Zeile steht das englische Wort für „neu"; 3-stufig)

| $f(x)$ | N | E | W | |
|---|---|---|---|---|
| $f'(x)$ | | N | E | W |
| $f''(x)$ | | | N | E | W |

**Ausführliche Version** (nur 2-stufig dargestellt)

| $f(x)$ bzw. $f'(x)$ | N | H | T | W (von Lk zu Rk | W (von Rk zu Lk) | S |
|---|---|---|---|---|---|---|
| $f'(x)$ bzw. $f''(x)$ | | N „von + nach –" | N „von – nach +" | H | T | N ohne VZW (z.B. doppelte N) bzw. H oder T auf der $x$-Achse |

| **Abkürzungen** | Nullstelle | Wendepunkt |
|---|---|---|
| | Extrempunkt (**H**och- oder **T**iefpunkt) | **S**attelpunkt |
| | **L**inkskrümmung / **R**echtskrümmung | **V**or**Z**eichen**W**echsel |

### Bemerkungen

• Die obigen Zusammenhänge gelten natürlich auch zwischen der Stammfunktion F($x$) und der zugehörigen Funktion $f(x)$.

• Die Symmetrieart eines Schaubildes „pendelt" beim Ableiten.
Beispiel: $K_f$ ist symmetrisch zur $y$-Achse $\Rightarrow K_{f'}$ ist symmetrisch zum Ursprung $\Rightarrow K_{f''}$ ist symmetrisch zur $y$-Achse $\Rightarrow$ ...

www.mvurl.de/g45w

**Beispiel**

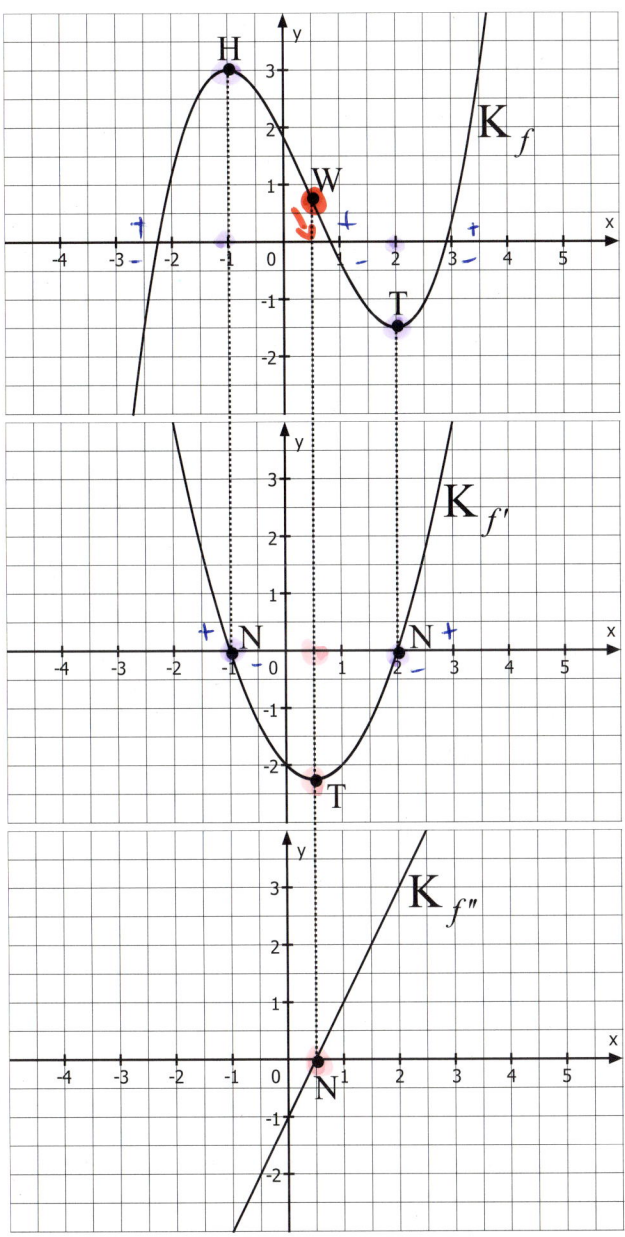

## 3.9 Ermittlung von Funktionsgleichungen

### 1. Möglichkeit: Differenzialrechnung („Steckbriefaufgaben")

**Beispiel**

Gesucht ist die Gleichung einer Funktion 4. Grades, deren Schaubild symmetrisch zur $y$-Achse ist. Das Schaubild hat den Tiefpunkt $T(2\,|\,1)$ und besitzt an der Stelle 1 die Steigung $-2,4$.

**Lösung**

Allgemeiner Ansatz: $\quad f(x) = ax^4 + bx^3 + cx^2 + dx + e$

Da symm. zur $y$-Achse: $\quad f(x) = ax^4 + cx^2 + e$ *(nur gerade Hochzahlen)*

$\qquad\qquad\qquad\qquad f'(x) = 4ax^3 + 2cx$

Gauß

**Bedingungen**

$T(2\,|\,1)$ *(Punktprobe)*: $\quad f(2) = 1 \Rightarrow a \cdot 2^4 + c \cdot 2^2 + e = 1 \quad \Rightarrow \quad 16a + 4c + e = 1$

$T(2\,|\,1)$ *(Bed. $f'(x) = 0$)*: $\quad f'(2) = 4a \cdot 2^3 + 2c \cdot 2 = 0 \qquad\qquad \Rightarrow \quad 32a + 4c \quad\ = 0$

In $x = 1$ Steigung $-2,4$: $\quad f'(1) = 4a \cdot 1^3 + 2c \cdot 1 = -2,4 \quad \Rightarrow \quad 4a + 2c \quad = -2,4$

**Lösen des LGS**

$$
\begin{pmatrix} 16 & 4 & 1 & | & 1 \\ 32 & 4 & 0 & | & 0 \\ 4 & 2 & 0 & | & -2,4 \end{pmatrix}
\sim
\begin{pmatrix} 16 & 4 & 1 & | & 1 \\ 0 & 2 & 1 & | & 1 \\ 0 & -4 & 1 & | & 10,6 \end{pmatrix}
\sim
\begin{pmatrix} 16 & 4 & 1 & | & 1 \\ 0 & 2 & 1 & | & 1 \\ 0 & 0 & 3 & | & 12,6 \end{pmatrix}
$$

(Hinweis: Schnelleres Lösen des LGS durch Tausch der 1. mit der 3. Spalte möglich.)

$\text{III}: 3e = 12,6$

$\qquad e = 4,2$

in II: $2c + 1 \cdot 4,2 = 1$

$\qquad\quad c = -1,6$

in I: $16a + 4 \cdot (-1,6) + 1 \cdot 4,2 = 1$

$\qquad\qquad\qquad a = 0,2$

Man erhält: $f(x) = 0,2x^4 - 1,6x^2 + 4,2$

**Notwendig**

Mindestens so viele Bedingungen bzw. Gleichungen wie unbekannte Koeffizienten im Ansatz vorhanden (im Beispiel: 3 Bedingungen bzw. Koeffizienten).

www.mvurl.de/q42e

**Typische Beschreibungen von Schaubildern und zugehörige math. Bedingungen**

| Beschreibungen des Schaubildes | Mathematische Bedingungen |
|---|---|
| Schaubild ist punktsymmetrisch zum Ursprung | $f(x)$ *enthält nur ungerade Hochzahlen* <br> *z.B.* $f(x) = ax^3 + cx$ *bei Grad 3* |
| Schaubild ist achsensymmetrisch zur $y$-Achse | $f(x)$ *enthält nur gerade Hochzahlen* <br> *z.B.* $f(x) = ax^4 + cx^2 + e$ *bei Grad 4* |
| Schaubild verläuft durch P(3 \| 8) | $f(3) = 8$ |
| Schaubild besitzt an der Stelle 2 die Steigung 5 (oder: besitzt am $x$-Wert 2 eine Tangente mit Steigung 5) | $f'(2) = 5$ |
| Schaubild berührt an der Stelle 3 die $x$-Achse | $\begin{cases} f(3) = 0 & (\textit{verläuft durch } \mathrm{P}(3\,\vert\,0)) \\ f'(3) = 0 & (\textit{hier Steigung } 0) \end{cases}$ |
| Schaubild besitzt den Hochpunkt H($-2$ \| 3) | $\begin{cases} f(-2) = 3 & (\textit{verläuft durch } \mathrm{P}(-2\,\vert\,3)) \\ f'(-2) = 0 & (\textit{hier Steigung } 0) \end{cases}$ |
| Schaubild besitzt den Tiefpunkt T($-2$ \| 3) | *gleiche Bedingungen wie bei* H($-2$ \| 3) |
| Schaubild besitzt den Wendepunkt W(5 \| 7) | $\begin{cases} f(5) = 7 & (\textit{verläuft durch } \mathrm{P}(5\,\vert\,7)) \\ f''(5) = 0 & (\textit{hier „keine Krümmung“}) \end{cases}$ |
| Schaubild besitzt den Sattelpunkt S(1 \| 4) | $\begin{cases} f(1) = 4 & (\textit{verläuft durch } \mathrm{P}(1\,\vert\,4)) \\ f'(1) = 0 & (\textit{hier Steigung } 0) \\ f''(1) = 0 & (\textit{hier „keine Krümmung“}) \end{cases}$ |
| Schaubild schneidet das Schaubild der bekannten Funktion $g(x)$ an der Stelle 2 | $f(2) = g(2)$ *(hier gleicher $y$-Wert)* |
| Schaubild berührt das Schaubild der bekannten Funktion $g(x)$ an der Stelle 4 | $\begin{cases} f(4) = g(4) & (\textit{hier gleicher } y\text{-}\textit{Wert}) \\ f'(4) = g'(4) & (\textit{hier gleiche Steigung}) \end{cases}$ |

## 2. Möglichkeit: Regression

**Beispiel:**

Gesucht ist die Gleichung einer Parabel (2. Grades), deren Schaubild **näherungsweise** durch die dargestellten Punkte verläuft.

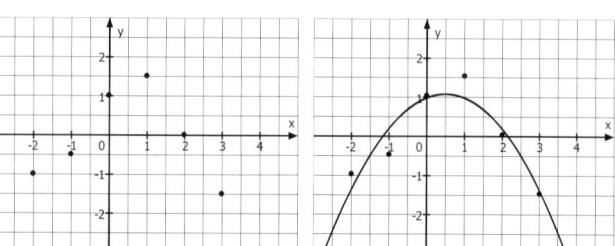

| CASIO fx-87DE X | | TI-30X Plus MultiView | |
|---|---|---|---|
| | | | |

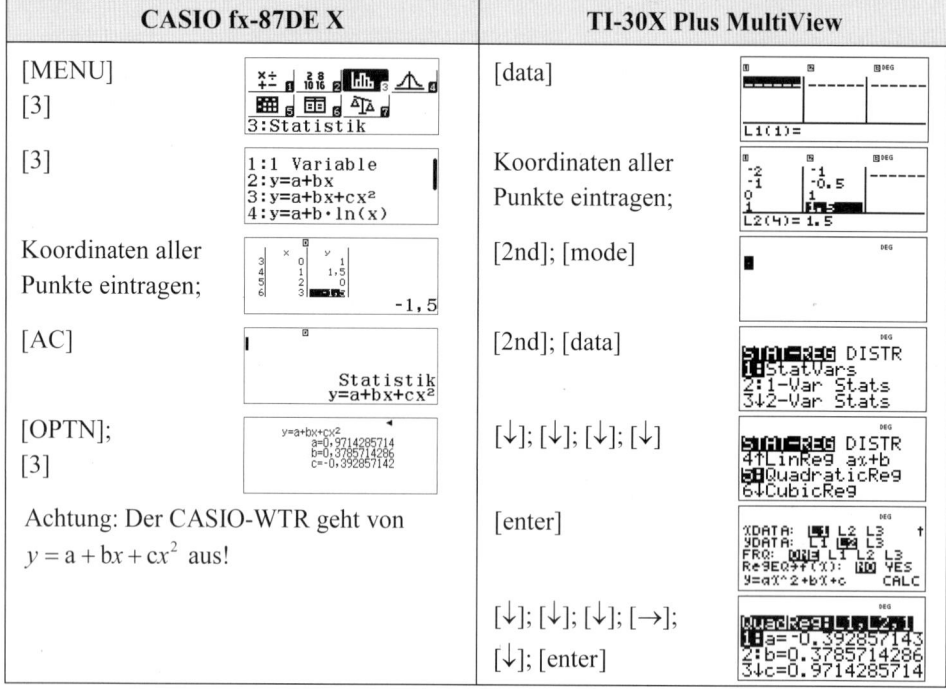

Gleichung der Regressionsfunktion: $f(x) = -0,393x^2 + 0,379x + 0,971$

**Notwendig:** Mindestens so viele Punkte wie unbekannte Koeffizienten im Ansatz.

### Das Bestimmtheitsmaß $r^2$

• Gibt die **Güte einer Regression** an, beurteilt also, wie „genau" die Kurve durch die Punkte verläuft.

• $r^2$ kann hierbei Werte zwischen 0 (Kurve „passt nicht" zur Punktwolke) und 1 (Kurve verläuft durch alle Punkte) annehmen.

Im Beispiel gilt $r^2 \approx 0,86$, was auf eine „recht hohe" Anpassung der Kurve an die Punkte hindeutet.

## 3. Möglichkeit: Nullstellenansatz bei ganzrationalen Funktionen

### Beispiel
Gesucht ist die Funktionsgleichung zum nebenstehenden Schaubild.

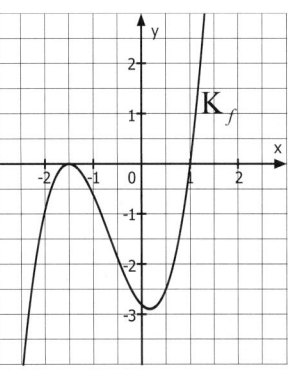

### Lösung
Da die Nullstellen $\left(x_{1/2} = -1{,}5;\ x_3 = 1\right)$ des Schaubildes
ablesbar sind, kann der Nullstellenansatz der Funktion (S. 14)
weitgehend aufgestellt werden:

$$f(x) = a \cdot (x+1{,}5)^2 \cdot (x-1)$$

Dann werden die Koordinaten eines weiteren Punktes,
der kein Schnittpunkt mit der $x$-Achse ist, eingesetzt:

$P(0{,}5 \mid -2{,}5)$:
$$f(x) = a \cdot (x+1{,}5)^2 \cdot (x-1)$$
$$-2{,}5 = a \cdot (0{,}5+1{,}5)^2 \cdot (0{,}5-1)$$
$$-2{,}5 = -2a$$
$$\frac{5}{4} = a$$

$$\Rightarrow f(x) = \frac{5}{4} \cdot (x+1{,}5)^2 \cdot (x-1)$$

### Notwendig

$\left.\begin{array}{l} 2 \\ 3 \\ 4 \end{array}\right\}$ Nullstellen bei einer ganzrationalen Funktion $\left\{\begin{array}{l} 2. \\ 3. \\ 4. \end{array}\right.$ Grades und mind. ein weiterer Punkt.

## 3.10 Extremwertaufgaben

**Beispiel**

Aus einer parabelförmigen Holzplatte soll ein möglichst großes Dreieck (s. Skizze, mit rechtem Winkel rechts unten) herausgesägt werden.
Der Rand der Holzplatte wird durch das Schaubild der Funktion $f$ mit $f(x) = -\dfrac{7}{72}x^2 + \dfrac{7}{2}$ beschrieben.
Welchen Flächeninhalt kann ein solches Dreieck höchstens haben?

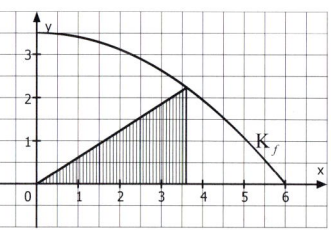

| Das Rezept |
|---|
| **Zutaten**  |
| **1. Skizze machen:** Alles einzeichnen was in der Aufgabenstellung beschrieben wird.      (hier gegeben) |
| **2. Koordinaten möglichst vieler relevanter Punkte (eventuell in Abhängigkeit von $u$) angeben.** <br> Hierbei beachten: Ein Punkt, der „irgendwo auf dem Schaubild" liegt, besitzt die Koordinaten $(u \mid f(u))$.      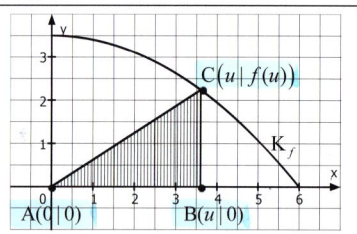 |
| **Kochen**  |
| **3. Allgemeine Zielfunktion bestimmen.** <br> Formel für die Größe suchen, die maximal (bzw. minimal) werden soll. <br> (z.B. $A = \dfrac{1}{2} \cdot a \cdot b$; $A = \dfrac{1}{2} \cdot c \cdot h_c$; $A = a \cdot b$; $U = 2 \cdot a + 2 \cdot b$; ...)      Flächeninhalt rechtwinkliges Dreieck: <br><br> $A = \dfrac{1}{2} \cdot a \cdot b$  (Allgemeine Zielfunktion) |
| **4. Benötigte Strecken** ($a$, $b$, $c$, $h_c$, ...) für Allgemeine Zielfunktion in **Skizze einzeichnen.**      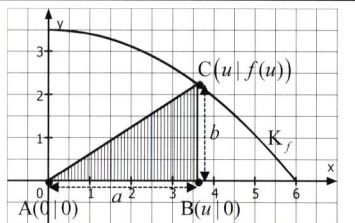 |

www.mvurl.de/q5ks

| | |
|---|---|
| **5. Konkrete Zielfunktion bestimmen.**<br><br>**Streckenlängen** durch die Koordinaten der Punkte aus 2. **ausdrücken.**<br>Hierbei beachten:<br>- waagr. Streckenlänge: $x_{\text{rechts}} - x_{\text{links}}$<br>- senkr. Streckenlänge: $y_{\text{oben}} - y_{\text{unten}}$<br>**Funktionsterm** aus Aufgabenstellung **einsetzen.** | $A(u) = \dfrac{1}{2} \cdot \quad a \quad \cdot \quad b$<br><br>$A(u) = \dfrac{1}{2} \cdot (u - 0) \quad \cdot \quad (f(u) - 0)$<br><br>$A(u) = \dfrac{1}{2} \cdot \quad u \quad \cdot \left( -\dfrac{7}{72} u^2 + \dfrac{7}{2} \ - 0 \right)$<br><br>(Konkrete Zielfunktion) |
| **6.** Schaubild der **Konkreten Zielfunktion** auf **Hochpunkt** (bzw. Tiefpunkt) **untersuchen.** | $A(u) = \dfrac{1}{2} \cdot u \cdot \left( -\dfrac{7}{72} u^2 + \dfrac{7}{2} \right) = -\dfrac{7}{144} u^3 + \dfrac{7}{4} u;$<br><br>$A'(u) = -\dfrac{7}{48} u^2 + \dfrac{7}{4};\ A''(u) = -\dfrac{7}{24} u$<br><br>1. $A'(u) = 0:\ -\dfrac{7}{48} u^2 + \dfrac{7}{4} = 0$<br>Lösung: $u_1 \approx 3,46 \quad (u_2 \approx -3,46$ nicht in D)<br><br>2. $A''(3,46) \approx -\dfrac{7}{24} \cdot 3,46 < 0 \quad \rightarrow H$<br><br>3. $A(3,46) \approx -\dfrac{7}{144} \cdot 3,46^3 + \dfrac{7}{4} \cdot 3,46 \approx 4,04$<br>$\rightarrow H(3,46 \mid 4,04)$ |
| **7. Randwertuntersuchung**<br>**Grenzen des Definitionsbereiches** für $u$ in Konkrete Zielfunktion **einsetzen.**<br>Erhaltene $y$-Werte mit dem $y$-Wert des Hochpunktes (bzw. Tiefpunktes) **vergleichen.** | Definitionsbereich: $D = [0;\ 6]$ (s. Skizze)<br>$A(0) = 0\ < 4,04$<br>$A(6) = 0\ < 4,04$ |
| **Servieren**  | |
| **8. Antwortsatz**<br>Für $u = \ldots$ ($x$-Wert Extrempunkt) wird ... (gesuchte Größe) maximal (bzw. minimal).<br>Diese beträgt dann ... ($y$-Wert Extrempunkt). | **Antwortsatz**<br>Für $u \approx 3,46$<br>wird der Flächeninhalt des Dreiecks maximal.<br>Dieser beträgt dann ungefähr 4,04 Flächeneinheiten. |

„Aufleitungsregeln"
$f(x) =$
$F(x) =$

(S. 62)

Fläche zwischen
Schaubild und
$x$-Achse

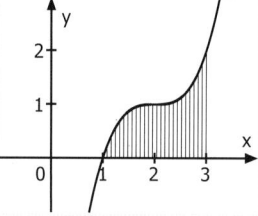

(S. 64)

# Integralrechnung

Fläche zwischen
2 Kurven

(S. 66)

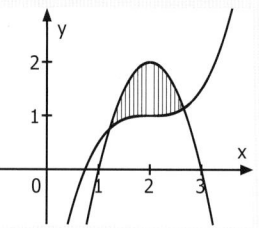

Uneigentliche
Integrale

(S. 71)

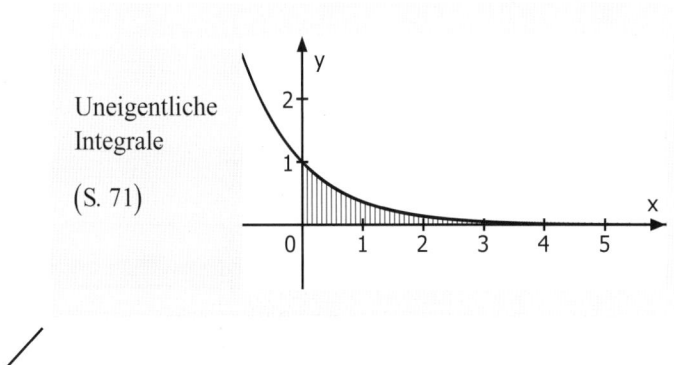

Anwendungen

(S. 72)

Rotation um
die $x$-Achse

(S. 68)

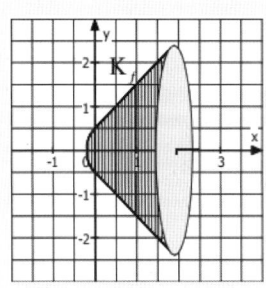

Mittelwert

$$\overline{m} = \frac{1}{b-a} \cdot \int\limits_{a}^{b} f(x)\, dx$$

(S. 70)

# 4 Integralrechnung

## 4.1 Integrationsregeln („Aufleitungsregeln")

| Nr. | Beispiel | Vorgehen |
|:---:|---|:---:|
| | **Elementarregeln** | |
| 1 | $f(x) = x^5$ <br> $F(x) = \dfrac{1}{6}x^6$ <br><br> $f(x) = x^2$ <br> $F(x) = \dfrac{1}{3}x^3$ | $f(x) = x^{Exponent}$ <br> $F(x) = \dfrac{1}{Exponent+1} \cdot x^{Exponent+1}$ <br> (Potenzregel) |
| 2 | $f(x) = e^x$ <br> $F(x) = e^x$ | *Abschreiben* |
| 3 | $f(x) = \dfrac{1}{x}$  (für $x > 0$) <br> $F(x) = \ln(x)$ | *Dran denken!* |
| 4 | $f(x) = \sin(x)$ <br> $F(x) = -\cos(x)$ | $\sin$ <br> $-\cos \qquad \cos$ <br> $-\sin$ |
| 5 | $f(x) = \cos(x)$ <br> $F(x) = \sin(x)$ | *(Gegen den Uhrzeigersinn!)* |
| | **Vorgehensregeln** | |
| 6 | $f(x) = \mathbf{2} \cdot x^2$ <br> $F(x) = \mathbf{2} \cdot \dfrac{1}{3}x^3 = \dfrac{2}{3}x^3$ | *„Zahlen" mit · oder : „bleiben"* <br> (Faktorregel) |
| 7 | $f(x) = x^2 + \mathbf{2}$ <br> $F(x) = \dfrac{1}{3}x^3 + \mathbf{2}x$ | *„Zahlen" mit + oder − „erhalten ein x"* |
| 8 | $f(x) = x^2 - 4x$ <br> $F(x) = \dfrac{1}{3}x^3 - 2x^2$ | *+ und − Zeichen unterteilen die Funktion* <br> *in Teilfunktionen, welche einzeln aufgeleitet werden* <br> (Summenregel) |

www.mvurl.de/fift

| Nr. | Beispiel | Vorgehen |
|---|---|---|
| | **Produktregel** | |
| 9 | $f(x) = x^2 \cdot e^x$ <br> $F(x) = ?$ | Die Produktregel zum Aufleiten (partielle Integration) wird im Abitur nicht verlangt. |

| | **Anwendungen der Kettenregel** | |
|---|---|---|
| 10 | $f(x) = e^{2x+3}$ <br><br> $F(x) = e^{2x+3} \cdot \dfrac{1}{2}$ | $f(x) = e^{Exponent}$ <br><br> $F(x) = e^{Exponent} \cdot \dfrac{1}{Exponent\ abgeleitet}$ |
| 11 | $f(x) = \dfrac{1}{2x-6} \quad (x > 3)$ <br><br> $F(x) = \ln(2x-6) \cdot \dfrac{1}{2}$ | $f(x) = \dfrac{1}{Nennerterm}$ <br><br> $F(x) = \ln(Nennerterm) \cdot \dfrac{1}{Nennerterm\ abgeleitet}$ |
| 12 | $f(x) = \sin(2x+3)$ <br><br> $F(x) = -\cos(2x+3) \cdot \dfrac{1}{2}$ | $f(x) = \sin(Klammerinhalt)$ <br><br> $F(x) = -\cos(Klammerinhalt) \cdot \dfrac{1}{Klammerinhalt\ abgeleitet}$ |
| 13 | $f(x) = \cos(2x+3)$ <br><br> $F(x) = \sin(2x+3) \cdot \dfrac{1}{2}$ | $f(x) = \cos(Klammerinhalt)$ <br><br> $F(x) = \sin(Klammerinhalt) \cdot \dfrac{1}{Klammerinhalt\ abgeleitet}$ |
| 14 | $f(x) = (2x+3)^5$ <br><br> $F(x) = \dfrac{1}{6} \cdot (2x+3)^6 \cdot \dfrac{1}{2}$ <br><br> $= \dfrac{1}{12} \cdot (2x+3)^6$ | $f(x) = (Klammerinhalt)^{Exponent}$ <br><br> $F(x) = \dfrac{1}{Exponent+1} \cdot (Klammerinhalt)^{Exponent+1} \cdot \dfrac{1}{Klammerinhalt\ abgeleitet}$ |

**Annahme :** *Klammerinhalt* bzw. *Exponent* ist linear („enthält nur *x*, also kein $x^2, e^x, \ldots$")

**Hinweis : Integrationskonstante**

Eine Funktion hat nur eine Ableitungs-funktion, aber **unendlich viele Stammfunktionen**, da der hintere Summand $c$ (Integrationskonstante) beim Ableiten verschwindet.

Allg.: $F(x) = \dfrac{1}{3}x^3 + c$

$$F(x) = \frac{1}{3}x^3 \qquad F(x) = \frac{1}{3}x^3 + 2 \qquad F(x) = \frac{1}{3}x^3 - 3$$

$$f(x) = x^2$$

$$f'(x) = 2x$$

## 4.2 Flächeninhaltsberechnung zwischen Schaubild und *x*-Achse

### 1. Fläche oberhalb der *x*-Achse

**Beispiel**

Gegeben ist die Funktion $f$ mit $f(x) = -x^2 + 1$.
Welchen Inhalt besitzt die schraffierte Fläche?

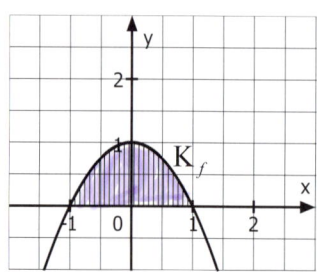

**Ansatz**

$$A = \int_a^b f(x)\,dx = \left[F(x)\right]_a^b = F(b) - F(a)$$

**Lösung**

$$A = \int_{-1}^{1} \left(-x^2 + 1\right) dx = \left[-\frac{1}{3}x^3 + x\right]_{-1}^{1} = -\frac{1}{3} \cdot 1^3 + 1 - \left(-\frac{1}{3} \cdot (-1)^3 + (-1)\right) \approx 1{,}333 \text{ FE}$$

↑       →       →

*Rechte Grenze*    *aufleiten*    *Rechte und linke*
*nach oben,*              *Grenze in Stammfunktion*
*linke nach unten*           *einsetzen,*
                         *voneinander subtrahieren*

**Merkregel**

$$A = \int_{\text{linke Grenze}}^{\text{rechte Grenze}} (\text{Funktionsterm})\,dx$$

### 2. Fläche unterhalb der *x*-Achse

**Unterschied**

$$A = \int_{-1}^{1} -f(x)\,dx$$

↖

***Minuszeichen beachten!***
*Sonst: negatives Ergebnis*

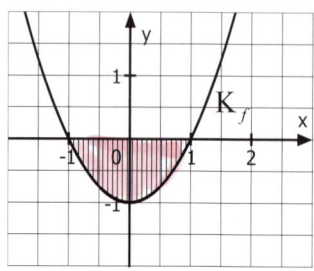

**Hinweis:** Falls Sie versehentlich ein negatives Ergebnis erhalten, können Sie dies korrigieren, indem Sie **Betragsstriche** setzen.

## 3. Zusammengesetzte Fläche

**Beispiel:** Gegeben ist die Funktion $f$ mit $f(x) = \frac{1}{3}x^3 - \frac{1}{6}x^2 - \frac{5}{3}x$. Welchen Inhalt besitzt die schraffierte Fläche?

**Vorgehen (am Beispiel)**

**1. Nullstellen bestimmen**

$f(x) = 0 \rightarrow x_1 = -2; \; x_2 = 0; \; x_3 = 2,5$

**2. Teilflächeninhalte bestimmen**

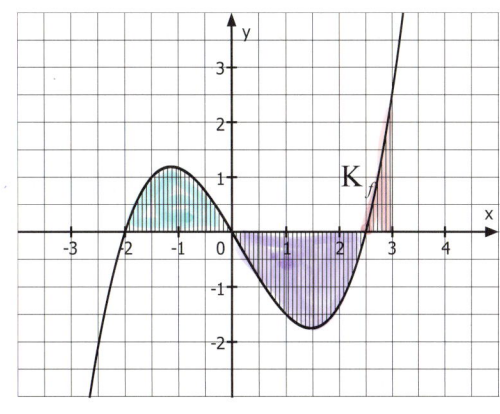

$A_1 = \int_{-2}^{0} f(x)dx \approx 1,56;$

$A_2 = \int_{0}^{2,5} -f(x)\,dx \approx 2,82;$

$A_3 = \int_{2,5}^{3} f(x)\,dx \approx 0,57$

**3. Gesamtflächeninhalt bestimmen**

$A = A_1 + A_2 + A_3 \approx 1,56 + 2,82 + 0,57 = 4,95$ FE

> **Von Nullstelle zu Nullstelle integrieren!**
> Ansonsten werden positive und negative Flächeninhaltswerte zu einer „**Flächenbilanz**" verrechnet.

## 4. Interpretation von Flächeninhalten

Der Inhalt der markierten Fläche gibt an …

**Beispiel 1**

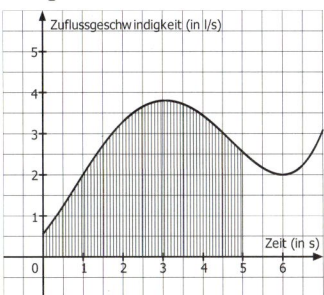

… welche Wassermenge (in l) innerhalb von 5 s zugeflossen ist.

**Beispiel 2**

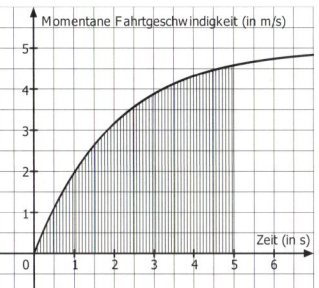

… welche Strecke (in m) innerhalb von 5 s zurückgelegt wurde.

**Tipp:** Einheit Integral („Fläche") = Einheit Funktion · Einheit Variable (z.B. $\frac{l}{s} \cdot s = l$)

65

# 4.3 Flächeninhaltsberechnung zwischen zwei Schaubildern

## 1. Einzelfläche

### Beispiel

Gegeben sind die Funktionen $f$ mit $f(x) = -x^2 + 1$
und $g$ mit $g(x) = x - 1$.
Welchen Inhalt besitzt die schraffierte Fläche?

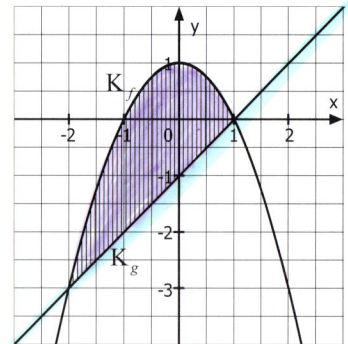

**Ansatz**

$$A = \int_a^b \big(f(x) - g(x)\big)\, dx$$

### Lösung

| *Rechte Grenze nach oben, linke nach unten* | *Oberer Funktions- term minus unterer Funktionsterm* | *eventuell vereinfachen* | *aufleiten* |
|---|---|---|---|

$$A = \int_{-2}^{1} \Big((-x^2 + 1) \; - \; (x - 1)\Big)\, dx \;\; = \;\; \int_{-2}^{1} \big(-x^2 - x + 2\big)\, dx \;\; = \;\; \left[-\frac{1}{3}x^3 - \frac{1}{2}x^2 + 2x\right]_{-2}^{1}$$

$$= -\frac{1}{3}\cdot 1^3 - \frac{1}{2}\cdot 1^2 + 2\cdot 1 \;\; - \;\; \left(-\frac{1}{3}\cdot(-2)^3 - \frac{1}{2}\cdot(-2)^2 + 2\cdot(-2)\right) \;\; = \;\; 4{,}5 \text{ FE}$$

*Rechte und linke Grenze in Stammfunktion einsetzen, voneinander subtrahieren*

**Merkregel**

$$A = \int_{\text{linke Grenze}}^{\text{rechte Grenze}} (\textbf{oberer Funktionsterm} - \textbf{unterer Funktionsterm})\; dx$$

### Bemerkung (Lage zur $x$-Achse)

Bei einer Fläche, die zwischen zwei Schaubildern liegt, ist es hingegen völlig unerheblich, ob sich diese oberhalb oder unterhalb der $x$-Achse befindet.

www.mvurl.de/315d

## 2. Zusammengesetzte Fläche

**Beispiel:** Gegeben sind die Funktionen $f$ mit $f(x) = \frac{1}{4}x^3 + \frac{1}{4}x^2 - \frac{3}{4}x - \frac{3}{4}$ und $g$ mit

$g(x) = \frac{3}{4}x - \frac{3}{4}$. Welchen Inhalt besitzt die schraffierte Fläche?

**Vorgehen (am Beispiel)**

**1. Schnittstellen bestimmen**

$f(x) = g(x) \rightarrow x_1 = -3;\ x_2 = 0;\ x_3 = 2$

**2. Teilflächeninhalte bestimmen**

$A_1 = \int\limits_{-3}^{0} \left( f(x) - g(x) \right) dx \approx 3,94;$

$A_2 = \int\limits_{0}^{2} \left( g(x) - f(x) \right) dx \approx 1,33$

**3. Gesamtflächeninhalt bestimmen**

$A = A_1 + A_2 \approx 3,94 + 1,33 = 5,27 \text{ FE}$

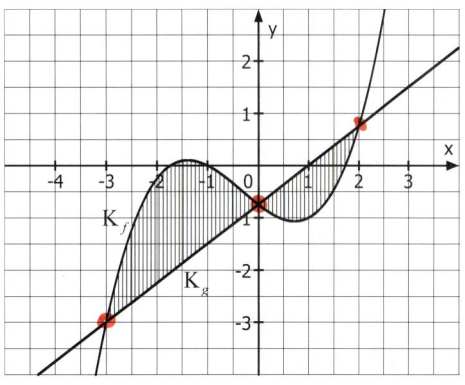

**Von Schnittstelle zu Schnittstelle integrieren!**

Ansonsten werden positive und negative
Flächeninhaltswerte zu einer
**„Flächenbilanz"** verrechnet.

## 4.4 Berechnung des Rotationsvolumens:
## Fläche zwischen Schaubild und *x*-Achse rotiert um die *x*-Achse

**Beispiel**

Gegeben ist die Funktion $f$ mit $f(x) = x + 0,5$.
Deren Schaubild rotiert zwischen den beiden Grenzen
$a = 0$ und $b = 2$ um die $x$-Achse.
Welches Volumen besitzt der entstehende Rotationskörper?

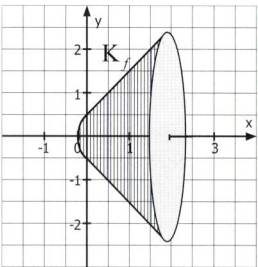

**Ansatz**

$$V_{rot} = \pi \cdot \int_a^b \left( f(x) \right)^2 \, dx$$

**Lösung**

$$
\begin{array}{ccc}
\textit{Rechte Grenze} & \textit{quadrieren,} & \\
\textit{nach oben,} & \textit{1. Binomische} & \\
\textit{linke nach unten} & \textit{Formel} & \textit{aufleiten} \\
\downarrow & \longrightarrow & \longrightarrow
\end{array}
$$

$$V_{rot} = \pi \cdot \int_0^2 \left( (x+0,5)^2 \right) dx = \pi \cdot \int_0^2 \left( x^2 + x + 0,25 \right) dx = \pi \cdot \left[ \frac{1}{3}x^3 + \frac{1}{2}x^2 + 0,25x \right]_0^2$$

$$= \pi \cdot \left( \frac{1}{3} \cdot 2^3 + \frac{1}{2} \cdot 2^2 + 0,25 \cdot 2 \ - \ (0) \right) = 16,23 \text{ VE}$$

$\longrightarrow$

*Rechte und linke
Grenze in
Stammfunktion
einsetzen,
voneinander
subtrahieren*

www.mvurl.de/ahlh

## 4.5 Berechnung des Rotationsvolumens:
## Fläche zwischen zwei Schaubildern rotiert um die *x*-Achse

**Beispiel**

Gegeben sind die beiden Funktionen
$f$ mit $f(x)$ und $g$ mit $g(x)$.
Die Fläche zwischen den beiden
zugehörigen Schaubildern und den
Grenzen $a = 0$ und $b = 2$
rotiert um die *x*-Achse.
Welches Vorgehen führt zum
Volumen des entstehenden
Rotationskörpers?

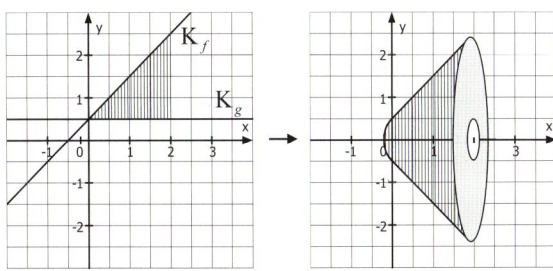

**Vorgehen (am Beispiel)**

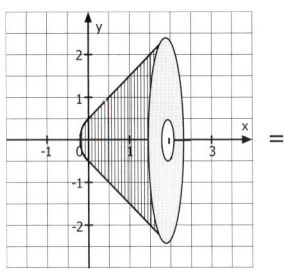 = 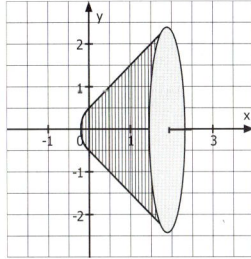 −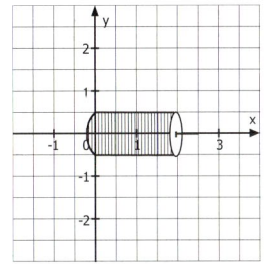

$$V_{rot} \quad = \quad V_{gesamt} \quad - \quad V_{\text{„Hohlraum“}}$$

$$= \quad \pi \cdot \int_{0}^{2} \big(f(x)\big)^2 \, dx \quad - \quad \pi \cdot \int_{0}^{2} \big(g(x)\big)^2 \, dx$$

$$= \quad \pi \cdot \int_{0}^{2} \big(f(x)\big)^2 - \big(g(x)\big)^2 \, dx$$

$$\left( \neq \quad \pi \cdot \int_{0}^{2} \big(f(x) - g(x)\big)^2 \, dx \quad \text{Falscher Ansatz!} \right)$$

## 4.6 Mittelwert (durchschnittlicher *y*-Wert) einer Funktion (Zusatz)

**Beispiel**

Die Funktion $f$ mit $f(x) = -10x^2 + 60x$ gibt zu jedem Zeitpunkt die momentane Geschwindigkeit eines Zuges während einer 6-stündigen Zugfahrt an.

Welche **durchschnittliche Geschwindigkeit** hat der Zug?

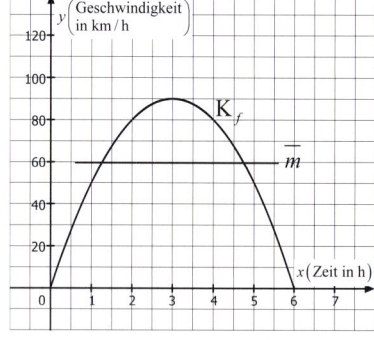

**Ansatz**

$$\overline{m} = \frac{1}{b-a} \cdot \int_a^b f(x)\,dx$$

**Lösung**

$$\overline{m} = \frac{1}{6-0} \cdot \int_0^6 \left(-10x^2 + 60x\right) dx = \frac{1}{6} \cdot \left[-\frac{10}{3}x^3 + \frac{60}{2}x^2\right]_0^6$$

$$= \frac{1}{6} \cdot \left(-\frac{10}{3} \cdot 6^3 + \frac{60}{2} \cdot 6^2 \quad - \quad \left(-\frac{10}{3} \cdot 0^3 + \frac{60}{2} \cdot 0^2\right)\right) = 60 \,[\text{km/h}]$$

**Bemerkungen**

• Der Ansatz zur Berechnung der **mittleren (durchschnittlichen) Steigung** eines Schaubildes in einem bestimmten Bereich lautet:

$$\frac{1}{b-a} \cdot \int_a^b f'(x)\,dx \qquad \left(\text{alternativ über Sekantensteigung: } \frac{y_2 - y_1}{x_2 - x_1} = \frac{f(b) - f(a)}{b-a}\right)$$

• Der Ansatz zur Berechnung der **mittleren (durchschnittlichen) Abweichung** zwischen den *y*-Werten zweier Funktionen (bzw. des mittleren Abstandes der zugehörigen Schaubilder) in einem bestimmten Bereich lautet:

$$\frac{1}{b-a} \cdot \int_a^b |f(x) - g(x)|\,dx$$

www.mvurl.de/yi7m

## 4.7 Flächen, die bis ins Unendliche reichen (Zusatz)

**Beispiel**

Der Inhalt der rechts offenen Fläche, die durch das
Schaubild der Funktion $f$ mit $f(x) = e^{-x}$ und die
beiden Koordinatenachsen eingeschlossen wird,
soll berechnet werden.

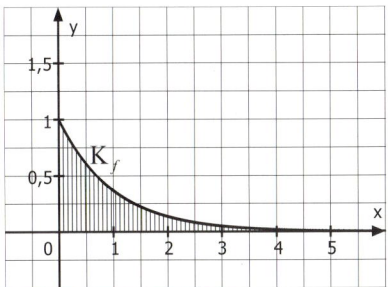

**Problem :** Schaubild schneidet die $x$-Achse nicht.
Rechte Grenze liegt „unendlich weit rechts".

**Vorgehen (am Beispiel)**

**1. Unbekannte Grenze mit $z$ bezeichnen, damit Flächeninhalt A$(z)$ bestimmen**

$$A(z) = \int_0^z \left(e^{-x}\right)dx = \left[-e^{-x}\right]_0^z = -e^{-z} - \left(-e^0\right) = -e^{-z} - (-1) = -e^{-z} + 1$$

**2. A$(z)$ untersuchen, wenn $z$ gegen $+\infty$ strebt $\left(z \to +\infty\right)$**

(z.B. $z = 1000 : A(1000) = -e^{-10000} + 1 \approx 0 + 1 \approx 1$; „Nebenrechnung")

$z \to +\infty$ : $A(z) = -e^{-z} + 1 \to 0 + 1 = 1 \Rightarrow$ Flächeninhalt strebt gegen $1\,cm^2$

*Ist es für Sie wirklich einsichtig, dass der Flächeninhalt weniger als $1\,cm^2$ beträgt, obwohl
sich die Fläche unendlich weit nach rechts erstreckt? Falls nicht, können Sie das schnell
ändern, indem Sie das nachfolgende Gedankenexperiment durchführen!*

### Gedankenexperiment

Mit einer Schere wird ein Blatt Papier halbiert.

Die obere Hälfte wird in ein Koordinatensystem
gelegt.

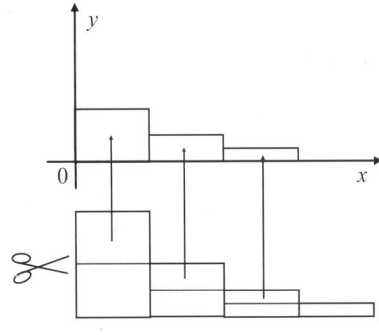

Die untere Hälfte wird wiederum halbiert.

Deren obere Hälfte wird ebenfalls in das
Koordinatensystem gelegt.

...

Nach und nach erhält man eine Fläche, welche der im oberen Koordinatensystem
dargestellten Fläche ähnelt:
Die Höhe wird ebenfalls immer geringer und die Fläche erstreckt sich ebenfalls unendlich
weit nach rechts. Man kann das Blatt ja (zumindest theoretisch) unendlich oft halbieren. Ist
der Inhalt der Fläche unendlich groß?
Nein! Er kann niemals größer als die Fläche des Papierblattes sein!
Ebenso verhält es sich mit der oberen markierten Fläche.

# 5 Anwendungsorientierte Aufgaben

## 5.1 Bedeutungsmäßiger Zusammenhang von Funktion und Ableitungsfunktion

Anwendungsorientierte Aufgaben thematisieren oftmals (zumindest sinngemäß) eine der nachfolgenden Problemstellungen.

Hierbei liegt der Aufgabenschwerpunkt oftmals auf dem bedeutungsmäßigen Zusammenhang zwischen Funktion und Ableitungsfunktion.

| Bedeutung von $f(x)$ | Bedeutung von $f'(x)$ | Bedeutung von $\int_a^b (f'(x))\,dx$ |
|---|---|---|
| Pflanzenhöhe (z.B. in m) in Abhängigkeit von der Zeit (z.B. in s) | Momentane Wachstumsgeschwindigkeit einer Pflanze (z.B. in m/s) in Abh. von der Zeit | Zunahme der Pflanzenhöhe zwischen zwei Zeitpunkten |
| Vorhandene Wassermenge (z.B. in l) in Abh. von der Zeit (z.B. in s) | Momentane Zu- bzw. Abflussgeschwindigkeit von Wasser (z.B. in l/s) in Abh. von der Zeit | Änderung der vorhandenen Wassermenge zwischen zwei Zeitpunkten |
| Zurückgelegte Wegstrecke (z.B. in m) in Abh. von der Zeit (z.B. in s) | Momentane Fahrtgeschwindigkeit eines Autos (z.B. in m/s) in Abh. von der Zeit | Zurückgelegte Wegstrecke zwischen zwei Zeitpunkten |
| Vorhandene Alkoholmenge im Blut (z.B. in g) in Abh. von der Zeit (z.B. in min) | Momentane Abbaugeschwindigkeit von Alkohol im Blut (z.B. in g/min) in Abh. von der Zeit | Änderung der vorhandenen Alkoholmenge im Blut zwischen zwei Zeitpunkten |
| Beschreibt die: **Aktuellen Werte der „interessierenden Größe"** in Abh. von einer anderen Größe | Beschreibt die: **Momentane Änderung der „interessierenden Größe"** in Abh. von einer anderen Größe | |
| Häufiges Merkmal: **„Einheit ohne Bruch"** **(z.B. m)** | Häufiges Merkmal: **„Einheit mit Bruch"** **(z.B. m/s)** | |

**Hinweis :** Die obigen Zusammenhänge gelten natürlich auch zwischen Stammfunktion F$(x)$ und der zugehörigen Funktion $f(x)$.

www.mvurl.de/bg5r

## 5.2 Von der Aufgabe zum Rechenansatz (Schlüsselwörter)

Oftmals ist es schwierig, von der Aufgabenformulierung zum zugehörigen Rechenansatz zu gelangen. Die nachfolgende Zusammenstellung soll Ihnen dabei helfen.

| Aufgabenformulierung | Rechenansatz |
|---|---|
| Bestand zum Beobachtungsbeginn; Anfangsbestand; Startwert; … | $f(0)$ |
| Bestand bzw. Wert zu einem bestimmten Zeitpunkt; … | gegebenen Zeitpunkt einsetzen: $f(x_0)$ |
| Ab welchem bzw. bis zu welchem Zeitpunkt liegt mehr bzw. weniger als ein bestimmter Bestand vor; ein bestimmter Wert wird über- bzw. unterschritten; höher bzw. geringer als; … | $f(x) = \text{Wert}$ (gleichsetzen um zum Anfangs- bzw. Endzeitpunkt zu gelangen) |
| Mittlere Änderungsrate; durchschnittliche Steigung; Differenzenquotient; … | $m = \dfrac{f(x_2) - f(x_1)}{x_2 - x_1}$ |
| Momentane Änderungsrate; Änderung im Zeitpunkt; steil bzw. flach; Steigung; Differenzialquotient; … | $f'(x)$ |
| kleinster (geringster) bzw. größter (höchster) Wert; … | Hoch- oder Tiefpunkt von $K_f$ |
| größte Änderung; stärkster Zuwachs bzw. stärkste Abnahme; steilste Stelle; … | Wendepunkt von $K_f$ bzw. Hoch oder Tiefpunkt von $K_{f'}$ |
| Winkel; Steigungswinkel; … | $\tan(\alpha) = m$ |
| Größter bzw. kleinster Flächeninhalt, Volumen, Abstand, Länge, ... | Extremwertaufgabe |
| Langfristig, über sehr langen Zeitraum; Grenzwert; … (bei $e$-Funktion) | Asymptote |
| gesamt; insgesamt; … | $\displaystyle\int_a^b f(x)\,dx$ |
| mittlerer; durchschnittlicher; … | $\overline{m} = \dfrac{1}{b-a} \cdot \displaystyle\int_a^b f(x)\,dx$ |
| Volumen; rotiert; … | $V_{rot} = \pi \cdot \displaystyle\int_a^b \left(f(x)\right)^2 dx$ |

www.mvurl.de/awwu

## 5.3 Exponentielles Wachstum und exponentieller Zerfall

| Exponentielles Wachstum | Exponentieller Zerfall |
|---|---|

**Beispiel**

| | |
|---|---|
| Ein Geldbetrag von 500 EUR wird bei einer Bank zu einem Zinssatz von 5 % angelegt. | Von dem radioaktiven Jod 131 sind zu Beginn 7 mg vorhanden. Täglich zerfallen 8 % der vorhandenen Menge. |

**Funktionsterm $f(t) = a_0 \cdot q^t$ (ohne Basis $e$)**

$\left(a_0: \text{Anfangsbestand } (= f(0)); \ q: \text{Wachstums- bzw. Zerfallsfaktor}\right)$

| | |
|---|---|
| $f(t) = 500 \cdot (1 + \dfrac{5}{100})^t = 500 \cdot 1{,}05^t \quad (q > 1)$ | $f(t) = 7 \cdot (1 - \dfrac{8}{100})^t = 7 \cdot 0{,}92^t \quad (q < 1)$ |

**Funktionsterm $f(t) = a_0 \cdot e^{k \cdot t}$ (mit Basis $e$)**

| | |
|---|---|
| $f(t) = 500 \cdot e^{\ln(1 + \frac{5}{100}) \cdot t} = 500 \cdot e^{0{,}0488 \cdot t}$ $(k > 0)$ | $f(t) = 7 \cdot e^{\ln(1 - \frac{8}{100}) \cdot t} = 7 \cdot e^{-0{,}0834 \cdot t}$ $(k < 0)$ |

**Schaubild**

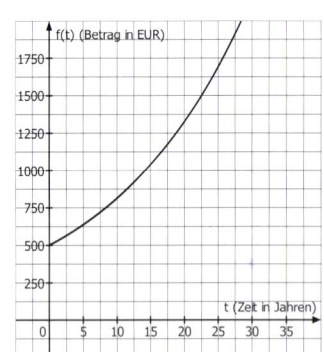 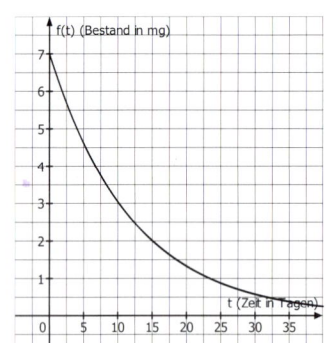

**Verdopplungszeit** — **Halbwertszeit**

| | |
|---|---|
| $t_V = \dfrac{\ln(2)}{k} = \dfrac{\ln(2)}{0{,}0488} = 14{,}2 \ \text{(Jahre)}$ | $t_H = \dfrac{\ln(0{,}5)}{k} = \dfrac{\ln(0{,}5)}{-0{,}0834} = 8{,}31 \ \text{(Tage)}$ |

**Merkmal**

Bestand ändert sich von Zeitschritt zu Zeitschritt stets um den gleichen Wachstums- bzw. Zerfallsfaktor $\dfrac{f(t+1)}{f(t)} = q$.

**Asymptote**

| | |
|---|---|
| | $x$-Achse ist waagrechte Asymptote |

## 5.4 Kostentheorie

**Beispiel :** Bei der Produktion von $x$ Mengeneinheiten (ME) hat ein Betrieb variable Kosten von $K_V(x) = 0,08x^3 - 2,4x^2 + 40x$. Unabhängig von der produzierten Menge fallen fixe Kosten in Höhe von $K_{fix} = 240$ € an. Jede ME des Produktes wird für $p = 48$ € verkauft.

**Beteiligte Funktionen**

- Gesamtkostenfunktion: $K(x) = 0,08x^3 - 2,4x^2 + 40x + 240$   $(K(x) = K_V(x) + K_{fix})$
- Erlösfunktion: $E(x) = 48 \cdot x$   $(E(x) = p \cdot x)$

$\Rightarrow$ Gewinnfunktion: $G(x) = E(x) - K(x)$

$$= 48x - (0,08x^3 - 2,4x^2 + 40x + 240) \ = -0,08x^3 + 2,4x^2 + 8x - 240$$

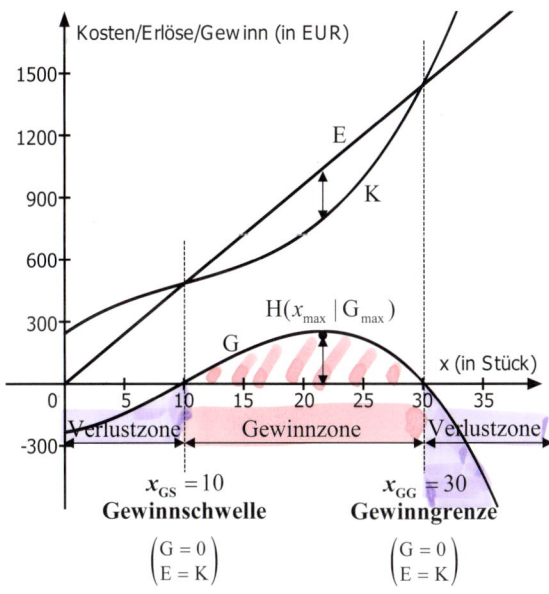

**Beschreibung**

- Die Schnittstellen der Schaubilder von Erlös- und Kostenfunktion (bzw. die Nullstellen der Gewinnfunktion) heißen Gewinnschwelle $(x_{GS})$ und Gewinngrenze $(x_{GG})$.
Sie begrenzen die Gewinnzone des Betriebs.

- Am Hochpunkt des Schaubildes der Gewinnfunktion liegen die gewinnmaximale Verkaufsmenge $(x_{max})$ und der maximale Gesamtgewinn $(G_{max})$ vor.

**Zusatz :  Weitere Funktionen**

- Grenzkostenfunktion: $K'(x) = 0,24x^2 - 4,8x + 40$ (gibt momentanen Kostenzuwachs an)
- Stückkostenfunktion: $k(x) = \dfrac{K(x)}{x} = 0,08x^2 - 2,4x + 40 + \dfrac{240}{x}$

Länge (Betrag)

(S. 81)

Addition und Subtraktion

(S. 81)

Punkte und Vektoren

(S. 80)

Skalarprodukt

(S. 83)

Vektorprodukt /
Kreuzprodukt

(S. 83)

Grundlagen

# Vektorgeometrie

Geraden

Parameterform

(S. 84)

Aufstellen einer
Geradengleichung

(S. 85)

Spurpunkte

(S. 85)

Gegenseitige Lage
zweier Geraden

(S. 86)

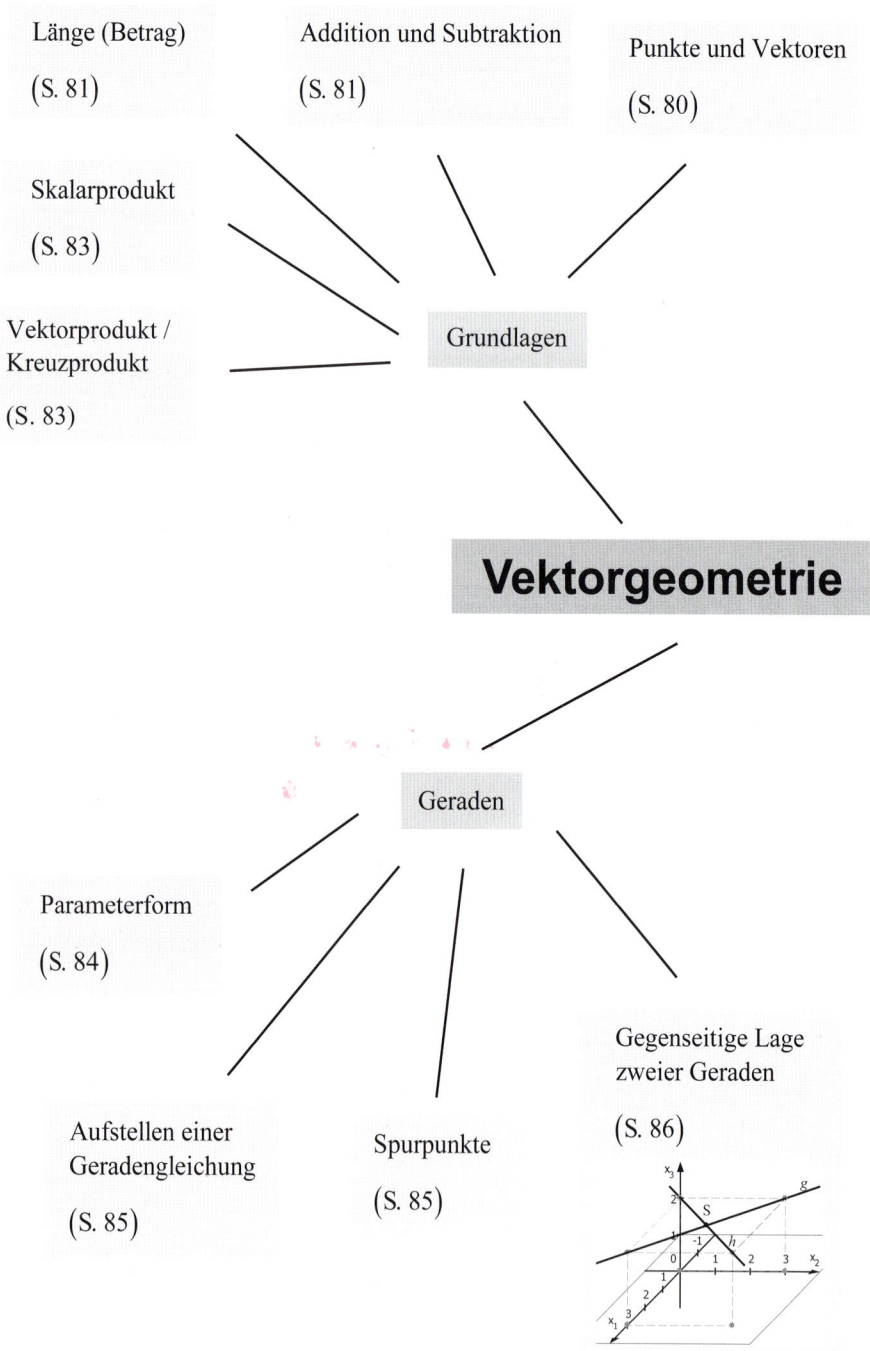

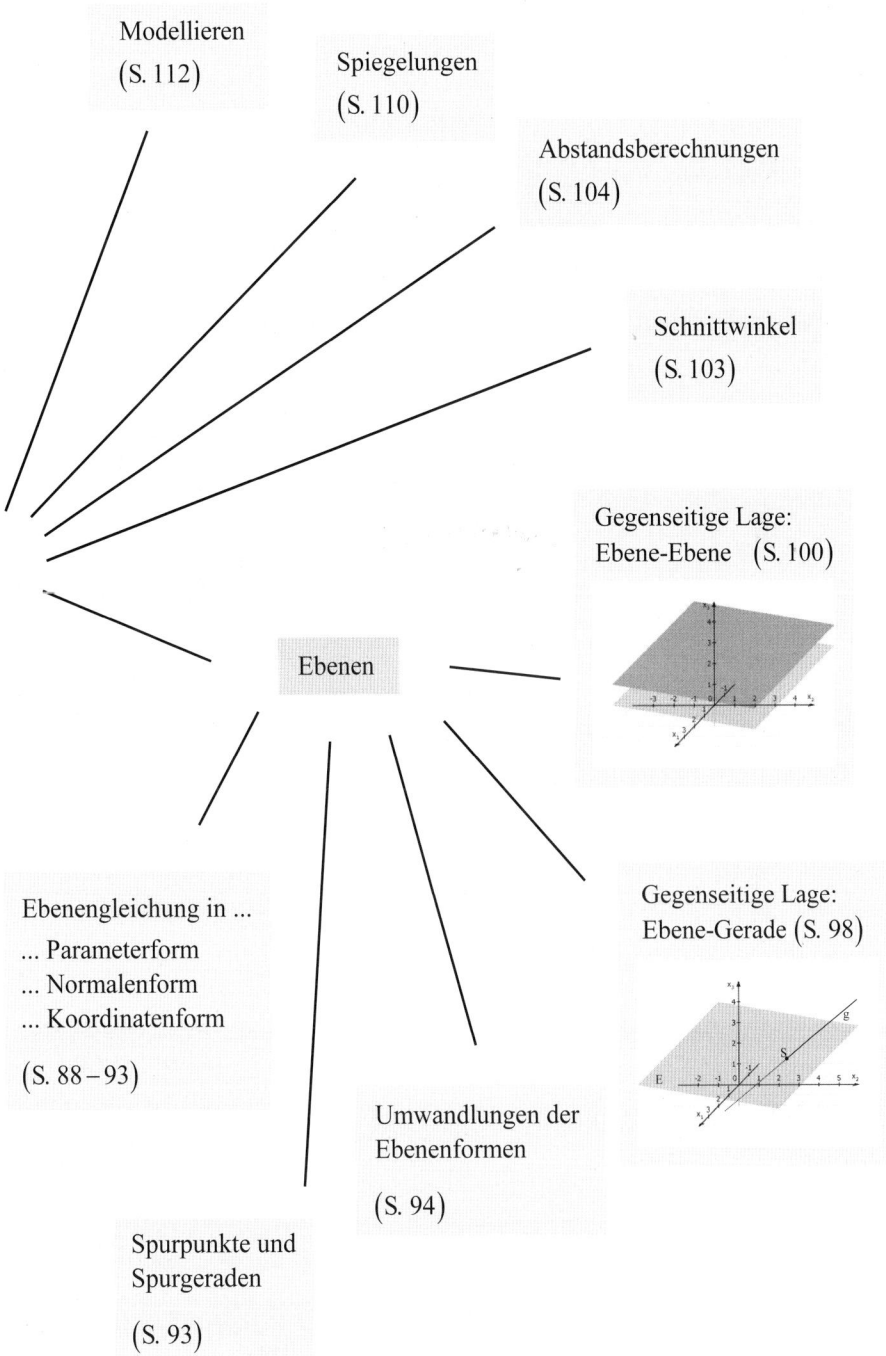

Modellieren
(S. 112)

Spiegelungen
(S. 110)

Abstandsberechnungen
(S. 104)

Schnittwinkel
(S. 103)

Gegenseitige Lage:
Ebene-Ebene  (S. 100)

Ebenen

Gegenseitige Lage:
Ebene-Gerade (S. 98)

Ebenengleichung in ...
... Parameterform
... Normalenform
... Koordinatenform
(S. 88 – 93)

Umwandlungen der
Ebenenformen
(S. 94)

Spurpunkte und
Spurgeraden
(S. 93)

# 1 Lineare Gleichungssysteme

## Lösungsvorgehen (an Beispielen)

| **Beispiel 1** | **Beispiel 2** | **Beispiel 3** |
|---|---|---|

**Beispiel 1**

$$2x_1 + x_2 + x_3 = 5$$
$$-2x_1 + 3x_3 = -1$$
$$2x_1 + 2x_2 - 2x_3 = 2$$

$$\begin{pmatrix} 2 & 1 & 1 & | & 5 \\ -2 & 0 & 3 & | & -1 \\ 2 & 2 & -2 & | & 2 \end{pmatrix} \begin{matrix} \\ \text{I + II} \\ \text{II + III} \end{matrix}$$

$$\begin{pmatrix} 2 & 1 & 1 & | & 5 \\ 0 & 1 & 4 & | & 4 \\ 0 & 2 & 1 & | & 1 \end{pmatrix} \begin{matrix} \\ \\ 2 \cdot \text{II} - \text{III} \end{matrix}$$

$$\begin{pmatrix} 2 & 1 & 1 & | & 5 \\ 0 & 1 & 4 & | & 4 \\ 0 & 0 & 7 & | & 7 \end{pmatrix}$$

LGS hat
**eindeutige Lösung**

$\text{III}: 7x_3 = 7$
$\qquad x_3 = 1$

in II: $x_2 + 4 \cdot 1 = 4$
$\qquad x_2 = 0$

in I: $2x_1 + 0 + 1 = 5$
$\qquad x_1 = 2$

Lösungsvektor: $\vec{x} = \begin{pmatrix} 2 \\ 0 \\ 1 \end{pmatrix}$

**Beispiel 2**

$$2x_1 - 2x_2 + x_3 = -2$$
$$x_1 - x_3 = 1$$
$$-x_1 - 2x_2 + 4x_3 = 0$$

$$\begin{pmatrix} 2 & -2 & 1 & | & -2 \\ 1 & 0 & -1 & | & 1 \\ -1 & -2 & 4 & | & 0 \end{pmatrix} \begin{matrix} \\ \text{I} - 2 \cdot \text{II} \\ \text{II} + \text{III} \end{matrix}$$

$$\begin{pmatrix} 2 & -2 & 1 & | & -2 \\ 0 & -2 & 3 & | & -4 \\ 0 & -2 & 3 & | & 1 \end{pmatrix} \begin{matrix} \\ \\ \text{II} - \text{III} \end{matrix}$$

$$\begin{pmatrix} 2 & -2 & 1 & | & -2 \\ 0 & -2 & 3 & | & -4 \\ 0 & 0 & 0 & | & -5 \end{pmatrix}$$

LGS hat
**keine Lösung**

da III: $0 = -5$
(Widerspruch)

**Beispiel 3**

$$2x_1 - 3x_2 + 4x_3 = 1$$
$$-2x_1 + 2x_2 - 2x_3 = 2$$
$$x_1 - x_2 + x_3 = -1$$

$$\begin{pmatrix} 2 & -3 & 4 & | & 1 \\ -2 & 2 & -2 & | & 2 \\ 1 & -1 & 1 & | & -1 \end{pmatrix} \begin{matrix} \\ \text{I} + \text{II} \\ \text{I} - 2 \cdot \text{III} \end{matrix}$$

$$\begin{pmatrix} 2 & -3 & 4 & | & 1 \\ 0 & -1 & 2 & | & 3 \\ 0 & -1 & 2 & | & 3 \end{pmatrix} \begin{matrix} \\ \\ \text{II} - \text{III} \end{matrix}$$

$$\begin{pmatrix} 2 & -3 & 4 & | & 1 \\ 0 & -1 & 2 & | & 3 \\ 0 & 0 & 0 & | & 0 \end{pmatrix}$$

LGS hat
**unendlich viele Lösungen**

Setzen von $x_3 = t \ (t \in \mathbb{R})$

in II:
$$-x_2 + 2t = 3$$
$$-x_2 = -2t + 3$$
$$x_2 = 2t - 3$$

in I:
$$2x_1 - 3 \cdot (2t - 3) + 4t = 1$$
$$2x_1 - 6t + 9 + 4t = 1$$
$$2x_1 = 2t - 8$$
$$x_1 = t - 4$$

Lösungsvektor:
$$\vec{x} = \begin{pmatrix} t - 4 \\ 2t - 3 \\ t \end{pmatrix}; \ t \in \mathbb{R}$$

**Hinweis:** Sobald bei zwei Gleichungen in der ersten Spalte eine Null steht, sollte nur noch mit diesen beiden Gleichungen gerechnet werden. Grund: Wenn die andere Gleichung mit einbezogen wird, verschwindet eine Null aus der ersten Spalte wieder.

## Übersicht (vereinfacht)

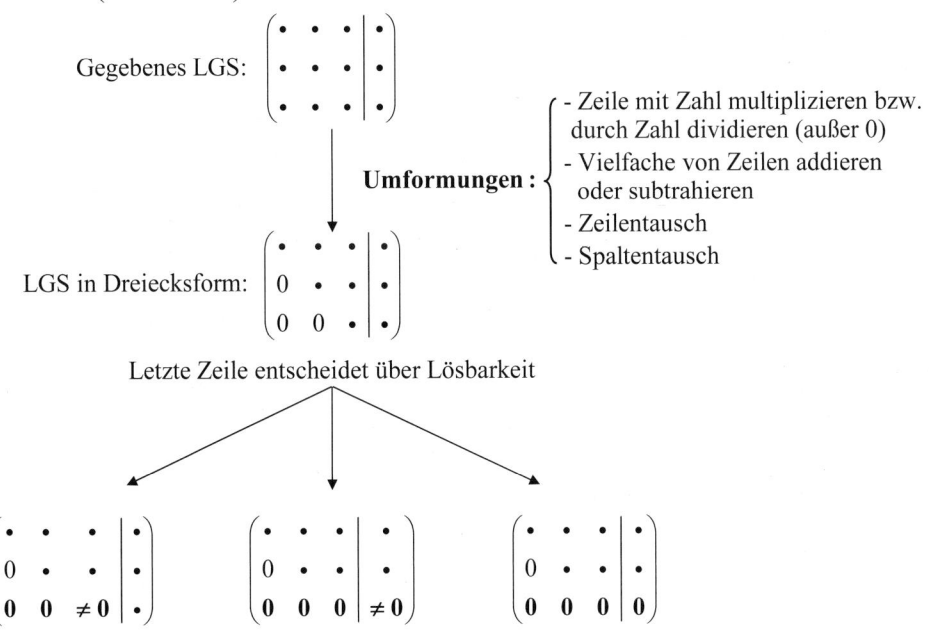

Gegebenes LGS:

Umformungen:
- Zeile mit Zahl multiplizieren bzw. durch Zahl dividieren (außer 0)
- Vielfache von Zeilen addieren oder subtrahieren
- Zeilentausch
- Spaltentausch

LGS in Dreiecksform:

Letzte Zeile entscheidet über Lösbarkeit

LGS hat
**eindeutige Lösung**

LGS hat
**keine Lösung**

LGS hat **unendlich**
**viele Lösungen**

# 2 Vorwissen (Punkte, Vektoren, Rechenoperationen)

## 2.1 Punkte (im $\mathbb{R}^3$)

Beispiel: $A(4|3|5)$

Vom **Ursprung** geht man
4 Einheiten nach vorne, 3 nach rechts und 5
Einheiten nach oben.

$B(-3|2|-0,5)$; $C(0|-2|0)$

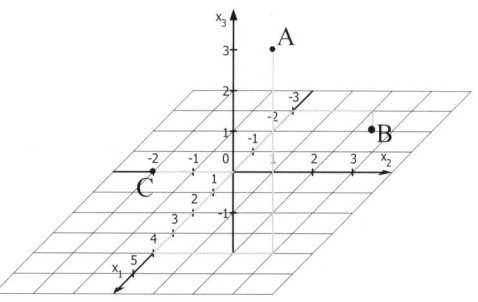

## 2.2 Vektoren (im $\mathbb{R}^3$)

Beispiel: $\vec{u} = \begin{pmatrix} 3 \\ 0 \\ -3 \end{pmatrix}$

Von einem beliebigen **Anfangspunkt**
geht man
3 Einheiten nach vorne und
3 Einheiten nach unten.

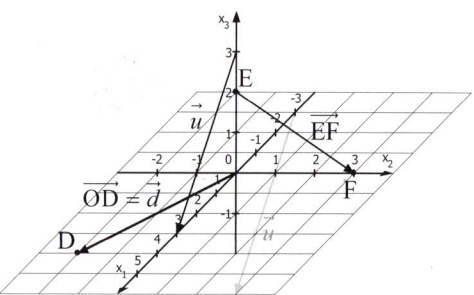

### Bemerkungen

• **Ortsvektor** eines Punktes: Zeigt vom Ursprung auf den Punkt (also auf einen „Ort").

Beispiel: $D(4|-2|0)$ und $\overrightarrow{OD} = \vec{d} = \begin{pmatrix} 4 \\ -2 \\ 0 \end{pmatrix}$.

• **Verbindungsvektor** zwischen 2 Punkten:

Beispiel: $E(0|0|2)$ und $F(0|3|0) \rightarrow \overrightarrow{EF} = \vec{f} - \vec{e} = \begin{pmatrix} 0-0 \\ 3-0 \\ 0-2 \end{pmatrix} = \begin{pmatrix} 0 \\ 3 \\ -2 \end{pmatrix}$

„Verbindungsvektor = Endpunkt − Startpunkt"

• **Spezielle Vektoren**

Nullvektor $\vec{O} = \begin{pmatrix} 0 \\ 0 \\ 0 \end{pmatrix}$; Einheitsvektoren: $\vec{e_1} = \begin{pmatrix} 1 \\ 0 \\ 0 \end{pmatrix}$; $\vec{e_2} = \begin{pmatrix} 0 \\ 1 \\ 0 \end{pmatrix}$; $\vec{e_3} = \begin{pmatrix} 0 \\ 0 \\ 1 \end{pmatrix}$

## 2.3 Rechnen mit Vektoren

### 1. Addition und Subtraktion von Vektoren

$$\vec{a} + \vec{b} = \begin{pmatrix} a_1 \\ a_2 \\ a_3 \end{pmatrix} + \begin{pmatrix} b_1 \\ b_2 \\ b_3 \end{pmatrix} = \begin{pmatrix} a_1 + b_1 \\ a_2 + b_2 \\ a_3 + b_3 \end{pmatrix}$$

$$\begin{pmatrix} 1 \\ 0 \\ -2 \end{pmatrix} + \begin{pmatrix} 3 \\ -1 \\ 2 \end{pmatrix} = \begin{pmatrix} 4 \\ -1 \\ 0 \end{pmatrix} \text{ (Beispiel)}$$

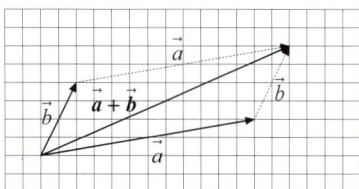

$$\vec{a} - \vec{b} = \begin{pmatrix} a_1 \\ a_2 \\ a_3 \end{pmatrix} - \begin{pmatrix} b_1 \\ b_2 \\ b_3 \end{pmatrix} = \begin{pmatrix} a_1 - b_1 \\ a_2 - b_2 \\ a_3 - b_3 \end{pmatrix}$$

$$\begin{pmatrix} 1 \\ 0 \\ -2 \end{pmatrix} - \begin{pmatrix} 3 \\ -1 \\ 2 \end{pmatrix} = \begin{pmatrix} -2 \\ 1 \\ -4 \end{pmatrix} \text{ (Beispiel)}$$

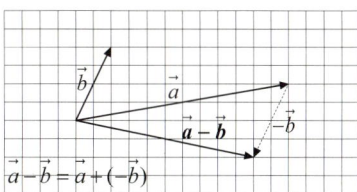

$$\vec{a} - \vec{b} = \vec{a} + (-\vec{b})$$

**Hinweis:** Grafisch wird bei der Subtraktion der Gegenvektor $-\vec{b}$ addiert.

### 2. Länge (Betrag) eines Vektors

$$\vec{a} = \begin{pmatrix} a_1 \\ a_2 \\ a_3 \end{pmatrix} \rightarrow |\vec{a}| = \sqrt{a_1^2 + a_2^2 + a_3^2} \; ; \text{ Beispiel: } \vec{a} = \begin{pmatrix} 3 \\ 0 \\ -4 \end{pmatrix} \rightarrow |\vec{a}| = \sqrt{3^2 + 0^2 + (-4)^2} = \sqrt{25} = 5 \text{ LE}$$

### 3. S(kalare) – Multiplikation (Zahl · Vektor)

$$k \cdot \vec{a} = \begin{pmatrix} k \cdot a_1 \\ k \cdot a_2 \\ k \cdot a_3 \end{pmatrix} (k \in \mathbb{R}) \quad \text{Beispiel: } 2 \cdot \begin{pmatrix} 3 \\ 0 \\ -4 \end{pmatrix} = \begin{pmatrix} 6 \\ 0 \\ -8 \end{pmatrix}$$

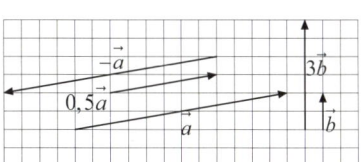

**Bemerkungen**

- Der Vektor $k \cdot \vec{a}$ hat die $|k|$-fache Länge von $\vec{a}$ und ist parallel zu $\vec{a}$.

- Der **Gegenvektor** $-\vec{a}$ ist parallel und besitzt die gleiche Länge wie $\vec{a}$, ist jedoch entgegengesetzt gerichtet.

Beispiel: $\vec{a} = \begin{pmatrix} -2 \\ 1 \\ 3 \end{pmatrix}$; $-\vec{a} = \begin{pmatrix} 2 \\ -1 \\ -3 \end{pmatrix}$

- Ein **Einheitsvektor** ist ein Vektor, dessen **Länge 1** ist. Teilt man einen gegebenen Vektor durch seine Länge (Betrag), erhält man den zugehörigen Einheitsvektor.

Beispiel: $\vec{a} = \begin{pmatrix} 3 \\ 0 \\ -4 \end{pmatrix}$ hat die Länge $|\vec{a}| = 5$; Einheitsvektor: $\vec{a_0} = \dfrac{1}{|\vec{a}|} \cdot \vec{a} = \dfrac{1}{5} \cdot \begin{pmatrix} 3 \\ 0 \\ -4 \end{pmatrix} = \begin{pmatrix} 0{,}6 \\ 0 \\ -0{,}8 \end{pmatrix}$

6 Merkur-Nr. 0383

## 4. Linearkombination von Vektoren

$k \cdot \vec{a} + l \cdot \vec{b}$  (mit $k, l \in \mathbb{R}$)

ist eine Summe von Vielfachen von Vektoren. Man
bildet auf diese Art „neue" Vektoren.

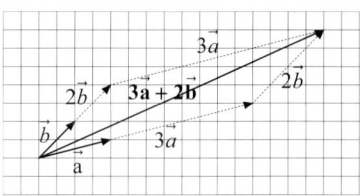

## 5. Lineare Abhängigkeit und Unabhängigkeit

### 2 Vektoren im $\mathbb{R}^2$

| $\vec{a}$ und $\vec{b}$ sind **linear abhängig** | $\vec{a}$ und $\vec{b}$ sind **linear unabhängig** |
|---|---|
| 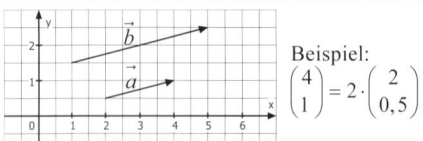 Beispiel: $\begin{pmatrix} 4 \\ 1 \end{pmatrix} = 2 \cdot \begin{pmatrix} 2 \\ 0,5 \end{pmatrix}$ | 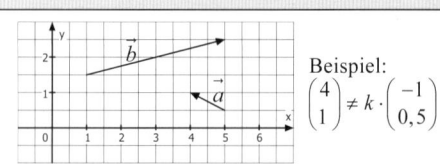 Beispiel: $\begin{pmatrix} 4 \\ 1 \end{pmatrix} \neq k \cdot \begin{pmatrix} -1 \\ 0,5 \end{pmatrix}$ |
| Es gilt: $\vec{b} = k \cdot \vec{a}$  (mit $k \in \mathbb{R}$) Der Vektor $\vec{b}$ ist ein (skalares) **Vielfaches** des Vektors $\vec{a}$. $\vec{a}$ und $\vec{b}$ sind **parallel**. | Es gilt: $\vec{b} \neq k \cdot \vec{a}$  (mit $k \in \mathbb{R}$) $\vec{a}$ und $\vec{b}$ sind **nicht parallel**. |

### 3 Vektoren im $\mathbb{R}^3$

| $\vec{a}, \vec{b}$ und $\vec{c}$ sind **linear abhängig** | $\vec{a}, \vec{b}$ und $\vec{c}$ sind **linear unabhängig** |
|---|---|
| 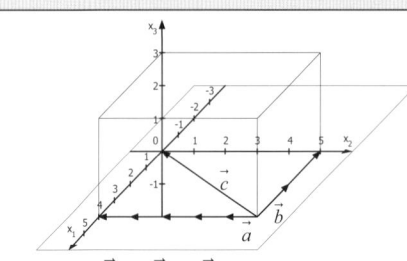 Beispiel: $\vec{c} = 5\vec{a} + 2\vec{b}$ | 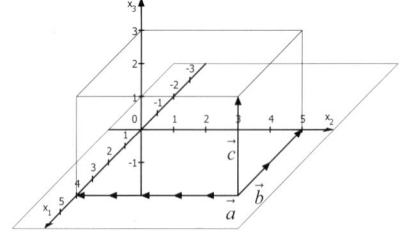 |
| Es gilt: $\vec{c} = k \cdot \vec{a} + l \cdot \vec{b}$  (mit $k, l \in \mathbb{R}$) Der Vektor $\vec{c}$ lässt sich als **Linear-kombination** aus $\vec{a}$ und $\vec{b}$ darstellen. $\vec{a}, \vec{b}$ und $\vec{c}$ **liegen in einer Ebene**. | **Kein** Vektor lässt sich als **Linear-kombination** aus den beiden anderen Vektoren darstellen. $\vec{a}, \vec{b}$ und $\vec{c}$ **spannen einen Raum auf**. |

### Bedeutung der linearen Unabhängigkeit

• Durch eine Linearkombination aus 3 linear unabhängigen Vektoren kann jeder
beliebige Vektor im $\mathbb{R}^3$ dargestellt werden.

• 2 linear unabhängige Vektoren spannen im $\mathbb{R}^3$ eine Ebene auf.

www.mvurl.de/76b2

## 6. Skalarprodukt (Vektor · Vektor)

Das Skalarprodukt zweier Vektoren **ergibt eine reelle Zahl**.

$$\begin{pmatrix} a_1 \\ a_2 \\ a_3 \end{pmatrix} \cdot \begin{pmatrix} b_1 \\ b_2 \\ b_3 \end{pmatrix} = a_1 \cdot b_1 + a_2 \cdot b_2 + a_3 \cdot b_3$$

Beispiel: $\begin{pmatrix} 2 \\ 0 \\ -1 \end{pmatrix} \cdot \begin{pmatrix} 4 \\ -2 \\ 3 \end{pmatrix} = 2 \cdot 4 + 0 \cdot (-2) + (-1) \cdot 3 = 5$

Das Skalarprodukt wird vor allem dazu verwendet, um zu untersuchen, ob zwei Vektoren **senkrecht (orthogonal)** aufeinander stehen. In diesem Fall ergibt ihr **Skalarprodukt 0.**

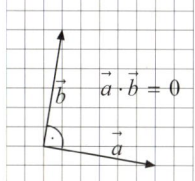

Beispiel: $\vec{a} \cdot \vec{b} = \begin{pmatrix} 1 \\ 1 \\ -4 \end{pmatrix} \cdot \begin{pmatrix} -1 \\ 9 \\ 2 \end{pmatrix} = 1 \cdot (-1) + 1 \cdot 9 + (-4) \cdot 2 = 0$

Somit stehen $\vec{a}$ und $\vec{b}$ senkrecht aufeinander.

## 7. Vektorprodukt bzw. Kreuzprodukt (Vektor × Vektor)

Das Vektorprodukt zweier Vektoren **ergibt einen Vektor**, der auf **beiden Vektoren senkrecht** steht.

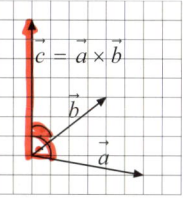

(Hilfsschema)

$$\vec{c} = \vec{a} \times \vec{b} = \begin{pmatrix} a_1 \\ a_2 \\ a_3 \end{pmatrix} \times \begin{pmatrix} b_1 \\ b_2 \\ b_3 \end{pmatrix} = \begin{pmatrix} a_2 \cdot b_3 - a_3 \cdot b_2 \\ a_3 \cdot b_1 - a_1 \cdot b_3 \\ a_1 \cdot b_2 - a_2 \cdot b_1 \end{pmatrix}$$

$$\begin{matrix} a_1 & & b_1 \\ a_2 & \times & b_2 \\ a_3 & \times & b_3 \\ a_1 & \times & b_1 \\ a_2 & & b_2 \\ a_3 & & b_3 \end{matrix}$$

Beispiel:

$$\vec{c} = \begin{pmatrix} 2 \\ -1 \\ 3 \end{pmatrix} \times \begin{pmatrix} -3 \\ 2 \\ 0 \end{pmatrix} = \begin{pmatrix} (-1) \cdot 0 - 3 \cdot 2 \\ 3 \cdot (-3) - 2 \cdot 0 \\ 2 \cdot 2 - (-1) \cdot (-3) \end{pmatrix} = \begin{pmatrix} -6 \\ -9 \\ 1 \end{pmatrix}$$

$$\begin{matrix} 2 & & -3 \\ -1 & \times & 2 \\ 3 & \times & 0 \\ 2 & \times & -3 \\ -1 & & 2 \\ 3 & & 0 \end{matrix}$$

### Anwendung des Vektorproduktes

Das Vektorprodukt kann auch zur Flächen- und Volumenberechnungen verwendet werden (S. 114).

# 3  Geraden

## 3.1 Geradengleichungen in Parameterform

**Die Punkt-Richtungs-Form:**

$$g: \vec{x} = \vec{p} + r \cdot \vec{u} \quad (\text{mit } r \in \mathbb{R})$$

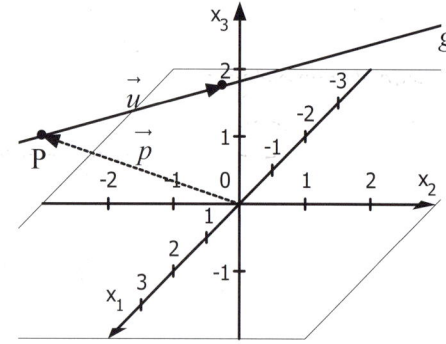

- $\vec{p}$: Stützvektor (Ortsvektor des Stützpunktes P)

- $\vec{u}$: Richtungsvektor

- $r$: Parameter (mit $r \in \mathbb{R}$)

Beispiel: $g: \vec{x} = \begin{pmatrix} 2 \\ -2 \\ 2 \end{pmatrix} + r \cdot \begin{pmatrix} -0,5 \\ 2,5 \\ 0,5 \end{pmatrix}$ (mit $r \in \mathbb{R}$)

**Spezielle Geraden :** z.B. $x_1$-Achse: $\vec{x} = \begin{pmatrix} 0 \\ 0 \\ 0 \end{pmatrix} + r \cdot \begin{pmatrix} 1 \\ 0 \\ 0 \end{pmatrix}$; $x_3$-Achse: $\vec{x} = \begin{pmatrix} 0 \\ 0 \\ 0 \end{pmatrix} + r \cdot \begin{pmatrix} 0 \\ 0 \\ 1 \end{pmatrix}$

## Elementare Aufgabenstellungen

### • Geradenpunkte ermitteln

Beispiel: Bestimmung eines Punktes auf $g: \vec{x} = \begin{pmatrix} 2 \\ -2 \\ 2 \end{pmatrix} + r \cdot \begin{pmatrix} -0,5 \\ 2,5 \\ 0,5 \end{pmatrix}$ (mit $r \in \mathbb{R}$).

Einsetzen eines beliebigen Wertes für $r$ (z.B. $r = 2$):

$$\overrightarrow{OD} = \begin{pmatrix} 2 \\ -2 \\ 2 \end{pmatrix} + 2 \cdot \begin{pmatrix} -0,5 \\ 2,5 \\ 0,5 \end{pmatrix} = \begin{pmatrix} 1 \\ 3 \\ 3 \end{pmatrix} \rightarrow D(1|3|3).$$

### • Überprüfen, ob ein Punkt auf einer Geraden liegt (Punktprobe)

Beispiel: Liegt $Q(0|8|4)$ auf der Geraden $g: \vec{x} = \begin{pmatrix} 2 \\ -2 \\ 2 \end{pmatrix} + r \cdot \begin{pmatrix} -0,5 \\ 2,5 \\ 0,5 \end{pmatrix}$ (mit $r \in \mathbb{R}$)?

Der Ortsvektor von Q wird für $\vec{x}$ eingesetzt, man erhält ein LGS.

$$\begin{pmatrix} 0 \\ 8 \\ 4 \end{pmatrix} = \begin{pmatrix} 2 \\ -2 \\ 2 \end{pmatrix} + r \cdot \begin{pmatrix} -0,5 \\ 2,5 \\ 0,5 \end{pmatrix} \Leftrightarrow \begin{matrix} 0 = 2 - 0,5r \Leftrightarrow r = 4 \\ 8 = -2 + 2,5r \Leftrightarrow r = 4 \\ 4 = 2 + 0,5r \Leftrightarrow r = 4 \end{matrix}$$

LGS ist eindeutig lösbar, somit liegt Q auf der Geraden.
(Bei verschiedenen Ergebnissen für $r$ (Widerspruch) liegt der Punkt nicht auf der Geraden.)

www.mvurl.de/pd8q

- **Aufstellen einer Geradengleichung aus zwei Punkten**

**Zwei-Punkte-Form:**

$g: \vec{x} = \overrightarrow{OA} + r \cdot \overrightarrow{AB}$   (mit $r \in \mathbb{R}$)

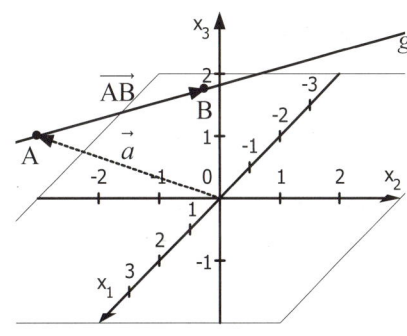

- $\overrightarrow{OA} = \vec{a}$, der Ortsvektor des Punktes A, wird als Stützvektor verwendet

- $\overrightarrow{AB} = \vec{b} - \vec{a}$, der Verbindungsvektor der Punkte A und B, bildet den Richtungsvektor

- $r$: Parameter (mit $r \in \mathbb{R}$)

Beispiel: Gerade durch $A(2|-2|2)$ und $B(1,5|0,5|2,5)$.

$$g: \vec{x} = \begin{pmatrix} 2 \\ -2 \\ 2 \end{pmatrix} + r \cdot \begin{pmatrix} 1,5-2 \\ 0,5-(-2) \\ 2,5-2 \end{pmatrix} \Leftrightarrow g: \vec{x} = \begin{pmatrix} 2 \\ -2 \\ 2 \end{pmatrix} + r \cdot \begin{pmatrix} -0,5 \\ 2,5 \\ 0,5 \end{pmatrix} \text{ (mit } r \in \mathbb{R})$$

**Hinweis:** Die Gleichung einer Geraden ist nicht eindeutig. Durch „Vertauschen" der Punkte erhält man eine „zahlenmäßig andere" Gleichung (derselben Geraden):

$$g: \vec{x} = \begin{pmatrix} 1,5 \\ 0,5 \\ 2,5 \end{pmatrix} + r \cdot \begin{pmatrix} 0,5 \\ -2,5 \\ -0,5 \end{pmatrix} \text{ (mit } r \in \mathbb{R})$$

- **Spurpunkte ermitteln (Schnittpunkte einer Geraden mit den Koordinatenebenen)**

Beispiel: Berechnen des Schnittpunktes von $g: \vec{x} = \begin{pmatrix} 3 \\ -2 \\ 0 \end{pmatrix} + r \cdot \begin{pmatrix} -3 \\ 4 \\ 3 \end{pmatrix}$ mit der $x_2 x_3$-Ebene.

Da der gesuchte Schnittpunkt in der $x_2 x_3$-Ebene liegt, hat seine $x_1$-Koordinate den Wert 0

$S_{x_2 x_3}(0|...|...)$.

Dies wird in die Geradengleichung für $x_1$ eingesetzt: $0 = 3 - 3r \rightarrow r = 1$.

Nun wird $r = 1$ eingesetzt:

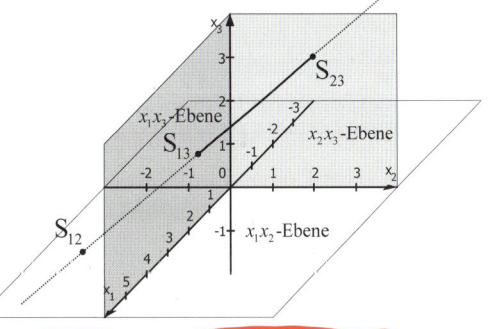

$$\vec{x} = \begin{pmatrix} 3 \\ -2 \\ 0 \end{pmatrix} + 1 \cdot \begin{pmatrix} -3 \\ 4 \\ 3 \end{pmatrix} = \begin{pmatrix} 0 \\ 2 \\ 3 \end{pmatrix} \Rightarrow S_{23}(0|2|3)$$

**Beachten Sie:** Für den Schnittpunkt mit der $\begin{cases} x_1 x_2\text{-Ebene} \\ x_1 x_3\text{-Ebene} \\ x_2 x_3\text{-Ebene} \end{cases}$ wird $\begin{cases} x_3 = 0 \\ x_2 = 0 \\ x_1 = 0 \end{cases}$ gesetzt.

## 3.2 Gegenseitige Lage von Geraden

**Beispiel 1**

$$g : \vec{x} = \begin{pmatrix} 1 \\ -5 \\ 5 \end{pmatrix} + r \cdot \begin{pmatrix} 2 \\ 1 \\ 1 \end{pmatrix} \text{ und } h : \vec{x} = \begin{pmatrix} 3 \\ 1 \\ 9 \end{pmatrix} + s \cdot \begin{pmatrix} 1 \\ 3 \\ 2 \end{pmatrix}$$

**Beispiel 2**

$$g : \vec{x} = \begin{pmatrix} 1 \\ 2 \\ 0 \end{pmatrix} + r \cdot \begin{pmatrix} 1 \\ 2 \\ 1 \end{pmatrix} \text{ und } h : \vec{x} = \begin{pmatrix} 2 \\ 2 \\ 2 \end{pmatrix} + s \cdot \begin{pmatrix} 4 \\ 8 \\ 4 \end{pmatrix}$$

**Vorgehen**

---

**Schritt 1:** Gleichsetzen.

$$\begin{pmatrix} 1 \\ -5 \\ 5 \end{pmatrix} + r \cdot \begin{pmatrix} 2 \\ 1 \\ 1 \end{pmatrix} = \begin{pmatrix} 3 \\ 1 \\ 9 \end{pmatrix} + s \cdot \begin{pmatrix} 1 \\ 3 \\ 2 \end{pmatrix}$$

$$\begin{pmatrix} 1 \\ 2 \\ 0 \end{pmatrix} + r \cdot \begin{pmatrix} 1 \\ 2 \\ 1 \end{pmatrix} = \begin{pmatrix} 2 \\ 2 \\ 2 \end{pmatrix} + s \cdot \begin{pmatrix} 4 \\ 8 \\ 4 \end{pmatrix}$$

---

**Schritt 2:** LGS in $r$ und $s$ ordnen.

| | |
|---|---|
| $\begin{aligned} 1 + 2r &= 3 + s \\ -5 + r &= 1 + 3s \\ 5 + r &= 9 + 2s \end{aligned} \Leftrightarrow \begin{aligned} 2r - s &= 2 \quad (1) \\ r - 3s &= 6 \quad (2) \\ r - 2s &= 4 \quad (3) \end{aligned}$ | $\begin{aligned} 1 + r &= 2 + 4s \\ 2 + 2r &= 2 + 8s \\ 0 + r &= 2 + 4s \end{aligned} \Leftrightarrow \begin{aligned} r - 4s &= 1 \quad (1) \\ 2r - 8s &= 0 \quad (2) \\ r - 4s &= 2 \quad (3) \end{aligned}$ |

---

**Schritt 3:** LGS aus zwei (beliebig) ausgewählten Gleichungen mit dem Gauß-Verfahren lösen. Mit der Lösung dann eine Probe in der verbliebenen Gleichung durchführen.

LGS aus den Gleichungen (2) und (3):

$$\begin{pmatrix} 1 & -3 & | & 6 \\ 1 & -2 & | & 4 \end{pmatrix} \downarrow -$$

$$\begin{pmatrix} 1 & -3 & | & 6 \\ 0 & -1 & | & 2 \end{pmatrix}$$

Man erhält $s = -2$.

Einsetzen: $r - 3 \cdot (-2) = 6 \Leftrightarrow r = 0$.

Probe in (1): $2 \cdot 0 - (-2) = 2 \Leftrightarrow 2 = 2$

Das LGS hat also eine **eindeutige Lösung**.

LGS aus den Gleichungen (1) und (3):

$$\begin{pmatrix} 1 & -4 & | & 1 \\ 1 & -4 & | & 2 \end{pmatrix} \downarrow -$$

$$\begin{pmatrix} 1 & -3 & | & 6 \\ 0 & 0 & | & -1 \end{pmatrix}$$

$(0 = -1 \text{ Widerspruch})$

Das LGS hat also **keine Lösung**.

---

**Schritt 4:** Interpretation anhand der nachfolgenden **Übersicht**.

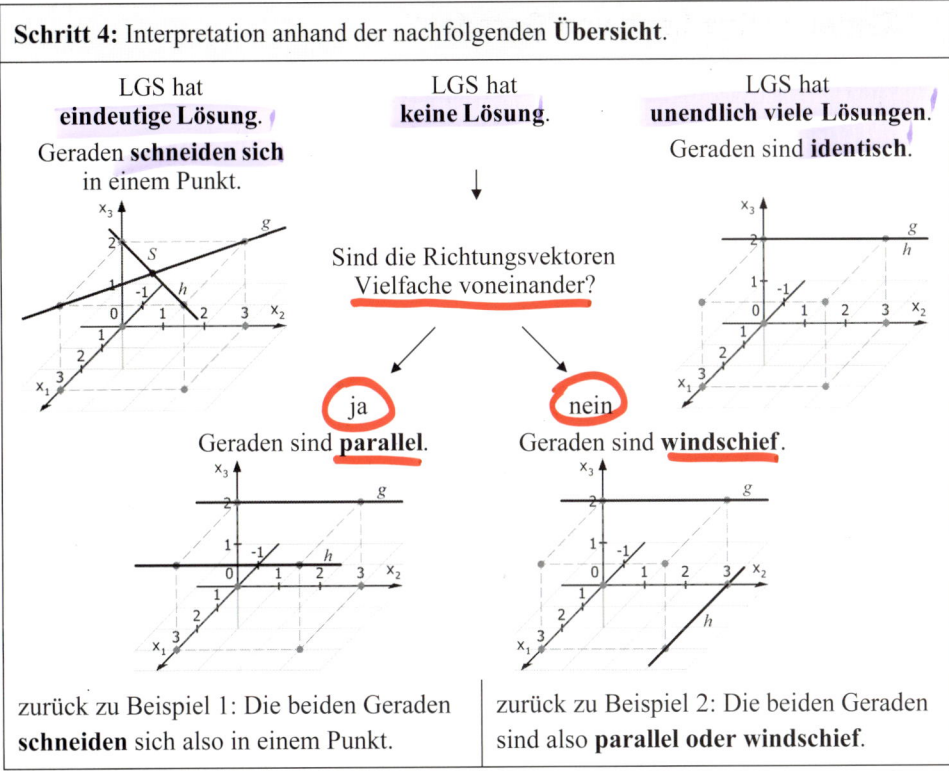

LGS hat
**eindeutige Lösung**.
Geraden **schneiden sich**
in einem Punkt.

LGS hat
**keine Lösung**.

LGS hat
**unendlich viele Lösungen**.
Geraden sind **identisch**.

Sind die Richtungsvektoren
Vielfache voneinander?

ja → Geraden sind **parallel**.

nein → Geraden sind **windschief**.

zurück zu Beispiel 1: Die beiden Geraden **schneiden** sich also in einem Punkt.

zurück zu Beispiel 2: Die beiden Geraden sind also **parallel oder windschief**.

---

**Eventuell Schritt 5:** Ergebnisabhängige weitere Berechnungen.

Berechnung der Koordinaten des **Schnittpunktes** durch Einsetzen von $r = 0$ in $g$ (oder $s = -2$ in $h$):

$$\overrightarrow{OS} = \begin{pmatrix} 1 \\ -5 \\ 5 \end{pmatrix} + 0 \cdot \begin{pmatrix} 2 \\ 1 \\ 1 \end{pmatrix} = \begin{pmatrix} 1 \\ -5 \\ 5 \end{pmatrix} \rightarrow S(1 \mid -5 \mid 5)$$

Es gilt: $\begin{pmatrix} 4 \\ 8 \\ 4 \end{pmatrix} = 4 \cdot \begin{pmatrix} 1 \\ 2 \\ 1 \end{pmatrix}$

Die beiden Richtungsvektoren sind (skalare) **Vielfache** voneinander. Somit liegen die Geraden **parallel** zueinander.

### „Abkürzung"

Wird gleich zu Beginn erkannt, dass die **Richtungsvektoren Vielfache** voneinander sind (Beispiel 2), so sind die Geraden entweder **parallel** oder **identisch**.

Befindet sich der Stützpunkt der einen Geraden auf der anderen Geraden (**Punktprobe** mit Stützvektor), so sind die Geraden identisch. Ansonsten sind sie parallel.

# 4 Ebenen

## 4.1 Ebenengleichungen in Parameterform

**Die Punkt-Richtungs-Form:**

$$E: \vec{x} = \vec{p} + r \cdot \vec{u} + s \cdot \vec{v} \quad (\text{mit } r, s \in \mathbb{R})$$

- $\vec{p}$: Stützvektor (Ortsvektor des Stützpunktes P)

- $\vec{u}$, $\vec{v}$: Spannvektoren (keine Vielfachen voneinander)

- $r$, $s$: Parameter (mit $r, s \in \mathbb{R}$)

Beispiel: $E: \vec{x} = \begin{pmatrix} -3 \\ 3 \\ 1 \end{pmatrix} + r \cdot \begin{pmatrix} 3 \\ 0 \\ 0 \end{pmatrix} + s \cdot \begin{pmatrix} 0 \\ -3 \\ 0,5 \end{pmatrix}$

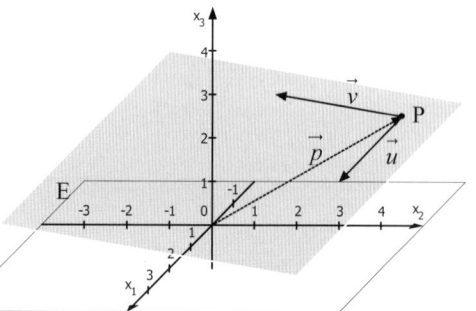

**Die Koordinatenebenen in der Parameterform**

$x_1 x_2$-Ebene: $\vec{x} = \begin{pmatrix} 0 \\ 0 \\ \mathbf{0} \end{pmatrix} + r \cdot \begin{pmatrix} 1 \\ 0 \\ \mathbf{0} \end{pmatrix} + s \cdot \begin{pmatrix} 0 \\ 1 \\ \mathbf{0} \end{pmatrix}$

$x_2 x_3$-Ebene: $\vec{x} = \begin{pmatrix} \mathbf{0} \\ 0 \\ 0 \end{pmatrix} + r \cdot \begin{pmatrix} \mathbf{0} \\ 1 \\ 0 \end{pmatrix} + s \cdot \begin{pmatrix} \mathbf{0} \\ 0 \\ 1 \end{pmatrix}$

$x_1 x_3$-Ebene: $\vec{x} = \begin{pmatrix} 0 \\ \mathbf{0} \\ 0 \end{pmatrix} + r \cdot \begin{pmatrix} 1 \\ \mathbf{0} \\ 0 \end{pmatrix} + s \cdot \begin{pmatrix} 0 \\ \mathbf{0} \\ 1 \end{pmatrix}$

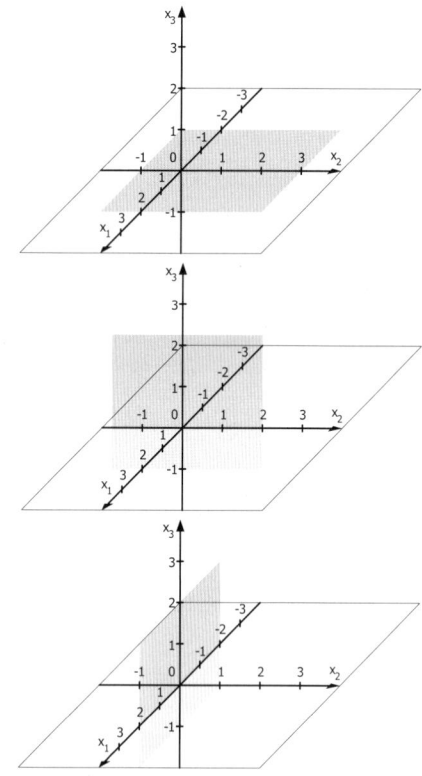

www.mvurl.de/jrh3

## Elementare Aufgabenstellungen in der Parameterform

### • Überprüfen, ob ein Punkt in einer Ebene liegt (Punktprobe)

Beispiel: Liegt $Q(1,5\,|-3\,|\,2)$ in der Ebene

$$E: \vec{x} = \begin{pmatrix} -3 \\ 3 \\ 1 \end{pmatrix} + r \cdot \begin{pmatrix} 3 \\ 0 \\ 0 \end{pmatrix} + s \cdot \begin{pmatrix} 0 \\ -3 \\ 0,5 \end{pmatrix} \quad \text{(mit } r,\ s \in \mathbb{R})?$$

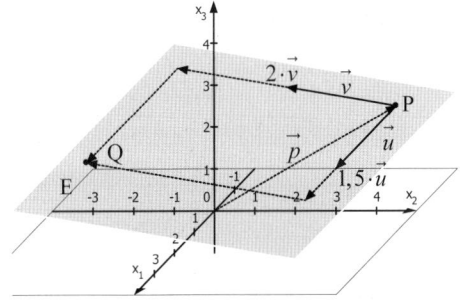

Durch Einsetzen erhält man ein LGS:

$$\begin{pmatrix} 1,5 \\ -3 \\ 2 \end{pmatrix} = \begin{pmatrix} -3 \\ 3 \\ 1 \end{pmatrix} + r \cdot \begin{pmatrix} 3 \\ 0 \\ 0 \end{pmatrix} + s \cdot \begin{pmatrix} 0 \\ -3 \\ 0,5 \end{pmatrix} \quad \Leftrightarrow$$

$$\begin{array}{llll}
1,5 = -3 + 3r & & r = 1,5 & (1) \\
-3 = 3 - 3s & \Leftrightarrow & s = 2 & (2) \\
2 = 1 + 0,5s & & s = 2 & (3)
\end{array}$$

Das LGS hat eine Lösung. Somit liegt Q in der Ebene.

### • Ebenengleichung aufstellen aus 3 Punkten

**Zwei-Punkte-Form:**

$$\mathbf{E: \ \vec{x} = \overrightarrow{OA} + r \cdot \overrightarrow{AB} + s \cdot \overrightarrow{AC}} \quad \text{(mit } r,\ s \in \mathbb{R})$$

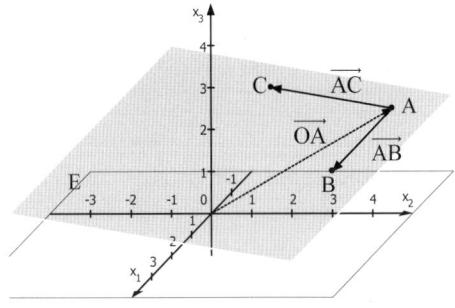

- $\overrightarrow{OA}$, der Ortsvektor des Punktes A, wird als Stützvektor verwendet

- $\overrightarrow{AB}$ und $\overrightarrow{AC}$, die Verbindungsvektoren der Punkte, bilden die Richtungsvektoren.

- $r,\ s$: Parameter (mit $r,\ s \in \mathbb{R}$)

Beispiel: Ebene durch $A(0\,|\,1\,|\,2)$, $B(3\,|\,2\,|\,2)$ und $C(-1\,|\,1\,|\,0)$.

$$E: \vec{x} = \begin{pmatrix} 0 \\ 1 \\ 2 \end{pmatrix} + r \cdot \begin{pmatrix} 3-0 \\ 2-1 \\ 2-2 \end{pmatrix} + s \cdot \begin{pmatrix} -1-0 \\ 1-1 \\ 0-2 \end{pmatrix} \Leftrightarrow E: \vec{x} = \begin{pmatrix} 0 \\ 1 \\ 2 \end{pmatrix} + r \cdot \begin{pmatrix} 3 \\ 1 \\ 0 \end{pmatrix} + s \cdot \begin{pmatrix} -1 \\ 0 \\ -2 \end{pmatrix} \quad \text{(mit } r,\ s \in \mathbb{R})$$

**Parameterform**, geeignet für:

**Aufstellen aus 3 Punkten**

## 4.2 Ebenengleichungen in Normalenform

$$E : \left( \vec{x} - \vec{p} \right) \cdot \vec{n} = 0$$

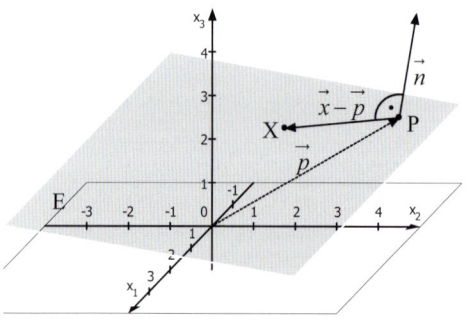

- $\vec{p}$ : Stützvektor (Ortsvektor
  des Ebenenpunktes P)

- $\vec{n}$ : Normalenvektor (steht senkrecht
  auf der Ebene)  *durch Scalar*
  *produkt*

Beispiel: $E : \left( \vec{x} - \begin{pmatrix} -3 \\ 3 \\ 1 \end{pmatrix} \right) \cdot \begin{pmatrix} 0 \\ 0,5 \\ 3 \end{pmatrix} = 0$

### Hinweise

- Der Vektor $\overrightarrow{PX} = \vec{x} - \vec{p}$, der ausgehend von P zu einem allgemeinen Ebenenpunkt X
zeigt, steht senkrecht auf $\vec{n}$. Deshalb ergibt das Skalarprodukt in der Normalengleichung 0.
- Machen Sie sich klar, dass eine Ebene schon eindeutig festgelegt ist, wenn man nur
**einen** Ebenenpunkt und **einen** Vektor kennt, der senkrecht auf der Ebene steht.

**Normalenform**, geeignet für:

**Aufstellen aus senkrechtem Vektor + Punkt**

### Beispiele und Lage im Koordinatensystem

| 1.„Normalfall": 3 Schnittpunkte mit den Koordinatenachsen | 2. Parallel zu einer Achse ($x_3$-Achse) |
|---|---|
| $E : \left( \vec{x} - \vec{p} \right) \cdot \begin{pmatrix} n_1 \\ n_2 \\ n_3 \end{pmatrix} = 0$ | $E : \left( \vec{x} - \vec{p} \right) \cdot \begin{pmatrix} n_1 \\ n_2 \\ 0 \end{pmatrix} = 0$ |
| 3. Parallel zu 2 Achsen ($x_2$ und $x_3$-Achse) bzw. einer Koordinatenebene ($x_2x_3$-Ebene) | 4. Ebene liegt in einer Koordinatenebene ($x_2x_3$-Ebene) |
| $E : \left( \vec{x} - \vec{p} \right) \cdot \begin{pmatrix} n_1 \\ 0 \\ 0 \end{pmatrix} = 0$ | $E : \left( \vec{x} - \begin{pmatrix} 0 \\ 0 \\ 0 \end{pmatrix} \right) \cdot \begin{pmatrix} n_1 \\ 0 \\ 0 \end{pmatrix} = 0$ |

www.mvurl.de/9pl1

## Elementare Aufgabenstellungen in der Normalenform

### • Überprüfen, ob ein Punkt in einer Ebene liegt (Punktprobe)

Beispiel: Liegt $Q(1|3|1)$ in der Ebene $E: \left( \vec{x} - \begin{pmatrix} -3 \\ 3 \\ 1 \end{pmatrix} \right) \cdot \begin{pmatrix} 0 \\ 0,5 \\ 3 \end{pmatrix} = 0$?

Einsetzen und Ausmultiplizieren führt auf eine Gleichung:

$$\left( \begin{pmatrix} 1 \\ 3 \\ 1 \end{pmatrix} - \begin{pmatrix} -3 \\ 3 \\ 1 \end{pmatrix} \right) \cdot \begin{pmatrix} 0 \\ 0,5 \\ 3 \end{pmatrix} = 0 \Leftrightarrow \begin{pmatrix} 4 \\ 0 \\ 0 \end{pmatrix} \cdot \begin{pmatrix} 0 \\ 0,5 \\ 3 \end{pmatrix} = 0 \Leftrightarrow 4 \cdot 0 + 0 \cdot 0,5 + 0 \cdot 3 \Leftrightarrow 0 = 0$$

Man erhält eine wahre Aussage. Somit liegt Q in der Ebene.
(Bei einem Widerspruch liegt Q nicht in der Ebene.)

### • Ebenengleichung aufstellen aus 3 Punkten

Beispiel: Ebene durch $A(0|1|2)$,

$B(3|2|2)$ und $C(-1|1|0)$.

$A(0|1|2)$ wird als Stützpunkt verwendet:

$$E: \left( \vec{x} - \begin{pmatrix} 0 \\ 1 \\ 2 \end{pmatrix} \right) \cdot \vec{n} = 0.$$

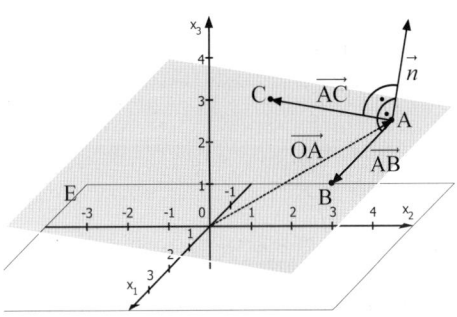

Verbindungsvektoren:

$$\overrightarrow{AB} = \begin{pmatrix} 3-0 \\ 2-1 \\ 2-2 \end{pmatrix} = \begin{pmatrix} 3 \\ 1 \\ 0 \end{pmatrix}; \ \overrightarrow{AC} = \begin{pmatrix} -1 \\ 0 \\ -2 \end{pmatrix}$$

Der Normalenvektor $\vec{n}$ steht **senkrecht** auf diesen beiden Vektoren und kann deshalb mit dem **Vektorprodukt** errechnet werden:

$$\vec{n} = \overrightarrow{AB} \times \overrightarrow{AC} = \begin{pmatrix} 3 \\ 1 \\ 0 \end{pmatrix} \times \begin{pmatrix} -1 \\ 0 \\ -2 \end{pmatrix} = \begin{pmatrix} 1 \cdot (-2) - 0 \cdot 0 \\ 0 \cdot (-1) - 3 \cdot (-2) \\ 3 \cdot 0 - 1 \cdot (-1) \end{pmatrix} = \begin{pmatrix} -2 \\ 6 \\ 1 \end{pmatrix}$$

$$\begin{pmatrix} \cancel{3} & \cancel{1} \\ 1 \times 0 \\ 0 \times -2 \\ 3 \times -1 \\ 1 \times 0 \\ \cancel{0} & \cancel{-2} \end{pmatrix} \text{(Hilfsschema)}$$

Man erhält $E: \left( \vec{x} - \begin{pmatrix} 0 \\ 1 \\ 2 \end{pmatrix} \right) \cdot \begin{pmatrix} -2 \\ 6 \\ 1 \end{pmatrix} = 0$

## 4.3 Ebenengleichungen in Koordinatenform

$E: n_1x_1 + n_2x_2 + n_3x_3 = b$

oder

$E: ax_1 + bx_2 + cx_3 = d$

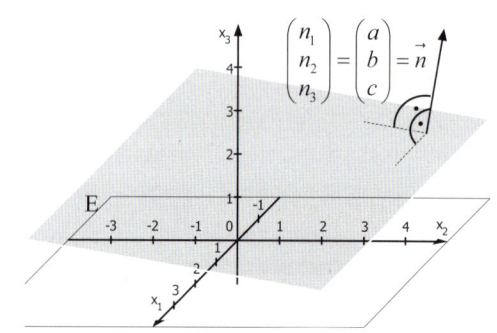

**Beispiel :**

$E: 2x_1 - 3x_2 + 4x_3 = -4$

mit Normalenvektor $\vec{n} = \begin{pmatrix} 2 \\ -3 \\ 4 \end{pmatrix}$,

welcher senkrecht auf der Ebene steht.

**Hinweis :** Auch die Koordinatengleichung einer Ebene ist nicht eindeutig. Beispielsweise stellt $E: 4x_1 - 6x_2 + 8x_3 = -8$ eine weitere Koordinatengleichung der oberen Ebene E dar, da sie ein Vielfaches (2-faches) ist.

### Beispiele und Lage im Koordinatensystem

| 1.„Normalfall": 3 Schnittpunkte mit den Koordinatenachsen | 2. Parallel zu einer Achse ($x_3$-Achse) |
|---|---|
| $E: n_1x_1 + n_2x_2 + n_3x_3 = b$ | $E: n_1x_1 + n_2x_2 = b$ |
| 3. Parallel zu 2 Achsen ($x_2$ und $x_3$-Achse) bzw. einer Koordinatenebene ($x_2x_3$-Ebene) | 4. Ebene liegt in einer Koordinatenebene ($x_2x_3$-Ebene) |
| $E: n_1x_1 = b$ | $E: x_1 = 0$ ($x_2x_3$-Ebene)<br><br>Zusatz:<br>$E: x_3 = 0$ ($x_1x_2$-Ebene)<br>$E: x_2 = 0$ ($x_1x_3$-Ebene) |

www.mvurl.de/m49q

## Elementare Aufgabenstellungen in der Koordinatenform

- **Überprüfen, ob ein Punkt in einer Ebene liegt (Punktprobe)**

Beispiel: Liegt $Q(2\,|\,2\,|\,0)$ in der Ebene $E:\ 2x_1 - 3x_2 + 4x_3 = -4$?

Einsetzen: $2 \cdot 2 - 3 \cdot 2 + 4 \cdot 0 = -4 \iff -2 \neq -4$
Widerspruch. Somit liegt Q nicht in der Ebene.

**Koordinatenform,**
**geeignet für:**
**die meisten Rechnungen**

- **Ebenengleichung aufstellen aus 3 Punkten**

Beispiel: Bestimmen Sie die Koordinatenform der Ebene, in welcher die 3 Punkte
$A(0\,|\,1\,|\,2), B(3\,|\,2\,|\,2)$ und $C(-1\,|\,1\,|\,0)$ liegen.

Zunächst Normalenvektor der Ebene bestimmen (siehe Normalenform): $\vec{n} = \begin{pmatrix} -2 \\ 6 \\ 1 \end{pmatrix}$

Einträge des Normalenvektors in Koordinatenform übernehmen: $E:\ -2x_1 + 6x_2 + x_3 = b;$
Z.B. Koordinaten von $A(0\,|\,1\,|\,2)$ einsetzen: $-2 \cdot 0 + 6 \cdot 1 + 1 \cdot 2 = b \iff 8 = b$
Man erhält $E:\ -2x_1 + 6x_2 + x_3 = 8$.

# 4.4 Spurpunkte, Spurgeraden, Achsenabschnittsform

Beim Einzeichnen einer Ebene in das Koordinatensystem orientiert man sich an den
**Spurpunkten** (Schnittpunkte mit den Koordinatenachsen) und den **Spurgeraden**
(Schnittgeraden mit den Koordinatenebenen).

Die **Spurpunkte** einer Ebene können in der Koordinatenform schnell bestimmt werden.

$E:\ n_1 x_1 + n_2 x_2 + n_3 x_3 = b$ hat die Spurpunkte $S_1\left(\dfrac{b}{n_1}\,|\,0\,|\,0\right),\ S_2\left(0\,|\,\dfrac{b}{n_2}\,|\,0\right),\ S_3\left(0\,|\,0\,|\,\dfrac{b}{n_3}\right)$

Beispiel: Geben Sie die Spurpunkte
der Ebene $E:\ 4x_1 - 3x_2 + 6x_3 = 12$ an.

$S_1\left(\dfrac{12}{4}\,|\,0\,|\,0\right) = S_1(3\,|\,0\,|\,0),$

$S_2\left(0\,|\,\dfrac{12}{-3}\,|\,0\right) = S_2(0\,|\,-4\,|\,0),$

$S_3\left(0\,|\,0\,|\,\dfrac{12}{6}\right) = S_3(0\,|\,0\,|\,2)$

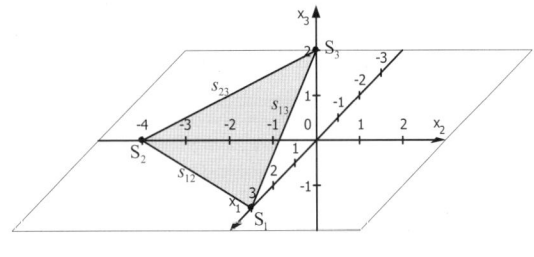

## Achsenabschnittsform einer Ebenengleichung

Umgekehrt kann aus den Spurpunkten direkt die zugehörige Ebene angegeben werden:

$S_1(3\,|\,0\,|\,0), S_2(0\,|\,-4\,|\,0), S_3(0\,|\,0\,|\,2) \ \rightarrow\ E:\ \dfrac{1}{3}x_1 - \dfrac{1}{4}x_2 + \dfrac{1}{2}x_3 = 1$ (immer mit $b = 1$)

## 4.5 Umwandlungen der Ebenenformen

Ebenenformen werden meist ineinander umgewandelt, um **Rechenaufwand einzusparen**.
Beispielsweise ist das Aufstellen einer Ebene in der Parameterform sehr einfach, hingegen sind weitere Rechnungen in dieser Form meist umständlich. Hierfür ist es oftmals sinnvoll, die Parameterform in die Koordinatenform umzuwandeln.

Eine Übersicht, bei welcher Aufgabenstellung welche Ebenenform zu empfehlen ist, finden Sie auf S. 97.

**Sinnvolle Umwandlungen**

Parameterform

$$\left(E: \vec{x} = \vec{p} + r \cdot \vec{u} + s \cdot \vec{v}\right)$$

$\downarrow$ (2.)

Normalenform

**(1.)** $\left(E: \left(\vec{x} - \vec{p}\right) \cdot \vec{n} = 0\right)$ **(4.)**

$\downarrow$ (3.)

Koordinatenform

$$\left(E: n_1 x_1 + n_2 x_2 + n_3 x_3 = b\right)$$

### 1. Von der Parameterform zur Koordinatenform

Beispiel:  $E: \vec{x} = \begin{pmatrix} 0,5 \\ 0 \\ 2 \end{pmatrix} + r \cdot \begin{pmatrix} 1 \\ 1 \\ -2 \end{pmatrix} + s \cdot \begin{pmatrix} 0 \\ 1 \\ 2 \end{pmatrix}$  (mit $r, s \in \mathbb{R}$)

---

**Schritt 1:** Vektorprodukt der beiden Spannvektoren bilden. Man erhält den Normalenvektor.

$$\begin{pmatrix} 1 \\ 1 \\ -2 \end{pmatrix} \times \begin{pmatrix} 0 \\ 1 \\ 2 \end{pmatrix} = \begin{pmatrix} 1 \cdot 2 & - (-2) \cdot 1 \\ (-2) \cdot 0 & - 1 \cdot 2 \\ 1 \cdot 1 & - 1 \cdot 0 \end{pmatrix} = \begin{pmatrix} 4 \\ -2 \\ 1 \end{pmatrix} = \vec{n}$$

Hilfsschema:  $\begin{pmatrix} 1 \\ 1 \\ -2 \\ 1 \\ -2 \end{pmatrix} \begin{matrix} \times \\ \times \\ \times \\ \times \end{matrix} \begin{pmatrix} 1 \\ 2 \\ 0 \\ 1 \\ 2 \end{pmatrix}$

---

**Schritt 2:** Einträge des Normalenvektors übernehmen: $E: n_1 x_1 + n_2 x_2 + n_3 x_3 = b$. Koordinaten des Stützpunktes einsetzen.

$E: 4x_1 - 2x_2 + x_3 = b;$
$P\left(0,5 \mid 0 \mid 2\right)$ einsetzen: $E: 4 \cdot 0,5 - 2 \cdot 0 + 2 = b \Leftrightarrow 4 = b$  $\Rightarrow E: 4x_1 - 2x_2 + x_3 = 4$

## 2. Von der Parameterform zur Normalenform

Beispiel:   $E : \vec{x} = \begin{pmatrix} 0,5 \\ 0 \\ 2 \end{pmatrix} + r \cdot \begin{pmatrix} 1 \\ 1 \\ -2 \end{pmatrix} + s \cdot \begin{pmatrix} 0 \\ 1 \\ 2 \end{pmatrix}$  (mit $r, s \in \mathbb{R}$)

**Schritt 1 :** Vektorprodukt der beiden Spannvektoren bilden. Man erhält den Normalenvektor.

$\vec{n} = \begin{pmatrix} 4 \\ -2 \\ 1 \end{pmatrix}$  (siehe Vorseite)

**Schritt 2 :** Stützvektor $\vec{p}$ aus Parameterform übernehmen. In $E : \left( \vec{x} - \vec{p} \right) \cdot \vec{n} = 0$ einsetzen.

$E : \left( \vec{x} - \vec{p} \right) \cdot \vec{n} = 0 \quad \Leftrightarrow \quad E : \left( \vec{x} - \begin{pmatrix} 0,5 \\ 0 \\ 2 \end{pmatrix} \right) \cdot \begin{pmatrix} 4 \\ -2 \\ 1 \end{pmatrix} = 0$

## 3. Von der Normalenform zur Koordinatenform

Beispiel:   $E : \left( \vec{x} - \begin{pmatrix} 0,5 \\ 0 \\ 2 \end{pmatrix} \right) \cdot \begin{pmatrix} 4 \\ -2 \\ 1 \end{pmatrix} = 0$

**Schritt 1:** Ausmultiplizieren.

$E : \left( \begin{pmatrix} x_1 \\ x_2 \\ x_3 \end{pmatrix} - \begin{pmatrix} 0,5 \\ 0 \\ 2 \end{pmatrix} \right) \cdot \begin{pmatrix} 4 \\ -2 \\ 1 \end{pmatrix} = 0 \quad \Leftrightarrow \quad \begin{pmatrix} x_1 \\ x_2 \\ x_3 \end{pmatrix} \cdot \begin{pmatrix} 4 \\ -2 \\ 1 \end{pmatrix} - \begin{pmatrix} 0,5 \\ 0 \\ 2 \end{pmatrix} \cdot \begin{pmatrix} 4 \\ -2 \\ 1 \end{pmatrix} = 0$

$\Leftrightarrow 4x_1 - 2x_2 + x_3 - \left( 0,5 \cdot 4 + 0 \cdot (-2) + 2 \cdot 1 \right) = 0 \quad \Leftrightarrow \quad E : 4x_1 - 2x_2 + x_3 = 4$

## 4. Von der Koordinatenform zur Parameterform

Beispiel:   $E: 4x_1 - 2x_2 + x_3 = 4$

- **Möglichkeit 1** („Einfache Ebenenpunkte")

| |
|---|
| **Schritt 1:**  Koordinaten von 3 „einfachen" Ebenenpunkten ermitteln (z.B. Spurpunkte). |
| $S_1\left(\dfrac{4}{4}\mid 0 \mid 0\right) = S_1(1\mid 0\mid 0); \quad S_2\left(0\mid \dfrac{4}{-2}\mid 0\right) = S_2(0\mid -2\mid 0); \quad S_3\left(0\mid 0\mid \dfrac{4}{1}\right) = S_3(0\mid 0\mid 4)$ |
| **Schritt 2:**  Parameterform aus 3 Punkten aufstellen (S. 89). |
| $E: \vec{x} = \begin{pmatrix} 1 \\ 0 \\ 0 \end{pmatrix} + r\cdot \begin{pmatrix} 0-1 \\ -2-0 \\ 0-0 \end{pmatrix} + s\cdot \begin{pmatrix} 0-1 \\ 0-0 \\ 4-0 \end{pmatrix} \Leftrightarrow E: \vec{x} = \begin{pmatrix} 1 \\ 0 \\ 0 \end{pmatrix} + r\cdot \begin{pmatrix} -1 \\ -2 \\ 0 \end{pmatrix} + s\cdot \begin{pmatrix} -1 \\ 0 \\ 4 \end{pmatrix}$ |

- **Möglichkeit 2**

| |
|---|
| **Schritt 1:**  In Koordinatengleichung $x_2 = r$ und $x_3 = s$ setzen. Nach $x_1$ auflösen. |
| $E: 4x_1 - 2x_2 + x_3 = 4 \Leftrightarrow 4x_1 - 2r + s = 4 \Leftrightarrow 4x_1 = 4 + 2r - s \Leftrightarrow x_1 = 1 + 0,5r - 0,25s$ |
| **Schritt 2:**  $\vec{x}$ als Vektor darstellen. „Aufteilen". |
| $\vec{x} = \begin{pmatrix} x_1 \\ x_2 \\ x_3 \end{pmatrix} = \begin{pmatrix} 1+0,5r-0,25s \\ r \\ s \end{pmatrix} = \begin{pmatrix} 1+0,5r-0,25s \\ 0+1\cdot r + 0\cdot s \\ 0+0\cdot r + 1\cdot s \end{pmatrix} \Leftrightarrow E: \vec{x} = \begin{pmatrix} 1 \\ 0 \\ 0 \end{pmatrix} + r\cdot \begin{pmatrix} 0,5 \\ 1 \\ 0 \end{pmatrix} + s\cdot \begin{pmatrix} -0,25 \\ 0 \\ 1 \end{pmatrix}$ |

**Hinweis:** Die beiden Ebenengleichungen, die man durch die beiden Möglichkeiten 1 bzw. 2 erhält, gehören natürlich zur gleichen Ebene.

## Zusatz: Bei welcher Aufgabenstellung ist welche Ebenenform zu empfehlen?

### 1. Aufstellen einer Ebenengleichung ...

... besser in **Parameterform**

- Aufstellen aus **3 Punkten**

Vorgehen: E: $\vec{x} = \overrightarrow{OA} + r \cdot \overrightarrow{AB} + s \cdot \overrightarrow{AC}$ (mit $r, s \in \mathbb{R}$)
(S. 89)

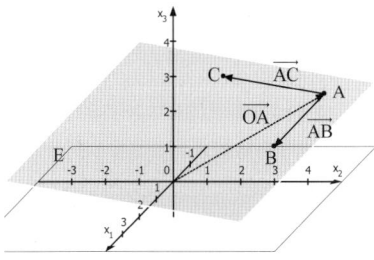

Aufstellen aus einer Geraden $g$: $\vec{x} = \overrightarrow{OP} + r \cdot \vec{u}$ und ...

- ... dem **Punkt Q**, welcher **nicht auf der Geraden** liegt.
Vorgehen: E : $\vec{x} = \overrightarrow{OP} + r \cdot \vec{u} + s \cdot \overrightarrow{PQ}$ (mit $r, s \in \mathbb{R}$).

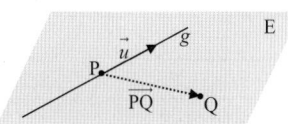

- ... der **Geraden** $h : \vec{x} = \overrightarrow{OQ} + s \cdot \vec{v}$, welche $g$ **schneidet**.
Vorgehen: E : $\vec{x} = \overrightarrow{OP} + r \cdot \vec{u} + s \cdot \vec{v}$ (mit $r, s \in \mathbb{R}$).

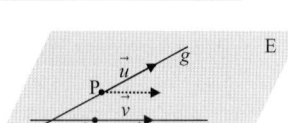

- ... der **Geraden** $i : \vec{x} = \overrightarrow{OQ} + s \cdot \vec{u}$, welche **parallel** zu
$g$ verläuft.
Vorgehen: E : $\vec{x} = \overrightarrow{OP} + r \cdot \vec{u} + s \cdot \overrightarrow{PQ}$ (mit $r, s \in \mathbb{R}$).

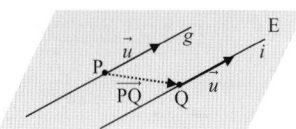

... besser in **Normalenform** (bzw. **Koordinatenform**)

- Aufstellen der Gleichung einer Ebene, die orthogonal
(senkrecht) zu einer bekannten Geraden $g : \vec{x} = \overrightarrow{OP} + r \cdot \vec{u}$
und durch einen gegebenen Punkt Q verläuft;

Vorgehen: E : $\left( \vec{x} - \vec{q} \right) \cdot \vec{u} = 0$

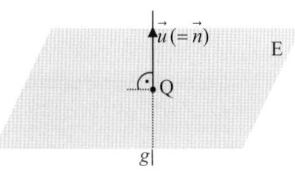

($\vec{q}$ als Stützvektor, den Richtungsvektor $\vec{u}$ der Geraden
als Normalenvektor verwenden)

### 2. Rechnen mit einer Ebenengleichung

Hier ist stets die **Koordinatenform** der Ebenengleichung zu empfehlen.
Bei vielen Rechungen lohnt es sich also, eine gegebene Parametergleichung bzw.
Normalengleichung in die Koordinatengleichung umzuwandeln.

7 Merkur-Nr. 0383

# 5 Gegenseitige Lage

## 5.1 Ebene-Gerade

Möglichkeiten für die gegenseitige Lage

Gerade und Ebene **schneiden sich** in einem Punkt.

Gerade **liegt in** der Ebene.

Gerade und Ebene sind **parallel**.

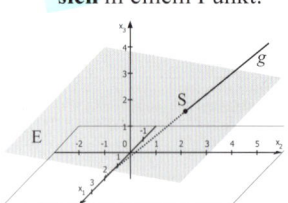
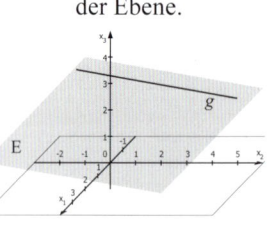
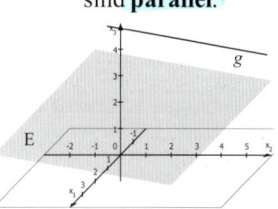

**1. Fall:** Ebenengleichung in **Koordinatenform**

Beispiel: $E: -x_1 + 3x_2 + 2x_3 = -3$ und $g: \vec{x} = \begin{pmatrix} 1 \\ 2 \\ 3 \end{pmatrix} + t \cdot \begin{pmatrix} 0 \\ 1 \\ 2 \end{pmatrix}$

---

**Schritt 1:** Geradenvektor $\vec{x}$ als Komponenten ($x_1, x_2$ und $x_3$) darstellen („allgemeiner Geradenpunkt").

$x_1 = 1; \quad x_2 = 2 + t; \quad x_3 = 3 + 2t \quad \rightarrow \quad P_t(1 \mid 2+t \mid 3+2t)$

**Schritt 2:** Einsetzen in die Koordinatengleichung. Auflösen.

$-x_1 + 3x_2 + 2x_3 = -3 \iff -1 + 3 \cdot (2+t) + 2 \cdot (3+2t) = -3 \iff t = -2$

**Schritt 3:** Interpretation anhand der nachfolgenden **Übersicht**.

| Z.B. $t = -2$ | Z.B. $0 = 0$ (wahre Aussage, $t$ „fällt raus") | Z.B. $0 = 1$ (falsche Aussage, $t$ „fällt raus") |
|---|---|---|
| Gleichung hat **eindeutige Lösung**. | Gleichung hat **unendlich viele Lösungen**. | Gleichung hat **keine Lösung**. |
| Gerade und Ebene **schneiden sich** in einem Punkt S. | Gerade **liegt in** der Ebene. | Gerade und Ebene sind **parallel**. |

---

**Schritt 4** (bei „schneiden sich"): Schnittpunkt bestimmen durch Einsetzen in Geradengl..

Einsetzen von $t = -2$: $\quad \overrightarrow{OS} = \begin{pmatrix} 1 \\ 2 \\ 3 \end{pmatrix} - 2 \cdot \begin{pmatrix} 0 \\ 1 \\ 2 \end{pmatrix} = \begin{pmatrix} 1 \\ 0 \\ -1 \end{pmatrix} \rightarrow S(1 \mid 0 \mid -1)$

**„Abkürzung":** Stehen **Normalenvektor** und **Richtungsvektor senkrecht** aufeinander **(Skalarprodukt=0)**, so sind Ebene und Gerade entweder **parallel** oder die Gerade **liegt in** der Ebene. Eine **Punktprobe** klärt auf.

## 2. Fall: Ebenengleichung in **Parameterform**

Beispiel: $E: \vec{x} = \begin{pmatrix} 1 \\ -2 \\ 2 \end{pmatrix} + r \cdot \begin{pmatrix} -1 \\ -3 \\ 0 \end{pmatrix} + s \cdot \begin{pmatrix} 3 \\ 0 \\ -2 \end{pmatrix}$ und $g: \vec{x} = \begin{pmatrix} 2 \\ 7 \\ 1 \end{pmatrix} + t \cdot \begin{pmatrix} 2 \\ 5 \\ -1 \end{pmatrix}$

**Tipp:** Umgehen Sie das nachfolgende Verfahren, indem Sie die Ebenengleichung **in Koordinatenform umwandeln** und dann wie im **1. Fall** vorgehen.

---

**Schritt 1:** Gleichsetzen.

$$\begin{pmatrix} 1 \\ -2 \\ 2 \end{pmatrix} + r \cdot \begin{pmatrix} -1 \\ -3 \\ 0 \end{pmatrix} + s \cdot \begin{pmatrix} 3 \\ 0 \\ -2 \end{pmatrix} = \begin{pmatrix} 2 \\ 7 \\ 1 \end{pmatrix} + t \cdot \begin{pmatrix} 2 \\ 5 \\ -1 \end{pmatrix}$$

---

**Schritt 2:** LGS in $r$, $s$ und $t$ ordnen.

$$\begin{array}{rl}
1 - r + 3s = 2 + 2t \\
-2 - 3r = 7 + 5t \\
2 - 2s = 1 - t
\end{array} \Leftrightarrow \begin{array}{rll}
-r + 3s - 2t = 1 & (1) \\
-3r \quad - 5t = 9 & (2) \\
-2s + t = -1 & (3)
\end{array}$$

---

**Schritt 3:** Durch Gauß-Verfahren umformen.

$$\begin{pmatrix} -1 & 3 & -2 & | & 1 \\ -3 & 0 & -5 & | & 9 \\ 0 & -2 & 1 & | & -1 \end{pmatrix} \sim \begin{pmatrix} -1 & 3 & -2 & | & 1 \\ 0 & 3 & -1/3 & | & -2 \\ 0 & -2 & 1 & | & -1 \end{pmatrix} \sim \begin{pmatrix} -1 & 3 & -2 & | & 1 \\ 0 & 3 & -1/3 & | & -2 \\ 0 & 0 & 7/6 & | & -7/2 \end{pmatrix}$$

$$\Rightarrow r = 2$$
$$\Rightarrow s = -1$$
$$\Rightarrow t = -3$$

---

**Schritt 4:** Interpretation anhand der nachfolgenden **Übersicht**.

$$\begin{pmatrix} \cdot & \cdot & \cdot & | & \cdot \\ 0 & \cdot & \cdot & | & \cdot \\ 0 & 0 & \neq 0 & | & \cdot \end{pmatrix}$$

LGS hat **eindeutige Lösung**.

Gerade und Ebene **schneiden sich** in einem Punkt S.

$$\begin{pmatrix} \cdot & \cdot & \cdot & | & \cdot \\ 0 & \cdot & \cdot & | & \cdot \\ 0 & 0 & 0 & | & 0 \end{pmatrix}$$

LGS hat **unendlich viele Lösungen**.

Gerade **liegt in** der Ebene.

$$\begin{pmatrix} \cdot & \cdot & \cdot & | & \cdot \\ 0 & \cdot & \cdot & | & \cdot \\ 0 & 0 & 0 & | & \neq 0 \end{pmatrix}$$

LGS hat **keine Lösung**.

Gerade und Ebene sind **parallel**.

E und g schneiden sich also in einem Punkt.

---

**Schritt 5** (bei „schneiden sich"): Schnittpunkt bestimmen durch Einsetzen in Geradengleichung.

Einsetzen von $t = -3$: $\quad \overrightarrow{OS} = \begin{pmatrix} 2 \\ 7 \\ 1 \end{pmatrix} - 3 \cdot \begin{pmatrix} 2 \\ 5 \\ -1 \end{pmatrix} = \begin{pmatrix} -4 \\ -8 \\ 4 \end{pmatrix} \rightarrow S(-4 \,|\, -8 \,|\, 4)$

## 5.2 Ebene-Ebene

Möglichkeiten für die gegenseitige Lage

Ebenen **schneiden sich**
in einer Schnittgeraden.

Ebenen sind
**identisch**.

Ebenen sind
**parallel**.

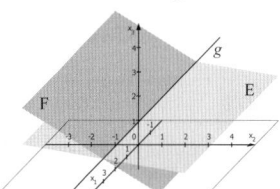

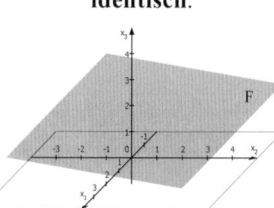

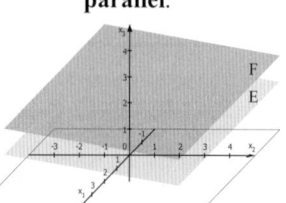

**1. Fall:** Eine Ebenengleichung in **Parameterform**, eine in **Koordinatenform**

Beispiel:   $E: \vec{x} = \begin{pmatrix} 15 \\ 0 \\ 3 \end{pmatrix} + r \cdot \begin{pmatrix} 2 \\ 5 \\ 0 \end{pmatrix} + s \cdot \begin{pmatrix} -1 \\ 0 \\ 5 \end{pmatrix}$   und   $F: 3x_1 + 4x_2 - 2x_3 = 13$

---

**Schritt 1:** Ebenenvektor $\vec{x}$ als Komponenten ($x_1, x_2$ und $x_3$) darstellen
(„allgemeiner Ebenenpunkt").

$x_1 = 15 + 2r - s;\quad x_2 = 5r;\quad x_3 = 3 + 5s \quad \rightarrow \quad P(15 + 2r - s \mid 5r \mid 3 + 5s)$

**Schritt 2:** Einsetzen in die Koordinatengleichung. Umformen.

$3x_1 + 4x_2 - 2x_3 = 13 \quad \Leftrightarrow \quad 3 \cdot (15 + 2r - s) + 4 \cdot 5r - 2 \cdot (3 + 5s) = 13 \quad \Leftrightarrow \quad 2r - s = -2$

**Schritt 3:** Interpretation anhand der nachfolgenden **Übersicht**.

| Z.B. $2r - s = -2$ | Z.B. $0 = 0$ | Z.B. $0 = 1$ |
|---|---|---|
| (Gleichung **enthält** **Parameter**) | (**wahre** Aussage, Parameter „fallen raus") | (**falsche** Aussage, Parameter „fallen raus") |
| Ebenen **schneiden sich** in einer Geraden. | Ebenen sind **identisch**. | Ebenen sind **parallel**. |

E und F schneiden sich also in einer Geraden.

---

**Schritt 4** (bei „schneiden sich"): Gleichung der Schnittgeraden bestimmen.

Gleichung nach einem Parameter auflösen: $s = 2r + 2$. Einsetzen in Parametergleichung:

$\vec{x} = \begin{pmatrix} 15 \\ 0 \\ 3 \end{pmatrix} + r \cdot \begin{pmatrix} 2 \\ 5 \\ 0 \end{pmatrix} + (2r + 2) \cdot \begin{pmatrix} -1 \\ 0 \\ 5 \end{pmatrix} \quad \Leftrightarrow \quad g: \vec{x} = \begin{pmatrix} 13 \\ 0 \\ 13 \end{pmatrix} + r \cdot \begin{pmatrix} 0 \\ 5 \\ 10 \end{pmatrix}$ (Schnittgerade)

**„Abkürzung":** Stehen **Normalenvektor** und beide **Spannvektoren senkrecht** aufeinander **(Skalarprodukt=0)**, so sind die Ebenen entweder **parallel** oder **identisch**.
Eine **Punktprobe** klärt auf.

## 2. Fall: Beide Ebenengleichungen in **Koordinatenform**

Beispiel:   $E: x_1 + 3x_2 + 2x_3 = -5$ und $F: x_1 + 2x_2 + 3x_3 = -2$

---

**Schritt 1:**  Die beiden Ebenengleichungen als LGS auffassen.

$$x_1 + 3x_2 + 2x_3 = -5$$
$$x_1 + 2x_2 + 3x_3 = -2$$

**Schritt 2:**  Durch Gauß-Verfahren „in Richtung" untere Dreiecksform umformen.

$$\begin{pmatrix} 1 & 3 & 2 & -5 \\ 1 & 2 & 3 & -2 \end{pmatrix} \quad \lrcorner -$$

$$\begin{pmatrix} 1 & 3 & 2 & -5 \\ 0 & 1 & -1 & -3 \end{pmatrix}$$

**Schritt 3:** Interpretation anhand der nachfolgenden **Übersicht**.

(Da nur 2 Gleichungen aber 3 Unbekannte vorliegen, ist LGS niemals eindeutig lösbar.)

$$\begin{pmatrix} \cdot & \cdot & \cdot & \cdot \\ 0 & \neq 0 & \cdot & \cdot \end{pmatrix} \qquad \begin{pmatrix} \cdot & \cdot & \cdot & \cdot \\ 0 & 0 & 0 & 0 \end{pmatrix} \qquad \begin{pmatrix} \cdot & \cdot & \cdot & \cdot \\ 0 & 0 & 0 & \neq 0 \end{pmatrix}$$

| LGS hat **unendlich viele Lösungen, ein** Parameter ist frei wählbar. | LGS hat **unendlich viele Lösungen, zwei** Parameter sind frei wählbar. | LGS hat **keine Lösung**. |
|---|---|---|
| Ebenen **schneiden sich** in einer Geraden. | Ebenen sind **identisch**. | Ebenen sind **parallel**. |

E und F schneiden sich also in einer Geraden.

---

**Schritt 4** (bei „schneiden sich"): Gleichung der Schnittgeraden bestimmen.

In Gleichung (2) $x_3 = t$ setzen: $x_2 - x_3 = -3$ $\Leftrightarrow$ $x_2 - t = -3$ $\Leftrightarrow$ $x_2 = t - 3$;

In Gleichung (1) einsetzen: $x_1 + 3x_2 + 2x_3 = -5 \Leftrightarrow x_1 + 3 \cdot (t-3) + 2 \cdot t = -5 \Leftrightarrow x_1 = -5t + 4$

In Vektorform notieren und sortieren: $g: \vec{x} = \begin{pmatrix} -5t+4 \\ t-3 \\ t \end{pmatrix} = \begin{pmatrix} 4 \\ -3 \\ 0 \end{pmatrix} + t \cdot \begin{pmatrix} -5 \\ 1 \\ 1 \end{pmatrix}$ (Schnittgerade)

**„Abkürzung":** Sind die beiden **Normalenvektoren Vielfache** voneinander, so sind die Ebenen entweder **parallel** oder **identisch**. Eine **Punktprobe** klärt auf.

**3. Fall:** Beide Ebenengleichungen in **Parameterform**

Beispiel:  $E: \vec{x} = \begin{pmatrix} 2 \\ 4 \\ 1 \end{pmatrix} + r \cdot \begin{pmatrix} 1 \\ -2 \\ 3 \end{pmatrix} + s \cdot \begin{pmatrix} 1 \\ -1 \\ 5 \end{pmatrix}$  und  $F: \vec{x} = \begin{pmatrix} 3 \\ 5 \\ 12 \end{pmatrix} + t \cdot \begin{pmatrix} 0 \\ -2 \\ -6 \end{pmatrix} + u \cdot \begin{pmatrix} -4 \\ 7 \\ -10 \end{pmatrix}$

**Tipp:** Umgehen Sie das nachfolgende Verfahren unbedingt, indem Sie eine der beiden Ebenengleichungen **in Koordinatenform umwandeln** und dann wie im **1. Fall** vorgehen.

---

**Schritt 1:** Gleichsetzen.

$$\begin{pmatrix} 2 \\ 4 \\ 1 \end{pmatrix} + r \cdot \begin{pmatrix} 1 \\ -2 \\ 3 \end{pmatrix} + s \cdot \begin{pmatrix} 1 \\ -1 \\ 5 \end{pmatrix} = \begin{pmatrix} 3 \\ 5 \\ 12 \end{pmatrix} + t \cdot \begin{pmatrix} 0 \\ -2 \\ -6 \end{pmatrix} + u \cdot \begin{pmatrix} -4 \\ 7 \\ -10 \end{pmatrix}$$

---

**Schritt 2:** LGS in $r$, $s$, $t$ und $u$ ordnen.

$$\begin{aligned} 2 + r + s &= 3 & -4u \\ 4 - 2r - s &= 5 - 2t + 7u \\ 1 + 3r + 5s &= 12 - 6t - 10u \end{aligned} \quad \Leftrightarrow \quad \begin{aligned} r + s + 4u &= 1 & (1) \\ -2r - s + 2t - 7u &= 1 & (2) \\ 3r + 5s + 6t + 10u &= 11 & (3) \end{aligned}$$

---

**Schritt 3:** Durch Gauß-Verfahren „in Richtung" untere Dreiecksform umformen.

$$\left( \begin{array}{cccc|c} 1 & 1 & 0 & 4 & 1 \\ -2 & -1 & 2 & -7 & 1 \\ 3 & 5 & 6 & 10 & 11 \end{array} \right) \sim \left( \begin{array}{cccc|c} 1 & 1 & 0 & 4 & 1 \\ 0 & 1 & 2 & 1 & 3 \\ 0 & -2 & -6 & 2 & -8 \end{array} \right) \sim \left( \begin{array}{cccc|c} 1 & 1 & 0 & 4 & 1 \\ 0 & 1 & 2 & 1 & 3 \\ 0 & 0 & -2 & 4 & -2 \end{array} \right)$$

---

**Schritt 4:** Interpretation anhand der nachfolgenden **Übersicht**.

(Da nur 3 Gleichungen aber 4 Unbekannte vorliegen, ist LGS niemals eindeutig lösbar.)

$$\left( \begin{array}{cccc|c} \bullet & \bullet & \bullet & \bullet & \bullet \\ 0 & \bullet & \bullet & \bullet & \bullet \\ 0 & 0 & \neq 0 & \bullet & \bullet \end{array} \right) \qquad \left( \begin{array}{cccc|c} \bullet & \bullet & \bullet & \bullet & \bullet \\ 0 & \bullet & \bullet & \bullet & \bullet \\ 0 & 0 & 0 & 0 & 0 \end{array} \right) \qquad \left( \begin{array}{cccc|c} \bullet & \bullet & \bullet & \bullet & \bullet \\ 0 & \bullet & \bullet & \bullet & \bullet \\ 0 & 0 & 0 & 0 & \neq 0 \end{array} \right)$$

| LGS hat **unendlich viele Lösungen, ein** Parameter ist frei wählbar. | LGS hat **unendlich viele Lösungen, zwei** Parameter sind frei wählbar. | LGS hat **keine Lösung**. |
|:---:|:---:|:---:|
| Ebenen **schneiden sich** in einer Geraden. | Ebenen sind **identisch**. | Ebenen sind **parallel**. |

E und F schneiden sich also in einer Schnittgeraden.

---

**Schritt 5** (bei „schneiden sich"): Gleichung der Schnittgeraden bestimmen.

Gleichung (3): $-2t + 4u = -2$ wird nach $t$ aufgelöst: $t = 2u + 1$. Einsetzen.

$$\vec{x} = \begin{pmatrix} 3 \\ 5 \\ 12 \end{pmatrix} + (2u + 1) \cdot \begin{pmatrix} 0 \\ -2 \\ -6 \end{pmatrix} + u \cdot \begin{pmatrix} -4 \\ 7 \\ -10 \end{pmatrix} \quad \Leftrightarrow \quad g: \vec{x} = \begin{pmatrix} 3 \\ 3 \\ 6 \end{pmatrix} + u \cdot \begin{pmatrix} -4 \\ 3 \\ -22 \end{pmatrix} \text{ (Schnittgerade)}$$

# 6 Schnittwinkel

| Zwischen | Formel | senkrecht $(\alpha = 90°)$ |
|---|---|---|
| **Vektor** $\vec{a}$ **und Vektor** $\vec{b}$ <br> 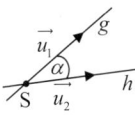 | $\cos(\alpha) = \dfrac{\vec{a} \cdot \vec{b}}{|\vec{a}| \cdot |\vec{b}|}$ | falls $\vec{a} \cdot \vec{b} = 0$ |
| **Gerade** $g$ **mit Richtungsvektor** $\vec{u_1}$ **und Gerade** $h$ **mit Richtungsvektor** $\vec{u_2}$ <br> 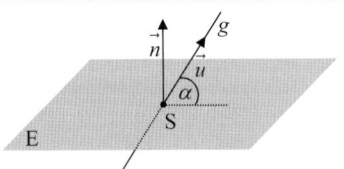 | $\cos(\alpha) = \dfrac{|\vec{u_1} \cdot \vec{u_2}|}{|\vec{u_1}| \cdot |\vec{u_2}|}$ | falls $\vec{u_1} \cdot \vec{u_2} = 0$ |
| **Gerade** $g$ **mit Richtungsvektor** $\vec{u}$ **und Ebene** E **mit Normalenvektor** $\vec{n}$ <br> 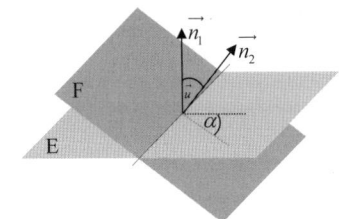 | $\sin(\alpha) = \dfrac{|\vec{u} \cdot \vec{n}|}{|\vec{u}| \cdot |\vec{n}|}$ | falls $\vec{u} = k \cdot \vec{n}$ (mit $k \in \mathbb{R}$) (Vielfache) |
| **Ebene** E **mit Normalenvektor** $\vec{n_1}$ **und Ebene** F **mit Normalenvektor** $\vec{n_2}$ | $\cos(\alpha) = \dfrac{|\vec{n_1} \cdot \vec{n_2}|}{|\vec{n_1}| \cdot |\vec{n_2}|}$ | falls $\vec{n_1} \cdot \vec{n_2} = 0$ |

**Beispiel :** Schnittwinkel zwischen $g : \vec{x} = \begin{pmatrix} 0,5 \\ 0 \\ 2 \end{pmatrix} + r \cdot \begin{pmatrix} 4 \\ -2 \\ 1 \end{pmatrix}$ und $E : x_1 - 3x_2 - 2x_3 = 3$.

$$\sin(\alpha) = \frac{\left| \begin{pmatrix} 4 \\ -2 \\ 1 \end{pmatrix} \cdot \begin{pmatrix} 1 \\ -3 \\ -2 \end{pmatrix} \right|}{\left| \begin{pmatrix} 4 \\ -2 \\ 1 \end{pmatrix} \right| \cdot \left| \begin{pmatrix} 1 \\ -3 \\ -2 \end{pmatrix} \right|} = \frac{|4 \cdot 1 + (-2) \cdot (-3) + 1 \cdot (-2)|}{\sqrt{4^2 + (-2)^2 + 1^2} \cdot \sqrt{1^2 + (-3)^2 + (-2)^2}} = \frac{8}{\sqrt{21} \cdot \sqrt{14}} \overset{\sin^{-1}}{\Rightarrow} \alpha \approx 27,81°$$

(WTR-Einstellung: *deg*)

**Hinweis :** Mit dem Schnittwinkel ist stets der spitze Winkel $(0 \le \alpha \le 90)$ gemeint.

www.mvurl.de/lawk

# 7  Abstandsberechnungen

**Lösungsstrategien im Überblick** (ausführliches Vorgehen auf den folgenden Seiten)

| | Punkt | Gerade | Ebene |
|---|---|---|---|
| **Punkt** | **Betrag** <br><br> A....?....B <br><br> $\|\overrightarrow{AB}\|$ | **1. Skalarprodukt** <br><br> *g* <br> A....?....*g* <br><br> **2. Hilfsebene** <br><br> *g* <br> A....?....*g* <br> $E_H$ | **1. Formel** <br><br> $d = \left\| \dfrac{n_1 a_1 + n_2 a_2 + n_3 a_3 - b}{\sqrt{n_1^{\,2} + n_2^{\,2} + n_3^{\,2}}} \right\| = \left\| \dfrac{(\vec{a} - \vec{p}) \cdot \vec{n}}{|\vec{n}|} \right\|$ <br><br> **2. Lotgerade** <br> A <br> ? <br> E ───── *l* |
| **Gerade** | | **Parallel** <br> **1. Skalarprodukt** <br> **2. Hilfsebene** <br> *g*  *h* <br> ? <br> $E_H$ <br><br> *siehe Punkt-Gerade* <br><br>──────────── <br> **Windschief** <br><br> Nicht relevant für das Abitur! <br> *g* <br> ? <br> *h* | **Parallel** <br> **1. Formel** (Punkt-Ebene) <br> **2. Lotgerade** <br> *g* <br> ? <br> E ───── *l* <br><br> *siehe Punkt-Ebene* |
| **Ebene** | | | **Parallel** <br> **1. Formel** (Punkt-Ebene) <br> **2. Lotgerade** <br> *l* <br> F <br> ? <br> E <br><br> *siehe Punkt-Ebene* |

**Hinweis:** Alle Probleme lassen sich auf ***Punkt-Gerade*** oder ***Punkt-Ebene*** zurückführen.

www.mvurl.de/honf

## 7.1 Abstände zu einem Punkt

### Abstand: Punkt – Punkt

**Beispiel:** Abstand von $A(1|0|2)$ und $B(2|-3|1)$?

Verbindungsvektor: $\overrightarrow{AB} = \begin{pmatrix} 2 \\ -3 \\ 1 \end{pmatrix} - \begin{pmatrix} 1 \\ 0 \\ 2 \end{pmatrix} = \begin{pmatrix} 1 \\ -3 \\ -1 \end{pmatrix}$;

Länge: $|\overrightarrow{AB}| = \sqrt{1^2 + (-3)^2 + (-1)^2} = \sqrt{11}$ LE

A ..................... B
$$d = |\overrightarrow{AB}|$$

### Abstand: Punkt – Gerade

**Beispiel:** Abstand von $A(6|-6|9)$ zu $g: \vec{x} = \begin{pmatrix} 4 \\ 5 \\ 6 \end{pmatrix} + r \cdot \begin{pmatrix} -2 \\ 1 \\ 1 \end{pmatrix}$?

- **Möglichkeit 1 (Skalarprodukt)**

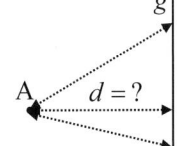
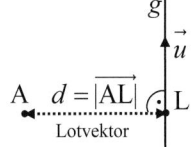

---

**Schritt 1:** **Verbindungsvektor** zwischen dem **Punkt A** und einem **allgemeinen Geradenpunkt** $P_r(4-2r|5+r|6+r)$ aufstellen (allgemeiner Abstandsvektor).

$$\overrightarrow{AP_r} = \begin{pmatrix} 4-2r \\ 5+r \\ 6+r \end{pmatrix} - \begin{pmatrix} 6 \\ -6 \\ 9 \end{pmatrix} = \begin{pmatrix} -2r-2 \\ r+11 \\ r-3 \end{pmatrix}$$

**Schritt 2: Skalarprodukt** aus dem **Verbindungsvektor** und dem **Richtungsvektor $\vec{u}$** der Geraden bilden und **gleich 0** setzen. (Grund: Der Verbindungsvektor wird zum Lotvektor wenn er senkrecht zur Geraden steht). Parameterwert $r$ ermitteln.

$$\overrightarrow{AP_r} \cdot \vec{u} = \begin{pmatrix} -2r-2 \\ r+11 \\ r-3 \end{pmatrix} \cdot \begin{pmatrix} -2 \\ 1 \\ 1 \end{pmatrix} = 0 \Leftrightarrow (-2r-2) \cdot (-2) + (r+11) \cdot 1 + (r-3) \cdot 1 = 0 \Rightarrow r = -2$$

**Schritt 3:** Lotfußpunkt L erhalten, indem der **Parameterwert** in die Geradengleichung **eingesetzt** wird.

$$r = -2 \text{ einsetzen: } \overrightarrow{OL} = \begin{pmatrix} 4 \\ 5 \\ 6 \end{pmatrix} - 2 \cdot \begin{pmatrix} -2 \\ 1 \\ 1 \end{pmatrix} = \begin{pmatrix} 8 \\ 3 \\ 4 \end{pmatrix} \rightarrow L(8|3|4)$$

**Schritt 4: Länge (Betrag)** des Lotvektors $|\overrightarrow{AL}|$ berechnen.

Lotvektor: $\overrightarrow{AL} = \begin{pmatrix} 8 \\ 3 \\ 4 \end{pmatrix} - \begin{pmatrix} 6 \\ -6 \\ 9 \end{pmatrix} = \begin{pmatrix} 2 \\ 9 \\ -5 \end{pmatrix}$; Länge: $|\overrightarrow{AL}| = \sqrt{2^2 + 9^2 + (-5)^2} = \sqrt{110}$ LE

---

- **Möglichkeit 2 (Hilfsebene)**

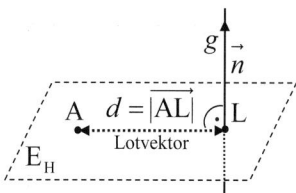

| |
|---|
| **Schritt 1 : Hilfsebene $E_H$** bilden, die den Punkt **A enthält** und **senkrecht auf der Geraden $g$** steht (Richtungsvektor der Geraden als Normalenvektor von $E_H$ verwenden). Dann werden die Koordinaten des Punktes A eingesetzt. |
| $E_H : -2x_1 + x_2 + x_3 = b$ <br> $A \in E_H : -2 \cdot 6 - 6 + 9 = b \Leftrightarrow -9 = b \Rightarrow E_H : -2x_1 + x_2 + x_3 = -9$ |
| **Schritt 2 : Hilfsebene $E_H$** mit der **Geraden $g$ schneiden**. Der Schnittpunkt ist der Lotfußpunkt L. |
| „Allgemeinen Geradenpunkt" $P_r\left(4-2r \mid 5+r \mid 6+r\right)$ in $E_H$ einsetzen: <br> $-2x_1 + x_2 + x_3 = -9 \Leftrightarrow -2 \cdot (4-2r) + 5 + r + 6 + r = -9 \Rightarrow r = -2;$ <br> $r = -2$ einsetzen: $\overrightarrow{OL} = \begin{pmatrix} 4 \\ 5 \\ 6 \end{pmatrix} - 2 \cdot \begin{pmatrix} -2 \\ 1 \\ 1 \end{pmatrix} = \begin{pmatrix} 8 \\ 3 \\ 4 \end{pmatrix} \rightarrow L(8 \mid 3 \mid 4)$ |
| **Schritt 3 : Länge (Betrag)** des Lotvektors $|\overrightarrow{AL}|$ berechnen. |
| Lotvektor: $\overrightarrow{AL} = \begin{pmatrix} 8 \\ 3 \\ 4 \end{pmatrix} - \begin{pmatrix} 6 \\ -6 \\ 9 \end{pmatrix} = \begin{pmatrix} 2 \\ 9 \\ -5 \end{pmatrix}$; Länge: $|\overrightarrow{AL}| = \sqrt{2^2 + 9^2 + (-5)^2} = \sqrt{110}$ LE |

**Beispielhafte Anwendungen:** Höhenbestimmung in einem Dreieck, Trapez oder Parallelogramm.

## Abstand: Punkt – Ebene

**Beispiel:** Abstand von $A(1|2|3)$ zu $E: 2x_1 - x_2 + 4x_3 = -9$?

- **Möglichkeit 1 (Formel, siehe Merkhilfe)**

$$d = \left| \frac{n_1 a_1 + n_2 a_2 + n_3 a_3 - b}{\sqrt{n_1{}^2 + n_2{}^2 + n_3{}^2}} \right| \qquad \text{(zwischen } A(a_1|a_2|a_3) \text{ und } E: n_1 x_1 + n_2 x_2 + n_3 x_3 = b)$$

$$d = \left| \frac{\left(\vec{a} - \vec{p}\right) \cdot \vec{n}}{\vec{n}} \right| \qquad \text{(zwischen } A(a_1|a_2|a_3) \text{ und } E: \left(\vec{x} - \vec{p}\right) \cdot \vec{n} = 0)$$

Lösung: $d = \left| \dfrac{2 \cdot 1 - 1 \cdot 2 + 4 \cdot 3 + 9}{\sqrt{2^2 + (-1)^2 + 4^2}} \right| = \left| \dfrac{21}{\sqrt{21}} \right| = \sqrt{21}$ LE

- **Möglichkeit 2 (Lotgerade)**

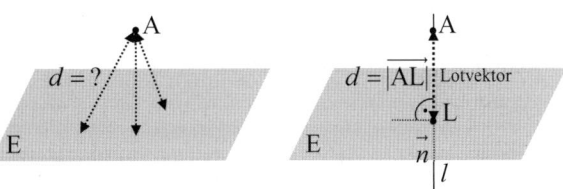

**Schritt 1: Lotgerade $l$** bilden, die den Punkt **A enthält** und **senkrecht auf der Ebene E** steht. (A als Stützpunkt und Normalenvektor der Ebene als Richtungsvektor verwenden).

$$l: \vec{x} = \vec{a} + r \cdot \vec{n} \;\Rightarrow\; l: \vec{x} = \begin{pmatrix} 1 \\ 2 \\ 3 \end{pmatrix} + r \cdot \begin{pmatrix} 2 \\ -1 \\ 4 \end{pmatrix} \;\text{(mit } r \in \mathbb{R})$$

**Schritt 2: Lotgerade $l$** mit der **Ebene E schneiden**. Der Schnittpunkt ist der Lotfußpunkt L.

„Allgemeinen Geradenpunkt" $P_r(1+2r\,|\,2-r\,|\,3+4r)$ in E einsetzen:
$2x_1 - x_2 + 4x_3 = -9 \Leftrightarrow 2 \cdot (1+2r) - (2-r) + 4 \cdot (3+4r) = -9 \Rightarrow r = -1;$

$r = -1$ einsetzen: $\overrightarrow{OL} = \begin{pmatrix} 1 \\ 2 \\ 3 \end{pmatrix} - 1 \cdot \begin{pmatrix} 2 \\ -1 \\ 4 \end{pmatrix} = \begin{pmatrix} -1 \\ 3 \\ -1 \end{pmatrix} \to L(-1|3|-1)$

**Schritt 3: Länge (Betrag)** des Lotvektors $|\overrightarrow{AL}|$ berechnen.

Lotvektor: $\overrightarrow{AL} = \begin{pmatrix} -1 \\ 3 \\ -1 \end{pmatrix} - \begin{pmatrix} 1 \\ 2 \\ 3 \end{pmatrix} = \begin{pmatrix} -2 \\ 1 \\ -4 \end{pmatrix};$ Länge: $|\overrightarrow{AL}| = \sqrt{(-2)^2 + 1^2 + (-4)^2} = \sqrt{21}$ LE

**Beispielhafte Anwendung:** Höhenbestimmung bei einer Pyramide

## 7.2 Abstände zu einer Geraden

### Abstand: Gerade – Gerade (parallel)

Diese Abstandsberechnung lässt sich auf die Abstandsberechnung
***Punkt – Gerade*** zurückführen, indem der Abstand eines beliebigen
Punktes (z.B. des **Stützpunktes**) der einen Geraden zur anderen Geraden
ermittelt wird.

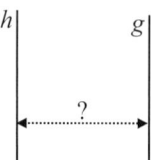

**Lösung durch: Skalarprodukt oder Hilfsebene.**

**Beispiel :** Abstand von $h: \vec{x} = \begin{pmatrix} 6 \\ -6 \\ 9 \end{pmatrix} + s \cdot \begin{pmatrix} -2 \\ 1 \\ 1 \end{pmatrix}$ zu $g: \vec{x} = \begin{pmatrix} 4 \\ 5 \\ 6 \end{pmatrix} + r \cdot \begin{pmatrix} -2 \\ 1 \\ 1 \end{pmatrix}$ ?

$A(6|-6|9)$ ist Stützpunkt von $h$. Abstand zu $g$ wird berechnet,
wie auf S. 105.

---

**Schritt 1 :** **Verbindungsvektor** zwischen dem **Punkt A** und einem **allgemeinen Geradenpunkt** $P_r(4-2r\,|\,5+r\,|\,6+r)$ aufstellen (allgemeiner Abstandsvektor).

$$\overrightarrow{AP_r} = \begin{pmatrix} 4-2r \\ 5+r \\ 6+r \end{pmatrix} - \begin{pmatrix} 6 \\ -6 \\ 9 \end{pmatrix} = \begin{pmatrix} -2r-2 \\ r+11 \\ r-3 \end{pmatrix}$$

---

**Schritt 2 :** **Skalarprodukt** aus dem **Verbindungsvektor** und dem **Richtungsvektor** $\vec{u}$ der Geraden bilden und **gleich 0** setzen. (Grund: Der Verbindungsvektor wird zum Lotvektor wenn er senkrecht zur Geraden steht). Parameterwert $r$ ermitteln.

$$\overrightarrow{AP_r} \cdot \vec{u} = \begin{pmatrix} -2r-2 \\ r+11 \\ r-3 \end{pmatrix} \cdot \begin{pmatrix} -2 \\ 1 \\ 1 \end{pmatrix} = 0 \iff (-2r-2)\cdot(-2)+(r+11)\cdot 1+(r-3)\cdot 1 = 0 \Rightarrow r = -2$$

---

**Schritt 3:** Lotfußpunkt L erhalten, indem der **Parameterwert** in die Geradengleichung **eingesetzt** wird.

$$r = -2 \text{ einsetzen: } \overrightarrow{OL} = \begin{pmatrix} 4 \\ 5 \\ 6 \end{pmatrix} - 2 \cdot \begin{pmatrix} -2 \\ 1 \\ 1 \end{pmatrix} = \begin{pmatrix} 8 \\ 3 \\ 4 \end{pmatrix} \rightarrow L(8|3|4)$$

---

**Schritt 4 : Länge (Betrag)** des Lotvektors $|\overrightarrow{AL}|$ berechnen.

$$\text{Lotvektor: } \overrightarrow{AL} = \begin{pmatrix} 8 \\ 3 \\ 4 \end{pmatrix} - \begin{pmatrix} 6 \\ -6 \\ 9 \end{pmatrix} = \begin{pmatrix} 2 \\ 9 \\ -5 \end{pmatrix}; \quad \text{Länge:} |\overrightarrow{AL}| = \sqrt{2^2 + 9^2 + (-5)^2} = \sqrt{110} \text{ LE}$$

## Abstand: Gerade – Ebene

### Idee

Diese Abstandsberechnung lässt sich auf die
Abstandsberechnung **Punkt – Ebene** zurückführen, indem
der Abstand eines beliebigen Punktes der Geraden g
(z.B. des **Stützpunktes**) zur Ebene E ermittelt wird.

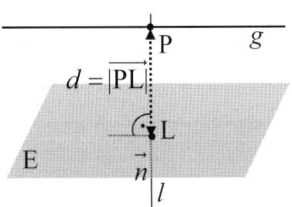

**Lösung durch: Formel oder Lotgerade.**

Beispiel: Abstand zwischen $g : \vec{x} = \begin{pmatrix} 2 \\ -16 \\ 2 \end{pmatrix} + t \cdot \begin{pmatrix} 1 \\ 4 \\ 1 \end{pmatrix}$ und $E : -2x_1 + x_2 - 2x_3 = -15$?

Lösung: Mit Formel (S. 107). Abstand von Stützpunkt $P(2 \mid -16 \mid 2)$ zu E.

$$d = \left| \frac{(-2) \cdot 2 + 1 \cdot (-16) + (-2) \cdot 2 + 15}{\sqrt{(-2)^2 + 1^2 + (-2)^2}} \right| = \left| \frac{-9}{\sqrt{9}} \right| = 3 \text{ LE}$$

## 7.3 Abstände zu einer Ebene

### Abstand: Ebene – Ebene (parallel)

Diese Abstandsberechnung lässt sich auf die
Abstandsberechnung **Punkt – Ebene** zurückführen, indem
der Abstand eines beliebigen Punktes der einen Ebene
(z.B. eines **Spurpunktes**) zur anderen Ebene ermittelt
wird.

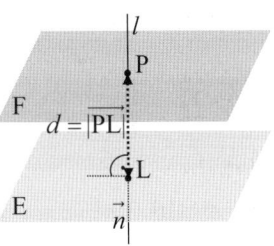

**Lösung durch: Formel oder Lotgerade.**

Beispiel: Abstand zwischen E: $2x_1 + 2x_2 - x_3 = 8$ und F: $\vec{x} = \begin{pmatrix} 1 \\ 1 \\ 0 \end{pmatrix} + t \cdot \begin{pmatrix} 1 \\ 0 \\ 2 \end{pmatrix} + u \cdot \begin{pmatrix} -1 \\ 1 \\ 0 \end{pmatrix}$ ?

Lösung: Mit Formel (S. 107). Abstand von Stützpunkt $P(1 \mid 1 \mid 0)$ zu E.

$$d = \left| \frac{2 \cdot 1 + 2 \cdot 1 + (-1) \cdot 0 - 8}{\sqrt{2^2 + 2^2 + (-1)^2}} \right| = \left| \frac{-4}{\sqrt{9}} \right| = \frac{4}{3} \text{ LE}$$

# 8 Spiegelungen (Zusatz)

Die nachfolgenden Inhalte sind zwar nicht verpflichtend im Bildungsplan aufgeführt, können aber für das Lösen von Aufgaben oftmals sehr nützlich sein.

## 1. Punkt an Punkt

Beispiel: $Q(1|-2|3)$ an $S(0|4|-3)$.

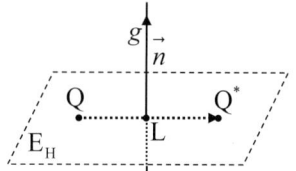

**Vorgehen:** $\overrightarrow{OQ^*} = \overrightarrow{OQ} + 2 \cdot \overrightarrow{QS}$

Lösung: $\overrightarrow{OQ^*} = \overrightarrow{OQ} + 2 \cdot \overrightarrow{QS} = \begin{pmatrix} 1 \\ -2 \\ 3 \end{pmatrix} + 2 \cdot \begin{pmatrix} 0-1 \\ 4-(-2) \\ -3-3 \end{pmatrix} = \begin{pmatrix} -1 \\ 10 \\ -9 \end{pmatrix} \rightarrow Q^*(-1|10|-9)$

## 2. Punkt an Gerade

Beispiel: $Q(6|-6|9)$ an $g: \vec{x} = \begin{pmatrix} 4 \\ 5 \\ 6 \end{pmatrix} + r \cdot \begin{pmatrix} -2 \\ 1 \\ 1 \end{pmatrix}$

| |
|---|
| **Schritt 1: Hilfsebene** $E_H$ bilden, die den Punkt **Q enthält** und **senkrecht auf der Geraden g** steht (Richtungsvektor der Geraden als Normalenvektor von $E_H$ verwenden). Dann werden die Koordinaten des Punktes Q eingesetzt. |
| $E_H: -2x_1 + x_2 + x_3 = d$ <br> $Q \in E_H: -2 \cdot 6 - 6 + 9 = d \Leftrightarrow -9 = d \Rightarrow E_H: -2x_1 + x_2 + x_3 = -9$ |
| **Schritt 2: Hilfsebene** $E_H$ mit der **Geraden g schneiden.** Der Schnittpunkt ist der Lotfußpunkt L. |
| „Allgemeinen Geradenpunkt" $P_r(4-2r|5+r|6+r)$ in $E_H$ einsetzen: <br> $-2x_1 + x_2 + x_3 = -9 \Leftrightarrow -2 \cdot (4-2r) + 5 + r + 6 + r = -9 \Rightarrow r = -2;$ <br> $r = -2$ einsetzen: $\overrightarrow{OL} = \begin{pmatrix} 4 \\ 5 \\ 6 \end{pmatrix} - 2 \cdot \begin{pmatrix} -2 \\ 1 \\ 1 \end{pmatrix} = \begin{pmatrix} 8 \\ 3 \\ 4 \end{pmatrix} \rightarrow L(8|3|4)$ |
| **Schritt 3:** Der **Punkt Q** wird am **Lotfußpunkt L gespiegelt.** |
| $\overrightarrow{OQ^*} = \overrightarrow{OQ} + 2 \cdot \overrightarrow{QL} = \begin{pmatrix} 6 \\ -6 \\ 9 \end{pmatrix} + 2 \cdot \begin{pmatrix} 8-6 \\ 3-(-6) \\ 4-9 \end{pmatrix} = \begin{pmatrix} 10 \\ 12 \\ -1 \end{pmatrix} \rightarrow Q^*(10|12|-1)$ |

**Hinweis:** Ähnliches Vorgehen wie bei der Abstandsberechnung: *Punkt – Gerade.*

www.mvurl.de/ygbu

## 3. Punkt an Ebene

Beispiel: $Q(1\,|\,2\,|\,3)$ an $E: 2x_1 - x_2 + 4x_3 = -9$

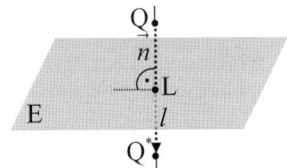

**Schritt 1 :** **Lotgerade** $l$ bilden, die den Punkt **Q enthält** und **senkrecht auf der Ebene E** steht. (Q als Stützpunkt und Normalenvektor der Ebene als Richtungsvektor verwenden).

$$l: \vec{x} = \vec{q} + r \cdot \vec{n} \;\Rightarrow\; l: \vec{x} = \begin{pmatrix} 1 \\ 2 \\ 3 \end{pmatrix} + r \cdot \begin{pmatrix} 2 \\ -1 \\ 4 \end{pmatrix} \;(\text{mit } r \in \mathbb{R})$$

**Schritt 2 :** **Lotgerade** $l$ mit der **Ebene E schneiden**. Der Schnittpunkt ist der Lotfußpunkt L.

„Allgemeinen Geradenpunkt" $P_r\left(1+2r\,|\,2-r\,|\,3+4r\right)$ in E einsetzen:

$$2x_1 - x_2 + 4x_3 = -9 \;\Leftrightarrow\; 2\cdot(1+2r) - (2-r) + 4\cdot(3+4r) = -9 \;\Rightarrow\; r = -1;$$

$$r = -1 \text{ einsetzen: } \overrightarrow{OL} = \begin{pmatrix} 1 \\ 2 \\ 3 \end{pmatrix} - 1 \cdot \begin{pmatrix} 2 \\ -1 \\ 4 \end{pmatrix} = \begin{pmatrix} -1 \\ 3 \\ -1 \end{pmatrix} \rightarrow L(-1\,|\,3\,|\,-1)$$

**Schritt 3:** Der **Punkt Q** wird **am Lotfußpunkt L gespiegelt.**

$$\overrightarrow{OQ^*} = \overrightarrow{OQ} + 2 \cdot \overrightarrow{QL} = \begin{pmatrix} 1 \\ 2 \\ 3 \end{pmatrix} + 2 \cdot \begin{pmatrix} -1-1 \\ 3-2 \\ -1-3 \end{pmatrix} = \begin{pmatrix} -3 \\ 4 \\ -5 \end{pmatrix} \rightarrow Q^*(-3\,|\,4\,|\,-5)$$

**Hinweis:** Ähnliches Vorgehen bei der Abstandsberechnung: *Punkt – Ebene.*

## 4. Gerade an Ebene

**Schritt 1 :** Gerade mit Ebene schneiden. Der Schnittpunkt S ist der erste Punkt von $g^*$.

**Schritt 2 :** Stützpunkt P der Geraden $g$ an der Ebene spiegeln (siehe 3.). Man erhält $P^*$, den zweiten Punkt von $g^*$.

**Schritt 3 :** Aufstellen der Geradengleichung von $g^*$ aus den beiden Punkten S und $P^*$.

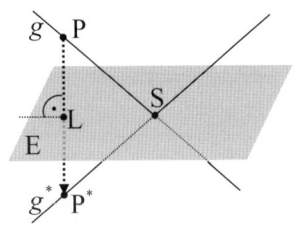

**Hinweis :** Falls die zu spiegelnde Gerade $g$ und die Ebene E parallel sind, muss nur der Stützpunkt der Geraden gespiegelt werden, was zum Stützpunkt von $g^*$ führt. Da $g$ und $g^*$ parallel sind, kann der Richtungsvektor von $g$ in $g^*$ übernommen werden.

# 9 Modellieren mit Vektoren

## 9.1 Bewegungsabläufe

U-Boote, Flugzeuge,... bewegen sich meist geradlinig mit konstanter Geschwindigkeit. Ihre **Bahngleichungen** können somit durch **Geradengleichungen** beschrieben werden.

Beispiel: $\vec{x} = \begin{pmatrix} 20 \\ 30 \\ 10 \end{pmatrix} + t \cdot \begin{pmatrix} 60 \\ -40 \\ 25 \end{pmatrix}$ ($t$ in Stunden ($t \in \mathbb{R}$), sonstige Angaben in km)

| „Bausteine" der Bahngleichung | Interpretation |
|---|---|
| $\begin{pmatrix} 20 \\ 30 \\ 10 \end{pmatrix}$ (Stützvektor) | Koordinaten des Startpunktes der Bewegung |
| $t$ (Parameter) | vergangene Zeit nach (Beobachtungs-)Beginn der Bewegung |
| $\begin{pmatrix} 60 \\ -40 \\ 25 \end{pmatrix} = \vec{v}$ (Richtungsvektor) | gibt an, wie sich die Koordinaten des Objektes innerhalb von einer Stunde ändern. |
| $|\vec{v}|$ (Länge Richtungsvektor) | Geschwindigkeit des Objektes (in km/h) |
| $\vec{x}$ | Ort des Objektes nach $t$ Stunden |

**Beispiel 1**

Ein Modellflugzeug befindet sich zu Beginn der Beobachtung im Punkt $A(100|100|100)$. Nach 3 Stunden befindet es sich im Punkt $B(10|250|85)$.

**a)** Geben Sie die Bahngleichung an.

$\overrightarrow{AB} = \begin{pmatrix} 10 \\ 250 \\ 85 \end{pmatrix} - \begin{pmatrix} 100 \\ 100 \\ 100 \end{pmatrix} = \begin{pmatrix} -90 \\ 150 \\ -15 \end{pmatrix}$ in 3 Stunden, somit $\frac{1}{3} \cdot \begin{pmatrix} -90 \\ 150 \\ -15 \end{pmatrix} = \begin{pmatrix} -30 \\ 50 \\ -5 \end{pmatrix} = \vec{v}$ pro Stunde.

Bahngleichung: $\vec{x} = \begin{pmatrix} 100 \\ 100 \\ 100 \end{pmatrix} + t \cdot \begin{pmatrix} -30 \\ 50 \\ -5 \end{pmatrix}$ ($t \in \mathbb{R}$)

**b)** Wo befindet sich das Flugzeug 1,2 Stunden nach Beginn der Beobachtung?

$\vec{x} = \begin{pmatrix} 100 \\ 100 \\ 100 \end{pmatrix} + 1,2 \cdot \begin{pmatrix} -30 \\ 50 \\ -5 \end{pmatrix} = \begin{pmatrix} 64 \\ 160 \\ 94 \end{pmatrix} \rightarrow$ Im Punkt $P(64|160|94)$.

**c)** Mit welcher Geschwindigkeit fliegt es?

$\vec{v} = \begin{pmatrix} -30 \\ 50 \\ -5 \end{pmatrix}$; $|\vec{v}| = \sqrt{(-30)^2 + 50^2 + (-5)^2} = 58,52$ (km/h)

www.mvurl.de/j1rj

**Beispiel 2**

Die Bahngleichungen der Flugzeuge 1 und 2 lauten ($t$ in min, sonstige Angaben in km):

Flugzeug 1: $\vec{x} = \begin{pmatrix} -8 \\ 1 \\ -4 \end{pmatrix} + t \cdot \begin{pmatrix} 3 \\ -1 \\ 2 \end{pmatrix}$; Flugzeug 2: $\vec{x} = \begin{pmatrix} -1 \\ 2 \\ 0 \end{pmatrix} + t \cdot \begin{pmatrix} 1 \\ -2 \\ 1 \end{pmatrix}$ (mit $t \in \mathbb{R}$)

Zeigen Sie, dass sich die Flugbahnen schneiden, die Flugzeuge jedoch
nicht zusammenstoßen.

**Schnittpunkt der Flugbahnen:** Hierzu werden **verschiedene Parameter $r$ und $s$**

(mit $r, s \in \mathbb{R}$) verwendet. Die Bahngleichungen werden gleichgesetzt:

$\begin{pmatrix} -8 \\ 1 \\ -4 \end{pmatrix} + r \cdot \begin{pmatrix} 3 \\ -1 \\ 2 \end{pmatrix} = \begin{pmatrix} -1 \\ 2 \\ 0 \end{pmatrix} + s \cdot \begin{pmatrix} 1 \\ -2 \\ 1 \end{pmatrix}$ als LGS: $\left( \begin{array}{cc|c} 3 & -1 & 7 \\ -1 & 2 & 1 \\ 2 & -1 & 4 \end{array} \right) \sim \left( \begin{array}{cc|c} 3 & -1 & 7 \\ 0 & 5 & 10 \\ 0 & 3 & 6 \end{array} \right) \sim \left( \begin{array}{cc|c} 3 & -1 & 7 \\ 0 & 5 & 10 \\ 0 & 0 & 0 \end{array} \right)$

2. Zeile: $5s = 10 \Rightarrow s = 2$; in 1. Zeile: $3r - 2 = 7 \Rightarrow r = 3$

Das LGS ist **eindeutig lösbar**, somit **schneiden sich** die Flugbahnen.

**Untersuchung auf Zusammenstoß:** Die ermittelten Werte für $r$ und $s$ **stimmen nicht
überein.** Somit erreichen die Flugzeuge den Schnittpunkt zu verschiedenen Zeitpunkten.
Es kommt also **nicht zu einem Zusammenstoß.**

## 9.2 Projektion auf eine Koordinatenebene

**Beispiel:** Die Spitze S$(1,5\,|\,1,5\,|\,3)$ einer Pyramide wird mit einem Lichtstrahl

in Richtung $\begin{pmatrix} -0,5 \\ 3 \\ -3 \end{pmatrix}$ beleuchtet und wirft einen Schatten auf die $x_1 x_2$-Ebene.

Berechnen Sie die Koordinaten des Schattenpunkte S$_{12}$.

Der gesuchte Punkte ist der Spurpunkt der Geraden

$g$ mit $g$: $\vec{x} = \begin{pmatrix} 1,5 \\ 1,5 \\ 3 \end{pmatrix} + r \cdot \begin{pmatrix} -0,5 \\ 3 \\ -3 \end{pmatrix}$ mit der $x_1 x_2$-Ebene.

$x_3 = 0$ führt auf $3 - 3r = 0 \Rightarrow r = 1$

Einsetzen führt auf: $\vec{x} = \begin{pmatrix} 1,5 \\ 1,5 \\ 3 \end{pmatrix} + 1 \cdot \begin{pmatrix} -0,5 \\ 3 \\ -3 \end{pmatrix} = \begin{pmatrix} 1 \\ 4,5 \\ 0 \end{pmatrix}$

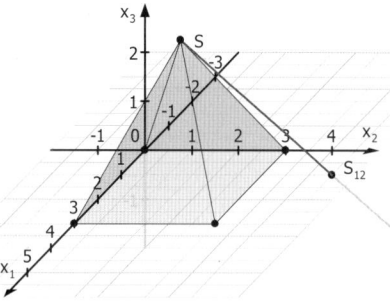

Der Schattenpunkt S$_{12}$ hat somit die
Koordinaten $(1\,|\,4,5\,|\,0)$.

113

# 10 Das Vektorprodukt zur Flächen- und Volumenberechnung

## 10.1 Flächenberechnung

### 1. Parallelogramm

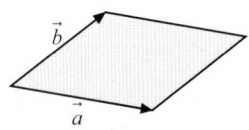

**Formel:** $A = \left| \vec{a} \times \vec{b} \right|$　**Beispiel:** $\vec{a} = \begin{pmatrix} 2 \\ 6 \\ 3 \end{pmatrix}; \vec{b} = \begin{pmatrix} 2 \\ 1 \\ -2 \end{pmatrix}$

$$A = \left| \begin{pmatrix} 2 \\ 6 \\ 3 \end{pmatrix} \times \begin{pmatrix} 2 \\ 1 \\ -2 \end{pmatrix} \right| = \left| \begin{pmatrix} 6 \cdot (-2) - 3 \cdot 1 \\ 3 \cdot 2 \;-\; 2 \cdot (-2) \\ 2 \cdot 1 \;-\; 6 \cdot 2 \end{pmatrix} \right| = \left| \begin{pmatrix} -15 \\ 10 \\ -10 \end{pmatrix} \right| = \sqrt{(-15)^2 + 10^2 + (-10)^2} \approx 20,62 \text{ FE}$$

### 2. Dreieck

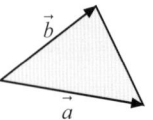

**Formel:** $A = \dfrac{1}{2} \cdot \left| \vec{a} \times \vec{b} \right|$

## 10.2 Volumenberechnung

**1. Spat** (Gegenüberliegende Seitenflächen sind deckungsgleiche Parallelogramme)

**Formel :** $V_{Spat} = \left| \left( \vec{a} \times \vec{b} \right) \cdot \vec{c} \right|$ (nicht in der Merkhilfe!)

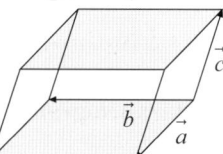

**Beispiel :** $\vec{a} = \begin{pmatrix} 2 \\ 3 \\ 4 \end{pmatrix}; \; \vec{b} = \begin{pmatrix} 2 \\ 1 \\ 0 \end{pmatrix}; \; \vec{c} = \begin{pmatrix} 1 \\ -6 \\ -2 \end{pmatrix}$

$$V = \left| \left( \begin{pmatrix} 2 \\ 3 \\ 4 \end{pmatrix} \times \begin{pmatrix} 2 \\ 1 \\ 0 \end{pmatrix} \right) \cdot \begin{pmatrix} 1 \\ -6 \\ -2 \end{pmatrix} \right| = \left| \begin{pmatrix} 3 \cdot 0 - 4 \cdot 1 \\ 4 \cdot 2 - 2 \cdot 0 \\ 2 \cdot 1 - 3 \cdot 2 \end{pmatrix} \cdot \begin{pmatrix} 1 \\ -6 \\ -2 \end{pmatrix} \right| = \left| \begin{pmatrix} -4 \\ 8 \\ -4 \end{pmatrix} \cdot \begin{pmatrix} 1 \\ -6 \\ -2 \end{pmatrix} \right| = \left| -4 - 48 + 8 \right| = \left| -44 \right| = 44 \text{ VE}$$

**2. Prisma** (Grundfläche: **Dreieck**)

**Formel :** $V = \dfrac{1}{2} \cdot \left| \left( \vec{a} \times \vec{b} \right) \cdot \vec{c} \right| \quad \left( = \dfrac{1}{2} \cdot V_{Spat} \right)$

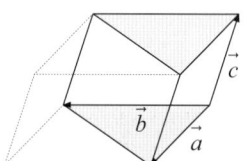

**3. Pyramide** (Grundfl.: **Parallelogramm**)

**Formel :** $V = \dfrac{1}{3} \cdot \left| \left( \vec{a} \times \vec{b} \right) \cdot \vec{c} \right| \quad \left( = \dfrac{1}{3} \cdot V_{Spat} \right)$

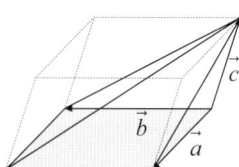

**4. Pyramide** (Grundfl.: **Dreieck**)

**Formel :** $V = \dfrac{1}{6} \cdot \left| \left( \vec{a} \times \vec{b} \right) \cdot \vec{c} \right| \quad \left( = \dfrac{1}{6} \cdot V_{Spat} \right)$

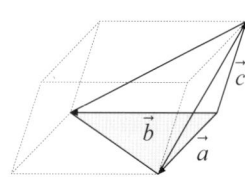

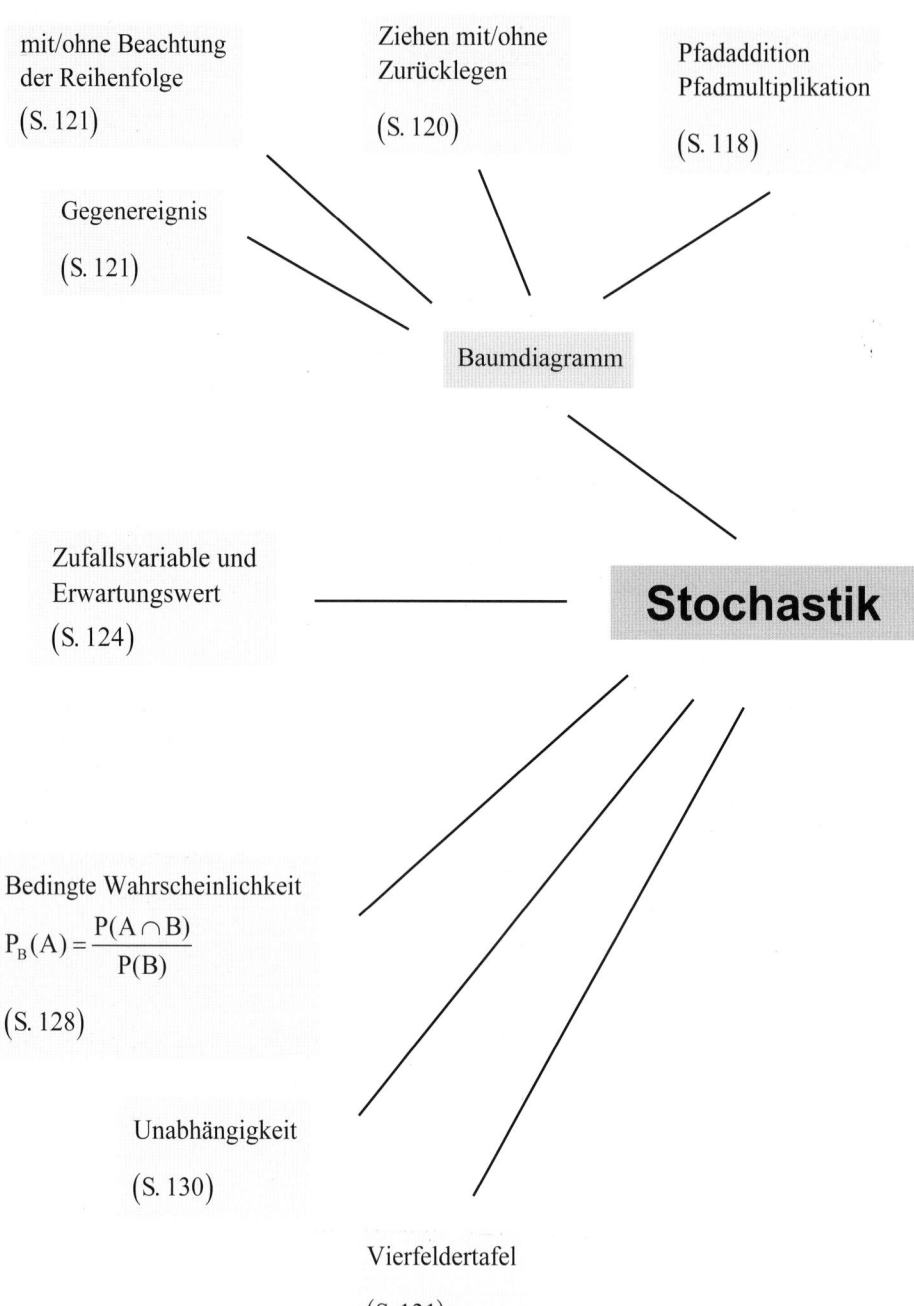

mit/ohne Beachtung der Reihenfolge

(S. 121)

Ziehen mit/ohne Zurücklegen

(S. 120)

Pfadaddition
Pfadmultiplikation

(S. 118)

Gegenereignis

(S. 121)

Baumdiagramm

Zufallsvariable und Erwartungswert

(S. 124)

**Stochastik**

Bedingte Wahrscheinlichkeit

$$P_B(A) = \frac{P(A \cap B)}{P(B)}$$

(S. 128)

Unabhängigkeit

(S. 130)

Vierfeldertafel

(S. 131)

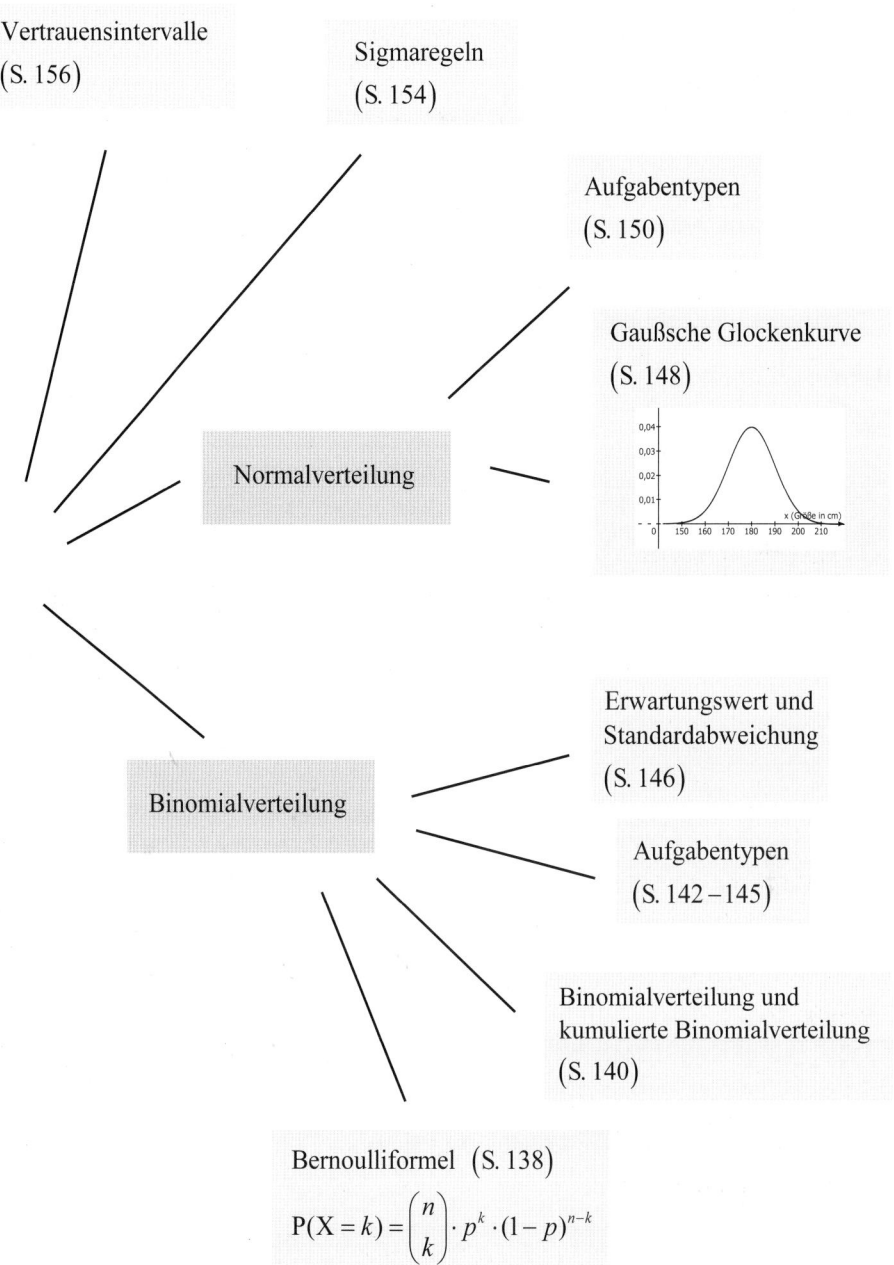

Vertrauensintervalle
$$(S. 156)$$

Sigmaregeln
$$(S. 154)$$

Aufgabentypen
$$(S. 150)$$

Gaußsche Glockenkurve
$$(S. 148)$$

Normalverteilung

Erwartungswert und
Standardabweichung
$$(S. 146)$$

Binomialverteilung

Aufgabentypen
$$(S. 142 - 145)$$

Binomialverteilung und
kumulierte Binomialverteilung
$$(S. 140)$$

Bernoulliformel $$(S. 138)$$

$$P(X = k) = \binom{n}{k} \cdot p^{k} \cdot (1-p)^{n-k}$$

# 1 Baumdiagramme und Pfadregeln

## 1.1 Einführung

**Beispiel 1:** In einer Urne befinden sich 4 rote, 3 blaue und 2 grüne Kugeln. Es werden nacheinander 2 Kugeln entnommen. Mit welcher Wahrscheinlichkeit wird 2-mal die gleiche Farbe gezogen? Entnommene Kugeln werden hierbei …

**a)** … wieder zurückgelegt.          **b)** … nicht wieder zurückgelegt.

**(Ziehen mit Zurücklegen)**          **(Ziehen ohne Zurücklegen)**

**1. Schritt: Baumdiagramm anlegen**

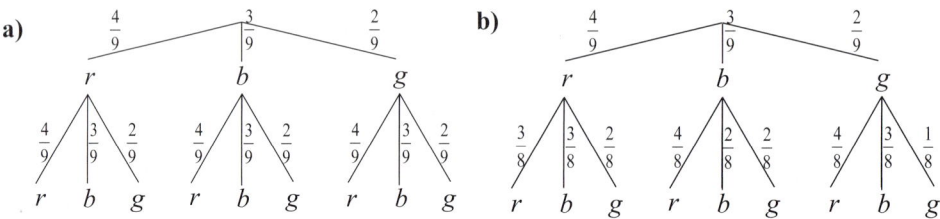

**Hinweise**

• Zu Beginn befinden sich 9 Kugeln in der Urne, von denen 4 rot sind. Dies führt zu einer Wahrscheinlichkeit von 4/9 für rot. (P = günstige/mögliche)

• Summe der Wahrscheinlichkeiten an jeder Verzweigung: 100 % *Pfad-Regel beachten*

• **Ziehen ohne Zurücklegen:** Wahrscheinlichkeiten ändern sich hier von Stufe zu Stufe, abhängig davon: **Wie viele** Kugeln schon gezogen wurden (Änderung im **Nenner**) und **welche** Kugeln in den Vorstufen gezogen wurden (Änderung im **Zähler**).

**2. Schritt: Ereignis definieren, welches alle gefragten Ergebnisse enthält**

$E = \{rr; bb; gg\}$    = *muss danach immer Angegeben werden*

**3. Schritt: Wahrscheinlichkeit des Ereignisses berechnen**

$$P(E) = P(rr) + P(bb) + P(gg) \qquad\qquad P(E) = P(rr) + P(bb) + P(gg)$$

$$= \frac{4}{9} \cdot \frac{4}{9} + \frac{3}{9} \cdot \frac{3}{9} + \frac{2}{9} \cdot \frac{2}{9} = \frac{29}{81} \approx 0{,}358 \qquad = \frac{4}{9} \cdot \frac{3}{8} + \frac{3}{9} \cdot \frac{2}{8} + \frac{2}{9} \cdot \frac{1}{8} = \frac{5}{18} \approx 0{,}278$$

*- mit zurücklegen*         *- ohne zurücklegen*

• **Pfadaddition:** Ergebniswahrscheinlichkeiten aller zugehörigen Ergebnisse addieren.

• **Pfadmultiplikation:** Ergebniswahrscheinlichkeiten durch Multiplikation „entlang ihres Ergebnispfades".

**Beispiel 2:** Beim Rundlauf (Mäxle) im Tischtennis stehen sich im Finale zwei Spieler gegenüber. Spieler 1 entscheidet mit einer Wahrscheinlichkeit von 60 % einen Ballwechsel für sich. Wer zuerst 2 Ballwechsel gewonnen hat, ist Sieger.

Mit welcher Wahrscheinlichkeit gewinnt Spieler 1 insgesamt?

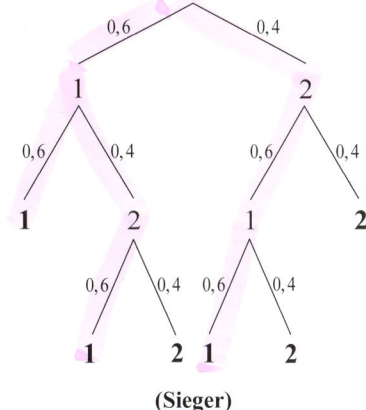

$E = \{11;121;211\}$

$P(E) = P(11) + P(121) + P(211)$

$\quad = 0{,}6 \cdot 0{,}6 + 0{,}6 \cdot 0{,}4 \cdot 0{,}6 + 0{,}4 \cdot 0{,}6 \cdot 0{,}6$

$\quad = 0{,}648 = 64{,}8\ \%$

**(Sieger)**

**Beispiel 3:** In einem Paket befinden sich 11 Smartphones. 4 davon sind vom Hersteller Samsung ($s$). Für 70 % der Handys eines jeden Herstellers wird eine Flatrate ($f$) gebucht. Ein Smartphone wird blind entnommen. Mit welcher Wahrscheinlichkeit ist es nicht von Samsung und ohne Flatrate.

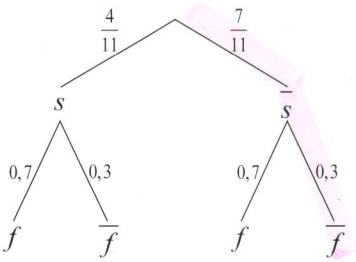

$E = \left\{\overline{s}\,\overline{f}\right\}$

$P(E) = P\left(\overline{s}\,\overline{f}\right) = \dfrac{7}{11} \cdot 0{,}3 \approx 0{,}191 = 19{,}1\%$

**Beispiel 4:** 30 % der 100 m-Läufer sind bei einem Wettkampf gedopt ($g$). Ein Dopingtest entlarvt gedopte Sportler mit einer Wahrscheinlichkeit von 99 %. Jedoch erhält auch ein nicht gedopter Sportler mit einer Wahrscheinlichkeit von 4 % ein positives Dopingtestergebnis ($p$). Mit welcher Wahrscheinlichkeit wird ein zufällig ausgewählter Läufer positiv getestet?

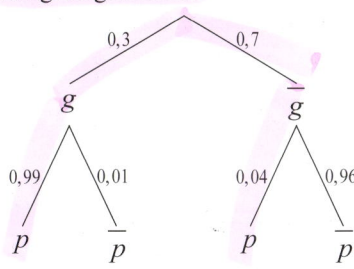

$E = \left\{gp; \overline{g}p\right\}$

$P(E) = P(gp) + P\left(\overline{g}p\right)$

$\quad = 0{,}3 \cdot 0{,}99 + 0{,}7 \cdot 0{,}04 = 0{,}325 = 32{,}5\%$

Pfad + anderer Pfad = Pfadaddition

119

**Weitere Beispiele und Aufbau der zugehörigen Baumdiagramme**

| Ziehen mit Zurücklegen | Ziehen ohne Zurücklegen |
|---|---|
| **Beispiel 1 :** Es befinden sich immer 10 Teile in einem Karton, von denen 3 Teile stets defekt sind. Es werden 7 Kartons geöffnet. | **Beispiel 1 :** Es befinden sich 10 Teile in einem Karton. 3 Teile davon sind defekt. Aus dem Karton werden 4 Teile entnommen. |
| **Anzahl Stufen :** 7 | **Anzahl Stufen :** 4 |
| **Wahrscheinlichkeiten :** $d : \dfrac{3}{10}$; $\bar{d} : \dfrac{7}{10}$ | **Wahrscheinlichkeiten :** $d : \dfrac{3}{10}$; $\bar{d} : \dfrac{7}{10}$ **(nur 1. Stufe)** |
| **Beispiel 2 :** Ein Glücksrad mit 6 gleich großen Feldern (1 rotes Feld, 2 blaue Felder, 3 grüne Felder) wird 4-mal gedreht. | **Beispiel 2 :** In einer Lostrommel befinden sich 5 Gewinnlose und 25 Nieten. Es werden 4 Lose gezogen. |
| **Anzahl Stufen :** 4 | **Anzahl Stufen :** 4 |
| **Wahrscheinlichkeiten :** $r : \dfrac{1}{6}$; $b : \dfrac{2}{6}$; $g : \dfrac{3}{6}$ | **Wahrscheinlichkeiten :** $G : \dfrac{5}{30}$; $N : \dfrac{25}{30}$ **(nur 1. Stufe)** |
| **Beispiel 3 :** Ein Würfel wird 3-mal geworfen. (Oder: 3 Würfel werden gleichzeitig geworfen.) | **Beispiel 3 :** Eine Rubbelkarte hat 16 Felder. Nur eines davon führt zu einem Gewinn. Ein Spieler rubbelt 3 Felder auf. |
| **Anzahl Stufen :** 3 | **Anzahl Stufen :** 3 |
| **Wahrscheinlichkeiten :** $1 : \dfrac{1}{6}$; $2 : \dfrac{1}{6}$;...;$6 : \dfrac{1}{6}$ | **Wahrscheinlichkeiten :** $G : \dfrac{1}{16}$; $N : \dfrac{15}{16}$ **(nur 1. Stufe)** |
| **Beispiel 4 :** Die Prüfung für den Autoführerschein besteht aus 18 Fragen. Bei jeder Frage gibt es 3 Antwortmöglichkeiten, von denen eine richtig ist. Der Prüfling rät. | **Beispiel 4 :** Aus einem Skatkartenspiel mit jeweils 8 Karten der Farben Kreuz, Pik, Herz und Karo werden 2 Karten entnommen. |
| **Anzahl Stufen :** 18 | **Anzahl Stufen :** 2 |
| **Wahrscheinlichkeiten :** $r : \dfrac{1}{3}$; $f : \dfrac{2}{3}$ | **Wahrscheinlichkeiten (nur 1. Stufe) :** $Kr : \dfrac{8}{32}$; $P : \dfrac{8}{32}$; $H : \dfrac{8}{32}$; $Ka : \dfrac{8}{32}$ |
| **Beispiel 5 :** Ein Schütze schießt 3-mal. Er trifft mit einer Wahrscheinlichkeit von 75 %. | |
| **Anzahl Stufen :** 3 | |
| **Wahrscheinlichkeiten :** $t : 0,75$; $\bar{t} : 0,25$ | |

**Tipp:** Sind in der Aufgabenstellung Wahrscheinlichkeitsangaben **in Prozent** angegeben, so liegt meist „**Ziehen mit Zurücklegen**" vor.

## 1.2 Aufgabentypen

Den nachfolgenden 4 Aufgabentypen liegt die gleiche Ausgangssituation und damit das gleiche Baumdiagramm zugrunde.

**Ausgangssituation (zu den Aufgabentypen 1-4)**

In einer Urne befinden sich 5 rote, 4 blaue und 3 grüne Kugeln. Es werden 3 Kugeln ohne Zurücklegen entnommen.

**Baumdiagramm**

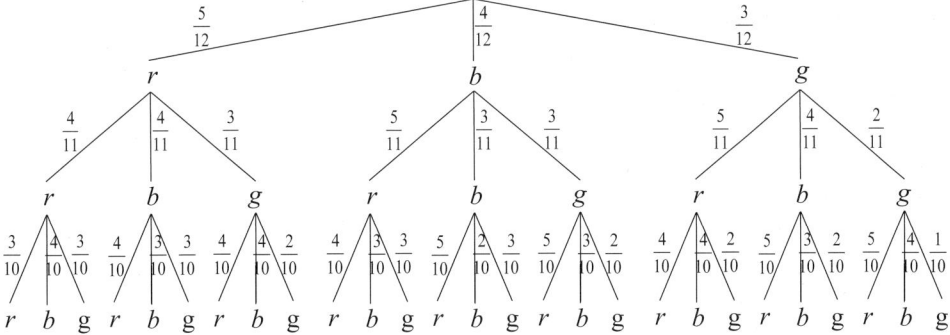

- **Aufgabentyp 1 (Vorgegebene Reihenfolge, also geordnet)**

Mit welcher Wahrscheinlichkeit werden <u>zunächst</u> eine rote Kugel <u>und dann</u> 2 blaue Kugeln gezogen?

$$E = \{rbb\}$$
$$P(E) = P(rbb) = \frac{5}{12} \cdot \frac{4}{11} \cdot \frac{3}{10} = \frac{1}{22} \approx 0,045 = 4,5\ \%$$

- **Aufgabentyp 2 (Ohne vorgegebene Reihenfolge, also ungeordnet)**

Mit welcher Wahrscheinlichkeit werden (mit einem Griff) eine rote und 2 blaue Kugeln gezogen?

$$E = \{rbb; brb; bbr\} \quad \text{(keine vorgegebene Reihenfolge, größere Ergebnismenge)}$$
$$P(E) = P(rbb) + P(brb) + P(bbr)$$
$$= \frac{5}{12} \cdot \frac{4}{11} \cdot \frac{3}{10} + \frac{4}{12} \cdot \frac{5}{11} \cdot \frac{3}{10} + \frac{4}{12} \cdot \frac{3}{11} \cdot \frac{5}{10}$$
$$= \mathbf{3} \cdot \left( \frac{5}{12} \cdot \frac{4}{11} \cdot \frac{3}{10} \right) \quad \text{(\textbf{3} mögliche Umordnungen,}$$
$$\text{alle mit gleicher Wahrscheinlichkeit)}$$
$$= \frac{3}{22} = 0,136 = 13,6\ \%$$

**• Aufgabentyp 3 (mit dem Gegenereignis arbeiten)**

Mit welcher Wahrscheinlichkeit wird mindestens eine rote oder eine blaue Kugel gezogen?
(Zur Ausgangssituation S. 121)

$$E = \{rrr; rrb; rrg; rbr;...(\textbf{viele} \text{ weitere})\}$$

**Idee:** Nur wenige Ergebnisse aus der Ergebnismenge gehören nicht zum Ereignis E.
Das **Gegenereignis** ($\overline{E}$: Nur grüne Kugeln) beinhaltet damit nur ein einziges
Ergebnis, wodurch dessen Wahrscheinlichkeit schnell berechnet werden kann.

$$\overline{E} = \{ggg\}$$

$$P(\overline{E}) = P(ggg) = \frac{3}{12} \cdot \frac{2}{11} \cdot \frac{1}{10} = \frac{1}{220} \approx 0,0045 = 0,45\ \%$$

$$\mathbf{P(E)} = \mathbf{1 - P(\overline{E})} = 1 - \frac{1}{220} = \frac{219}{220} \approx 0,9955 = 99,55\ \%$$

> Falls die Signalwörter **„mindestens"** oder **„höchstens"**
> in Aufgabenstellungen enthalten sind, können diese
> oftmals mit dem **Gegenereignis** bearbeitet werden.

**• Aufgabentyp 4 (Baumdiagramm verkleinern)**

Mit welcher Wahrscheinlichkeit wird genau eine rote Kugel gezogen?
(Zur Ausgangssituation S. 121)

$$E = \{rbb; rbg; rgb; rgg; brb;...(\textbf{viele} \text{ weitere})\}$$

**Idee:** Bei dieser Aufgabenstellung ist es nicht relevant, ob bei einem Zug eine blaue
oder eine grüne Kugel gezogen wird. Es geht nur darum, ob die gezogene Kugel rot ist
oder eben nicht. Deshalb können jene beiden Äste zu einem $\overline{r}$-Ast zusammengelegt
werden. Hierdurch wird das Baumdiagramm kleiner.

$$E = \left\{ \left( r\overline{r}\overline{r} \right); \left( \overline{r}r\overline{r} \right); \left( \overline{r}\overline{r}r \right) \right\}$$

$$P(E) = P\left( r\overline{r}\overline{r} \right) + P\left( \overline{r}r\overline{r} \right) + P\left( \overline{r}\overline{r}r \right)$$

$$= \frac{5}{12} \cdot \frac{7}{11} \cdot \frac{6}{10} + \frac{7}{12} \cdot \frac{5}{11} \cdot \frac{6}{10} + \frac{7}{12} \cdot \frac{6}{11} \cdot \frac{5}{10}$$

$$= 3 \cdot \left( \frac{5}{12} \cdot \frac{7}{11} \cdot \frac{6}{10} \right)$$

$$= \frac{21}{44} \approx 0,477 = 47,7\ \%$$

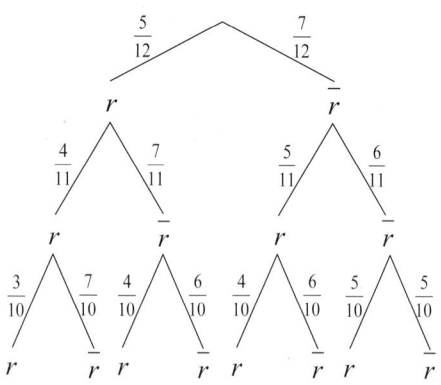

- **Aufgabentyp 5 (*„Wie oft muss man mindestens …?"*)**

In einer Urne befinden sich 5 rote und 7 blaue Kugeln. Entnommene Kugeln werden stets wieder zurückgelegt.

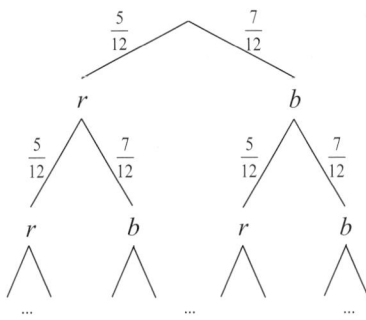

Wie oft muss man mindestens ziehen, damit die Wahrscheinlichkeit, mindestens eine rote Kugel zu ziehen, größer als 90 % ist?

(unbekannte Anzahl an Stufen)

$$E = \{(rr...r);(rr...b);(rb...r);...(\textbf{viele } \text{weitere})\}$$

**Idee :** Nur ein Pfad am Baumdiagramm gehört nicht zum Ereignis. Das **Gegenereignis** ($\overline{E}$: *Gar keine rote Kugel*) beinhaltet damit nur ein einziges Ergebnis: $\overline{E} = \{(bb...b)\}$.

| | |
|---|---|
| $P(\text{mind. ein Mal } r) > 0,9$ | (Aufgabenstellung abschreiben) |
| $1 - P(\text{kein Mal } r) > 0,9$ | (Vorgehen über Gegenereignis) |
| $1 - P(bb...b) > 0,9$ | |
| $1 - \left(\dfrac{7}{12}\right)^n > 0,9 \qquad \vert -1$ | |
| $-\left(\dfrac{7}{12}\right)^n > -0,1 \qquad \vert \cdot (-1)$ | (Mult. mit neg. Zahl: $> \to <$ (S. 37)) |
| $\left(\dfrac{7}{12}\right)^n < 0,1 \qquad \vert \ln$ | ($\ln(\ )$, da Exponentialgleichung) |
| $\ln\left(\left(\dfrac{7}{12}\right)^n\right) < \ln(0,1)$ | |
| $n \cdot \ln\left(\left(\dfrac{7}{12}\right)\right) < \ln(0,1)$ | (Regel: $\ln(a^b) = b \cdot \ln(a)$) |
| $n \cdot (-0,539) < -2,303 \quad \vert : (-0,539)$ | (Division durch neg. Zahl: $< \to >$ (S. 33)) |
| $n > 4,273$ | |

**A :** Mindestens 5-mal ziehen!            (Immer Aufrunden!)

# 2 Zufallsvariable, Erwartungswert und Standardabweichung

## Erklärende Beispiele

### Beispiel 1

Ein Basketballspieler trifft erfahrungsgemäß einen Freiwurf mit einer Wahrscheinlichkeit von 80 %. Er wirft eine Folge aus 2 Würfen.

Die Zufallsgröße **X** gibt die **Anzahl der Treffer bei einer Folge** an.

**a)** Erstellen Sie für diese Zufallsvariable eine Wahrscheinlichkeitsverteilung.
**b)** Der Basketballspieler wirft viele Folgen nacheinander. Wie viele Treffer sind im Durchschnitt pro Folge zu erwarten?
**c)** Berechnen Sie die zugehörige Varianz und Standardabweichung.

Lösung

### a) Baumdiagramm

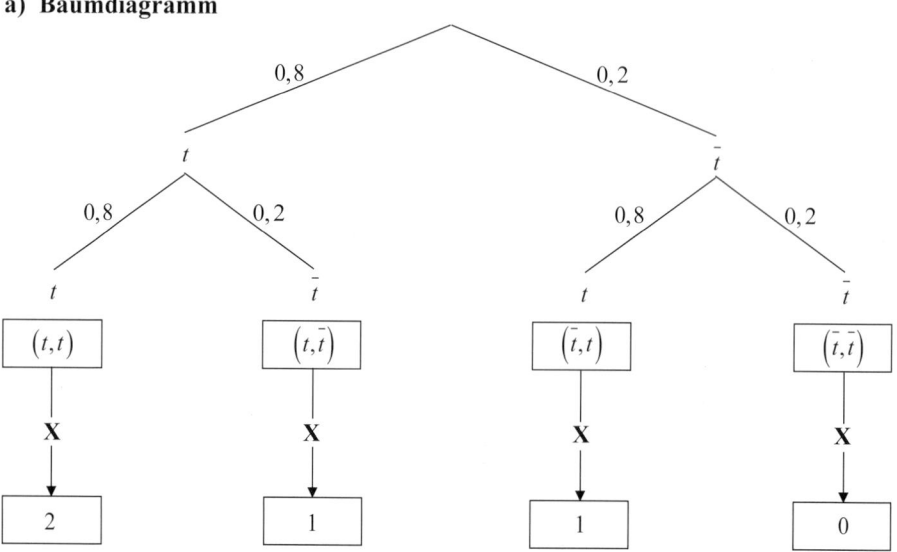

### Hinweis

Die Zufallsvariable X ordnet jedem Ergebnis eine Zahl (hier: Anzahl der Treffer) zu.

**Wahrscheinlichkeitsverteilung der Zufallsvariable**

| Zugehörige Ergebnisse | $(t,t)$ | $(t,\bar{t});(\bar{t},t)$ | $(\bar{t},\bar{t})$ |
|---|---|---|---|
| $x_i$ $\begin{pmatrix}\text{Mögliche Werte}\\ \text{der Zufallsvariable X}\end{pmatrix}$ | 2 | 1 | 0 |
| $P(X = x_i)$ $\begin{pmatrix}\text{Wahrscheinlichkeiten zu den}\\ \text{Werten der Zufallsvariable}\end{pmatrix}$ | $0,8\cdot0,8$ $=\mathbf{0,64}$ | $0,8\cdot0,2+0,2\cdot0,8$ $=\mathbf{0,32}$ | $0,2\cdot0,2=\mathbf{0,04}$ (oder: $1-0,64-0,32$) |

**b) Erwartungswert ($E(X)$ bzw. $\mu$)**

**Allgemein :** $E(X) = x_1 \cdot P(X = x_1) + x_2 \cdot P(X = x_2) + ... + x_n \cdot P(X = x_n)$

Im Beispiel: $E(X) = 2\cdot0,64 + 1\cdot0,32 (+0\cdot0,04) = 1,6$

**Interpretation**

Der Basketballspieler kann durchschnittlich 1,6 Treffer pro Folge erwarten.

**c) Varianz $V(X)$**

**Allgemein :** $V(X) = (x_1 - E(X))^2 \cdot P(X = x_1) + ... + (x_n - E(X))^2 \cdot P(X = x_n)$

Im Beispiel: $V(X) = (2-1,6)^2 \cdot 0,64 + (1-1,6)^2 \cdot 0,32 + (0-1,6)^2 \cdot 0,04 = 0,32$

**Standardabweichung $\sigma$**

**Allgemein :** $\sigma = \sqrt{V(X)}$

Im Beispiel: $\sigma = \sqrt{0,32} \approx 0,57$

**Interpretation**

Varianz und Standardabweichung messen, wie sehr die Wahrscheinlichkeitsverteilung um den Erwartungswert „streut".

**Beispiel 2**

Ein Spieler kann gegen einen Einsatz von 4 € an folgendem Spiel teilnehmen:
Er würfelt ein Mal. Bei einer geraden Zahl erhält er 3 €. Bei einer ungeraden Zahl erhält er den doppelten Betrag der gewürfelten Augenzahl.

Ist es günstig für den Spieler, bei diesem Spiel teilzunehmen?

**1. Lösungsvariante:** Die **Zufallsvariable X** gibt den **Auszahlungsbetrag an den Spieler** an.

**Baumdiagramm**

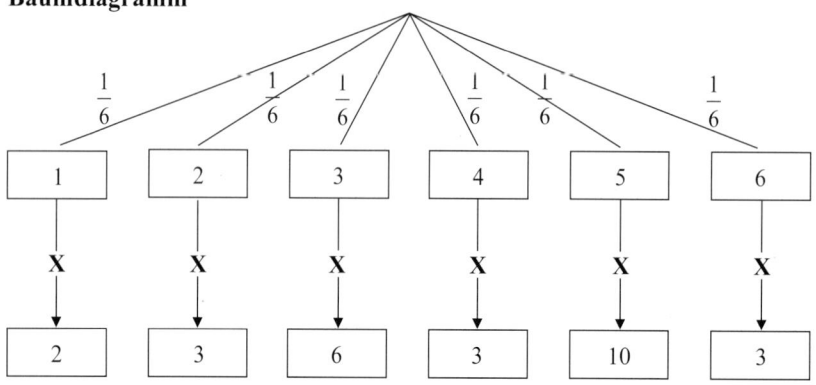

**Wahrscheinlichkeitsverteilung der Zufallsvariable**

| Zugehörige Ergebnisse | $(2);(4);(6)$ | $(5)$ | $(3)$ | $(1)$ |
|---|---|---|---|---|
| $x_i$ | 3 | 10 | 6 | 2 |
| $P(X = x_i)$ | $\dfrac{1}{6}+\dfrac{1}{6}+\dfrac{1}{6}=\dfrac{3}{6}$ | $\dfrac{1}{6}$ | $\dfrac{1}{6}$ | $\dfrac{1}{6}$ |

**Erwartungswert der Zufallsvariable**

$$E(X) = 3\cdot\frac{3}{6}+10\cdot\frac{1}{6}+6\cdot\frac{1}{6}+2\cdot\frac{1}{6}=4,5$$

**Interpretation und Ergebnis**

**X** gibt den Auszahlungsbetrag an den Spieler pro Spiel an. Somit gibt **E(X)** den zu **erwartenden Auszahlungsbetrag** pro Spiel an, den der Spieler bei vielen Spielen durchschnittlich erhalten würde.

Der Spieler erreicht hier durch seine Teilnahme einen erwarteten Auszahlungsbetrag von 4,50 € pro Spieldurchgang. Da dieser **höher als sein Einsatz** ist, ist das Spiel **günstig für den Spieler** (und ungünstig für den Anbieter).

**2. Lösungsvariante:** Die **Zufallsvariable X** gibt den **Gewinn des Spielers** an.

**Hinweis:** Gewinn = Auszahlungsbetrag – Einsatz

**Wahrscheinlichkeitsverteilung der Zufallsvariable**

| Zugehörige Ergebnisse | $(2);(4);(6)$ | $(5)$ | $(3)$ | $(1)$ |
|---|---|---|---|---|
| $x_i$ | $-1\,(=3-4)$ | $6\,(=10-4)$ | $2\,(=6-4)$ | $-2\,(=2-4)$ |
| $P(X=x_i)$ | $\dfrac{1}{6}+\dfrac{1}{6}+\dfrac{1}{6}=\dfrac{3}{6}$ | $\dfrac{1}{6}$ | $\dfrac{1}{6}$ | $\dfrac{1}{6}$ |

**Erwartungswert der Zufallsvariable**

$$E(X)=(-1)\cdot\frac{3}{6}+6\cdot\frac{1}{6}+2\cdot\frac{1}{6}+(-2)\cdot\frac{1}{6}=0,5$$

**Interpretation und Ergebnis**

**X** gibt den Gewinn des Spielers pro Spiel an. Somit gibt **E(X)** den zu **erwartenden Gewinn** pro Spiel an, den der Spieler bei vielen Spielen durchschnittlich erhalten würde. Der Spieler erreicht hier durch seine Teilnahme einen erwarteten Durchschnittsgewinn von 0,50 € pro Spieldurchgang. Da dieser **positiv** ist, ist das Spiel **günstig für den Spieler** (und ungünstig für den Anbieter).

**Übersicht**

| X: Auszahlungsbetrag an Spieler | |
|---|---|
| E(X) > **Einsatz** | günstig für Spieler |
| E(X) = **Einsatz** | faires Spiel |
| E(X) < **Einsatz** | günstig für Anbieter |

| X: Gewinn des Spielers | |
|---|---|
| E(X) > **0** | günstig für Spieler |
| E(X) = **0** | faires Spiel |
| E(X) < **0** | günstig für Anbieter |

# 3 Bedingte Wahrscheinlichkeit, Unabhängigkeit, Vierfeldertafel

## 3.1 Bedingte Wahrscheinlichkeit

**Formel (allg.)**

$$P_B(A) = \frac{P(A \cap B)}{P(B)}$$

A: Gesuchtes Ereignis
B: Vorwissen bzw. Bedingung
$\cap$: „und"

**Formel (in Worten)**

$$P_{Vorwissen}(gesucht) = \frac{P(entspricht\ Vorwissen\ und\ ist\ gesucht)}{P(möglich\ laut\ Vorwissen)}$$

**Beispiel 1:** Eine Münze wird 2-mal geworfen.
Berechnen Sie die Wahrscheinlichkeit, dass genau ein Mal Zahl geworfen wird, wobei bekannt ist, dass im zweiten Wurf Wappen geworfen wird.

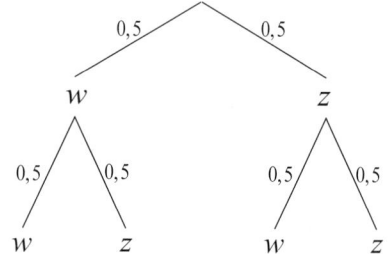

$$P_{Wappen\ im\ 2.\ Wurf}(genau\ ein\ Mal\ Zahl) = \frac{P(Wappen\ im\ 2.\ Wurf\ und\ genau\ ein\ Mal\ Zahl)}{P(Wappen\ im\ 2.\ Wurf)}$$

$$= \frac{P(zw)}{P(zw) + P(ww)} = \frac{0,5 \cdot 0,5}{0,5 \cdot 0,5 + 0,5 \cdot 0,5} = \frac{0,25}{0,5} = 0,5 = 50\%$$

**Beispiel 2:** An einer Schule werden Schüler nach der Marke ihres Smartphones befragt:

| Marke | Samsung | Apple | Xiaomi | Huawei | sonst |
|-------|---------|-------|--------|--------|-------|
| Anteil | 45 % | 21 % | 8% | 6 % | 20 % |

Mit welcher Wahrscheinlichkeit hat ein Schüler, von welchem bekannt ist, dass er kein Smartphone von Samsung besitzt, ein Smartphone von HTC?

$$P_{kein\ Samsung}(HTC) = \frac{P(kein\ Samsung\ und\ HTC)}{P(kein\ Samsung)} = \frac{P(HTC)}{P(kein\ Samsung)}$$

$$= \frac{0,06}{1 - 0,45} = \frac{0,06}{0,55} \approx 0,109 = 10,9\%$$

www.mvurl.de/kgg2

## Wichtige Hinweise

### Erkennen, dass eine Aufgabe zur bedingten Wahrscheinlichkeit vorliegt

Die Schwierigkeit bei Aufgaben zur bedingten Wahrscheinlichkeit besteht oftmals darin, diese überhaupt als solche zu entlarven und nicht mit „üblichen Baumaufgaben" zu verwechseln. Hierbei muss das Merkmal solcher Aufgaben, nämlich die Existenz von Vorwissen, erkannt werden.

Es gibt mehrere **grammatikalische Formulierungen**, die den Aufgabenbearbeiter über vorhandenes Vorwissen informieren sollen.

**Beispiel** (siehe Vorseite)                                        gesuchtes Ereignis

Berechnen Sie die Wahrscheinlichkeit dafür, dass genau ein Mal Zahl geworfen wird, **wobei bekannt ist, dass** im zweiten Wurf Wappen geworfen wird.

  **grammatikalische**          Vorwissen (Bedingung)
  **Formulierung**

### Weitere grammatikalische Formulierungen für die bedingte Wahrscheinlichkeit

Berechnen Sie die Wahrscheinlichkeit dafür, dass genau ein Mal Zahl geworfen wird, **wenn man weiß, dass** im zweiten Wurf Wappen geworfen wird.

Berechnen Sie die Wahrscheinlichkeit dafür, dass genau ein Mal Zahl geworfen wird, **falls** im zweiten Wurf Wappen geworfen wird.

Berechnen Sie die Wahrscheinlichkeit dafür, dass genau ein Mal Zahl geworfen wird, **wenn** im zweiten Wurf Wappen geworfen wird.

Im zweiten Wurf wird Wappen geworfen. **(Vorwissen in eigenem Satz.)**
Berechnen Sie die Wahrscheinlichkeit dafür, dass genau ein Mal Zahl geworfen wird.

### Achtung: Keine bedingte Wahrscheinlichkeit bei Formulierungen mit „und"

Formulierungen mit **„und"** deuten auf eine Aufgabenstellung ohne eine bedingte Wahrscheinlichkeit hin.

**Beispiel:** Eine Münze wird 2-mal geworfen. Berechnen Sie die Wahrscheinlichkeit dafür, dass genau ein Mal Zahl **und** im zweiten Wurf Wappen geworfen wird.

$$P(zw) = 0,5 \cdot 0,5 = 0,25$$

## 3.2 Unabhängigkeit (Testgleichung: $P(A \cap B) = P(A) \cdot P(B)$)

| Abhängige Ereignisse | Unabhängige Ereignisse |
|---|---|
| **Beispiel** <br> Eine Münze wird 2-mal geworfen. <br> A: *Im ersten Wurf erscheint Wappen* <br> B: *In beiden Würfen erscheint Wappen* <br> Sind die beiden Ereignisse abhängig oder unabhängig? | **Beispiel** <br> Eine Münze wird 2-mal geworfen. <br> A: *Im ersten Wurf erscheint Wappen* <br> B: *Im zweiten Wurf erscheint Wappen* <br> Sind die beiden Ereignisse abhängig oder unabhängig? |
| **Rechnerische Lösung** <br><br> **1. $P(A)$ bestimmen** <br> $A = \{(WZ);(WW)\}$ <br> $P(A) = P(WZ) + P(WW) = 0,5 \cdot 0,5 +$ <br> $0,5 \cdot 0,5 = 0,5 \qquad$ (Baumdiagramm!) <br><br> **2. $P(B)$ bestimmen** <br> $B = \{(WW)\}$ <br> $P(B) = P(WW) = 0,5 \cdot 0,5 = 0,25$ <br><br><br> **3. $P(A \cap B)$ bestimmen** <br> $A \cap B = \{(WW)\}$ <br> $P(A \cap B) = P(WW) = 0,5 \cdot 0,5 = 0,25$ <br><br> **4. Test :** $\quad$ **P(A∩B) = P(A)·P(B)** <br> $\qquad 0,25 \;\neq\; 0,5 \cdot 0,25$ <br> $\qquad 0,25 \;\neq\; 0,125$ <br> Gleichung ist **nicht erfüllt**, <br> somit sind A und B **abhängig!** | **Rechnerische Lösung** <br><br> **1. $P(A)$ bestimmen** <br> $A = \{(WZ);(WW)\}$ <br> $P(A) = P(WZ) + P(WW) = 0,5 \cdot 0,5 +$ <br> $0,5 \cdot 0,5 = 0,5 \qquad$ (Baumdiagramm!) <br><br> **2. $P(B)$ bestimmen** <br> $B = \{(ZW);(WW)\}$ <br> $P(B) = P(ZW) + P(WW) = 0,5 \cdot 0,5 +$ <br> $0,5 \cdot 0,5 = 0,5$ <br><br> **3. $P(A \cap B)$ bestimmen** <br> $A \cap B = \{(WW)\}$ <br> $P(A \cap B) = P(WW) = 0,5 \cdot 0,5 = 0,25$ <br><br> **4. Test :** $\quad$ **P(A∩B) = P(A)·P(B)** <br> $\qquad 0,25 \;=\; 0,5 \cdot 0,5$ <br> $\qquad 0,25 \;=\; 0,25$ <br> Gleichung ist **erfüllt**, <br> somit sind A und B **unabhängig!** |
| **Intuitive Lösung** <br> Wenn beispielsweise das Ereignis A nicht eintritt, weil im ersten Wurf Zahl erscheint, kann das Ereignis B ebenfalls nicht mehr eintreten. | **Intuitive Lösung** <br> Ob im ersten Wurf Wappen erscheint (oder nicht) steht in keinem Zusammenhang damit, dass im zweiten Wurf Wappen erscheint. |
| **Merkmal : Zusammenhang existiert** | **Merkmal : Kein Zusammenhang** |

www.mvurl.de/a3rb

# 3.3 Vierfeldertafel

## Grundregel: Zeilen- und Spaltenaddition

**Beispiel 1**

Über die Personen, die in einer Stadt wohnen, ist bekannt:

- 41 % der Personen sind groß;
- 45 % der Personen sind männlich;
- 6 % der Personen sind groß und weiblich.

Für eine Verlosung wird eine Person zufällig ausgewählt.

Mit welcher Wahrscheinlichkeit ist diese klein und weiblich?

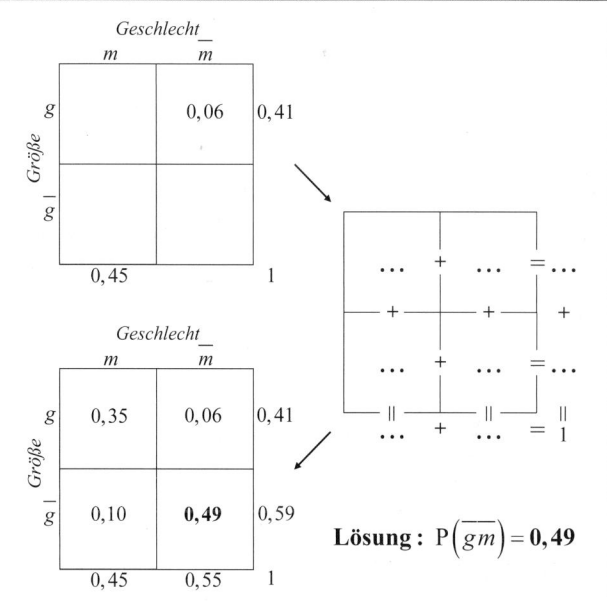

$$\text{Lösung}: \ P\left(\overline{g}\,\overline{m}\right) = \mathbf{0,49}$$

## Zusatzregel bei Unabhängigkeit : P(außen)·P(außen) = P(innen)

**Beispiel 2**

Über die Personen, die in einer Stadt wohnen, ist bekannt:

- 41 % der Personen sind groß;
- 52 % der Personen haben dunkles Haar;
- **Information: Größe und Haarfarbe sind voneinander unabhängig.**

Für eine Verlosung wird eine Person zufällig ausgewählt.

Mit welcher Wahrscheinlichkeit ist diese klein und besitzt helles Haar?

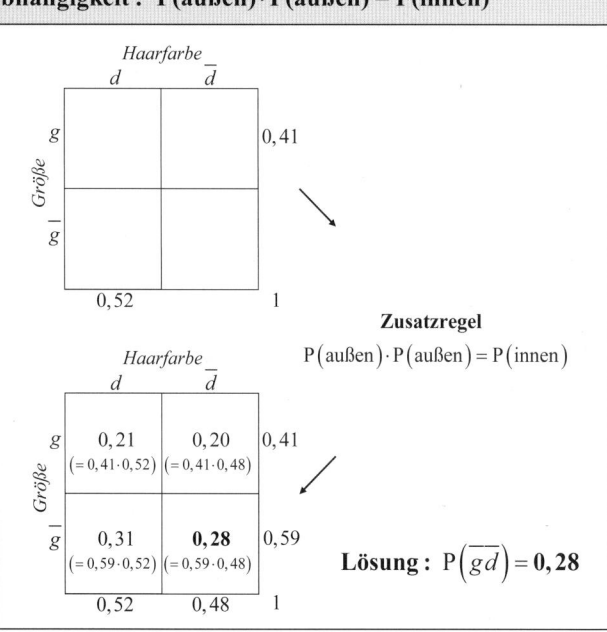

$$\text{Lösung}: \ P\left(\overline{g}\,\overline{d}\right) = \mathbf{0,28}$$

## 3.4 Zusammenhänge und Vernetzung

Bei Aufgabenstellungen, bei denen 2 Merkmale, wie beispielsweise Größe und Geschlecht, in jeweils 2 Ausprägungen vorkommen, besteht oftmals das Problem zu entscheiden, ob eine Vierfeldertafel oder ein 2-stufiger Wahrscheinlichkeitsbaum zur Bearbeitung verwendet werden soll.

Hierfür muss erkannt werden, welche **Typen von Wahrscheinlichkeitsangaben** in der Aufgabenstellung gegebenen sind und an welchen **Positionen** diese in der Vierfeldertafel bzw. im Wahrscheinlichkeitsbaum stehen.

Es muss dann das Instrument vorgezogen werden, für welches eine ausreichende Menge an Wahrscheinlichkeitsangaben vorhanden ist.

**Beispiel** (vgl. S. 131)

- 41 % der Personen sind groß
- 45 % der Personen sind männlich
- 6 % der Personen sind groß und weiblich

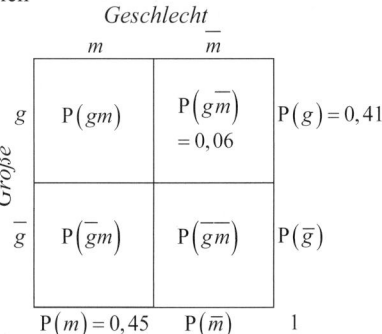

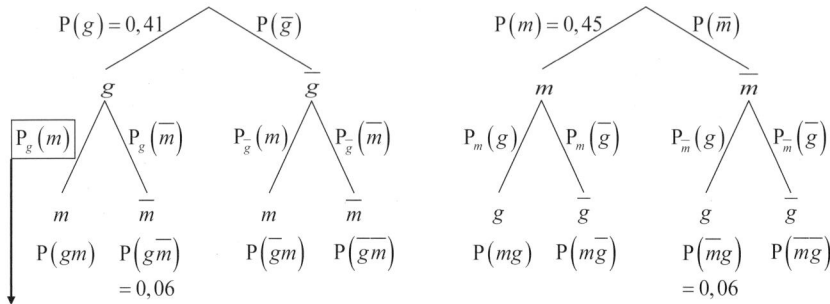

**Weshalb steht auf der zweiten Stufe eine bedingte Wahrscheinlichkeit?**
Wie bisher muss in einem Baumdiagramm an dieser Stelle die Wahrscheinlichkeit stehen, dass eine Person, von der man weiß, dass sie groß ist (sonst: anderer Ast), männlich ist. Dass die Person groß ist, kann jedoch als **Vorwissen** interpretiert werden. Somit liegt eigentlich eine bedingte Wahrscheinlichkeitsangabe vor.

*Aber*: Dies hat keine Auswirkung auf den Umgang mit dem Baumdiagramm. Sie wissen nun lediglich, von welcher Art diese Wahrscheinlichkeitsangabe ist!

www.mvurl.de/et99

| Typen von Wahrscheinlichkeitsangaben | Position |
|---|---|
| **1. Typ : Eigenschaftswahrscheinlichkeit**<br><br>**Schreibweise :** $P(g), P(\overline{g}), P(m), P(\overline{m})$<br><br>**Interpretation :** z.B. $P(g) = 0,41 \;\rightarrow\;$ Zu 41 % ist die ausgewählte Person groß<br><br>**Merkmale :**    1. Es geht nur um eine Eigenschaft (z.B. Größe)<br>    2. Angabe bezieht sich auf die gesamte Grundmenge (alle Personen) | **Vierfeldertafel :**<br>Außerhalb<br><br>**Baumdiagramm :**<br>Auf der ersten Stufe |
| **2. Typ : Bedingte Wahrscheinlichkeit**<br><br>**Schreibweise :** $P_g(m), P_g(\overline{m}), ..., P_{\overline{m}}(\overline{g})$<br><br>**Interpretation :** z.B. $P_g(m) = 0,854 \;\rightarrow\;$ Wenn die ausgewählte Person groß ist, ist sie zu 85,4 % männlich<br><br>**Merkmale :**    1. Es geht um beide Eigenschaften (Größe und Geschlecht)<br>    2. Angabe bezieht sich nur auf einen Teil der Grundmenge (nur die großen Personen) | **Vierfeldertafel :**<br>!! Nicht vorhanden !!<br><br>**Baumdiagramm :**<br>Auf der zweiten Stufe |
| **3. Typ : Ergebniswahrscheinlichkeit**<br><br>**Schreibweise :** $P(gm), P(\overline{g}m), ..., P(\overline{m}\overline{g})$<br><br>**Interpretation :** z.B. $P(g\overline{m}) = 0,06 \;\rightarrow\;$ Zu 6 % ist die ausgewählte Person groß und weiblich<br><br>**Merkmale :**    1. Es geht um beide Eigenschaften (Größe und Geschlecht)<br>    2. Angabe bezieht sich auf die gesamte Grundmenge (alle Personen) | **Vierfeldertafel :**<br>In den Innenfeldern<br><br>**Baumdiagramm :**<br>Ergebnis der Pfadmultiplikation („Baumblätter") |

**Beispiel 1**

Die Schüler einer Klasse bereiten sich auf eine Klausur in Mathematik vor. Der Mathematiklehrer der Klasse weiß aus Erfahrung:

63 % der Schüler haben den Stoff verstanden;

Ein Schüler, der den Stoff verstanden hat, erreicht mit einer Wahrscheinlichkeit von 69 % ein positives Ergebnis;

Ein Schüler, der den Stoff nicht verstanden hat, erreicht hingegen nur mit einer Wahrscheinlichkeit von 28 % ein positives Ergebnis.

Ein Schüler dieser Klasse wird zufällig ausgewählt. Mit welcher Wahrscheinlichkeit erreicht er kein positives Ergebnis?

**Lösung**

**Bezeichnungen**

$v$: Schüler hat Stoff verstanden;  $\overline{v}$: Schüler hat Stoff nicht verstanden

$p$: Schüler erreicht pos. Ergebnis;  $\overline{p}$: Schüler erreicht kein pos. Ergebnis

**Gegebene Typen von Wahrscheinlichkeitsangaben**

$P(v) = 0,63$: Eigenschaftswahrscheinlichkeit (nur Eigenschaft „Stoff verstanden")

$P_v(p) = 0,69$: Bed. Wahrscheinlichkeit (nur von Schülern mit „Stoff verstanden")

$P_{\overline{v}}(p) = 0,28$: Bed. Wahrscheinlichkeit (nur von Schülern mit „Stoff nicht verstanden")

| **Besser: Baumdiagramm** | **Vierfeldertafel** |
|---|---|
| 0,63 / \ <br> $v$  $\overline{v}$ <br> 0,69 / \  0,28 / \ <br> $p$  $\overline{p}$  ↓  $p$  $\overline{p}$ <br> 0,63 / \ 0,37 <br> $v$  $\overline{v}$ <br> 0,69 / \0,31  0,28 / \0,72 <br> $p$  $\overline{p}$  $p$  $\overline{p}$ <br><br> $P\left(\overline{p}\right) = P\left(v\overline{p}\right) + P\left(\overline{v}\,\overline{p}\right)$ <br> $= 0,63 \cdot 0,31 + 0,37 \cdot 0,72$ <br> $= 0,46$ | $\begin{array}{c} \quad p \quad \overline{p} \\ v \;\square\; 0,63 \\ \overline{v} \;\square\; \\ \qquad\qquad 1 \end{array}$ <br><br> Problem: Die bedingten Wahrscheinlichkeiten können nicht direkt eingetragen werden |

www.mvurl.de/2s3d

**Beispiel 2**

Die Schulleitung eines beruflichen Gymnasiums erhebt an einem Schultag die folgenden Daten:

40 % der Schüler kamen mit dem Auto in die Schule;

87 % der Schüler erschienen pünktlich im Unterricht;

5 % der Schüler kamen nicht mit dem Auto und erschienen unpünktlich im Unterricht.

Mit welcher Wahrscheinlichkeit trifft man an diesem Schultag zufällig auf einen Schüler, der mit dem Auto in die Schule kam und pünktlich im Unterricht erschien?

**Lösung**

**Bezeichnungen**

$a$: Schüler kam mit Auto;     $\bar{a}$: Schüler kam nicht mit Auto

$p$: Schüler war pünktlich;     $\bar{p}$: Schüler war unpünktlich

**Gegebene Typen von Wahrscheinlichkeitsangaben**

$P(a) = 0,4$:     Eigenschaftswahrscheinlichkeit (nur Eigenschaft „kam mit Auto")

$P(p) = 0,87$:     Eigenschaftswahrscheinlichkeit (nur Eigenschaft „kam pünktlich")

$P(\overline{a}\,\overline{p}) = 0,05$: Ergebniswahrscheinlichkeit (beide Eigenschaften; von allen Schülern)

| **Baumdiagramm** | **Besser: Vierfeldertafel** |
|---|---|
| Problem: $P(p) = 0,87$ kann nicht direkt eingetragen werden | |

## Spezialfall : Unabhängige Eigenschaften

**Beispiel** (vgl. S. 131)

Über die Personen, die in einer Stadt wohnen, ist bekannt:

- 41 % der Personen sind groß
- 52 % der Personen haben dunkles Haar
- Größe und Haarfarbe sind voneinander unabhängig

**Wegen Unabhängigkeit gilt**

$P_g(d) = P_{\bar{g}}(d) = P(d) = 0,52$

**Interpretation**

Es haben also sowohl 52 % aller Personen, als auch aller großen und aller kleinen Personen, dunkles Haar. Für die Wahrscheinlichkeit, dass eine zufällig ausgewählte Person dunkles Haar besitzt, ist somit das Vorwissen, dass diese groß (oder klein) ist, völlig unerheblich. Sie beträgt stets 52 %.

**Ergebnis**

Bei voneinander **unabhängigen Eigenschaften** ist Vorwissen unerheblich.

Damit werden **bedingte Wahrscheinlichkeiten zu Eigenschaftswahrscheinlichkeiten :**

$P_{\cancel{x}}(d) = P_{\bar{\cancel{x}}}(d) = P(d).$

**Folgen für das Baumdiagramm**

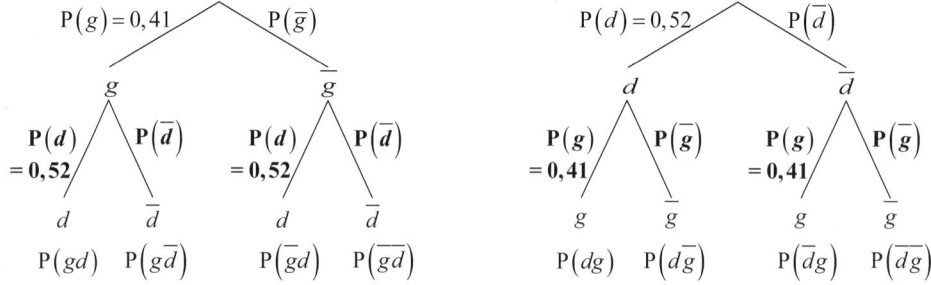

> **2. Stufe : • Eigenschaftswahrscheinlichkeiten** statt bedingter Wahrscheinlichkeiten
> **• Gleiche Werte** bei beiden Ästen

**Beispiel 3**

60 % der Bewerber eines Unternehmens sind weiblich. 21 % aller Bewerber werden eingestellt. Außerdem gibt das Unternehmen an, dass die beiden Eigenschaften Einstellungschance und Geschlecht unabhängig voneinander sind.

Ein Bewerber wird zufällig ausgewählt. Mit welcher Wahrscheinlichkeit ist er männlich und wird nicht eingestellt?

**Lösung**

**Bezeichnungen**

$w$: Bewerber ist weiblich;          $\overline{w}$: Bewerber ist männlich

$e$: Bewerber wird eingestellt;       $\overline{e}$: Bewerber wird nicht eingestellt

**Gegebene Typen von Wahrscheinlichkeitsangaben**

$P(w) = 0{,}6$: Eigenschaftswahrscheinlichkeit (nur Eigenschaft „weiblich")
$P(e) = 0{,}21$: Eigenschaftswahrscheinlichkeit (nur Eigenschaft „eingestellt")

| **Möglich: Baumdiagramm** | **Möglich: Vierfeldertafel** |
|---|---|

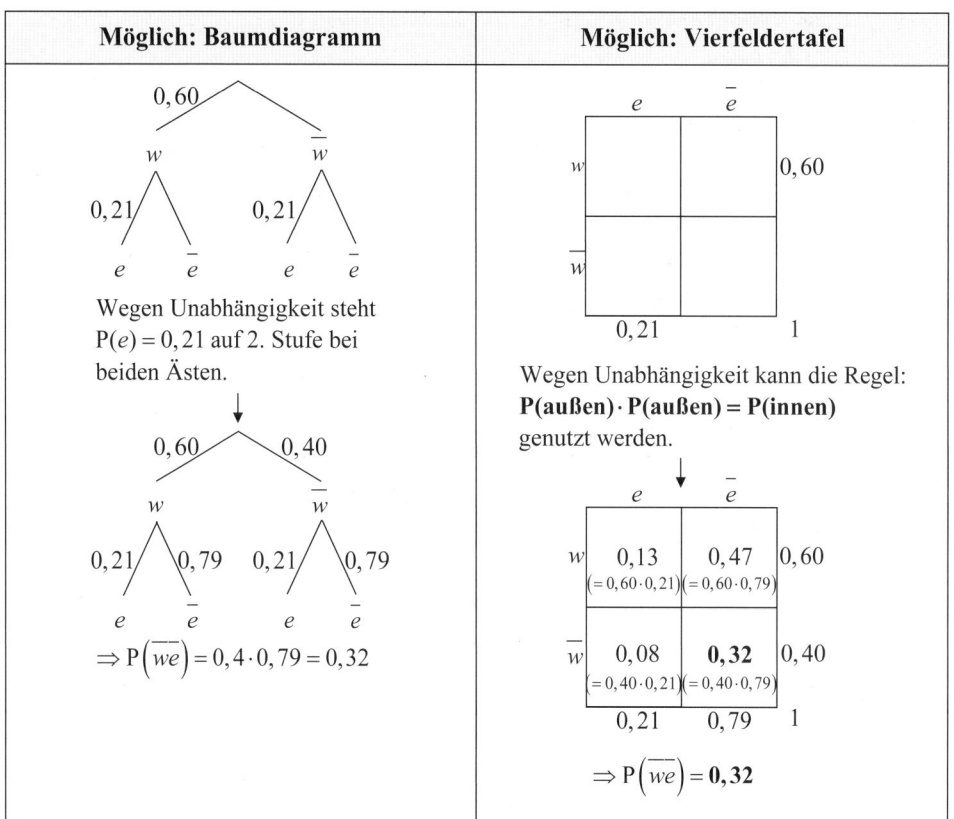

Wegen Unabhängigkeit steht $P(e) = 0{,}21$ auf 2. Stufe bei beiden Ästen.

$\Rightarrow P\left(\overline{w}\,\overline{e}\right) = 0{,}4 \cdot 0{,}79 = 0{,}32$

Wegen Unabhängigkeit kann die Regel:
**P(außen)·P(außen) = P(innen)**
genutzt werden.

$\Rightarrow P\left(\overline{w}\,\overline{e}\right) = \mathbf{0{,}32}$

# 4 Binomialverteilung

## 4.1 Die Bernoulli-Formel

Zugrunde liegt ein mehrfach ausgeführtes Bernoulli-Experiment, bei dem …

1) … nur **zwei mögliche Ergebnisse** („Treffer" oder „Niete") eintreten können und

2) … sich die **Wahrscheinlichkeiten nicht ändern** (z.B. „Ziehen **mit** Zurücklegen")

**Beispiele:** Münzwurf („Kopf" oder „Zahl"); Mehrfach würfeln („6" oder „keine 6"); …

**Bernoulliformel (allg.)**

$$P(X = k) = \binom{n}{k} \cdot p^k \cdot (1 - p)^{n-k}$$

$n$ : Anzahl der Versuche (Durchführungen)
$k$ : Anzahl der „Treffer"
$p$ : Wahrscheinlichkeit für einen „Treffer"

**Bernoulliformel (in Worten)**

$$P(X = \text{Anz. Treffer}) = \binom{\text{Anz. Versuche}}{\text{Anz. Treffer}} \cdot \text{Trefferwahrsch.}^{\text{Anz. Treffer}} \cdot \text{Nietenwahrsch.}^{\text{Anz. Nieten}}$$

**Beispiel 1**

Ein Basketballspieler trifft ($t$) erfahrungsgemäß einen Freiwurf mit einer Wahrscheinlichkeit von 75 %. Er wirft 8 Mal.

Mit welcher Wahrscheinlichkeit trifft er insgesamt 5 Mal (und 3 Mal nicht)?

$$P(X = 5) = \binom{8}{5} \cdot 0,75^5 \cdot 0,25^3 \approx 0,2076$$

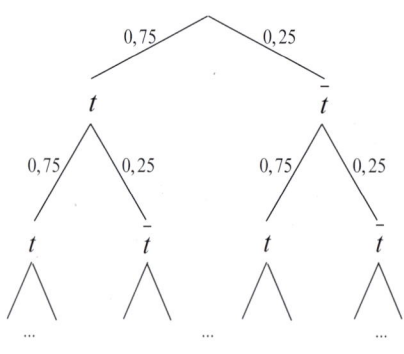

(8 Stufen)

(alle Pfade mit 5 Mal $t$ und 3 Mal $\bar{t}$ relevant)

**Eingabe in WTR** (mit Taste nCr):

CASIO

$8\text{C}5 \times 0,75^5 \times 0,25^3$

$0,2076416016$

TI

$8 \text{ nCr } 5 \ast 0.75^5 \ast 0 \blacktriangleright$

$0.207641602$

**Erläuterungen**

- Binomialkoeffizient (allg.): $\binom{n}{k} = \dfrac{n!}{k! \cdot (n-k)!}$

- $n!$ steht für die Fakultät einer Zahl: $n! = n \cdot (n-1) \cdot \ldots \cdot 1$

- $P(X = 5) = \binom{8}{5} \cdot 0,75^5 \cdot 0,25^3 = \dfrac{8!}{5! \cdot (8-5)!} \cdot 0,75^5 \cdot 0,25^3 = 56 \cdot 0,00371 \approx 0,2078.$

Es gibt also 56 mögliche Reihenfolgen für 5 Treffer unter 8 Schüssen ($ttttt\bar{t}\bar{t}\bar{t}$, $tttt\bar{t}t\bar{t}\bar{t}$, …), von welchen jede eine Einzelwahrscheinlichkeit von ungefähr $0,00371$ aufweist.

www.mvurl.de/5yml

**Beispiel 2**

Eine faire Münze wird 5 Mal geworfen. Mit welcher Wahrscheinlichkeit erhält man genau 3 Mal „Zahl"? (Lösen ohne WTR)

$$P(X=3) = \binom{5}{3} \cdot \left(\frac{1}{2}\right)^3 \cdot \left(\frac{1}{2}\right)^2 = 10 \cdot \left(\frac{1}{2}\right)^5 = 10 \cdot \frac{1}{32} = \frac{5}{16} \quad \checkmark$$

$$\left( \text{Nebenrechnung: } \binom{5}{3} = \frac{5!}{3! \cdot (5-3)!} = \frac{5!}{3! \cdot 2!} = \frac{5 \cdot 4 \cdot 3 \cdot 2 \cdot 1}{(3 \cdot 2 \cdot 1) \cdot (2 \cdot 1)} = \frac{5 \cdot 4 \cdot 3 \cdot 2 \cdot 1}{(3 \cdot 2 \cdot 1) \cdot (2 \cdot 1)} = 10 \right)$$

$$\binom{4}{3} = \frac{4 \cdot 3 \cdot 2}{1 \cdot 2 \cdot 3} = 4 \qquad \text{Vorgang}$$

**Beispiel 3**

Ein Bauteil ist mit einer Wahrscheinlichkeit von 4 % defekt. Mit welcher Wahrscheinlichkeit befinden sich in einem Karton mit 50 Bauteilen genau 3 defekte Bauteile?

$$P(X=3) = \binom{50}{3} \cdot 0,04^3 \cdot 0,96^{47} (\approx 19600 \cdot 0,000009396) \approx 0,184 = 18,4 \% \quad \checkmark$$

(Es gibt also 19600 mögliche Reihenfolgen für 3 defekte unter 50 (nacheinander entnommenen) Bauteilen.)

**Beispiel 4**

Jonas würfelt 24 Mal.

**a)** Mit welcher Wahrscheinlichkeit erhält er genau 7 Mal eine 3?

$$P(X=7) = \binom{24}{7} \cdot \left(\frac{1}{6}\right)^7 \cdot \left(\frac{5}{6}\right)^{17} \approx 0,056 \quad \checkmark$$

neues p

**b)** Mit welcher Wahrscheinlichkeit erhält er genau 10 Mal eine 2 oder eine 3?

$$\left( \text{Wahrscheinlichkeit für 2 oder 3: } \frac{2}{6} \right)$$

neues k

$$P(X=10) = \binom{24}{10} \cdot \left(\frac{2}{6}\right)^{10} \cdot \left(\frac{4}{6}\right)^{14} \approx 0,114 \quad \checkmark$$

## 4.2 Binomialverteilung und kumulierte Binomialverteilung

**Beispiel:** Ein Basketballspieler trifft erfahrungsgemäß einen Freiwurf mit einer Wahrscheinlichkeit von 75 %. Er wirft 8 Mal. Die Zufallsgröße X gibt die Anzahl der Treffer an.

Die Wahrscheinlichkeit, dass X einen bestimmten Wert annimmt, kann mit Hilfe der Bernoulliformel (mit $n = 8$ und $p = 0,75$) berechnet werden.
Somit ist die Zufallsgröße X binomial verteilt.

### 1. Die Binomialverteilung (genau $k$ Treffer; $P(X = k)$) mit Formel berechnung

eine „Liste", in welcher für jeden möglichen Wert der Zufallsgröße die **zugehörige Wahrscheinlichkeit** steht.

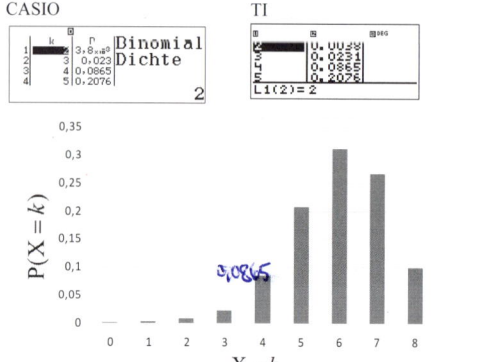

Beispiel: $P(X = 4) \approx 0,0865$

Die Wahrscheinlichkeit für **genau** 4 Treffer beträgt ca. 8,65 %.

$$\left( \text{Berechnung mit Bernoulliformel:} \atop P(X = 4) = \binom{8}{4} \cdot 0,75^4 \cdot 0,25^4 \approx 0,0865 \right)$$

### 2. Die kumulierte Binomialverteilung (höchstens $k$ Treffer; $P(X \leq k)$)

eine „Liste", in welcher für jeden möglichen Wert der Zufallsgröße die **Wahrscheinlichkeit** steht, dass **dieser oder ein geringerer Wert als dieser** (**höchstens** dieser) angenommen wird.

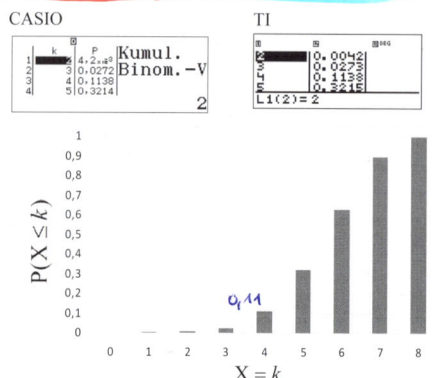

Beispiel: $P(X \leq 4) \approx 0,1138$

Die Wahrscheinlichkeit für 0 bis 4 Treffer (**höchstens** 4 Treffer) beträgt ca. 11,38 %.

$$\left( \text{Berechnung:} \atop P(X \leq 4) = P(X = 0) + P(X = 1) + ... + P(X = 4) \right)$$

# Eingabe in den Taschenrechner (WTR)

## 1. Die Binomialverteilung

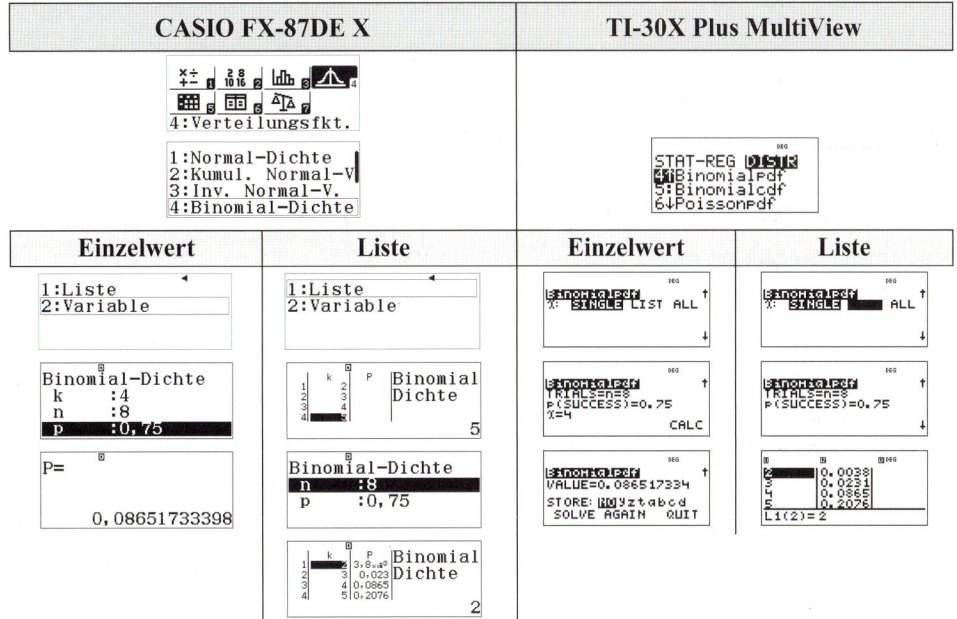

## 2. Die kumulierte Binomialverteilung

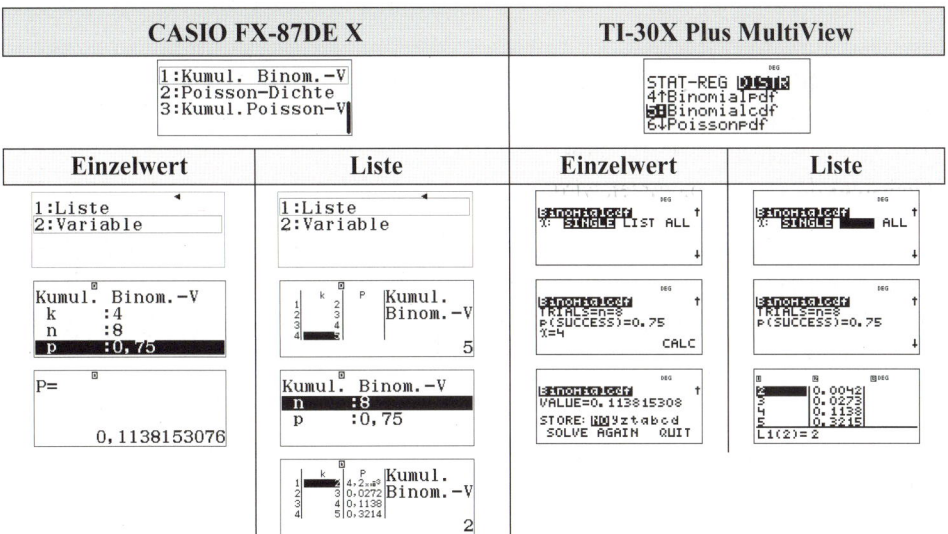

**Hinweis:** Durch „Liste" / „List" erhält man die Wahrscheinlichkeiten zu mehreren Werten.

## 4.3 Aufgabentypen zur Binomialverteilung

| Aufgabentypen ($n = 8$; $p = 0,75$) | **Beispiel 1:** Ein Basketballspieler trifft einen Freiwurf mit einer Wahrscheinlichkeit von 75 %. Er wirft 8 Mal. Wie groß ist die Wahrscheinlichkeit für ... |
|---|---|
| **1. „genau $k$ Treffer"** <br><br> $P(X = k)$ | a) ... genau 4 Treffer? <br><br> $P(X = 4) \approx 0,0865$ |
| **2. „höchstens $k$ Treffer"** <br><br> $P(X \leq k)$ | b) ... höchstens 4 Treffer"? <br><br> $P(X \leq 4) \approx 0,1138$ |
| **3. „mindestens $k$ Treffer"** <br><br> $P(X \geq k) = 1 - P(X \leq k-1)$ | c) ... mindestens 4 Treffer? <br><br> $P(X \geq 4) = 1 - P(X \leq 3) \approx 1 - 0,0273 \approx 0,9727$ <br> $\downarrow$ <br> (Gegenereignis: „Höchstens 3 Treffer") |
| **4. „mindestens $k$ und höchstens" $h$ Treffer"** <br><br> $P(k \leq X \leq h)$ <br> $= P(X \leq h) - P(X \leq k-1)$ | d) ... mindestens 4 und höchstens 7 Treffer? <br><br> $P(4 \leq X \leq 7) = P(X \leq 7) - P(X \leq 3)$ <br> $\approx 0,8999 - 0,0273 \approx 0,8726$ |

*Handschriftliche Notizen: Binomialverteilung (zu 1.); kumulierte Binomialverteilung (zu 2., 3., 4.)*

**1. Aufgabentyp** mit **Binomialverteilung** $P(X = k)$

**2., 3.** und **4. Aufgabentyp** mit **kumulierter Binomialverteilung** $P(X \leq k)$

**Eingabe in WTR** (Beispiel: 2. Aufgabentyp: $n = 8$; $p = 0,75$; $P(X \leq 4)$)

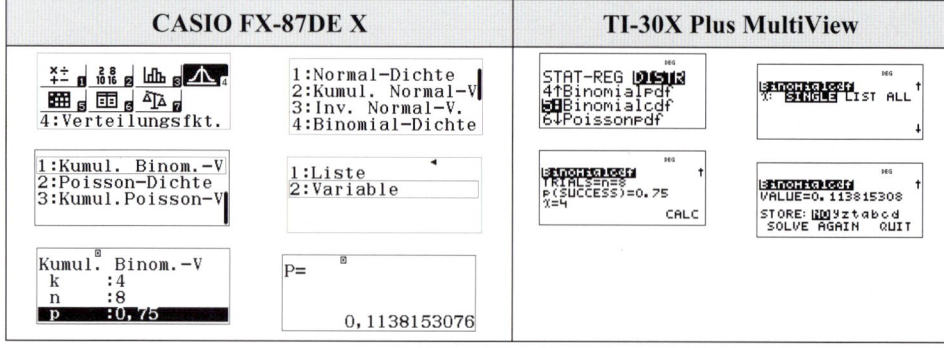

| CASIO FX-87DE X | TI-30X Plus MultiView |
|---|---|

www.mvurl.de/cr3k

**Beispiel**

Erfahrungsgemäß sind 12 % der produzierten Smartphones eines Herstellers defekt. Ein Kunde erhält ein Paket mit 20 Smartphones des Herstellers.

Berechnen Sie jeweils die Wahrscheinlichkeit für die Anzahl an defekten Smartphones.

| Anzahl | Aufgabentyp | Lösung |
|---|---|---|
| Genau 3 | 1 | $P(X = 3) \approx 0,2242$ |
| Höchstens 4 | 2 | $P(X \leq 4) \approx 0,9173$ |
| 5 oder 6 | 1 | $P(X = 5) + P(X = 6) \approx 0,0567 + 0,0193 = 0,076$ <br> *beide* |
| Mindestens 6 | 3 | $P(X \geq 6) = 1 - P(X \leq 5) \approx 1 - 0,974 \approx 0,026$ |
| Mehr als 5 | 3 | *dasselbe?* <br> $P(X > 5) = 1 - P(X \leq 5) \approx 1 - 0,974 \approx 0,026$ |
| Weniger als 8 | 2 | $P(X < 8) = P(X \leq 7) \approx 0,9986$ |
| Mindestens 4, höchstens 8. | 4 | $P(4 \leq X \leq 8) = P(X \leq 8) - P(X \leq 3)$ <br> $\approx 0,9998 - 0,7873 \approx 0,2125$ |
| Mehr als 2, aber weniger als 6 | 4 | $P(2 < X < 6) = P(X \leq 5) - P(X \leq 2)$ <br> $\approx 0,974 - 0,5631 \approx 0,4109$ |

## 4.4 Die JOKER-Liste für schwierige Aufgabentypen

In den Abiturprüfungen zeichnen sich **anspruchsvolle Aufgaben** zur Binomialverteilung oft dadurch aus, dass eben nicht „nur", bei gegeben Werten für $n$, $p$ und $k$ nach der Wahrscheinlichkeit P gefragt wird, sondern, dass **„rückwärts"** aus gegebenen Werten von P auf $n$, $p$ oder $k$ geschlossen werden muss, indem verschiedene Werte **am WTR ausprobiert** werden.

Zudem sind die Aufgaben oft in Anwendungen „eingekleidet".

Die nachfolgende **Joker-Liste** soll Ihnen bei diesen Aufgaben helfen, indem sie Ihnen Struktur gibt und den Fokus auf die wesentlichen Werte lenkt.

**Beispiel**

**a)** Ein Glücksrad hat 18 gleich große Felder. Einige davon sind rot eingefärbt.

Das Glücksrad wird 40 Mal gedreht. Die Wahrscheinlichkeit, dass dabei genau 16 Mal die Farbe Rot kommt, beträgt etwa 12,6 %. Wie viele Felder sind rot eingefärbt?

| Joker - Liste |
| --- |
| $\boxed{X}$ BV oder $\square$ kum. BV |
| über Gegenereignis $\quad \square$ ja $\quad \boxed{X}$ nein |
| $n = 40$ oder $\square$ gesucht |
| $p = ?$ oder $\boxed{X}$ gesucht |
| $k = 16$ oder $\square$ gesucht |
| P ≈ 0,126 oder $\square$ gesucht |

**Vorgehen**

X : Anzahl der Treffer

verschiedene Werte von $p$ probieren, bis P ≈ 0,126 gilt.

$$p = \frac{7}{18}: \quad P(X = 16) \approx 0{,}126$$

A: Es sind 7 Felder rot eingefärbt.

**b)** Ein Basketballspieler trifft einen Freiwurf mit einer Wahrscheinlichkeit von 75 %.

Er wirft 30 Mal. Bei welcher Trefferanzahl überschreitet die Wahrscheinlichkeit dafür, dass er höchstens diese Trefferanzahl erreicht, zum ersten Mal 95 %?

| Joker - Liste |
| --- |
| $\square$ BV oder $\boxed{X}$ kum. BV |
| über Gegenereignis $\quad \square$ ja $\quad \boxed{X}$ nein |
| $n = 30$ oder $\square$ gesucht |
| $p = 0{,}75$ oder $\square$ gesucht |
| $k = ?$ oder $\boxed{X}$ gesucht |
| P > 0,95 oder $\square$ gesucht |

**Vorgehen**

$k$ erhöhen, bis 95 % überschritten wird.

$P(X \le 24) \approx 0{,}797 < 0{,}95$

$P(X \le 25) \approx 0{,}902 < 0{,}95$

$P(X \le 26) \approx 0{,}963 > 0{,}95$

A: Bei mindestens 26 Treffern.

www.mvurl.de/8g8z

**c)** Ein Flugzeug hat 100 Plätze. Es werden jedoch mehr als 100 Tickets verkauft, da durchschnittlich nur 90 % der buchenden Personen auch zum Flug erscheinen. Wie viele Tickets dürfen höchstens verkauft werden, sodass die vorhandenen Plätze mit einer Wahrscheinlichkeit von mehr als 95 % ausreichen?

| **Joker - Liste** |
| --- |
| ☐ BV  oder  ☒ kum. BV |
| über Gegenereignis  ☐ ja  ☒ nein |
| $n = ?$    oder  ☒ gesucht |
| $p = 0,9$  oder  ☐ gesucht |
| $k = 100$  oder  ☐ gesucht |
| $P > 0,95$  oder  ☐ gesucht |

**Vorgehen**

$X$ : Anzahl der Fluggäste

$n$ erhöhen, bis 95 % unterschritten wird.

$n = 106$   $P(X \leq 100) \approx 0,960 > 0,95$

$n = 107$   $P(X \leq 100) \approx 0,919 < 0,95$

A: Es dürfen höchstens 106 Tickets verkauft werden.

**d)** An einer Umfrage nimmt erfahrungsgemäß nur jede fünfte angesprochene Person teil. Ermitteln Sie die Anzahl der Personen, die mindestens angesprochen werden müssen, um mit einer Wahrscheinlichkeit von mindestens 95%, mindestens 1000 Personen zu bekommen, die an der Umfrage teilnehmen. (Abiturprüfung 2022)

Bedingung:     $P(X \geq 1000) \geq 0,95$     ($X$ : Anzahl der Teilnehmer)

$1 - P(X \leq 999) \geq 0,95$

$0,05 \geq P(X \leq 999)$

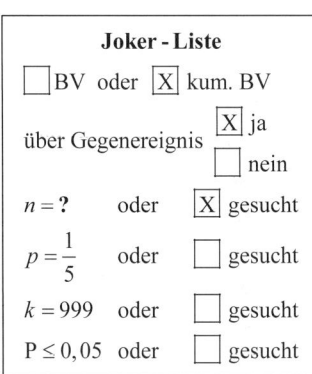

| **Joker - Liste** |
| --- |
| ☐ BV  oder  ☒ kum. BV |
| über Gegenereignis  ☒ ja  ☐ nein |
| $n = ?$    oder  ☒ gesucht |
| $p = \dfrac{1}{5}$  oder  ☐ gesucht |
| $k = 999$  oder  ☐ gesucht |
| $P \leq 0,05$  oder  ☐ gesucht |

**Vorgehen**

$n$ erhöhen, bis 0,05 unterschritten wird

$n = 5234 : P(X \leq 999) \approx 0,0505 \geq 0,05$

$n = 5235 : P(X \leq 999) \approx 0,0498 \leq 0,05$

A: Es müssen mindestens 5235 Personen angesprochen werden.

145

## 4.5 Erwartungswert und Standardabweichung

### Formeln (bei Binomialverteilung)

- **Erwartungswert**

$$\mu = n \cdot p$$

- **Standardabweichung**

$$\sigma = \sqrt{n \cdot p \cdot (1 - p)}$$

$n$ : Anzahl der Versuche
$p$ : Wahrscheinlichkeit für einen „Treffer"
$\mu$ : Erwartungswert (E(X))
$\sigma$ : Standardabweichung
($\sigma^2$ : Varianz)

### Am Beispiel

Ein Basketballspieler trifft erfahrungsgemäß einen Freiwurf mit einer Wahrscheinlichkeit von 75 %. Er wirft 8 Mal. Die Zufallsgröße X gibt die Anzahl der Treffer an.

- **Erwartungswert :** $E(X) = 8 \cdot 0,75 = 6 \quad (= \mu)$

**Interpretation :** Der Spieler kann durchschnittlich 6 Treffer bei 8 Würfen erwarten.

### Grafische Betrachtung

„In der Nähe des Erwartungswertes" befinden sich die Werte von X mit den höchsten Wahrscheinlichkeiten.

„Fällt" der Erwartungswert (wie hier) direkt auf einen Wert von X, so liegt an diesem stets die höchste Wahrscheinlichkeit vor.

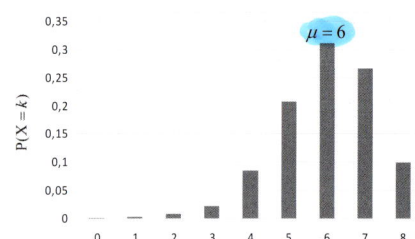

- **Standardabweichung :** $\sigma = \sqrt{8 \cdot 0,75 \cdot 0,25} \approx 1,22$

(über 0,25: $1 - 0,75$)

**Interpretation :** Die Standardabweichung ist ein Maß dafür, wie stark die Werte der Zufallsgröße um den Erwartungswert streuen, d.h. ob man mit hoher Wahrscheinlichkeit stets einen Wert „in der Nähe des Erwartungswertes" erhält (geringe Standardabw.), oder ob auch Werte „weit ab vom Erwartungswert" wahrscheinlich sind (hohe Standardabw.).

### Grafische Betrachtung

Ein höherer Wert der Standardabweichung führt zu einer „breiteren" Verteilung.

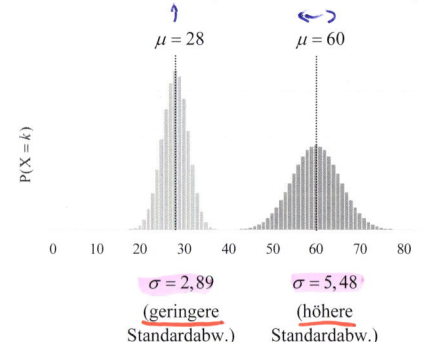

$\mu = 28$      $\mu = 60$

$\sigma = 2,89$ (geringere Standardabw.)    $\sigma = 5,48$ (höhere Standardabw.)

**Beispiel**

Erfahrungsgemäß sind 12 % der produzierten Smartphones eines Herstellers defekt. Ein Kunde erhält ein Paket mit 200 Smartphones des Herstellers.

**a)** Wie viele defekte Smartphones sind pro Paket zu erwarten?

$\mu = 200 \cdot 0,12 = 24$

Es sind (durchschnittlich) 24 defekte Smartphones pro Paket zu erwarten.

**b)** Wie groß ist die Wahrscheinlichkeit, dass weniger als die erwartete Anzahl an defekten Smartphones im Paket sind?

X: Anzahl an defekten Smartphones im Paket.

$P(X < 24) = P(X \le 23) \approx 0,4676$

**c)** Wie groß ist die Wahrscheinlichkeit, dass die Anzahl an defekten Smartphones im Paket um höchstens 2 Stück vom Erwartungswert abweicht?

Der Erwartungswert beträgt 24. Somit muss die Wahrscheinlichkeit berechnet werden, dass zwischen 22 und 26 defekte Smartphones im Paket sind.

$P(22 \le X \le 26) = P(X \le 26) - P(X \le 21) \approx 0,7134 - 0,3001 \approx 0,4133$

**d)** Berechnen Sie den zugehörigen Wert der Standardabweichung.

$\sigma = \sqrt{200 \cdot 0,12 \cdot (1 - 0,12)} = \sqrt{200 \cdot 0,12 \cdot 0,88} \approx 4,596$

# 5 Normalverteilung

## 5.1 Abgrenzung zur Binomialverteilung

Um die Normalverteilung zu verstehen, wird sie mit der (aus dem Vorkapitel) bekannten Binomialverteilung verglichen.

|  | Binomialverteilung | Normalverteilung |
|---|---|---|
| Beispiel: Zufallsexperiment und mögliches Ergebnis. | Münze wird 10 mal geworfen. Ergebnis: X = 4 mal Wappen | Messung der Körpergröße einer zufällig ausgewählten männlichen Person. Ergebnis: $X = 174,2364...cm$ |
| Welche Werte kann die Zufallsvariable annehmen? | Zufallsvariable gibt gesamte Anzahl an „Treffern" an und kann somit **nur ganzzahlige Werte** annehmen. Es handelt sich also um eine **diskrete Verteilung**. | Zufallsvariable gibt gemessene Körpergröße an und kann damit **auch „Kommazahlen"** annehmen. Es handelt sich also um eine **stetige Verteilung**. |

### Normalverteilung und Gaußsche Glockenkurve

### 1. Einführung am Beispiel

Die Körpergröße, das Gewicht oder die Intelligenz von Menschen sind normalverteilt. Mittlere Werte sind wahrscheinlich, extreme Werte hingegen unwahrscheinlich.

**Beispiel:** Messung der Körpergröße bei einer zufällig ausgewählten männlichen Person.

Bei der Gaußschen Glockenkurve mit **Dichtefunktion $p(x)$** hat der Bereich um den Erwartungswert ($\mu = 180$ cm) die größte Wahrscheinlichkeit.

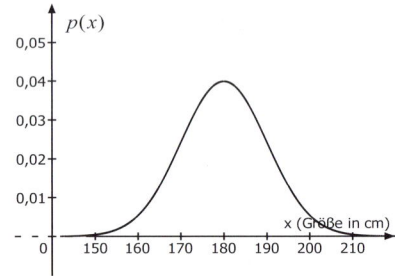

Die Standardabweichung (hier $\sigma = 10$) bestimmt, wie sehr die Werte um den Erwartungswert streuen und gibt die Breite der Verteilung an.

**Wichtig:** Die **Funktionswerte** von $p(x)$ stellen **nicht die Wahrscheinlichkeiten** der einzelnen Werte dar.
**Die Wahrscheinlichkeit (jedes) einzelnen Wertes beträgt 0%:** z.B. $P(X = 170) = 0$!
Grund: Die Wahrscheinlichkeit, dass jemand, auf unendlich viele Kommastellen genau, 170,000000 …0 cm groß ist, beträgt 0%.

www.mvurl.de/xcen

## 2. Mathematische Merkmale der Gaußschen Glockenkurve

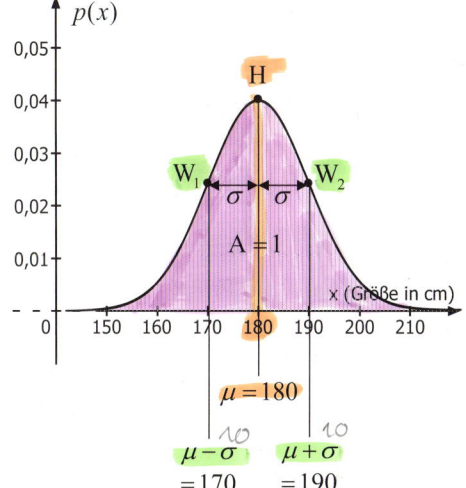

- Bei $x = \mu$ **(Erwartungswert)** hat die Kurve ihr **Maximum**.
  Im Beispiel: $\mu = 180$

- Die **Wendestellen** der Kurve sind bei $x_1 = \mu - \sigma$ und $x_2 = \mu + \sigma$.
  Im Beispiel:
  $\sigma = 10$
  $x_1 = 180 - 10 = 170; \quad x_2 = 180 + 10 = 190$

- Der Flächeninhalt zwischen Kurve und $x$-Achse beträgt 1 ( $= 100\ \%$ ).

  ↳ warum immer 1

## 3. Wahrscheinlichkeitsberechnungen

bestimmten Flächeninhalt berechnen

Über den **Flächeninhalt unter der Kurve zur Dichtefunktion $p$** können **Wahrscheinlichkeiten** berechnet werden.

$$P(X \le k) = \int_{-\infty}^{k} p(x)\,dx$$

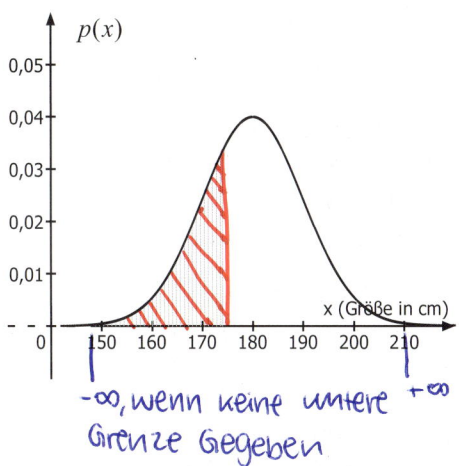

### Beispiel

Wie groß ist die Wahrscheinlichkeit, dass eine zufällig ausgewählte Person höchstens 174 cm groß ist?

$$P(X \le 174) = \int_{-\infty}^{174} p(x)\,dx \overset{\text{WTR}}{\approx} 0{,}2743$$

④ → 2.

| Eingabe in WTR |
|---|
| Kumulierte Normalverteilung |
| Untere Grenze:  0 |
| Obere Grenze :  174 |
| $\sigma$  :  10 |
| $\mu$  :  180 |

−∞, wenn keine untere +∞
Grenze gegeben

149

## 5.2 Aufgabentypen zur Normalverteilung

> **Aufgabentypen**

**Beispiel :** Die Körpergröße vom Männern ist näherungsweise normalverteilt mit dem Erwartungswert $\mu = 180$ cm und der Standardabweichung $\sigma = 10$ cm.

Mit welcher Wahrscheinlichkeit ist ein zufällig ausgewählter Mann ...

| **1. „höchstens $k$"** | ... höchstens 174 cm groß? | **Eingabe in WTR**<br>Kumulierte Normalverteilung<br>Untere Grenze : 0<br>Obere Grenze : 174<br>$\sigma$ : 10<br>$\mu$ : 180 |
|---|---|---|
| $P(X \leq k)$ | $P(X \leq 174) \overset{\text{WTR}}{\approx} 0,2743$ | |

| **2. „mindestens $k$"** | ... mind. 192 cm groß? | **Eingabe in WTR**<br>Kumulierte Normalverteilung<br>Untere Grenze : 192<br>Obere Grenze : 1000<br>$\sigma$ : 10<br>$\mu$ : 180 |
|---|---|---|
| $P(X \geq k)$ | $P(X \geq 192) \overset{\text{WTR}}{\approx} 0,1151$ | |

| **3. „mind. $k_1$ und höchst. $k_2$"** | ... mind. 183 cm und höchst. 195 cm groß? | **Eingabe in WTR**<br>Kumulierte Normalverteilung<br>Untere Grenze : 183<br>Obere Grenze : 195<br>$\sigma$ : 10<br>$\mu$ : 180 |
|---|---|---|
| $P(k_1 \leq X \leq k_2)$ | $P(183 \leq X \leq 195)$<br>$\overset{\text{WTR}}{\approx} 0,3153$ | |

**Wichtig :** **Unterschiede zur Binomialverteilung**

- Aufgabentyp $P(X = k)$ ist **nicht sinnvoll**, da stets $P(X = k) = 0$ gilt (S. 148). Damit wird im WTR **stets nur die kumulierte Normalverteilung** verwendet.

- Somit muss auch **nicht** zwischen $P(X \leq k)$ und $P(X < k)$ **unterschieden** werden. Bspw. sind also die Formulierungen „**höchstens** 174" und „**weniger als** 174" **gleichwertig**.

www.mvurl.de/hfat

**Beispiel**

Das Gewicht von auf einer Maschine produzierten Tischtennisbällen ist normalverteilt mit dem Erwartungswert 2,7 g und der Standardabweichung von 0,3 g.

**a)** Mit welcher Wahrscheinlichkeit wiegt ein zufällig aus der Produktion entnommener Ball mindestens 3 g?

$$P(X \geq 3) \overset{\text{WTR}}{\approx} 0,1587$$

| **Eingabe in WTR** | | |
|---|---|---|
| Kumulierte Normalverteilung | | |
| Untere Grenze: | 3 | |
| Obere Grenze : | 1000 | |
| $\sigma$ | : | 0,3 |
| $\mu$ | : | 2,7 |

**b)** Mit welcher Wahrscheinlichkeit wiegt ein zufällig aus der Produktion entnommener Ball mehr als 3 g?

$$P(X > 3) \overset{\text{WTR}}{\approx} 0,1587$$

**Hinweis:** Keine Unterscheidung zwischen „mindestens" und „mehr als" notwendig.

**c)** Mit welcher Wahrscheinlichkeit wiegt ein zufällig aus der Produktion entnommener Ball weniger als 3 g?

$$P(X \leq 3) \overset{\text{WTR}}{\approx} 0,8413$$

| **Eingabe in WTR** | | |
|---|---|---|
| Kumulierte Normalverteilung | | |
| Untere Grenze: | 0 | |
| Obere Grenze : | 3 | |
| $\sigma$ | : | 0,3 |
| $\mu$ | : | 2,7 |

**d)** Mit welcher Wahrscheinlichkeit wiegt ein zufällig aus der Produktion entnommener Ball mindestens 3 g und weniger als 3,2 g?

$$P(3 \leq X < 3,2) \overset{\text{WTR}}{\approx} 0,1109$$

| **Eingabe in WTR** | | |
|---|---|---|
| Kumulierte Normalverteilung | | |
| Untere Grenze: | 3 | |
| Obere Grenze : | 3,2 | |
| $\sigma$ | : | 0,3 |
| $\mu$ | : | 2,7 |

**e)** Mit welcher Wahrscheinlichkeit wiegt ein zufällig aus der Produktion entnommener Ball mehr als 2,8 g und höchstens 3 g?

$$P(2,8 < X \leq 3) \overset{\text{WTR}}{\approx} 0,2108$$

| **Eingabe in WTR** | | |
|---|---|---|
| Kumulierte Normalverteilung | | |
| Untere Grenze: | 2,8 | |
| Obere Grenze : | 3 | |
| $\sigma$ | : | 0,3 |
| $\mu$ | : | 2,7 |

## 5.3 Die Normalverteilung für binomialverteilte Probleme nutzen

• Bei vielen Durchführungen sehen Binomialverteilung und Normalverteilung „ähnlich" aus.

• Aufgaben mit einer binomialverteilten Zufallsvariable können so bearbeitet werden, wie wenn die Zufallsvariable normalverteilt wäre, falls die **Laplace-Bedingung** gilt:

$\sigma = \sqrt{n \cdot p \cdot (1-p)} > 3$    (bzw. $\sigma^2 > 9$)

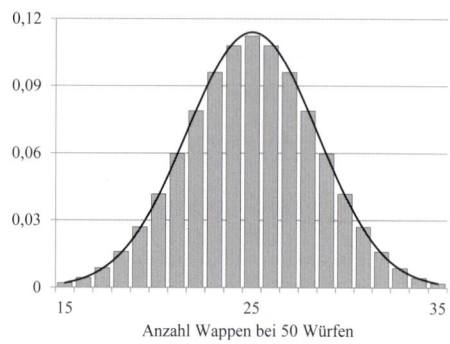

Anzahl Wappen bei 50 Würfen

**Beispiel 1**: Eine faire Münze wird 100 Mal geworfen.

Mit welcher Wahrscheinlichkeit erhält man höchstens 56 Mal „Wappen"?

**Hinweis:** Da nur zwei Ergebnisse möglich sind („Wappen" oder „Zahl"), und sich die Wahrscheinlichkeiten nicht ändern, liegt ein **binomialverteiltes Problem** vor.

---

**1. Laplace-Bedingung überprüfen**, ob auch mit Normalverteilung lösbar

X = Anzahl „Wappen"

$\sigma = \sqrt{100 \cdot 0,5 \cdot (1-0,5)} = 5 \ > \ 3$

→ Bedingung erfüllt, somit auch durch Normalverteilung lösbar.

---

| **2. Lösen mit Binomialverteilung** | **2. Lösen mit Normalverteilung** |
|---|---|
| | $\mu = 100 \cdot 0,5 = 50$ |
| | $\sigma = 5$ |
| **Eingabe in WTR**<br>Kumulierte Binomialverteilung<br>$k : 56$<br>$n : 100$<br>$p : 0,5$ | **Eingabe in WTR**<br>Kumulierte Normalverteilung<br>Untere Grenze:   0<br>Obere Grenze :   56<br>$\sigma$   :   5<br>$\mu$   :   50 |

---

**3. Ergebnis notieren**

| | |
|---|---|
| $P \approx 0,9033$ | $P \approx 0,8849$ |

**Hinweis**: Eine geringe Abweichung der Ergebnisse ist üblich.

www.mvurl.de/4rdu

**Beispiel 2:** Ein von der Mikro AG hergestellter Mikrochip ist erfahrungsgemäß mit einer Wahrscheinlichkeit von 20 % fehlerhaft. Ein Kunde bestellt ein Paket mit 250 Mikrochips. Mit welcher Wahrscheinlichkeit sind im Paket zwischen 40 und 60 fehlerhaft?

---

**1. Laplace-Bedingung überprüfen**, ob auch mit Normalverteilung lösbar

X = Anzahl fehlerhafter Chips

$\sigma = \sqrt{250 \cdot 0,2 \cdot (1-0,2)} \approx 6,325 \quad > \quad 3$

→ Bedingung erfüllt, somit auch durch Normalverteilung lösbar.

---

| **2. Lösen mit Binomialverteilung** | **2. Lösen mit Normalverteilung** |
|---|---|
| $P(40 \le X \le 60) = P(X \le 60) - P(X \le 39)$ <br><br> $\approx 0,9490 - 0,0453$ <br><br> $= 0,9037$ | $\mu = 250 \cdot 0,2 = 50$ <br> $\sigma \approx 6,325$ |

| **Eingabe in WTR** | **Eingabe in WTR** |
|---|---|
| Kumulierte Binomialverteilung <br> $\quad k$ : 60 bzw. 39 <br> $\quad n$ : 250 <br> $\quad p$ : 0,2 | Kumulierte Normalverteilung <br> Untere Grenze:    40 <br> Obere Grenze :    60 <br> $\quad\quad \sigma \quad$ :    6,325 <br> $\quad\quad \mu \quad$ :    50 |

---

**3. Ergebnis notieren**

| | |
|---|---|
| $P \approx 0,9037$ | $P \approx 0,8861$ |

# 6 Sigma-Regeln (Prognoseintervalle)

**Wozu?**　　　　　　　　　　　　　　　　　　　　*Gesamtheit → Stichprobe*

Aus dem Wissen über die *Gesamtheit* schließt man auf die Ergebnisse einer *Stichprobe*.

**Formeln (siehe Merkhilfe)**

$P(\mu - 1 \cdot \sigma \leq X \leq \mu + 1 \cdot \sigma) \approx 68,3\%$　　　$P(\mu - 1,64 \cdot \sigma \leq X \leq \mu + 1,64 \cdot \sigma) \approx 90\%$

$P(\mu - 2 \cdot \sigma \leq X \leq \mu + 2 \cdot \sigma) \approx 95,4\%$　　　$P(\mu - 1,96 \cdot \sigma \leq X \leq \mu + 1,96 \cdot \sigma) \approx 95\%$

$P(\mu - 3 \cdot \sigma \leq X \leq \mu + 3 \cdot \sigma) \approx 99,7\%$　　　$P(\mu - 2,58 \cdot \sigma \leq X \leq \mu + 2,58 \cdot \sigma) \approx 99\%$

**Am Schaubild**

Die 1, 2 und 3-$\sigma$ Regel

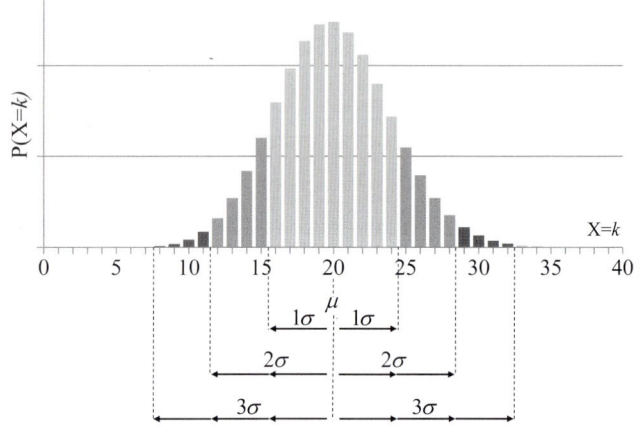

**Erläuterung**

Bspw. haben die Werte, die im Intervall $[\mu - 2 \cdot \sigma;\ \mu + 2 \cdot \sigma] = [12;\ 28]$ liegen, eine Gesamtwahrscheinlichkeit von ca. 95,4 %.

Bei einer Stichprobe wird man also zu 95,4 % einen Wert in diesem Intervall erhalten.

**Wann anwendbar?**

- Bei Normalverteilung immer.
- Bei Binomialverteilung nur, falls die Laplace-Bedingung ($\sigma > 3$) gilt.

**Tabelle**

Für verschiedene Werte der Sicherheitswahrscheinlichkeit ($\gamma$) ist der Faktor $c$, welcher Intervalllänge beeinflusst, dargestellt.

Damit werden, wie oben dargestellt, Intervalle der Form $[\mu - c \cdot \sigma;\ \mu + c \cdot \sigma]$ gebildet.

| $\gamma$ (Sicherheitswahrscheinlichkeit) | 0,683 | 0,90 | 0,95 | 0,954 | 0,99 | 0,997 |
|---|---|---|---|---|---|---|
| $c$ (Faktor für Intervalllänge) | 1 ($1\sigma$-Regel) | 1,64 | 1,96 | 2 ($2\sigma$-Regel) | 2,58 | 3 ($3\sigma$-Regel) |

## Sigma-Intervall bei Binomialverteilung bestimmen

**Beispiel:** Zu einem bestimmten Zeitpunkt sind 15 % der Bevölkerung mit einem Virus infiziert (*Gesamtheit*). 500 Personen nehmen an einer Kreuzfahrt teil (*Stichprobe*). Wie viele Teilnehmer sind mit einer Wahrscheinlichkeit von 95,4 % infiziert?

X: Anzahl an erkrankten Teilnehmern (binomialverteilt)

---

**1.** Erwartungswert $\mu$ und Standardabweichung $\sigma$ berechnen.
Laplace - Bedingung ($\sigma > 3$) überprüfen.

$\mu = n \cdot p = 500 \cdot 0,15 = 75$

$\sigma = \sqrt{n \cdot p \cdot (1-p)} = \sqrt{500 \cdot 0,15 \cdot (1-0,15)} \approx 7,984 > 3$ (Laplace-Bedingung erfüllt)

---

**2.** Faktor für Intervalllänge $c$ (siehe Vorseite) ermitteln.

Tabelle: $\gamma = 0,954 \rightarrow c = 2$

---

**3.** Intervall $\left[\mu - c \cdot \sigma;\ \mu + c \cdot \sigma\right]$ angeben.
Grenzen auf ganze Zahlen runden : Untergrenze **aufrunden,** Obergrenze **abrunden.**

$\left[75 - 2 \cdot 7,984;\ 75 + 2 \cdot 7,984\right] = \left[59,032;\ 90,968\right] = \left[60;\ 90\right]$

**A:** Zu 95,4 % sind mind. 60 und höchstens 90 Reiseteilnehmer infiziert.

---

## Sigma-Intervall bei Normalverteilung bestimmen

**Beispiel:** Das Gewicht von auf einer Maschine produzierten Tischtennisbällen ist normalverteilt mit Erwartungswert 2,7 g und Standardabweichung von 0,3 g (*Gesamtheit*). Ein neuer Ball soll produziert werden (*Stichprobe*). Welches Gewicht wird dieser zu 90 % haben?

X: Gewicht des produzierten Balles (normalverteilt)

---

**1.** Erwartungswert $\mu$ und Standardabweichung $\sigma$ notieren.

$\mu = 2,7 \qquad \sigma = 0,3$

---

**2.** Faktor für Intervalllänge $c$ (siehe Vorseite) ermitteln.

Tabelle: $\gamma = 0,90 \rightarrow c = 1,64$

---

**3.** Intervall $\left[\mu - c \cdot \sigma;\ \mu + c \cdot \sigma\right]$ angeben.

$\left[2,7 - 1,64 \cdot 0,3;\ 2,7 + 1,64 \cdot 0,3\right] = \left[2,208;\ 3,192\right]$

**A:** Zu 90 % wiegt der neu produzierte Ball mind. 2,208 g und höchstens 3,192 g.

# 7 Vertrauensintervalle (Konfidenzintervalle)

## 7.1 Vertrauensintervalle bilden

**Wozu?**                                                            *Stichprobe* → *Gesamtheit*

Aus dem Wissen über die Ergebnisse einer *Stichprobe* schließt man auf die *Gesamtheit*.

**Formel (siehe Merkhilfe)**

$$\left[ h - c \cdot \sqrt{\frac{h \cdot (1-h)}{n}} \; ; \; h + c \cdot \sqrt{\frac{h \cdot (1-h)}{n}} \right]$$

$h:$ proz. Anteil in Stichprobe
$n:$ Stichprobenumfang
$c:$ Faktor aus Tabelle

**Tabelle** (identisch S. 154)

| $\gamma \approx \%$ (Vertrauenswahrscheinlichkeit) | 0,683 | 0,90 | 0,95 | 0,954 | 0,99 | 0,997 |
|---|---|---|---|---|---|---|
| $c = \sigma$ (Faktor für Intervalllänge) | 1 ($1\sigma$-Regel) | 1,64 | 1,96 | 2 ($2\sigma$-Regel) | 2,58 | 3 ($3\sigma$-Regel) |

### Vertrauens-Intervall bestimmen

**Beispiel 1:** Eine Woche vor der Bundestagswahl werden 200 Personen befragt, ob sie eine bestimmte Partei wählen werden (*Stichprobe*). 68 Befragte bejahen dies.
Welchen prozentualen Stimmenanteil $p$ wird die Partei bundesweit haben (*Gesamtheit*)?
Geben Sie hierzu ein Vertrauensintervall zur Sicherheitswahrscheinlichkeit 95,4 % an.

**1.** Ermitteln von $h$ (relative Häufigkeit) und $n$. Bestimmung von $c$ aus der Tabelle.

$h = \dfrac{68}{200} = 0,34;$     $n = 200;$     Tabelle: $\gamma = 0,954 \rightarrow c = 2$

**2.** Einsetzen in die **Formel**.

$$\left[ 0,34 - 2 \cdot \sqrt{\frac{0,34 \cdot (1-0,34)}{200}} \; ; \; 0,34 + 2 \cdot \sqrt{\frac{0,34 \cdot (1-0,34)}{200}} \right] = \left[ 0,273; \, 0,407 \right]$$

**3. Antwort**

Zu 95,4 % wird das Ergebnis der Partei bei der nächsten Wahl zwischen 27,3 % und 40,7 % liegen.

**Hinweis:** Vertrauensintervalle berechnet man **bei binomialverteilten** Problemstellungen.

www.mvurl.de/y974

**Beispiel 2:** Um zu ermitteln, ob die Mikro AG ein zuverlässiger Lieferant ist, bestellt ein Kunde probehalber 300 Mikrochips (*Stichprobe*). 114 davon sind fehlerhaft.

Der Kunde möchte die (grundsätzliche) Wahrscheinlichkeit (*p*) dafür abschätzen, dass ein bei der Mikro AG hergestellter Chip fehlerhaft ist (*Gesamtheit*).

Geben Sie ein Intervall an, in welchem *p* mit einer Wahrscheinlichkeit von 95 % liegt.

**1.** $\dfrac{114}{300} = 0{,}38 \qquad n = 300; \qquad$ Tabelle: $\gamma = 0{,}95 \rightarrow c = 1{,}96$

**2.** $\left[ 0{,}38 - 1{,}96 \cdot \sqrt{\dfrac{0{,}38 \cdot (1 - 0{,}38)}{300}}; \ 0{,}38 + 1{,}96 \cdot \sqrt{\dfrac{0{,}38 \cdot (1 - 0{,}38)}{300}} \right] = [0{,}325; \ 0{,}435]$

**3.** Zu 95 % liegt die (grundsätzliche) Defektwahrscheinlichkeit eines Chips zwischen 32,5 % und 43,5 %.

### Zusatz: Grafische Darstellung an der Konfidenzellipse

Die Schaubilder der beiden Funktionen *f* und *g* bilden eine Ellipse.
Die Gerade $h = 0{,}38$ gibt die relative Häufigkeit in der Stichprobe an.
Durch den Schnitt der Geraden mit den Schaubildern erhält man die beiden Grenzen des Vertrauensintervalls.

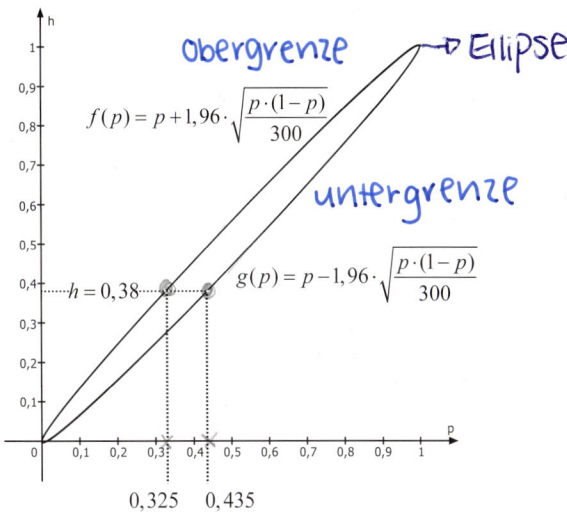

### Verständnis

Grundsätzlich wird ein **„kurzes"** Vertrauensintervall angestrebt, welches *p* präzise eingrenzt.
Hierzu sollten, bei Betrachtung der Formel, ein **hoher Stichprobenumfang *n*** und eine eher **geringe Vertrauenswahrscheinlichkeit *γ*** gewählt werden.
Grafisch gesehen erhält man hierdurch eine „schmale" Ellipse, welche dann auf ein „kurzes" Vertrauensintervall führt.

## 7.2 Stichprobenumfang und Länge des Vertrauensintervalls

Grundsätzlich sollte natürlich **eine geringe Größe des Vertrauensintervalls** angestrebt werden, da hierdurch der abzuschätzende $p$-Wert stärker eingegrenzt wird. Hierzu muss jedoch leider ein entsprechend **hoher Stichprobenumfang** gewählt werden.

Mit der nachfolgenden Formel ist es möglich, zu einer gegebenen Höchstlänge des Vertrauensintervalls ($l$) und einem gegebenen $c$–Wert (aus Tabelle, entsprechend $\gamma$) den hierfür benötigten Mindeststichprobenumfang ($n$) zu berechnen:

**Formel:** $n \geq \dfrac{c^2}{l^2}$ (siehe Merkhilfe)

**Beispiel 1**: Ein Kunde möchte die Wahrscheinlichkeit ($p$), dass ein bei der Mikro AG hergestellter Mikrochip fehlerhaft ist, durch ein 95 % - Vertrauensintervall abschätzen. Das Intervall soll hierbei höchstens eine Länge von 10 % besitzen.
Wie viele Mikrochips müsste er hierfür überprüfen?

**1.** Tabelle: $\gamma = 0,95 \rightarrow c = 1,96$

**2.** $n \geq \dfrac{1,96^2}{0,10^2}$

$n \geq 384,16$

Der Kunde müsste mindestens 385 Mikrochips überprüfen.

**Beispiel 2:** Eine Partei möchte ihr zu proz. Wahlergebnis ($p$) auf 5 % genau abschätzen. Die Wahrscheinlichkeit, dass das proz. Wahlergebnis in diesem Intervall liegen wird, soll hierbei 68,3 % betragen.
Wie viele Personen müssen befragt werden?

**1.** Tabelle: $\gamma = 0,683 \rightarrow c = 1$ ($1\sigma$-Regel)

**2.** $n \geq \dfrac{1^2}{0,05^2}$

$n \geq 400$

Es müssten also mindestens 400 Personen befragt werden.

## 7.3 Zusammenhang: Sigma-Regeln und Vertrauensintervalle

| **Gesamtheit** | | **Stichprobe** |
|---|---|---|
| (Proz.) Wahrscheinlichkeit, dass ein hergestellter Mikrochip fehlerhaft ist ($p$). | $\sigma$ - Regeln →  ← Vertr.intervall | Es werden 100 Mikrochips getestet. —— (Absolute) Anzahl an defekten Mikrochips. —— (Proz.) Anteil an defekten Mikrochips ($h$). |
| (Proz.) Anteil an Personen im ganzen Land, die Partei A gewählt haben ($p$). | $\sigma$ - Regeln →  ← Vertr.intervall | 1500 Personen werden nach ihrem Wahlverhalten befragt. —— (Absolute) Anzahl an Personen, die Partei A gewählt haben. —— (Proz.) Anteil an Personen, die Partei A gewählt haben ($h$). |
| (Proz.) Wahrscheinlichkeit, dass das Medikament zu Nebenwirkungen führt ($p$). | $\sigma$ - Regeln →  ← Vertr.intervall | 200 Personen haben das Medikament eingenommen. —— (Absolute) Anzahl von Personen mit Nebenwirkungen. —— (Proz.) Anteil von Personen mit Nebenwirkungen ($h$). |
| **Wahre Wahrscheinlichkeit bzw. gesamter (proz.) Anteil ($p$)** | $\sigma$ - Regeln →  ← Vertr.intervall | **(Absolute) Anzahl in Stichprobe** —— **(Proz.) Anteil in Stichprobe ($h$)** |

# IV Problemlösen

## 1 Motivation

Sie haben sich um Ihren Traumjob beworben und nun sitzen sie im Bewerbungsgespräch. Mit Erschrecken stellen fest, dass sie nicht der einzige Bewerber sind.

Alle ihre Konkurrenten haben auch Abitur gemacht, haben auch studiert, passende Praktika absolviert und Zeit im Ausland verbracht.

Aber sie wollen diesen Job doch mehr als all die anderen Bewerber!

Hier könnten Sie kreativ sein, gestalten, wechselnde Projekte mit verschiedenen Kollegen bearbeiten, der täglichen Routine und gähnenden Langeweile anderer Jobs entgehen.

Der Personalchef ergreift nun das Wort vor allen Bewerbern. Nochmals umschreibt er die Bedeutung der Position für das Unternehmen, die Vielseitigkeit der Aufgaben und deutet auch die reizvolle Vergütung und die weiteren Annehmlichkeiten an.

Er führt aus, dass Ihrer und auch die Lebensläufe all Ihrer Konkurrenten nur ein Teil des Bewerbungsprozesses waren. Gewissermaßen die Eintrittskarte. Nun komme das eigentliche Verfahren.

Wie alle Unternehmen der Branche werde nun ein Assessment-Center durchgeführt. Dessen Kernstück seien Case-Studies. Alle Bewerber erhalten praxisnahe Probleme, welche sie entweder alleine oder gemeinsam mit anderen Bewerbern unter Zeitdruck analysieren und lösen müssen.

Warum?

Diese Frage drängt sich Ihnen auf. Sie haben beinahe die letzten 20 Jahre in Schulen und Hochschulen verbracht, haben alles gelernt, wurden geprüft und bewertet. Und das war lediglich in Eintrittskarte in ein Spiel, das jetzt erst beginnen soll!?

Glücklicherweise haben sie wenig Zeit, in Gedanken zu versinken, da der Personalchef den Prozess begründet: Erfahrungen hätten gezeigt, dass hervorragende Schul- und Studienabschlüsse noch lange keine Garantie für die Fähigkeit seien, ein Unternehmen in eine Zukunft zu führen, in der ständig wechselnde Problemstellungen auftreten, die aus neuen technologischen Möglichkeiten, steigenden Kundenbedürfnissen, unberechenbarem Verhalten der Konkurrenten und politisch wechselnden Rahmenbedingungen entstehen.

Man sei daher vor allem an Bewerbern interessiert, die in Ihrer Ausbildung gelernt haben, auch in unbekannten Situationen zu agieren und neuen Problemstellungen ausgesetzt zu sein.

Bewerber, die in solchen Situationen nicht die Nerven verlieren, sondern einen Werkzeugkasten mitbringen, mit welchem sie sich sicher fühlen und die Probleme lösen können.

# 2 Schritte des Problemlösens

---

**Schritt 1: Das Problem verstehen (Analyse)**

- Worum geht es? Das Problem in eigenen Worten wiedergeben.
- Was ist bekannt (gegeben) bzw. unbekannt (gesucht)?
- Durch Beispiele, Skizzen oder Diagramme versuchen, das Problem zu verstehen.
- Welche Beziehungen bestehen zwischen den Größen? Was passiert, wenn man Bedingungen weglässt?

---

**Schritt 2: Einen Plan entwerfen und durchführen (Durchführung)**

- Helfen math. Sätze, Formeln, Definitionen, ...?
- **Problemlösestrategien** anwenden:
    - Problem vereinfachen
    - Konkrete Zahlenwerte annehmen
    - Ähnliches bzw. verwandtes Problem suchen
    - Systematisches Probieren
    - Vorwärts- bzw. Rückwärtsarbeiten
    - Spezialfälle untersuchen
    - Problem in Teilprobleme zerlegen
    - Aufdecken von mathematischen Mustern
    - Standpunkt, Perspektive, Blickwinkel wechseln
    - Transformation in andere Darstellungsart (Gleichung, Term, Graph, Schaubild, Skizze, Tabelle)
- Geduldig, hartnäckig und frustrationstolerant sein.
- Alles (auch Irrwege!) dokumentieren.

---

**Schritt 3: Ergebnis überprüfen (Rückblick)**

- Ist die Richtigkeit der Lösung überprüfbar?
- Ist das Problem vollständig gelöst?
- Ist die Lösung plausibel? Kann man sie nun „auf den ersten Blick" sehen?
- Könnte man das Problem auch auf andere Arten (eventuell einfacher) lösen?
- Was wurde (über die Lösung des konkreten Problems hinaus) allgemein gelernt?

161

# 3 Beispiele

**Beispiel 1**

Eine Spinne befindet sich im Punkt A und möchte
auf einer geschlossenen Schachtel nach B krabbeln.
Sie kann Flächen queren oder Kanten entlang krabbeln.
Ermitteln Sie die Länge des kürzesten Weges.

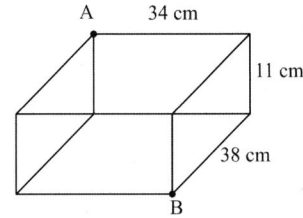

**Lösung**

Perspektivwechsel:
Am Körpernetz der Schachtel ist zu sehen,
dass zur Berechnung der gesuchten
Strecke der Satz des Pythagoras
angewendet werden kann.

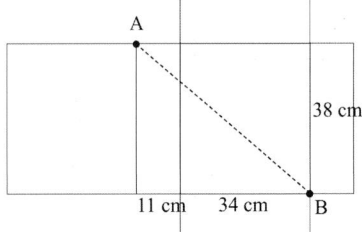

$$x^2 = (34+11)^2 + 38^2$$
$$x^2 = 2025 + 1444$$
$$x^2 = 3469$$
$$x \approx 58,90 \quad (x = -58,90 \ \text{nicht relevant})$$

Alternativ: Beispielsweise kann auch über eine maßstabsgerechte Zeichnung eine
Näherungslösung erhalten werden.

Die Spinne hat den kürzesten Weg von ca. 58,90 cm.

**Beispiel 2**

Die Verbindungsstrecken zweier nicht benachbarter Eckpunkte eines Vielecks werden Diagonalen genannt. Beispielsweise gibt es im Viereck zwei Diagonalen. Wie viele Diagonalen hat ein 100-Eck?

**Lösung**

Anhand von Beispielen (Mustererkennung) wird eine Formel zur Berechnung der Anzahl der Diagonalen im $n$-Eck ermittelt:

**5-Eck:** Von jeder der 5 Ecken gehen zwei Diagonalen ab, da die Ecke nicht mit sich selbst, sowie nicht mit den beiden benachbarten Ecken verbunden ist.
Dies führt zunächst auf 10 Diagonalen, wobei jede Diagonale jedoch doppelt berücksichtigt wird, da sie ja zwei Punkte verbindet.

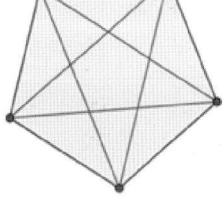

Anzahl Diagonalen im 5-Eck : $\dfrac{5 \cdot 2}{2} = 5$

**9-Eck:** Von jeder der 9 Ecken gehen 6 (= 9 - 3) Diagonalen ab, wobei so wiederum jede Diagonale doppelt berücksichtigt wird.

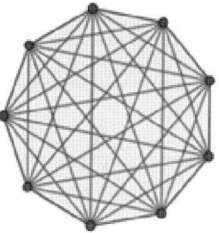

Anzahl Diagonalen im 9-Eck : $\dfrac{9 \cdot 6}{2} = 27$

***n*-Eck (Verallgemeinerung):** Von jeder der $n$ Ecken gehen $(n - 3)$ Diagonalen ab, wobei so wiederum jede Diagonale doppelt berücksichtigt wird.

Anzahl Diagonalen im $n$-Eck : $\dfrac{n \cdot (n-3)}{2}$

Bei einem 100-Eck gibt es also $\dfrac{100 \cdot 97}{2} = 4850$ Diagonalen.

## Beispiel 3

Gegeben ist ein $n$ x $n$ x $n$ - Würfel, welcher Gitterpunkte innerhalb des Würfels und auf der Oberfläche besitzt. (Beispielhaft ist ein 4 x 4 x 4 - Würfel abgebildet.) Für welches $n$ gibt es genau 3176 Gitterpunkte auf der Oberfläche?

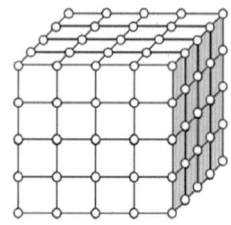

## Lösung

Anhand von Beispielen (Mustererkennung) wird eine Formel zur Berechnung der Gitterpunkte auf der Oberfläche eines $n$ x $n$ x $n$ -Würfels, ermittelt:

- **4 x 4 x 4 - Würfel :**

  gesamt: $5^3 = 125$;　　innen: $3^3 = 27$;　　Oberfläche: $125 - 27 = 98$

- **5 x 5 x 5 - Würfel :**

  gesamt: $6^3 = 216$;　　innen: $4^3 = 64$;　　Oberfläche: $216 - 64 = 152$

- **$n$ x $n$ x $n$ - Würfel (Verallgemeinerung) :**

  gesamt: $(n+1)^3$　　　innen: $(n-1)^3$

  Oberfläche: $(n+1)^3 - (n-1)^3 = (n+1) \cdot (n^2 + 2n + 1) - (n-1) \cdot (n^2 - 2n + 1)$
  $$= n^3 + 3n^2 + 3n + 1 - (n^3 - 3n^2 + 3n - 1) = 6n^2 + 2$$

Alternativ:

Auf Front- und Rückseite liegen insgesamt $2 \cdot (n+1)^2$ Gitterpunkte, auf den 4 nach hinten führenden Kanten weitere $4 \cdot (n-1)$ Gitterpunkte, auf den 4 weiteren Seitenflächen weitere $4 \cdot (n-1)^2$ Gitterpunkte. Dies ergibt in der Summe ebenfalls $6n^2 + 2$.

Laut Aufgabenstellung gilt:　　$6n^2 + 2 = 3176$
$$n^2 = 529$$
$$n = 23 \quad \left(n = -23 \text{ nicht relevant}\right)$$

Somit hat ein 23 x 23 x 23 - Würfel hat genau 3176 Gitterpunkte auf der Oberfläche.

www.mvurl.de/rzme

**Beispiel 4**

Wenn früher in Russland eine junge Frau wissen wollte, ob sie im nächsten Jahr verheiratet sein werde, fragte sie das Grashalm-Orakel.

Sie nahm 4 Grashalme in die Faust, sodass sie oben und unten herausragten, und bat eine Freundin, alle Enden oberhalb der Faust irgendwie zufällig, aber paarweise, zusammenzuknoten. Bei allen Enden unterhalb der Faust ebenso. Dann öffnet das Mädchen die Faust. Falls dabei ein einziger großer Ring aus Gras entsteht, bedeutet dies, dass die junge Frau im nächsten Jahr heiraten werde.

Wie groß ist die Wahrscheinlichkeit, dass in dieser Situation ein einziger großer Ring aus Gras entsteht?

**Lösung**

Strukturiertes Skizzieren aller Möglichkeiten.
Bei 6 von 9 Möglichkeiten erhält man
einen einzigen Ring aus Gras.

Somit gilt:  $P = \dfrac{6}{9} = \dfrac{2}{3}$

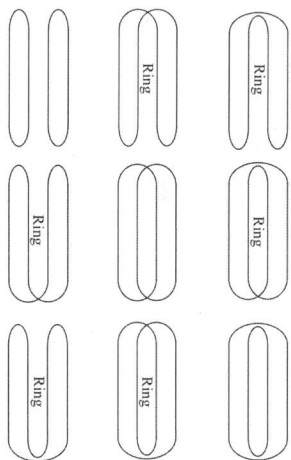

Lösungsalternative: Ohne Beschränkung der Allgemeinheit kann die Skizze in der Form begonnen werden, dass die oben verknoteten Halme nebeneinander liegen:

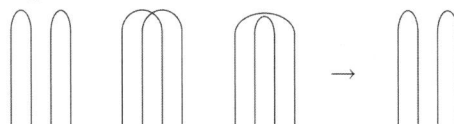

Wird das linke untere Ende des Halmes mit dem nebenstehenden Ende verbunden, werden zwei kleine Ringe, also kein einziger großer Ring, entstehen. Wird es jedoch mit einem der beiden anderen Enden verbunden, wird ein solcher Ring entstehen.

Kein einziger großer Ring:

Einziger großer Ring:

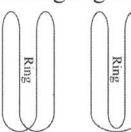

Die gesuchte Wahrscheinlichkeit beträgt also $\dfrac{2}{3}$.

# 4 Das „Bewertungsraster" zur Korrektur im Abitur

| Kriterien | Indikatoren | Erwartungs- |
|---|---|---|
| Analyse | <ul><li>Problem verbalisieren</li><li>Ordnen der Informationen z. B. mithilfe von Skizzen, Modellen, Tabellen</li><li>…</li></ul> | |
| Durchführung | <ul><li>„Einlassen" auf das Problem, d. h. ausdauernde Überwindung der Hindernisse</li><li>Untersuchung von Beispielen/Spezialfällen</li><li>Vermutungen äußern</li><li>(allgemeine) Strukturen finden</li><li>Lösungsstrategie entwickeln und umsetzen</li><li>Vermutungen testen/überprüfen</li><li>evtl. Vermutungen ergänzen/anpassen</li><li>evtl. Lösungsstrategien korrigieren</li><li>sachliche Korrektheit</li><li>Verbindung zu passendem Vorwissen/passenden mathematischen Kompetenzen</li><li>…</li></ul> | |
| Rückblick | <ul><li>Lösung angeben und auf Plausibilität überprüfen/reflektieren</li><li>bei Abbruch: mögliche Gründe reflektieren</li><li>alternative Lösungswege suchen/formulieren</li><li>…</li></ul> | |
| Darstellung | <ul><li>übersichtlich & strukturiert</li><li>verständlich & nachvollziehbar</li><li>…</li></ul> | |

**Eigener Hinweis:** Nur einen Teil der Verrechnungspunkte erhält man für die Lösung im gewohnten Sinne (Durchführung).

Es ist also sehr wichtig, auch die Analyse und den Rückblick gut zu dokumentieren!

www.mvurl.de/5u8z

| horizont | Nicht vorhanden | Teilweise vorhanden | Überwiegend vorhanden | Vollständig vorhanden |
|---|---|---|---|---|
|  |  |  |  |  |
|  |  |  |  |  |
|  |  |  |  |  |
|  |  |  |  |  |

# V  Grundlagen Matrizen

## 1  Begriffe zur Matrix

**Matrix:** Eine **Anordnung von Zahlen**

Format (Matrix) = (Anzahl Zeilen × Anzahl Spalten)

$$A = \begin{pmatrix} 2 & 3 & 4 \\ -4 & 0 & -1 \end{pmatrix} \qquad (2 \times 3)$$

$$B = \begin{pmatrix} 1 & 2 \\ 2 & 0 \\ 7 & -6 \\ 0 & -1 \end{pmatrix} \qquad (4 \times 2)$$

**Vektor:** Eine Matrix, die nur eine Zeile oder eine Spalte besitzt. Ein Vektor wird mit einem kleinen Buchstaben und einem Pfeil bezeichnet.

$$\vec{e} = \begin{pmatrix} 2 \\ 1 \end{pmatrix}; \quad \vec{f} = \begin{pmatrix} 1 & 2 & -3 \end{pmatrix}$$

**Quadratische Matrix:** Eine Matrix, die gleich viele Zeilen wie Spalten besitzt.

$$C = \begin{pmatrix} 2 & 0 & 1 \\ -8 & 1 & 3 \\ -4 & 1 & -9 \end{pmatrix} \qquad (3 \times 3)$$

**Einheitsmatrix:** Eine quadratische Matrix, deren Diagonalelemente den Wert 1 und deren andere Elemente den Wert 0 haben.

$$E = \begin{pmatrix} 1 & 0 \\ 0 & 1 \end{pmatrix} \text{ bzw. } E = \begin{pmatrix} 1 & 0 & 0 \\ 0 & 1 & 0 \\ 0 & 0 & 1 \end{pmatrix}$$

# 2 Rechnen mit Matrizen

**Addition und Subtraktion**

Nur bei Matrizen vom gleichen Format möglich.

1. Beispiel: $\begin{pmatrix} 2 & 0 & 4 \\ 1 & -1 & 4 \end{pmatrix} + \begin{pmatrix} -2 & 3 & 2 \\ -1 & 0 & -4 \end{pmatrix} = \begin{pmatrix} 0 & 3 & 6 \\ 0 & -1 & 0 \end{pmatrix}$

2. Beispiel: $\begin{pmatrix} 5 & 2 \\ 0 & -3 \end{pmatrix} - \begin{pmatrix} 1 & 0 \\ 3 & -2 \end{pmatrix} = \begin{pmatrix} 4 & 2 \\ -3 & -1 \end{pmatrix}$

**Skalare Multiplikation (,,Zahl · Matrix")**

1. Beispiel: $4 \cdot \begin{pmatrix} 1 & -2 & 4 \\ 2 & 0 & 5 \end{pmatrix} = \begin{pmatrix} 4 & -8 & 16 \\ 8 & 0 & 20 \end{pmatrix}$

2. Beispiel: $\begin{pmatrix} -1 & 2 \\ 0 & -3 \end{pmatrix} \cdot (-2) = \begin{pmatrix} 2 & -4 \\ 0 & 6 \end{pmatrix}$

**Multiplikation von Matrizen (,,Matrix · Matrix")**

• Nur möglich, falls Spaltenanzahl der ersten Matrix gleich Zeilenanzahl der zweiten Matrix. Formatbeispiel: $(2\times\mathbf{3}) \cdot (\mathbf{3}\times 2) \rightarrow (2\times 2)$.

**Beispiel 1**

$\begin{pmatrix} 1 & -2 & 1 \\ 0 & -1 & -1 \end{pmatrix} \cdot \begin{pmatrix} 2 & 0 \\ 0 & -1 \\ 1 & 0 \end{pmatrix} \rightarrow$

$\begin{array}{c|c} & \begin{pmatrix} 2 & 0 \\ 0 & -1 \\ 1 & 0 \end{pmatrix} \\ \hline \begin{pmatrix} 1 & -2 & 1 \\ 0 & -1 & -1 \end{pmatrix} & \begin{pmatrix} 1\cdot 2 - 2\cdot 0 + 1\cdot 1 = 3 & 1\cdot 0 - 2\cdot(-1) + 1\cdot 0 = 2 \\ 0\cdot 2 - 1\cdot 0 - 1\cdot 1 = -1 & 0\cdot 0 - 1\cdot(-1) - 1\cdot 0 = 1 \end{pmatrix} \end{array} = \begin{pmatrix} 3 & 2 \\ -1 & 1 \end{pmatrix}$

$(2\times\mathbf{3}) \quad \cdot \ (\mathbf{3}\times 2) \qquad\qquad\qquad\qquad\qquad\qquad\qquad\qquad \rightarrow \ (2\times 2)$

**Beispiel 2**

$\begin{pmatrix} 1 & 2 \\ 3 & 4 \end{pmatrix} \cdot \begin{pmatrix} 1 & 0 \\ 0 & 1 \end{pmatrix} \rightarrow$

$\begin{array}{c|c} & \begin{pmatrix} 1 & 0 \\ 0 & 1 \end{pmatrix} \\ \hline \begin{pmatrix} 1 & 2 \\ 3 & 4 \end{pmatrix} & \begin{pmatrix} 1\cdot 1 + 2\cdot 0 = 1 & 1\cdot 0 + 2\cdot 1 = 2 \\ 3\cdot 1 + 4\cdot 0 = 3 & 3\cdot 0 + 4\cdot 1 = 4 \end{pmatrix} \end{array} = \begin{pmatrix} 1 & 2 \\ 3 & 4 \end{pmatrix}$

• Es gilt: $A \cdot E = E \cdot A = A$. Wenn man die Matrix A mit der Einheitsmatrix E multipliziert (Reihenfolge egal), erhält man die Matrix A als Ergebnis. Die Einheitsmatrix E entspricht also der „normalen Zahl" 1.

• Achtung: Multiplikation von Matrizen ist nicht kommutativ. Die Reihenfolge macht also einen Unterschied ($A \cdot B \neq B \cdot A$).

**Achtung: Die Division von Matrizen (,,Matrix : Matrix")** ist nicht definiert !

*‼ geht nicht ‼*

www.mvurl.de/y6zh

# 3 Die inverse Matrix ($A^{-1}$)

**Vorüberlegung**

Welche ist die „inverse Zahl" zu 3? Die Zahl $\frac{1}{3}$! Grund: $3 \cdot \frac{1}{3} = 1$.

Welche ist die inverse Matrix zu A? Diejenige Matrix, welche im Produkt mit A die Einheitsmatrix E ergibt: $A \cdot A^{-1} = E$ (Abkürzung für inverse Matrix: $A^{-1}$).

**Beispiel:** $A = \begin{pmatrix} 1 & 3 \\ 1 & 2 \end{pmatrix}$ und $A^{-1} = \begin{pmatrix} -2 & 3 \\ 1 & -1 \end{pmatrix}$ sind invers, da $\begin{pmatrix} 1 & 3 \\ 1 & 2 \end{pmatrix} \cdot \begin{pmatrix} -2 & 3 \\ 1 & -1 \end{pmatrix} = \begin{pmatrix} 1 & 0 \\ 0 & 1 \end{pmatrix}$.

**Berechnung von $A^{-1}$:** $\qquad (A \mid E)$

$\qquad$ gleiche LGS-Umformungen $\downarrow$ auf beiden Seiten

$$(E \mid A^{-1})$$

**Beispiel 1:** Inverse zu $A = \begin{pmatrix} 1 & 3 \\ 1 & 2 \end{pmatrix}$?

$\begin{pmatrix} 1 & 3 & | & 1 & 0 \\ 1 & 2 & | & 0 & 1 \end{pmatrix} \qquad$ I − II

$\begin{pmatrix} 1 & 3 & | & 1 & 0 \\ 0 & 1 & | & 1 & -1 \end{pmatrix} \qquad$ I − 3·II

$\begin{pmatrix} 1 & 0 & | & -2 & 3 \\ 0 & 1 & | & 1 & -1 \end{pmatrix} \rightarrow A^{-1} = \begin{pmatrix} -2 & 3 \\ 1 & -1 \end{pmatrix}$

**Beispiel 2:** Inverse zu $B = \begin{pmatrix} 2 & 0 & 0 \\ 0 & 1 & -1 \\ 4 & 0 & 1 \end{pmatrix}$?

$\begin{pmatrix} 2 & 0 & 0 & | & 1 & 0 & 0 \\ 0 & 1 & -1 & | & 0 & 1 & 0 \\ 4 & 0 & 1 & | & 0 & 0 & 1 \end{pmatrix} \qquad$ III − 2·I

$\begin{pmatrix} 2 & 0 & 0 & | & 1 & 0 & 0 \\ 0 & 1 & -1 & | & 0 & 1 & 0 \\ 0 & 0 & 1 & | & -2 & 0 & 1 \end{pmatrix} \qquad$ II + III

$\begin{pmatrix} 2 & 0 & 0 & | & 1 & 0 & 0 \\ 0 & 1 & 0 & | & -2 & 1 & 1 \\ 0 & 0 & 1 & | & -2 & 0 & 1 \end{pmatrix} \qquad$ :2

$\begin{pmatrix} 1 & 0 & 0 & | & 0{,}5 & 0 & 0 \\ 0 & 1 & 0 & | & -2 & 1 & 1 \\ 0 & 0 & 1 & | & -2 & 0 & 1 \end{pmatrix} \rightarrow B^{-1} = \begin{pmatrix} 0{,}5 & 0 & 0 \\ -2 & 1 & 1 \\ -2 & 0 & 1 \end{pmatrix}$

www.mvurl.de/zz5z

**Tipp : „Abkürzung" bei Format (2×2)**

$$A = \begin{pmatrix} a_1 & b_1 \\ a_2 & b_2 \end{pmatrix} \rightarrow A^{-1} = \frac{1}{a_1 \cdot b_2 - a_2 \cdot b_1} \cdot \begin{pmatrix} b_2 & -b_1 \\ -a_2 & a_1 \end{pmatrix} \quad \text{(für } a_1 \cdot b_2 - a_2 \cdot b_1 \neq 0\text{)}$$

$$A = \begin{pmatrix} 1 & 3 \\ 1 & 2 \end{pmatrix} \rightarrow A^{-1} = \frac{1}{1 \cdot 2 - 1 \cdot 3} \cdot \begin{pmatrix} 2 & -3 \\ -1 & 1 \end{pmatrix} = -\begin{pmatrix} 2 & -3 \\ -1 & 1 \end{pmatrix} = \begin{pmatrix} -2 & 3 \\ 1 & -1 \end{pmatrix} \quad \text{(siehe oben)}$$

**Existenz der Inversen**

• **Nichtquadratische** Matrizen haben **niemals** eine zugehörige Inverse.

• Auch manche quadratische Matrizen haben keine zugehörige Inverse: Dies erkennt man bei dem Versuch der Berechnung (nach obigem Schema) daran, dass die Matrix (links) nicht zur Einheitsmatrix umgeformt werden kann (hierbei wird mind. ein Diagonalelement zu 0).

Beispiel: Die Matrix $A = \begin{pmatrix} 4 & 4 \\ 4 & 4 \end{pmatrix}$ hat keine Inverse.

# VI Themen für die mündliche Abiturprüfung

## 1 Beschreibung von Produktionsprozessen durch Matrizen (nur für WG)

### 1.1 Verflechtungsmatrizen und Verflechtungsdiagramme

**Beispiel:** Der Pralinenhersteller Pralini AG stellt zwei Pralinentypen („Praline jour" und „Praline nuit") in einem 2-stufigen Produktionsprozess her. Aus den Rohstoffen (Kakao, Milchpulver, Zucker) werden zunächst Zwischenprodukte (Weiße Schokolade, Dunkle Schokolade) gefertigt, aus welchen dann die Endprodukte („Praline jour", „Praline nuit") hergestellt werden.

**Benötigte Matrizen**

A  Rohstoff-Zwischenprodukt-Matrix  (Benötigte Rohstoffe für die Zwischenprodukte)
B  Zwischenprodukt-Endprodukt-Matrix
C  Rohstoff-Endprodukt-Matrix

**im Beispiel:**

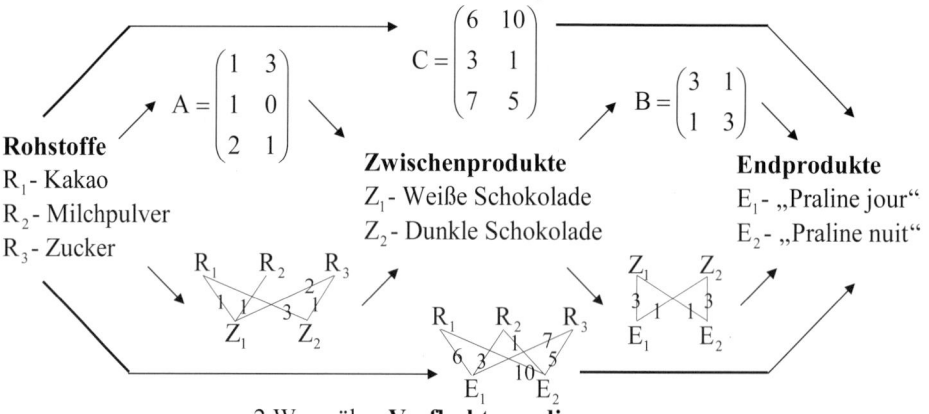

2 Wege über **Verflechtungsmatrizen**

2 Wege über **Verflechtungsdiagramme**

**Formel:**    $A \cdot B = C$

**Beschreibung** (jeweils nur anhand der 1. Spalte)

• 1. Spalte von Matrix A: Für 1 Einheit $Z_1$ (Weiße Schokolade) benötigt man 1 EH $R_1$ (Kakao), 1 EH $R_2$ (Milchpulver) und 2 EH $R_3$ (Zucker).

• 1. Spalte von Matrix B: Für 1 EH $E_1$ („Praline jour") benötigt man 3 EH $Z_1$ (Weiße Schokolade) und 1 EH $Z_2$ (Dunkle Schokolade).

• 1. Spalte von Matrix C: Für 1 EH $E_1$ („Praline jour") benötigt man 6 EH $R_1$ (Kakao), 3 EH $R_2$ (Milchpulver) und 7 EH $R_3$ (Zucker).

**Bei A, B und C**

Spalte - „nehmen"
Zeile - „geben"

www.mvurl.de/brq4

## 1.2 Produktionsvektoren

**Beispiel:** Wie viele Rohstoffe müssen eingekauft werden, wenn 17 „Pralines jour" und 21 „Pralines nuit" hergestellt werden sollen?

**Benötigte Vektoren** im Beispiel

$\vec{r}$  verwendete Rohstoffeinheiten (in ME R)

$\vec{z}$  hergestellte Zwischenprodukteinheiten (in ME Z)

$\vec{p}$  hergestellte Endprodukteinheiten (in ME P)      $\vec{p} = \begin{pmatrix} 17 \\ 21 \end{pmatrix}$

**Formeln:**  $\vec{r} = A \cdot \vec{z}$      $\vec{z} = B \cdot \vec{p}$      $\vec{r} = C \cdot \vec{p}$      (siehe Merkhilfe)

**im Beispiel:**

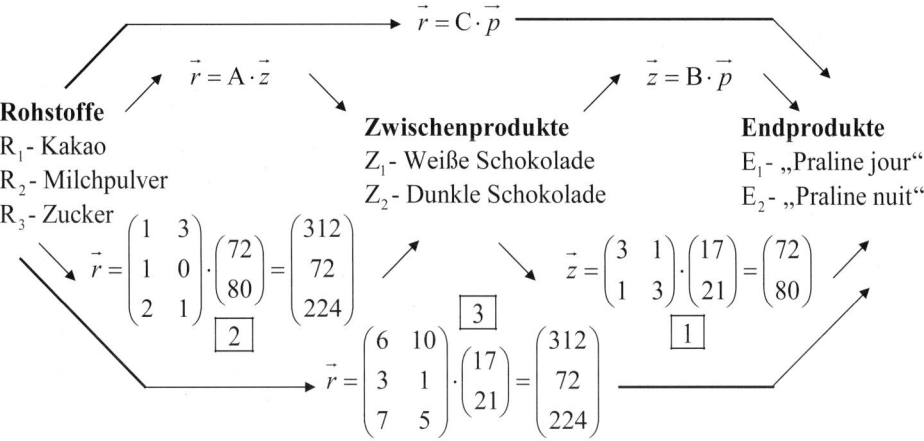

**Beschreibung**

Ausgehend von den benötigten Endprodukten (17 „Pralines jour" und 21 „Pralines nuit") wird „von rechts nach links" gerechnet.

[1] Über $\vec{z} = B \cdot \vec{p}$ wird ermittelt, dass hierfür 72 EH Weiße Schokolade und 80 EH Dunkle Schokolade an Zwischenprodukten hergestellt werden müssen.

[2] Die Rohstoffmengen, die wiederum hierfür eingekauft werden müssen, werden über $\vec{r} = A \cdot \vec{z}$ errechnet. Man benötigt 312 EH Kakao, 72 EH Milchpulver und 224 EH Zucker.

[3] Über $\vec{r} = C \cdot \vec{p}$ kann direkt (Zwischenprodukte werden rechnerisch „übersprungen") aus den bestellten Endprodukten die hierfür benötigten Rohstoffmengen berechnet werden.

## 1.3 Berechnung der Herstellungskosten

- Für die Berechnung der gesamten Herstellungskosten müssen zunächst die Fixkosten (Miete, Zinsen, Löhne, ...) des Unternehmens berücksichtigt werden.
(Im Beispiel: 100 GE, siehe unten.)

- Dazu kommen die Kosten für den Einkauf der Rohstoffe (Kakao, Milchpulver, Zucker).
(Im Beispiel 1 GE pro EH Kakao, 2 GE pro EH Milchpulver und 1 GE pro EH Zucker.)

- Außerdem kommen die Fertigungskosten eines Arbeiters hinzu, der die Zwischenprodukte Weiße Schokolade und Dunkle Schokolade aus den Rohstoffen fertigt (rösten, mischen, ...).

- Zuletzt müssen noch die Fertigungskosten eines weiteren Arbeiters berechnet werden, der die Endprodukte „Praline jour" und „Praline nuit" wiederum aus den Zwischenprodukten fertigt (portionieren, in Form gießen, …).

**Beispiel:** Gesamte Herstellungskosten für 17 „Pralines jour" und 21 „Pralines nuit"?

| **Benötigte Größen** | | im Beispiel |
|---|---|---|
| $K$ | Herstellungskosten (in GE) | |
| $K_{fix}$ | Fixkosten (in GE) | 100 |
| $K_R / K_Z / K_E$ | Gesamte Kosten für Einkauf der Rohstoffe / Fertigung der Zwischenprodukte / Fertigung der Endprodukte (in GE) | |
| $\vec{k}_R$ | Stückkosten für den Einkauf der Rohstoffe (in GE pro ME R) | $\begin{pmatrix} 1 & 2 & 1 \end{pmatrix}$ |
| $\vec{k}_Z$ | Stückkosten für die Fertigung der Zwischenprodukte (aus den Rohstoffen) (in GE pro ME Z) | $\begin{pmatrix} 6 & 4 \end{pmatrix}$ |
| $\vec{k}_E$ | Stückkosten für die Fertigung der Endprodukte (aus den Zwischenprodukten) (in GE pro ME P) | $\begin{pmatrix} 5 & 7 \end{pmatrix}$ |

**Formeln:** $\quad K = K_{fix} + K_R + K_Z + K_E$

$\qquad\quad = K_{fix} + \vec{k}_R \cdot \vec{r} + \vec{k}_Z \cdot \vec{z} + \vec{k}_E \cdot \vec{p}$ (jeweils aufteilen in Stückkosten · Menge)

**im Beispiel:**

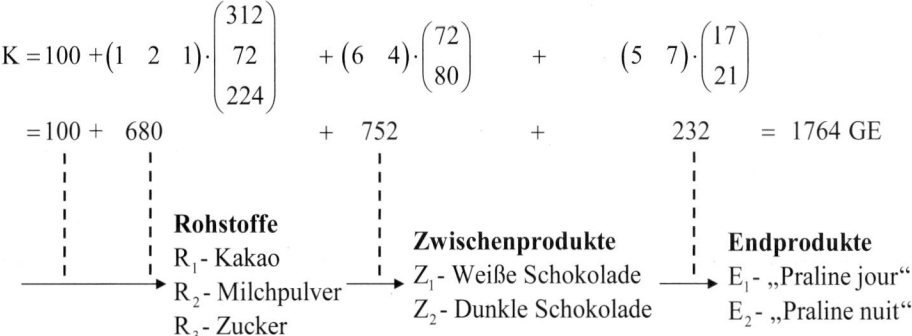

$$K = 100 + \begin{pmatrix} 1 & 2 & 1 \end{pmatrix} \cdot \begin{pmatrix} 312 \\ 72 \\ 224 \end{pmatrix} + \begin{pmatrix} 6 & 4 \end{pmatrix} \cdot \begin{pmatrix} 72 \\ 80 \end{pmatrix} + \begin{pmatrix} 5 & 7 \end{pmatrix} \cdot \begin{pmatrix} 17 \\ 21 \end{pmatrix}$$

$$= 100 + 680 \qquad\qquad + 752 \qquad\qquad + 232 \qquad = 1764 \text{ GE}$$

**Rohstoffe**
$R_1$ - Kakao
$R_2$ - Milchpulver
$R_3$ - Zucker

**Zwischenprodukte**
$Z_1$ - Weiße Schokolade
$Z_2$ - Dunkle Schokolade

**Endprodukte**
$E_1$ - „Praline jour"
$E_2$ - „Praline nuit"

**Beschreibung :** Um z.B. die gesamten Fertigungskosten für die Zwischenprodukte $K_Z$ zu berechnen, werden die Stückfertigungskosten $\vec{k}_Z$ mit den benötigten Zwischenprodukt-mengen $\vec{z}$ multipliziert. Entsprechend werden $K_R$ und $K_E$ errechnet.

Im Beispiel verursacht die Bestellung gesamte Herstellkosten in Höhe von 1764 GE.

**Hinweis**
**Mengen** werden stets in **Spaltenvektoren** notiert,
**(Stück-)kosten** hingegen stets in **Zeilenvektoren**.
(Grund: Keine Formatprobleme bei den Formeln.)

**Mengen** in **Spalten**vektoren
**Kosten** in **Zeilen**vektoren

## 1.4 Berechnung der variablen Stückkosten

**Beispiel:** Die Pralini AG überlegt, wie hoch sie die Verkaufspreise für eine „Praline jour"
bzw. „Praline nuit" ansetzen soll. Jede Praline soll für 20 GE mehr verkauft werden, als sie
in der Herstellung an variablen Stückkosten (gesamte Einkaufs- und Fertigungskosten, ohne
Fixkosten) verursacht hat.

Wie hoch sind also die variablen Stückkosten der beiden Pralinen?

**Benötigte Größen**

$K_V$    Gesamte variable Kosten (in GE)

$\vec{k_V}$    Variable Stückkosten für die Herstellung der Endprodukte (in GE pro ME P)

Herleitung:

$$
\begin{aligned}
K &= K_{fix} + \vec{k_R} \cdot \vec{r} + \vec{k_Z} \cdot \vec{z} + \vec{k_E} \cdot \vec{p} && \text{(siehe Vorseite)} \\
&= K_{fix} + \vec{k_R} \cdot C \cdot \vec{p} + \vec{k_Z} \cdot B \cdot \vec{p} + \vec{k_E} \cdot \vec{p} && \text{(einsetzen: } \vec{r} = C \cdot \vec{p};\ \vec{z} = B \cdot \vec{p}) \\
&= K_{fix} + \left( \vec{k_R} \cdot C + \vec{k_Z} \cdot B + \vec{k_E} \right) \cdot \vec{p} && \text{(ausklammern von } \vec{p}) \\
&= K_{fix} + \qquad \vec{k_V} \qquad \cdot \vec{p} && \text{(„zusammenfassen" zu } \vec{k_V}) \\
(&= K_{fix} + K_V)
\end{aligned}
$$

**Formel :**   $\vec{k_V} = \vec{k_R} \cdot C + \vec{k_Z} \cdot B + \vec{k_E}$

**im Beispiel :**
$$
\begin{aligned}
\vec{k_V} &= \begin{pmatrix} 1 & 2 & 1 \end{pmatrix} \cdot \begin{pmatrix} 6 & 10 \\ 3 & 1 \\ 7 & 5 \end{pmatrix} + \begin{pmatrix} 6 & 4 \end{pmatrix} \cdot \begin{pmatrix} 3 & 1 \\ 1 & 3 \end{pmatrix} + \begin{pmatrix} 5 & 7 \end{pmatrix} \\
&= \begin{pmatrix} 19 & 17 \end{pmatrix} + \begin{pmatrix} 22 & 18 \end{pmatrix} + \begin{pmatrix} 5 & 7 \end{pmatrix} \\
&= \begin{pmatrix} 46 & 42 \end{pmatrix}
\end{aligned}
$$

**Beschreibung:** Eine „Praline jour" kostet also 46 GE in der Herstellung, eine „Praline nuit"
42 GE. Die Verkaufspreise sollten also 66 GE bzw. 62 GE betragen.

**Bemerkung :** Durch fixe und variable Kosten ergeben sich ebenfalls 1764 GE als gesamte

Herstellungskosten: $K = K_{fix} + \vec{k_V} \cdot \vec{p} = 100 + \begin{pmatrix} 46 & 42 \end{pmatrix} \cdot \begin{pmatrix} 17 \\ 21 \end{pmatrix} = 100 + 1664 = 1764\,\text{GE}.$

## 1.5 Berechnung des Gewinns

**Beispiel:** Welcher Gewinn wird durch den Verkauf von 17 „Pralines jour" und 21 „Pralines nuit" erzielt?

**Benötigte Größen**                                          im Beispiel

G    Gesamter Gewinn (in GE)

E    Gesamter Erlös bzw. Umsatz (in GE)

$\vec{e}$    Verkaufspreise der Endprodukte (in GE pro ME P)    $\begin{pmatrix} 66 & 62 \end{pmatrix}$

**Formeln :**    $\mathbf{G} = \vec{e} \cdot \vec{p} - \mathbf{K}$

$\qquad\qquad = \mathbf{E} - \mathbf{K}$

**im Beispiel :**    $G = \begin{pmatrix} 66 & 62 \end{pmatrix} \cdot \begin{pmatrix} 17 \\ 21 \end{pmatrix} - 1764$

$\qquad\qquad\quad = 2424 - 1764 = 660 \text{ GE}$

**Beschreibung**

Die Erlöse von 2424 GE sind höher als die gesamten Herstellungskosten von 1764 EUR. Durch die Bestellung wird also ein Gewinn von 660 GE erzielt.

# 2 Beschreibung von Abbildungen mit Matrizen (nur für TG)

## 2.1 Affine Abbildungen

$\alpha: \vec{x'} = A \cdot \vec{x} + \vec{c}$

- $\vec{x}$: Orginalpunkt
- $\vec{x'}$: Bildpunkt
- $A$: Abbildungsmatrix
- $\vec{c}$: Verschiebung

### Grundlegende Affine Abbildungen

Beispiele ausgehend vom Punkt P(2|1)

| A und $\vec{c}$ | Rechnung | Grafik |
|---|---|---|
| **1. Verschiebung (z.B. um 2 nach links und 3 nach unten)** | | |
| $A = \begin{pmatrix} 1 & 0 \\ 0 & 1 \end{pmatrix}; \vec{c} = \begin{pmatrix} -2 \\ -3 \end{pmatrix}$ | $\vec{x'} = \begin{pmatrix} 1 & 0 \\ 0 & 1 \end{pmatrix} \cdot \begin{pmatrix} 2 \\ 1 \end{pmatrix} + \begin{pmatrix} -2 \\ -3 \end{pmatrix}$ $= \begin{pmatrix} 2 \\ 1 \end{pmatrix} + \begin{pmatrix} -2 \\ -3 \end{pmatrix} = \begin{pmatrix} 0 \\ -2 \end{pmatrix}$ $\rightarrow P'(0|-2)$ | 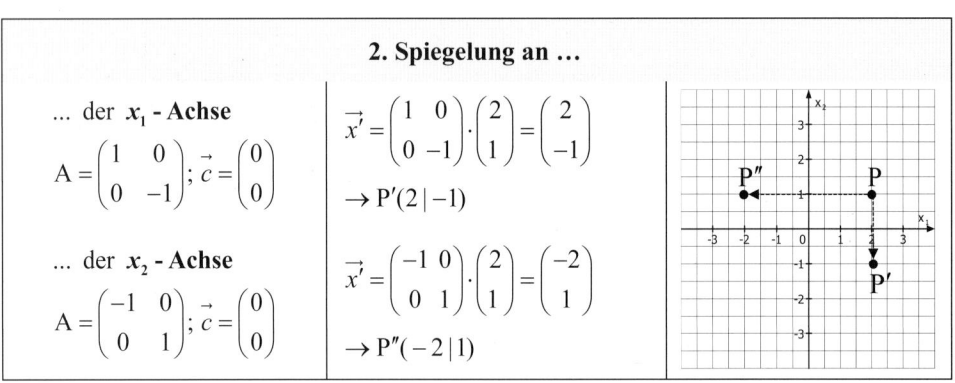 |

| | | |
|---|---|---|
| **2. Spiegelung an …** | | |
| ... der $x_1$ - Achse $A = \begin{pmatrix} 1 & 0 \\ 0 & -1 \end{pmatrix}; \vec{c} = \begin{pmatrix} 0 \\ 0 \end{pmatrix}$ | $\vec{x'} = \begin{pmatrix} 1 & 0 \\ 0 & -1 \end{pmatrix} \begin{pmatrix} 2 \\ 1 \end{pmatrix} = \begin{pmatrix} 2 \\ -1 \end{pmatrix}$ $\rightarrow P'(2|-1)$ | |
| ... der $x_2$ - Achse $A = \begin{pmatrix} -1 & 0 \\ 0 & 1 \end{pmatrix}; \vec{c} = \begin{pmatrix} 0 \\ 0 \end{pmatrix}$ | $\vec{x'} = \begin{pmatrix} -1 & 0 \\ 0 & 1 \end{pmatrix} \begin{pmatrix} 2 \\ 1 \end{pmatrix} = \begin{pmatrix} -2 \\ 1 \end{pmatrix}$ $\rightarrow P''(-2|1)$ | |

| A und $\vec{c}$ | Rechnung | Grafik |
|---|---|---|

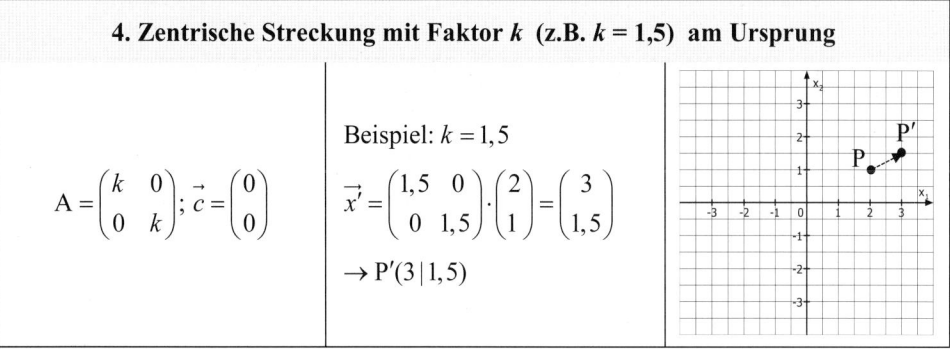

### 3. Spiegelung am Ursprung

$A = \begin{pmatrix} -1 & 0 \\ 0 & -1 \end{pmatrix}$; $\vec{c} = \begin{pmatrix} 0 \\ 0 \end{pmatrix}$

$\vec{x'} = \begin{pmatrix} -1 & 0 \\ 0 & -1 \end{pmatrix} \begin{pmatrix} 2 \\ 1 \end{pmatrix} = \begin{pmatrix} -2 \\ -1 \end{pmatrix}$

$\to P'(-2 \,|\, -1)$

### 4. Zentrische Streckung mit Faktor $k$ (z.B. $k = 1,5$) am Ursprung

$A = \begin{pmatrix} k & 0 \\ 0 & k \end{pmatrix}$; $\vec{c} = \begin{pmatrix} 0 \\ 0 \end{pmatrix}$

Beispiel: $k = 1,5$

$\vec{x'} = \begin{pmatrix} 1,5 & 0 \\ 0 & 1,5 \end{pmatrix} \cdot \begin{pmatrix} 2 \\ 1 \end{pmatrix} = \begin{pmatrix} 3 \\ 1,5 \end{pmatrix}$

$\to P'(3 \,|\, 1,5)$

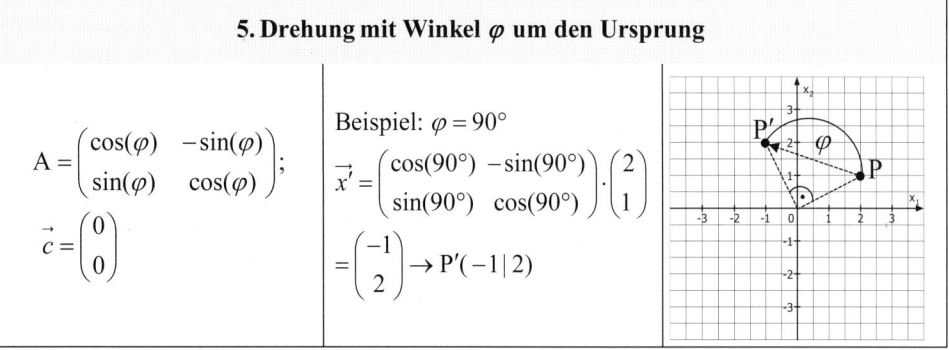

### 5. Drehung mit Winkel $\varphi$ um den Ursprung

$A = \begin{pmatrix} \cos(\varphi) & -\sin(\varphi) \\ \sin(\varphi) & \cos(\varphi) \end{pmatrix}$;

$\vec{c} = \begin{pmatrix} 0 \\ 0 \end{pmatrix}$

Beispiel: $\varphi = 90°$

$\vec{x'} = \begin{pmatrix} \cos(90°) & -\sin(90°) \\ \sin(90°) & \cos(90°) \end{pmatrix} \cdot \begin{pmatrix} 2 \\ 1 \end{pmatrix}$

$= \begin{pmatrix} -1 \\ 2 \end{pmatrix} \to P'(-1 \,|\, 2)$

## Interpretation der Spalten von A

Bei einer Abbildung der Form $\alpha: \vec{x'} = A \cdot \vec{x}$ (ohne Verschiebung) geben die Spalten von A die Koordinaten der Punkte an, auf welche $P_1(1|0)$ und $P_2(0|1)$ (bzw. Einheitsvektoren) abgebildet werden.

Beispiel: $\alpha: \vec{x'} = \begin{pmatrix} 1 & -3 \\ 2 & 4 \end{pmatrix} \cdot \vec{x}$; $P_1(1|0) \overset{\text{1. Spalte}}{\to} P_1'(1|2)$; $P_2(0|1) \overset{\text{2. Spalte}}{\to} P_2'(-3|4)$

## 2.2 Wichtige Aufgabenstellungen

### 1. Abbilden einer Geraden

**Beispiel :** Bilden Sie die Gerade $g$ mit $g : \vec{x} = \begin{pmatrix} 0 \\ 1 \end{pmatrix} + t \cdot \begin{pmatrix} -1 \\ 2 \end{pmatrix}$ $(t \in \mathbb{R})$ durch die Abbildung $\alpha$

mit $\alpha$: $\vec{x}' = \begin{pmatrix} 2 & -1 \\ -1 & 4 \end{pmatrix} \cdot \vec{x} + \begin{pmatrix} 3 \\ -2 \end{pmatrix}$ ab.

Der „allgemeine Geradenpunkt" $P(-t \mid 1 + 2t)$ wird abgebildet:

$$\vec{x}' = \begin{pmatrix} 2 & -1 \\ -1 & 4 \end{pmatrix} \cdot \begin{pmatrix} -t \\ 1 + 2t \end{pmatrix} + \begin{pmatrix} 3 \\ -2 \end{pmatrix} = \begin{pmatrix} -4t - 1 \\ 9t + 4 \end{pmatrix} + \begin{pmatrix} 3 \\ -2 \end{pmatrix} = \begin{pmatrix} -4t + 2 \\ 9t + 2 \end{pmatrix} \rightarrow g': \vec{x} = \begin{pmatrix} 2 \\ 2 \end{pmatrix} + t \cdot \begin{pmatrix} -4 \\ 9 \end{pmatrix}$$

### 2. Gleichung der Umkehrabbildung bestimmen

**Begriff :** Mithilfe der Umkehrabbildung kann zu jedem Bildpunkt einer Abbildung der zugehörige Orginalpunkt berechnet werden.

**Vorgehen :** Man erhält die Gleichung der zugehörigen Umkehrabbildung $\alpha^{-1}$, indem man die Gleichung der Abbildung $\alpha$: $\vec{x}' = A \cdot \vec{x} + \vec{c}$ nach $\vec{x}$ auflöst.

**Beispiel :** Umkehrabbildung zu $\alpha$ mit $\alpha$: $\vec{x}' = \begin{pmatrix} 1 & 3 \\ 1 & 2 \end{pmatrix} \cdot \vec{x} + \begin{pmatrix} -2 \\ 1 \end{pmatrix}$.

| | **Hinweise** |
|---|---|
| $\vec{x}' = A \cdot \vec{x} + \vec{c} \qquad \mid -\vec{c}$ | |
| $\vec{x}' - \vec{c} = A \cdot \vec{x} \qquad \mid \cdot A^{-1}$ *von links* | • Teilen durch A ist nicht definiert (S. 169). |

$\left. \begin{array}{l} A^{-1} \cdot (\vec{x}' - \vec{c}) = A^{-1} \cdot A \cdot \vec{x} \\ A^{-1} \cdot (\vec{x}' - \vec{c}) = E \cdot \vec{x} \end{array} \right)$

$A^{-1} \cdot (\vec{x}' - \vec{c}) = \vec{x}$

**Hinweise**

• Teilen durch A ist nicht definiert (S. 169).

• Durch Multiplikation mit $A^{-1}$ kann $\vec{x}$ isoliert werden.

• *Von links*, sodass A und $A^{-1}$ direkt nebeneinander stehen.

Einsetzen der Werte (S. 170 für die Berechnung der Inversen):

$$\vec{x} = \begin{pmatrix} 1 & 3 \\ 1 & 2 \end{pmatrix}^{-1} \cdot \left( \vec{x}' - \begin{pmatrix} -2 \\ 1 \end{pmatrix} \right) = \begin{pmatrix} -2 & 3 \\ 1 & -1 \end{pmatrix} \cdot \left( \vec{x}' - \begin{pmatrix} -2 \\ 1 \end{pmatrix} \right) \Rightarrow \alpha^{-1}: \vec{x} = \begin{pmatrix} -2 & 3 \\ 1 & -1 \end{pmatrix} \cdot \vec{x}' - \begin{pmatrix} 7 \\ -3 \end{pmatrix}$$

## 3. Koordinaten von Fixpunkten berechnen

**Begriff :** Fixpunkte sind Punkte, die durch eine Abbildung auf sich selbst abgebildet werden (Orginalpunkt = Bildpunkt).

**Vorgehen :** Bei einem Fixpunkt gilt $\vec{x'} = \vec{x}$ und somit: $\vec{x} = A \cdot \vec{x} + \vec{c}$ (**Fixpunktgleichung**). Diese wird nach $\vec{x}$ aufgelöst.

**Beispiel :** Fixpunkt der Abbildung $\alpha$ mit $\alpha$: $\vec{x'} = \begin{pmatrix} 0 & -3 \\ -1 & -1 \end{pmatrix} \cdot \vec{x} + \begin{pmatrix} -2 \\ 1 \end{pmatrix}$.

$$\vec{x} = A \cdot \vec{x} + \vec{c} \qquad |-A \cdot \vec{x} \quad \textbf{(Fixpunktgleichung)}$$
$$\vec{x} - A \cdot \vec{x} = \vec{c}$$
$$(E - A) \cdot \vec{x} = \vec{c} \qquad |\cdot (E-A)^{-1} \, von \, links$$
$$\vec{x} = (E - A)^{-1} \cdot \vec{c}$$

Einsetzen der Werte:

$$\vec{x} = \left( \begin{pmatrix} 1 & 0 \\ 0 & 1 \end{pmatrix} - \begin{pmatrix} 0 & -3 \\ -1 & -1 \end{pmatrix} \right)^{-1} \cdot \begin{pmatrix} -2 \\ 1 \end{pmatrix} = \begin{pmatrix} 1 & 3 \\ 1 & 2 \end{pmatrix}^{-1} \cdot \begin{pmatrix} -2 \\ 1 \end{pmatrix} = \begin{pmatrix} -2 & 3 \\ 1 & -1 \end{pmatrix} \cdot \begin{pmatrix} -2 \\ 1 \end{pmatrix} = \begin{pmatrix} 7 \\ -3 \end{pmatrix} \rightarrow F(7 \,|\, -3)$$

$$\left( \text{Probe: } \vec{x'} = \begin{pmatrix} 0 & -3 \\ -1 & -1 \end{pmatrix} \cdot \begin{pmatrix} 7 \\ -3 \end{pmatrix} + \begin{pmatrix} -2 \\ 1 \end{pmatrix} = \begin{pmatrix} 7 \\ -3 \end{pmatrix} \Rightarrow F = F', \text{ somit Fixpunkt} \right)$$

**Hinweis:** Alternatives Lösungsvorgehen über ein LGS ist möglich.

## 2.3 Verkettung (Hintereinanderausführung) von Abbildungen

**Allgemein :** Die beiden affinen Abbildungen $\alpha$: $\vec{x'} = A \cdot \vec{x}$ und $\beta$: $\vec{x'} = B \cdot \vec{x}$ sollen hintereinander ausgeführt werden.

Ein Orginalpunkt soll also zuerst mit $\alpha$, dann mit $\beta$ abgebildet werden:

$$\beta \circ \alpha : \ \vec{x''} = B \cdot A \cdot \vec{x}$$
$$\underbrace{\phantom{B \cdot A \cdot x}}_{\alpha}$$
$$\underbrace{\phantom{B \cdot A \cdot x}}_{\beta}$$

**Beachten Sie :** Da bei der Berechnung die Matrix B links von A steht, nennt man die neue Abbildung $\beta \circ \alpha$. Dies ist etwas verwirrend, da ja zunächst $\alpha$ und dann erst $\beta$ ausgeführt werden (Merkregel: $\beta \circ \alpha$ bedeutet „$\beta$ nach $\alpha$").

### Beispiel 1 (Spiegelung und Verschiebung)

Der Punkt P($-3\,|\,2$) soll zunächst an der $x_2$-Achse gespiegelt werden und dann um 1 in $x_1$-Richtung verschoben werden.

1. Abbildung: $\alpha$: $\vec{x'} = \begin{pmatrix} -1 & 0 \\ 0 & 1 \end{pmatrix} \cdot \vec{x}$ und 2. Abbildung : $\beta$: $\vec{x'} = \vec{x} + \begin{pmatrix} 1 \\ 0 \end{pmatrix}$

Neue Abbildung aus Verkettung:

$$\beta \circ \alpha : \ \vec{x''} = B \cdot A \cdot \vec{x} = \begin{pmatrix} -1 & 0 \\ 0 & 1 \end{pmatrix} \cdot \vec{x} + \begin{pmatrix} 1 \\ 0 \end{pmatrix}$$

Anwendung auf Punkt:

$$\vec{x''} = \begin{pmatrix} -1 & 0 \\ 0 & 1 \end{pmatrix} \cdot \begin{pmatrix} -3 \\ 2 \end{pmatrix} + \begin{pmatrix} 1 \\ 0 \end{pmatrix} = \begin{pmatrix} 3 \\ 2 \end{pmatrix} + \begin{pmatrix} 1 \\ 0 \end{pmatrix} = \begin{pmatrix} 4 \\ 2 \end{pmatrix} \rightarrow P''(4\,|\,2)$$

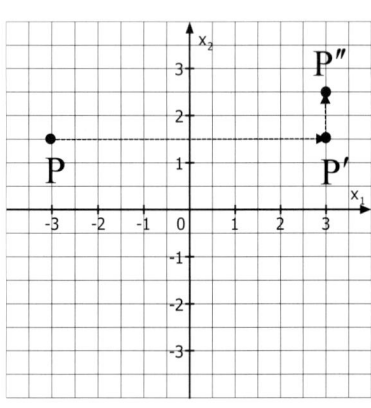

**Beispiel 2 (Drehung und Spiegelung)**

Der Punkt P(2 | 1) soll zunächst um 90° um den Ursprung gedreht und

dann am Ursprung gespiegelt werden.

1. Abbildung: $\alpha$: $\vec{x}' = \begin{pmatrix} \cos(90°) & -\sin(90°) \\ \sin(90°) & \cos(90°) \end{pmatrix} \cdot \vec{x}$ und 2. Abbildung : $\beta$: $\vec{x}' = \begin{pmatrix} -1 & 0 \\ 0 & -1 \end{pmatrix}$

Neue Abbildung aus Verkettung:

$$\beta \circ \alpha : \ \vec{x}'' = B \cdot A \cdot \vec{x} = \begin{pmatrix} -1 & 0 \\ 0 & -1 \end{pmatrix} \cdot \begin{pmatrix} \cos(90°) & -\sin(90°) \\ \sin(90°) & \cos(90°) \end{pmatrix} \cdot \vec{x}$$

$$\vec{x}'' = \begin{pmatrix} -1 & 0 \\ 0 & -1 \end{pmatrix} \cdot \begin{pmatrix} 0 & -1 \\ 1 & 0 \end{pmatrix} \cdot \vec{x}$$

$$\vec{x}'' = \begin{pmatrix} 0 & 1 \\ -1 & 0 \end{pmatrix} \cdot \vec{x}$$

Anwendung auf Punkt:

$$\vec{x}'' = \begin{pmatrix} 0 & 1 \\ -1 & 0 \end{pmatrix} \cdot \begin{pmatrix} 2 \\ 1 \end{pmatrix} = \begin{pmatrix} 1 \\ -2 \end{pmatrix} \rightarrow P''(1 | -2)$$

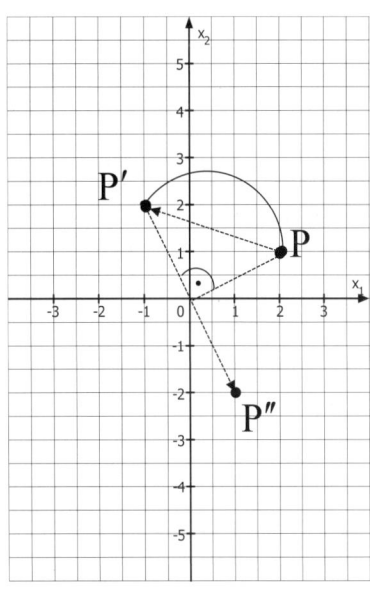

# 3 Beschreibung von Austausch- und Populationsprozessen durch Matrizen (nur für AG, BTG, EG, SGG)

## 3.1 Stochastische Austauschprozesse

### 3.1.1 Stochastische Übergangsmatrix

**Beispiel:** In Kaffhausen eröffnen zeitgleich zwei Discos A und B. Die Betreiber rechnen mit einer festen Anzahl an Jugendlichen, welche an jedem Samstag eine der beiden Discos besuchen.

Ein Besucher der Disco A besucht am Samstag der darauf folgenden Woche mit einer Wahrscheinlichkeit von 70 % wieder Disco A (und mit einer Wahrscheinlichkeit von 30 % Disco B.)

Ein Besucher der Disco B besucht am Samstag der darauf folgenden Woche mit einer Wahrscheinlichkeit von 80 % wieder Disco B (und mit einer Wahrscheinlichkeit von 20 % Disco A.)

**Darstellungsmöglichkeiten**

| Diagramm | Tabelle | Übergangsmatrix |
|---|---|---|
| 0,7 A, 0,8 B, 0,3, 0,2 | | $A = \begin{pmatrix} 0,7 & 0,2 \\ 0,3 & 0,8 \end{pmatrix}$ |

Tabelle:

| | von A | von B |
|---|---|---|
| nach A | 0,7 | 0,2 |
| nach B | 0,3 | 0,8 |

Übergangsmatrix:
$A = \begin{pmatrix} 0,7 & 0,2 \\ 0,3 & 0,8 \end{pmatrix}$

- Stochastische Matrix mit **Wahrscheinlichkeiten**
- **Spaltensumme = 1**

**Merkmale**

Eine **feste Anzahl** an beteiligten Objekten (z.B. Jugendliche), bewegen sich („tauschen") gemäß **Wahrscheinlichkeiten** schrittweise (z.B. von Woche zu Woche) zwischen verschiedenen Zuständen (Discos).

**Formel**

- **für einen Schritt :** $\vec{x_1} = A \cdot \vec{x_0}$  (also $\vec{x_{neu}} = A \cdot \vec{x_{alt}}$)
- **für $n$ - Schritte :** $\vec{x_n} = A^n \cdot \vec{x_0}$  (z.B. $\vec{x_3} = A^3 \cdot \vec{x_0}$)

www.mvurl.de/5rim

**Beispiel (Disco)**

**a)** Am Eröffnungstag befinden sich 20 % der Jugendlichen in Disco A und 80 % der Jugendlichen in Disco B. Berechnen Sie die Verteilung für den ersten (auf den Eröffnungstag folgenden) Samstag.

$$\vec{x_1} = A \cdot \vec{x_0} = \begin{pmatrix} 0,7 & 0,2 \\ 0,3 & 0,8 \end{pmatrix} \begin{pmatrix} 0,2 \\ 0,8 \end{pmatrix} = \begin{pmatrix} 0,3 \\ 0,7 \end{pmatrix} \qquad \text{(„Vorwärts mit Formel")}$$

A: Am nächsten Samstag besuchen 30 % Disco A und 70 % die Disco B.

**b)** Berechnen Sie die Verteilung für den zweiten Samstag.

$$\vec{x_2} = A \cdot \vec{x_1} = \begin{pmatrix} 0,7 & 0,2 \\ 0,3 & 0,8 \end{pmatrix} \cdot \begin{pmatrix} 0,3 \\ 0,7 \end{pmatrix} = \begin{pmatrix} 0,35 \\ 0,65 \end{pmatrix}$$

Alternativ $\vec{x_2}$ durch $\vec{x_2} = A^2 \cdot \vec{x_0}$ berechnen:

$$A^2 = \begin{pmatrix} 0,7 & 0,2 \\ 0,3 & 0,8 \end{pmatrix} \cdot \begin{pmatrix} 0,7 & 0,2 \\ 0,3 & 0,8 \end{pmatrix} = \begin{pmatrix} 0,55 & 0,3 \\ 0,45 & 0,7 \end{pmatrix}; \; \vec{x_2} = A^2 \cdot \vec{x_0} = \begin{pmatrix} 0,55 & 0,3 \\ 0,45 & 0,7 \end{pmatrix} \cdot \begin{pmatrix} 0,2 \\ 0,8 \end{pmatrix} = \begin{pmatrix} 0,35 \\ 0,65 \end{pmatrix}$$

**c)** Interpretieren Sie die Einträge der Matrix $A^2 = \begin{pmatrix} 0,55 & 0,3 \\ 0,45 & 0,7 \end{pmatrix}$.

Z.B. 1. Spalte: Die Wahrscheinlichkeit, dass ein Jugendlicher, der heute Disco A besucht, in 2 Wochen wieder Disco A besucht, beträgt 55 %. Die Wahrscheinlichkeit, dass er in 2 Wochen Disco B besucht, beträgt 45 %.

**d)** An einem Samstag besuchen 70 Jugendliche die Disco A und 130 Jugendliche die Disco B. Berechnen Sie hieraus die Besuchszahlen in der Vorwoche.

Einsetzen in $A \cdot \vec{x}_{\text{alt}} = \vec{x}_{\text{neu}}$. Hierbei $\vec{x}_{\text{alt}} = \begin{pmatrix} x_1 \\ 200 - x_1 \end{pmatrix}$ da insg. 200 Jugendliche beteiligt sind:

$$A \cdot \vec{x}_{\text{alt}} = \vec{x}_{\text{neu}} \Rightarrow \begin{pmatrix} 0,7 & 0,2 \\ 0,3 & 0,8 \end{pmatrix} \cdot \begin{pmatrix} x_1 \\ 200 - x_1 \end{pmatrix} = \begin{pmatrix} 70 \\ 130 \end{pmatrix} \qquad \text{(„Rückwärts mit LGS")}$$

Ausmultiplizieren ergibt ein **LGS**. Da nur eine Unbekannte vorhanden ist, wird nur die erste Zeile berücksichtigt: $0,7x_1 + 0,2 \cdot (200 - x_1) = 70 \Rightarrow 0,5x_1 = 30 \Rightarrow x_1 = 60$

Berechnung von $x_2$: $x_2 = 200 - x_1 = 200 - 60 = 140$

A: In der Vorwoche waren 60 Jugendliche in Disco A und 140 in Disco B.

**Hinweis:** Alternativer Lösungsweg durch $\vec{x}_{\text{alt}} = A^{-1} \cdot \vec{x}_{\text{neu}}$ (mit **inverser Matrix**, S. 170)

**Rechnen**

„Vorwärts": Einsetzen in **Formel**
„Rückwärts": LGS (oder Inverse)

### 3.1.2 Stabiler Vektor (stationäre Verteilung, Fixvektor)

**Beispiel (Disco)**: Die Verteilungen in den nächsten Wochen sind:

$$\vec{x_0} = \begin{pmatrix} 0,2 \\ 0,8 \end{pmatrix}; \ \vec{x_1} = \begin{pmatrix} 0,3 \\ 0,7 \end{pmatrix}; \ \vec{x_2} = \begin{pmatrix} 0,35 \\ 0,65 \end{pmatrix}; \ \dots; \ \vec{x_8} = \begin{pmatrix} 0,399 \\ 0,601 \end{pmatrix}; \ \dots; \vec{x_{20}} = \begin{pmatrix} 0,4 \\ 0,6 \end{pmatrix}; \ \dots; \vec{x_\infty} = \begin{pmatrix} 0,4 \\ 0,6 \end{pmatrix}$$

$\Rightarrow$ Stabiler Vektor: $\vec{x} = \begin{pmatrix} 0,4 \\ 0,6 \end{pmatrix}$

**Begriff**: Der stabile Vektor $\vec{x}$ ist der Verteilungsvektor, der sich beim Prozess **nicht mehr ändert**, sobald er erreicht ist. Von einem Zeitschritt zum nächsten entsprechen sich dann alte und neue Verteilung.

**Gleichung für stabilen Vektor**: $A \cdot \vec{x} = \vec{x}$ $\left( \text{im Beispiel:} \begin{pmatrix} 0,7 & 0,2 \\ 0,3 & 0,8 \end{pmatrix} \begin{pmatrix} 0,4 \\ 0,6 \end{pmatrix} = \begin{pmatrix} 0,4 \\ 0,6 \end{pmatrix} \right)$

| **Vorgehen: Berechnung des stabilen Vektors $\vec{x}$** | |
|---|---|
| **1. Einsetzen** von A und $\begin{pmatrix} x_1 \\ 1-x_1 \end{pmatrix}$ in $A \cdot \vec{x} = \vec{x}$. | $A \cdot \vec{x} = \vec{x} \ \Rightarrow \ \begin{pmatrix} 0,7 & 0,2 \\ 0,3 & 0,8 \end{pmatrix} \cdot \begin{pmatrix} x_1 \\ 1-x_1 \end{pmatrix} = \begin{pmatrix} x_1 \\ 1-x_1 \end{pmatrix}$ |
| **2. Ausmultiplizieren, Lösen des LGS.** | Ausmultiplizieren ergibt ein **LGS**. Da nur eine Unbekannte vorhanden ist, wird nur die erste Zeile berücksichtigt: $0,7x_1 + 0,2 \cdot (1-x_1) = x_1 \ \Rightarrow \ -0,5x_1 = -0,2 \ \Rightarrow \ x_1 = 0,4$ |
| **3. $\vec{x}$** angeben. | $\vec{x} = \begin{pmatrix} 0,4 \\ 1-0,4 \end{pmatrix} = \begin{pmatrix} 0,4 \\ 0,6 \end{pmatrix}$ |

- Es gilt $x_1 + x_2 = 1$ (100%). Hieraus ergibt sich $x_2 = 1 - x_1$. Deshalb wird im 1. Schritt $\begin{pmatrix} x_1 \\ 1-x_1 \end{pmatrix}$ für $\begin{pmatrix} x_1 \\ x_2 \end{pmatrix}$ eingesetzt. So wird beim Rechnen die Variable $x_2$ „eingespart".

- Bei 3 (statt 2) möglichen Zuständen gilt $x_1 + x_2 + x_3 = 1$ und damit $x_3 = 1 - x_1 - x_2$.

Einsetzen von $\begin{pmatrix} x_1 \\ x_2 \\ 1-x_1-x_2 \end{pmatrix}$ für $\begin{pmatrix} x_1 \\ x_2 \\ x_3 \end{pmatrix}$, dann LGS lösen. ($x_3$ „einsparen").

www.mvurl.de/j3v6

## 3.1.3 Grenzmatrix G

**Begriff :** Enthält Übergangswahrscheinlichkeiten von „heute" bis zum „Zeitschritt $\infty$".

**Definition :** Man erhält **G** aus $\mathbf{A}^n$ für $n \to \infty$.
(Da $\mathbf{A}^\infty$ nicht berechnet werden kann, wird als Näherung z.B. $\mathbf{A}^{100}$ berechnet, wobei auch dies nicht ohne digitale Hilfsmittel möglich ist.)

**Beispiel (Disco) :** $G = \begin{pmatrix} 0,4 & 0,4 \\ 0,6 & 0,6 \end{pmatrix}$ $\left( \text{„Rechnung": } A^{100} = \begin{pmatrix} 0,4 & 0,4 \\ 0,6 & 0,6 \end{pmatrix} \right)$

**Merkmal :** Aus den Spalten von G kann der stabile Vektor abgelesen werden:

$$G = \begin{pmatrix} 0,4 & 0,4 \\ 0,6 & 0,6 \end{pmatrix} \Rightarrow \text{Stabiler Vektor: } \vec{x} = \begin{pmatrix} 0,4 \\ 0,6 \end{pmatrix}$$

**Bemerkungen**

• Falls ein stochastischer Prozess eine Grenzmatrix besitzt, wird der stabile Vektor stets irgendwann und unabhängig von der Anfangsverteilung erreicht. Danach ändert sich die Verteilung nicht mehr. Der stabile Vektor bildet die „Endverteilung".
• Jedoch gibt es nicht zu jedem stochastischen Übergangsprozess eine Grenzmatrix.

## 3.1.4 Absorbierender Zustand

**Begriff :** Ein Zustand, der erreicht, aber nicht wieder verlassen werden kann.

**Erkennbar an Übergangsmatrix A :** Zustand mit **„Verbleibwahrscheinlichkeit" 100 %** (**Diagonalelement** hat den Wert **1**).

**Beispiel**

In einer Stadt gibt es nur die drei Dönerläden (D1, D2, D3). Das Wechselverhalten der Kunden nach jedem Besuch wird durch die Übergangsmatrix A dargestellt.

$$A = \begin{pmatrix} 0,5 & 0 & 0,2 \\ 0,2 & 1 & 0,6 \\ 0,3 & 0 & 0,2 \end{pmatrix}$$

**a)** Geben Sie den absorbierenden Zustand an.

Der Zustand D2 ist absorbierend, da hier eine Verbleibwahrscheinlichkeit von 1 vorliegt.

**b)** Geben Sie den stabilen Vektor ohne Rechnung an.

Stabiler Vektor: $\vec{x} = \begin{pmatrix} 0 \\ 1 \\ 0 \end{pmatrix}$. Irgendwann gehen alle Kunden zu D2.

## 3.2 Zyklische Populationsprozesse

### 3.2.1 Populationsmatrix

**Beispiel 1:** Bei einer Insektenart entwickeln sich innerhalb eines Monats 25 % der vorhandenen Eiern zu Larven. Nach einem weiteren Monat haben sich 40 % der vorhandenen Larven zu Insekten entwickelt. Im nachfolgenden Monat legt jedes Insekt 10 Eier und stirbt kurz danach.

**Darstellungsmöglichkeiten**

| Diagramm | Tabelle | | | | Übergangsmatrix |
|---|---|---|---|---|---|
| | | von E | von L | von I | $A = \begin{pmatrix} 0 & 0 & 10 \\ 0,25 & 0 & 0 \\ 0 & 0,4 & 0 \end{pmatrix}$ |
| | nach E | 0 | 0 | 10 | |
| | nach L | 0,25 | 0 | 0 | $A = \begin{pmatrix} 0 & 0 & v \\ a_1 & 0 & 0 \\ 0 & a_2 & 0 \end{pmatrix}$ (allg.) |
| | nach I | 0 | 0,4 | 0 | $a_1, a_2$ : **proz. Überlebensrate/ Überlebenswahrsch.**  $v$ : **Vermehrungsrate** |

**Unterschied** zum Stochastischen Übergangsprozess (S. 184):
**Gesamtzahl** an beteiligten Objekten **verändert sich** von Zustand zu Zustand.
Übergangsmatrix enthält **nicht nur Wahrscheinlichkeiten** (keine stochastische Matrix).

**Formel**
- **für einen Schritt :** $\vec{x_1} = A \cdot \vec{x_0}$  (also $\vec{x_{neu}} = A \cdot \vec{x_{alt}}$)
- **für $n$ - Schritte :** $\vec{x_n} = A^n \cdot \vec{x_0}$  (z.B. $\vec{x_3} = A^3 \cdot \vec{x_0}$)

**Beispiel:** Zu Beginn sind 140 Eier, 40 Larven und 20 Insekten vorhanden.

$$\vec{x_1} = A \cdot \vec{x_0} = \begin{pmatrix} 0 & 0 & 10 \\ 0,25 & 0 & 0 \\ 0 & 0,4 & 0 \end{pmatrix} \begin{pmatrix} 140 \\ 40 \\ 20 \end{pmatrix} = \begin{pmatrix} 200 \\ 35 \\ 16 \end{pmatrix}$$

Im nächsten Monat sind 200 Eier, 35 Larven und 16 Insekten vorhanden

www.mvurl.de/z1ll

## Zyklische Entwicklung der Population

$$\vec{x}_0 = \begin{pmatrix} 140 \\ 40 \\ 20 \end{pmatrix}; \ \vec{x}_1 = \begin{pmatrix} 200 \\ 35 \\ 16 \end{pmatrix}; \ \vec{x}_2 = \begin{pmatrix} 160 \\ 50 \\ 14 \end{pmatrix};$$

$$\vec{x}_3 = \begin{pmatrix} 140 \\ 40 \\ 20 \end{pmatrix}; \ \vec{x}_4 = \begin{pmatrix} 200 \\ 35 \\ 16 \end{pmatrix}; \ \vec{x}_5 = \begin{pmatrix} 160 \\ 50 \\ 14 \end{pmatrix}; \ ...$$

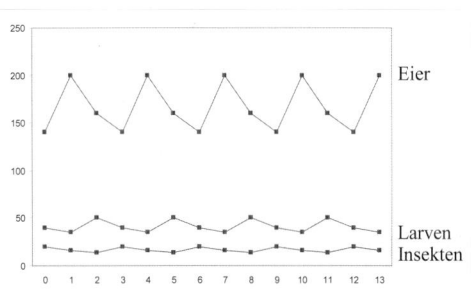

Die Population entwickelt sich **zyklisch**. Nach einem Zyklus von 3 Monaten ist stets die Startpopulation wieder vorhanden.

## Entwicklung bei abgeänderten Vermehrungsraten (*v*)

Pro Insekt **20** Eier

$$A = \begin{pmatrix} 0 & 0 & 20 \\ 0,25 & 0 & 0 \\ 0 & 0,4 & 0 \end{pmatrix}$$

$$\vec{x}_0 = \begin{pmatrix} 140 \\ 40 \\ 20 \end{pmatrix}; \ \vec{x}_1 = \begin{pmatrix} 400 \\ 35 \\ 16 \end{pmatrix}; \ \vec{x}_2 = \begin{pmatrix} 320 \\ 100 \\ 14 \end{pmatrix};$$

$$\vec{x}_3 = \begin{pmatrix} 280 \\ 80 \\ 40 \end{pmatrix}; \ \vec{x}_4 = \begin{pmatrix} 800 \\ 70 \\ 32 \end{pmatrix}; \ \vec{x}_5 = \begin{pmatrix} 640 \\ 200 \\ 28 \end{pmatrix}; \ ...$$

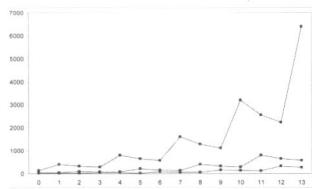

$0,25 \cdot 0,4 \cdot 20 = 2 \ (= 200\%) \ > 1$

Population **wächst an**.
Verdoppelt sich alle 3 Zeitschritte.

Pro Insekt **5** Eier

$$A = \begin{pmatrix} 0 & 0 & 5 \\ 0,25 & 0 & 0 \\ 0 & 0,4 & 0 \end{pmatrix}$$

$$\vec{x}_0 = \begin{pmatrix} 140 \\ 40 \\ 20 \end{pmatrix}; \ \vec{x}_1 = \begin{pmatrix} 100 \\ 35 \\ 16 \end{pmatrix}; \ \vec{x}_2 = \begin{pmatrix} 80 \\ 25 \\ 14 \end{pmatrix};$$

$$\vec{x}_3 = \begin{pmatrix} 70 \\ 20 \\ 10 \end{pmatrix}; \ \vec{x}_4 = \begin{pmatrix} 50 \\ 17,5 \\ 8 \end{pmatrix}; \ \vec{x}_5 = \begin{pmatrix} 40 \\ 12,5 \\ 7 \end{pmatrix}; \ ...$$

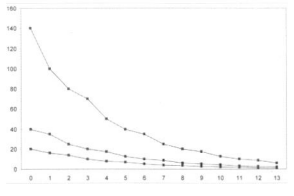

$0,25 \cdot 0,4 \cdot 5 = 0,5 \ (= 50\%) \ < 1$

Population **stirbt aus**.
Halbiert sich alle 3 Zeitschritte.

## Ergebnis

$$A = \begin{pmatrix} 0 & 0 & v \\ a_1 & 0 & 0 \\ 0 & a_2 & 0 \end{pmatrix}, \text{ falls: } \begin{cases} a_1 \cdot a_2 \cdot v > 1 & \textbf{wächst} \text{ die Population } \textbf{an} \\ a_1 \cdot a_2 \cdot v = 1 & \textbf{zyklische} \text{ Entwicklung (Zyklus: } \textbf{3} \text{ Zeitschritte)} \\ a_1 \cdot a_2 \cdot v < 1 & \textbf{stirbt} \text{ die Population } \textbf{aus} \end{cases}$$

**Beispiel 2**

Bei einer bestimmten Käferart entwickeln sich innerhalb eines Monats 10 % der vorhandenen Eiern zu Larven. Nach einem weiteren Monat haben sich 40 % der vorhandenen Larven zu Käfern entwickelt. Im nachfolgenden Monat legt jeder Käfer durchschnittlich 25 Eier und stirbt kurz danach.

Zu Beginn („0. Monat") sind jeweils 50 Eier, Larven und Käfer vorhanden.

**a)** Geben Sie die zugehörige Übergangsmatrix an.

**b)** Beschreiben Sie die langfristige Entwicklung der Population.

$$A = \begin{pmatrix} 0 & 0 & 25 \\ 0{,}1 & 0 & 0 \\ 0 & 0{,}4 & 0 \end{pmatrix}$$

Es gilt: $0{,}1 \cdot 0{,}4 \cdot 25 = 1$. Die Population entwickelt sich zyklisch (Zyklus: 3 Monate).

**Hinweis**

Bei (z. B.) einem Prozess mit **4** möglichen **Zuständen** (Format von A: $(4 \times 4)$) finden die Entwicklungen auch stets in **4 Zeitschritten** statt.

**c)** Geben Sie $\vec{x}_1$, $\vec{x}_2$, ... $\vec{x}_8$ an.

$$\vec{x}_0 = \begin{pmatrix} 50 \\ 50 \\ 50 \end{pmatrix} \qquad (= \vec{x}_3 = \vec{x}_6 = ...)$$

$$\vec{x}_1 = A \cdot \vec{x}_0 = \begin{pmatrix} 0 & 0 & 25 \\ 0{,}1 & 0 & 0 \\ 0 & 0{,}4 & 0 \end{pmatrix} \cdot \begin{pmatrix} 50 \\ 50 \\ 50 \end{pmatrix} = \begin{pmatrix} 1250 \\ 5 \\ 20 \end{pmatrix} \qquad (= \vec{x}_4 = \vec{x}_7 = ...)$$

$$\vec{x}_2 = A \cdot \vec{x}_1 = \begin{pmatrix} 0 & 0 & 25 \\ 0{,}1 & 0 & 0 \\ 0 & 0{,}4 & 0 \end{pmatrix} \cdot \begin{pmatrix} 1250 \\ 5 \\ 20 \end{pmatrix} = \begin{pmatrix} 500 \\ 125 \\ 2 \end{pmatrix} \qquad (= \vec{x}_5 = \vec{x}_8 = ...)$$

**d)** Begründen Sie, dass $A^3$ der Einheitsmatrix $E = \begin{pmatrix} 1 & 0 & 0 \\ 0 & 1 & 0 \\ 0 & 0 & 1 \end{pmatrix}$ entspricht.

Mithilfe von $A^3$ kann z.B. aus dem Anfangsbestand $\vec{x}_0$ der Bestand, 3 Zeitschritte später, berechnet werden: $\vec{x}_3 = A^3 \cdot \vec{x}_0$.

Da der Prozess zyklisch (mit einem Zyklus der Länge 3) ist, gilt $\vec{x}_3 = \vec{x}_0$. Dies eingesetzt führt auf $\vec{x}_0 = A^3 \cdot \vec{x}_0$. Die Multiplikation mit $A^3$ ändert den Vektor $\vec{x}_0$ also nicht. Somit muss $A^3$ der Einheitsmatrix $E$ entsprechen, dass nur diese Matrix diese Eigenschaft besitzt (wie die Zahl 1 bei „normalen Zahlen").

## 3.2.2 Stabiler Vektor (stationäre Verteilung)

**e)** Berechnen Sie einen (beispielhaften) **stabilen Vektor**, also eine Population, die sich von einem Monat zum nächsten Monat nicht verändert.

| **Vorgehen : Berechnung des stabilen Vektors $\vec{x}$** | |
|---|---|
| **1. Einsetzen** von **A** und $\begin{pmatrix} x_1 \\ x_2 \\ x_3 \end{pmatrix}$ in $\mathbf{A} \cdot \vec{x} = \vec{x}$. | $\mathbf{A} \cdot \vec{x} = \vec{x} \implies \begin{pmatrix} 0 & 0 & 25 \\ 0,1 & 0 & 0 \\ 0 & 0,4 & 0 \end{pmatrix} \cdot \begin{pmatrix} x_1 \\ x_2 \\ x_3 \end{pmatrix} = \begin{pmatrix} x_1 \\ x_2 \\ x_3 \end{pmatrix}$ |
| **2. Ausmultiplizieren, Lösen** des LGS. | Ausmultiplizieren ergibt ein **LGS**.<br><br>I.  $25x_3 = x_1$<br>II.  $0,1x_1 = x_2$<br>III:  $0,4x_2 = x_3$<br><br>Das LGS hat stets **unendlich viele Lösungen**.<br><br>Setzen von $x_3 = t$  $(t \in \mathbb{R})$<br><br>in I :  $x_1 = 25t$<br>in III:  $0,4x_2 = t \implies x_2 = 2,5t$ |
| **3. Als Vektor** notieren. **Beispielhaften $t$-Wert** einsetzen. | $\implies \vec{x} = \begin{pmatrix} 25t \\ 2,5t \\ t \end{pmatrix}$<br><br>Z.B für $t = 10$ erhält man $\vec{x} = \begin{pmatrix} 250 \\ 25 \\ 10 \end{pmatrix}$ |

A: Beispielsweise ist eine Population 250 Eiern, 25 Larven und 10 Insekten stabil.

**Abgrenzung:** Da der Prozess zyklisch ist, wiederholt sich jeder beliebige Vektor nach 3 Monaten. Der berechnete stabile Vektor wiederholt sich jedoch schon von einem Monat zum nächsten.

**Hinweis:** Bei zyklischen Populationsprozessen gibt es stets **unendlich viele** stabile Vektoren (und nicht einen eindeutigen stabilen Vektor wie beim vorigen Thema „Austauschprozesse").

# VII  Basisübungen

13  Merkur-Nr. 0383

# 1 Basisübungen zur Analysis

## 1.1 Funktionen

**Aufgabe 1:** Eine Gerade verläuft durch die beiden Punkte $P_1(3|-2)$ und $P_2(-1|4)$. Berechnen Sie deren Gleichung.

*handschriftlich:*

$y = mx + b$

$\dfrac{y_2 - y_1}{x_2 - x_1} = m \qquad \dfrac{4+2}{-1-3} = \dfrac{6}{-4} = \dfrac{3}{2} = -1,5$

$4 = -1,5 \cdot (-1) + b$

$4 = 1,5 + b \quad | -1,5 \qquad \underline{y = -1,5x + 2,5}$

$2,5 = b$

**Aufgabe 2:** Geben Sie jeweils die Gleichung einer möglichen Geraden an.

a) Verläuft parallel zu $y = +2x + 3$:  $m = m$  $\quad y = \underline{-2x + 6}$

b) Verläuft parallel zu $y = -x$:  $\quad y = \underline{-x + 1}$

c) Verläuft senkrecht zu $y = -2x + 3$:  $\quad y = \underline{+0,5x + 3}$

d) Ursprungsgerade mit Steigungswinkel von $60°$:  $\quad y = \underline{0,3x^3}$

e) Verläuft parallel zur $x$-Achse durch $P(2|-4)$:  $\quad y = \underline{-4}$

f) Verläuft parallel zur $y$-Achse durch $P(2|-4)$:  $\quad \underline{x = 2}$

**Aufgabe 3:** Füllen Sie aus. (Hinweis: $S_y$ bezeichnet der Schnittpunkt mit der $y$-Achse.).

| Funktionsterm | Grad | $S_y$ | Verlauf | Symmetrie zu … | |
|---|---|---|---|---|---|
| $f(x) = -x^3 - 2x^1 + 2$ | 3 | $S_y(0|2)$ | von $\text{II}$ nach $\text{IV}$ | ☐ $y$-Achse ☐ Ursprung | ☒ weder noch |
| $f(x) = 2x^3 + x^1$ | 3 | $S_y(0|0)$ | von $\text{III}$ nach $\text{I}$ | ☐ $y$-Achse ☒ Ursprung | ☐ weder noch |
| $f(x) = -x^4 - 2x^2 - 1$ | 4 | $S_y(0|-1)$ | von $\text{III}$ nach $\text{IV}$ | ☒ $y$-Achse ☐ Ursprung | ☐ weder noch |
| $f(x) = 0,5x^3 \cdot (x^3 - 2)$ $= 0,5x^4 \cdot (-1x)$ | 4 | $S_y(0|0)$ | von $\text{II}$ nach $\text{I}$ | ☐ $y$-Achse ☐ Ursprung | ☒ weder noch |
| $f(x) = (1 - x^2) \cdot (x^2 + 1)$ $= \underline{-x^4 + 1}$ $=$ | 4 | $S_y(0|1)$ | von $\text{III}$ nach $\text{IV}$ | ☒ $y$-Achse ☐ Ursprung | ☐ weder noch |

*handschriftlich:*

$a > 0 \ldots$ nach $\text{I}$
$a < 0 \ldots$ nach $\text{IV}$

↳ wenn nichts gegeben ist $= 0$
↳ also wenn kein $x$?

**Aufgabe 4 :** Ordnen Sie jedem Schaubild die zugehörige Funktionsgleichung zu.

(Tipp: Prüfen Sie Grad, Schnittpunkt mit $y$-Achse, Verlauf und Symmetrie.)

**a)** ___ : $f_1(x) = -0,2x^3 + 0,5x^2 - x$

___ : $f_2(x) = 0,2x^3 + x$

___ : $f_3(x) = 0,2x^3 + x - 3$

___ : $f_4(x) = -0,2x^3 + x^2$

___ : $f_5(x) = x^2 - 2x + 3$

___ : $f_6(x) = 0,2x^3 + 0,5x^2 - x$

___ : $f_7(x) = -0,2x^3 + 0,5x^2 + x - 3$

___ : $f_8(x) = -x^2 - 3$

___ : $f_9(x) = -0,2x^3 + x$

___ : $f_{10}(x) = 0,2x^3 - x$

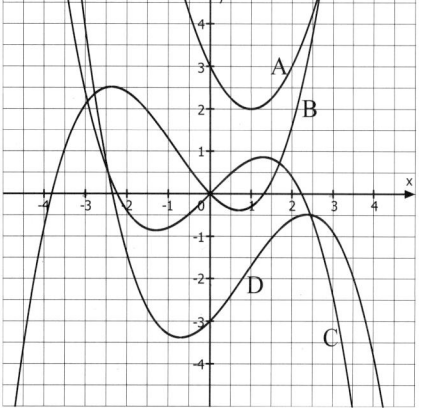

**b)** ___ : $f_1(x) = -0,2x^3 + 0,5x^2 + x - 2$

___ : $f_2(x) = -0,2x^4 + x^3 - 2$

___ : $f_3(x) = -x^2$

___ : $f_4(x) = 2x^4 + 2x^3 - 2x^2 + 2$

___ : $f_5(x) = 1,2x^3 - 0,5x^2 - x - 2$

___ : $f_6(x) = 4x^4 - 2x^2 + 2$

___ : $f_7(x) = -x^4$

___ : $f_8(x) = -0,2x^4 + x^2 - 2$

___ : $f_9(x) = -0,2x^4 + 0,5x^2 + x - 2$

___ : $f_{10}(x) = -2x^4 + 2x^3 + 2x^2 + 2$

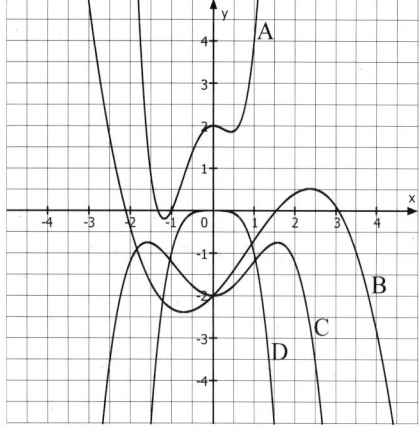

**Aufgabe 5:** Vervollständigen Sie die Funktionsterme im Nullstellenansatz.

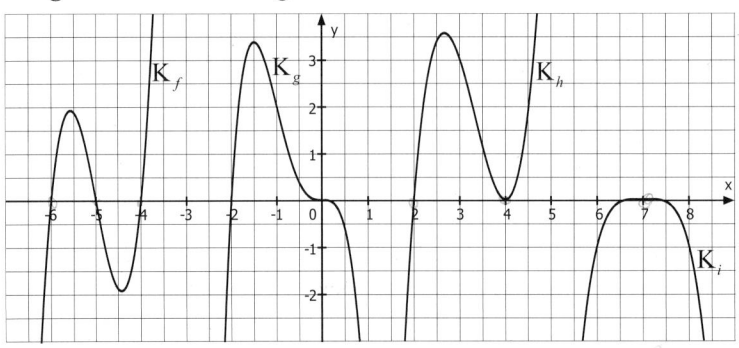

$K_f : f(x) = 5 \cdot$ $(x+6) \cdot (x+5)(x+4)$     $K_g : g(x) = -2 \cdot$ $(x+2) \cdot x^3$

$K_h : h(x) = 3 \cdot$ $(x-2)(x-4)^2$     $K_i : i(x) = -$ $(x-7)^4$

**Aufgabe 6:** Skizzieren Sie die Schaubilder in das Koordinatensystem.

$K_f : f(x) = -(x+7)^2$ ✓     $K_g : g(x) = (x+5)^2 \cdot (x+3)^2$ ✓

$K_h : h(x) = x^3$ ✓     $K_i : i(x) = -(x-3) \cdot (x-4) \cdot (x-5) \cdot (x-6)$

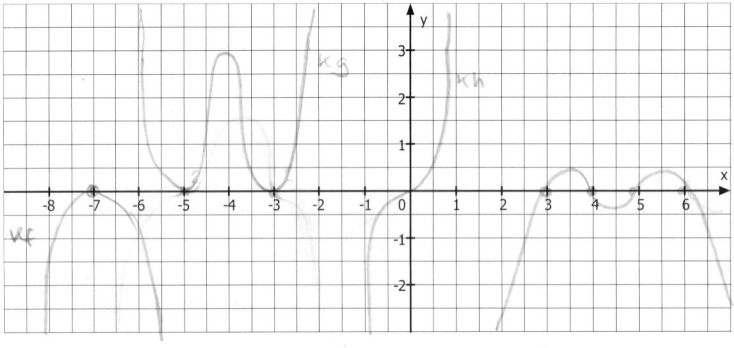

**Aufgabe 7:** Ordnen Sie zu.

$C$ : $f_1(x) = \sqrt{x^2}$     $D$ : $f_2(x) = \dfrac{1}{x^3}$     $B$ : $f_3(x) = x^4$     $A$ : $f_4(x) = x^{-2}$

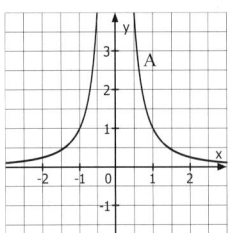 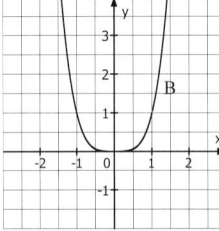 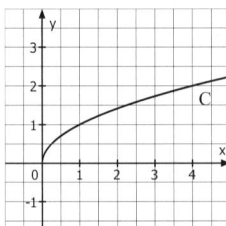 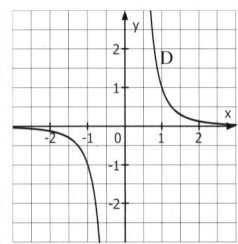

**Aufgabe 8 :** Ergänzen Sie.

**a)** Das Schaubild der Funktion $g$ mit $g(x) = -2e^x - 1$ entsteht aus dem Schaubild von $f$ mit $f(x) = e^x$ durch Spiegelung an der __X__-Achse, durch Streckung um den Faktor __2__ in __y__-Richtung und durch Verschiebung um __1__ nach __unten__.

**b)** Das Schaubild der Funktion $g$ mit $g(x) = e^{-(x-2)}$ entsteht aus dem Schaubild von $f$ mit $f(x) = e^x$ durch Spiegelung an der __y__-Achse und Verschiebung um __2__ nach __rechts__.

**c)** Das Schaubild der Funktion $g$ mit $g(x) = -e^{-x} + 2$ entsteht aus dem Schaubild von $f$ mit $f(x) = e^x$ durch Spiegelung an der __x__-Achse, durch Spiegelung an der __y__-Achse und Verschiebung um __2__ nach __oben__.

**Aufgabe 9 :** Untersuchen Sie auf Asymptoten wie im Beispiel.

| **Funktion** | **Asymptote** | **für $x \to +\infty$** | **für $x \to -\infty$** |
|---|---|---|---|
| **a)** $f(x) = e^x - 2$ | $y = -2$ | ☐ | ☒ |
| **b)** $f(x) = 1 + e^{-x}$ | $y = 1$ | ☒ | ☐ |
| **c)** $f(x) = 2e^{-x+1} - 2x - 1$ | $y = -2x - 1$ | ☒ | ☐ |
| **d)** $f(x) = e^x - x + 1$ | $y = -x + 1$ | ☐ | ☒ |
| **e)** $f(x) = x - 1 + e^{-x}$ | $y = -1 + e^{-x}$ | ☒ | ☐ |

**Aufgabe 10 :** Ergänzen Sie.

**a)** Das Schaubild der Funktion $g$ mit $g(x) = -4\sin(x) + 1$ entsteht aus dem Schaubild von $f$ mit $f(x) = \sin(x)$ durch Spiegelung an der __x__-Achse, durch Streckung um den Faktor __4__ in __y__-Richtung und durch Verschiebung um __1__ nach __oben__.

*wie berechnet man das!*

**b)** Das Schaubild der Funktion $g$ mit $g(x) = \sin(2(x+4))$ entsteht aus dem Schaubild von $f$ mit $f(x) = \sin(x)$ durch Streckung um den Faktor $\frac{1}{2}$ in __x__-Richtung (Periodenlänge = __π__) und durch Verschiebung um __4__ nach __links__.

$\frac{2\pi}{2x} = \frac{\pi}{x}$

**c)** Das Schaubild der Funktion $g$ mit $g(x) = 2,5\cos(x-2) - 2$ entsteht aus dem Schaubild von $f$ mit $f(x) = \cos(x)$ durch Streckung um den Faktor __2,5__ in __y__-Richtung, durch Verschiebung um __2__ nach __rechts__ und durch Verschiebung um __2__ nach __unten__.

197

**Aufgabe 11 :** Ermitteln Sie jeweils eine mögliche zugehörige Funktionsgleichung.

a)

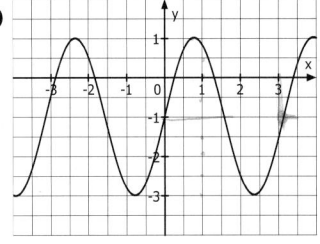

$f(x) = $ 4sin( x )-1

b)

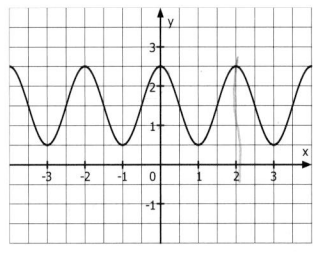

$f(x) = $ 1 cos(πx)+1,5

$$\frac{2\pi}{2} = \pi$$

c)

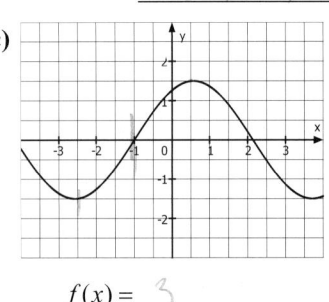

$f(x) = $ 3

**Aufgabe 12 :** Gegeben ist die Funktion $f$ mit $f(x) = \sin(x^2) \cdot x$.
Weisen Sie anhand der allgemeinen Bedingung nach, dass deren Schaubild $K_f$
symmetrisch zum Ursprung ist.

**Aufgabe 13**

Bestimmen Sie den Funktionsterm der zugehörigen Umkehrfunktion rechnerisch und das
zugehörige Schaubild grafisch.

$f(x) = -0,5x + 2$     -0,5·-x +2 = 0,5x+2

$f(0)$= -0,5x+2=0       -7y-Achsensym

   -0,5x=-2  1:0,5

   x=4

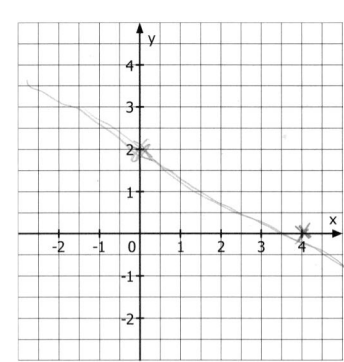

198

## 1.2 Gleichungen

**Aufgabe 14 :** Lösen Sie die Gleichungen.

**a)** $-x^4 + 1 = 4 - 4x^4$      **b)** $x^3 - 2x^2 = x^2$      **c)** $6e^x - 3 = 1 - 4e^x$

**d)** $1 - e^{4x+3} = -4$      **e)** $2x \cdot (x^2 - 1) = 0,5 - 2x$      **f)** $2e^{2x} - e^x = 2e^x$

**g)** $\dfrac{3}{2}x^4 - 2 = x^4$      **h)** $\sin(x) = 0,2$      **i)** $2x^4 - 24x^2 = -72 + 2x^2$

**j)** $2e^{2x} - 17e^x + 8 = 0$      **k)** $\dfrac{1}{x^3} - 4 = 4$      **l)** $\cos(2x) - 0,5 = 0$

## Aufgabe 15

Entscheiden Sie, welchem Gleichungstyp bzw. Lösungsstrategie die Gleichungen zugeordnet werden können.

| Nr. | Gleichung | Typ 1 Gegenoperation | Typ 1S Substitution führt zu $\left\{ \begin{array}{c} sin(u) \\ cos(u) \end{array} \right\} = ...$ | Typ 2 S. v. Nullpr. | Typ 3 abc - bzw. pq - Formel | Typ S Substitution führt zu $...u^2 + ...u + ... = 0$ |
|---|---|---|---|---|---|---|
| 1 | $3x^3 = -2$ | ☐ | ☐ | ☐ | ☐ | ☐ |
| 2 | $x^3 - 2x = 0$ | ☐ | ☐ | ☒ | ☐ | ☐ |
| 3 | $-x^4 - 2x^2 = x^3$ | ☐ | ☐ | ☒ | ☐ | ☐ |
| 4 | $-x^2 - 5 = -x$ | ☐ | ☐ | ☐ | ☐ | ☐ |
| 5 | $-x^4 - 2x^2 = 2$ | ☐ | ☐ | ☐ | ☒ | ☒ |
| 6 | $2e^{1-2x} - 1 = 3$ | ☐ | ☐ | ☐ | ☐ | ☐ |
| 7 | $2e^{2x} = 3e^x$ | ☐ | ☐ | ☐ | ☐ | ☐ |
| 8 | $e^{2x} - e^x - 2 = 0$ | ☐ | ☐ | ☐ | ☐ | ☐ |
| 9 | $2e^{3x} - 2e^x = 0$ | ☐ | ☐ | ☐ | ☐ | ☐ |
| 10 | $-\sin(x) = -0,3$ | ☐ | ☐ | ☐ | ☐ | ☐ |
| 11 | $\sin(-x + 2) = 1$ | ☐ | ☐ | ☐ | ☐ | ☐ |

## 1.3 Differenzialrechnung

**Aufgabe 16 :** Leiten Sie ab.

**a)** $f(x) = 2x^3 - 2x + 1$ $\qquad f'(x) = $ _____

**b)** $f(x) = x^4 - 0,5x + 1$ $\qquad f'(x) = $ _____

**c)** $f(x) = e^{7x-3} - 4$ $\qquad f'(x) = $ _____

**d)** $f(x) = -2\sin(x-3)$ $\qquad f'(x) = $ _____

**e)** $f(x) = \cos(2x-3)$ $\qquad f'(x) = $ _____

**f)** $f(x) = (1-x^3)^4$ $\qquad f'(x) = $ _____

**g)** $f(x) = x^2 + e^{2x}$ $\qquad f'(x) = $ _____

**h)** $f(x) = x^2 \cdot e^{2x}$ $\qquad f'(x) = $ _____

**i)** $f(x) = 4 \cdot x^3 \cdot e^{4x}$ $\qquad f'(x) = $ _____

**j)** $f(x) = 0,5x^5 + \ln(x)$ $\qquad f'(x) = $ _____

**k)** $f(x) = \ln(4x-1)$ $\qquad f'(x) = $ _____

**l)** $f(x) = -e^{-2x} - 2x$ $\qquad f'(x) = $ _____

**m)** $f(x) = -\sin(3x^3)$ $\qquad f'(x) = $ _____

**n)** $f(x) = -ax - 3x$ $\qquad f'(x) = $ _____

**o)** $f(x) = \sin(x) \cdot x$ $\qquad f'(x) = $ _____
(aus Abiturprüfung 2022)

**p)** $f(x) = x^3 \cdot (x-2) \cdot 2$ $\qquad f'(x) = $ _____

**q)** $f(x) = ax^3 + bx^2 + cx$ $\qquad f'(x) = $ _____

**r)** $f(x) = 3x^2 - x - \dfrac{1}{x}$ $\qquad f'(x) = $ _____
(aus Abiturprüfung 2019)

**s)** $f(x) = 2\sqrt{x}$ $\qquad f'(x) = $ _____
(aus Abiturprüfung 2020)

**t)** $f(x) = \sqrt{1-2x}$ $\qquad f'(x) = $ _____

**Vor dem Ableiten**

$$\frac{1}{x^n} = x^{-n}$$

$$\sqrt{x} = x^{\frac{1}{2}}$$

**Aufgabe 17**

Gegeben ist die Funktion $f$ mit $f(x) = e^{0,5x-1} + 2$.

In $x = 2$ wird eine Tangente an das Schaubild angelegt. Berechnen Sie deren Gleichung.

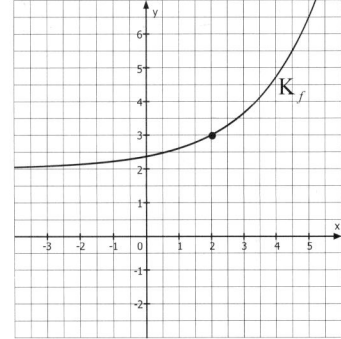

**Aufgabe 18**

Gegeben ist die Funktion $f$ mit $f(x) = \dfrac{1}{3}x^3 - 3x$.

Es gibt eine Tangente an das Schaubild, welche die Steigung $-3$ besitzt. Berechnen Sie deren Gleichung.

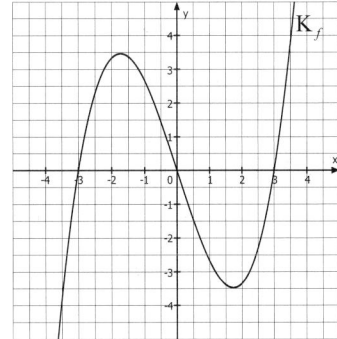

**Aufgabe 19 :** Gegeben ist die Funktion $f$ mit $f(x) = 0,25x^4 - 2x^3 + 4x^2 - 1$.

**a)** Berechnen Sie die Koordinaten des Schnittpunktes des Schaubildes mit der $y$-Achse.

**b)** Berechnen Sie die Koordinaten der Extrempunkte.

**c)** Berechnen Sie die Koordinaten der Wendepunkte.

**d)** Berechnen Sie die Gleichung der Wendetangente, welche eine positive Steigung besitzt.

**Aufgabe 20 :** Gegeben ist die Funktion $f$ mit $f(x) = \dfrac{1}{3}x^3 - x^2$.

**a)** Berechnen Sie die Koordinaten der Schnittpunkte des Schaubildes mit der $x$-Achse.

**b)** Berechnen Sie die Koordinaten des Schnittpunktes des Schaubildes mit der $y$-Achse.

**c)** Berechnen Sie die Koordinaten der Extrempunkte.

**d)** Berechnen Sie die Koordinaten des Wendepunktes.

**Aufgabe 21 :** Gegeben ist die Funktion $f$ mit $f(x) = -2e^{-x} - 4x$.

Untersuchen Sie das zugehörige Schaubild auf Extrem- und Wendepunkte.

**Aufgabe 22 :**  Gegeben ist die Funktion $f$ mit $f(x) = \sin(x) + x$.
Weisen Sie rechnerisch nach, dass das zugehörige Schaubild bei $x = \pi$ einen Sattelpunkt besitzt.

**Aufgabe 23 :** Skizzieren Sie jeweils die Schaubilder der zugehörigen Ableitungsfunktionen.

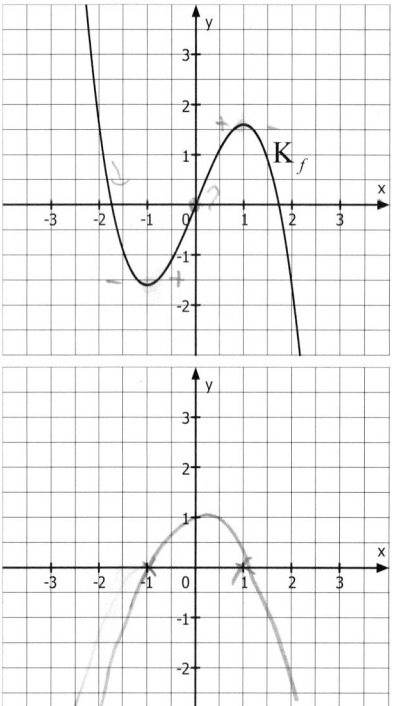

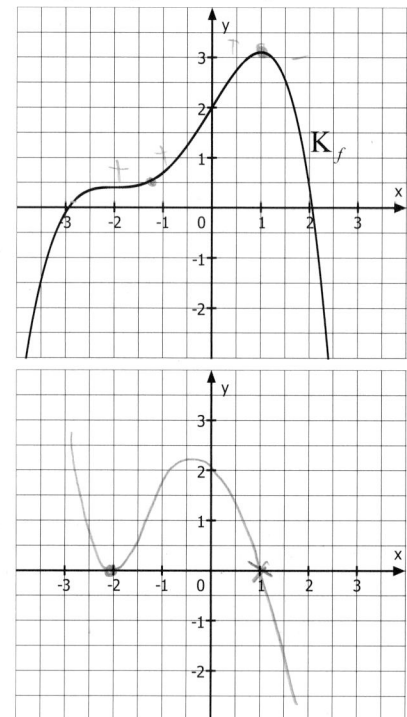

## Aufgabe 24

Gegeben ist das Schaubild der Funktion $f$.
Entscheiden Sie, welche der nachfolgenden
Aussagen wahr bzw. falsch sind.
Begründen Sie Ihre Antworten kurz.

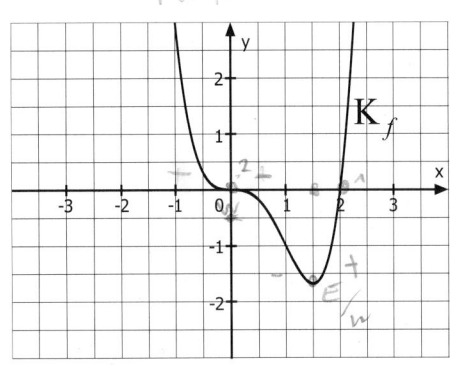

| Aussage | Entscheidung | Begründung |
|---|---|---|
| **a)** $f'$ besitzt eine doppelte Nullstelle. | ☒ wahr ☐ falsch | f besitzt sattelpunkt |
| **b)** Das Schaubild von $f'$ besitzt genau zwei Extrempunkte. | ☒ wahr ☐ falsch | Da sie zwei WP hat WP → Extrempunkte |
| **c)** Das Schaubild von $f'$ besitzt bei $x = 1{,}5$ einen Tiefpunkt. | ☐ wahr ☒ falsch | besitzt Nullstelle da |
| **d)** $f'(-0{,}5) > 0$ | ☐ wahr ☒ falsch | Schaubild von f hat negative Steigung |
| **e)** Das Schaubild von $f'$ besitzt bei $x = 1{,}3$ einen negativen $y$-Wert. | ☒ wahr ☐ falsch | Schaubild hat da negative Steigung |
| **f)** $f''(0) = 0$ | ☒ wahr ☐ falsch | Schaubild hat da einen wendepunkt |
| **g)** $f''(-0{,}5) < 0$ (**Tipp :** Argumentieren Sie über die Krümmung) | ☐ wahr ☒ falsch | |
| **h)** Das Schaubild von $f'$ ist symmetrisch zum Ursprung. | ☐ wahr ☒ falsch | muss symmetrisch zur y-Achse sein |

**Aufgabe 25**

Gegeben ist das Schaubild der Ableitungs-
funktion $f'$ zur Funktion $f$.
Entscheiden Sie, welche der nachfolgenden
Aussagen wahr bzw. falsch sind.
Begründen Sie Ihre Antworten kurz.

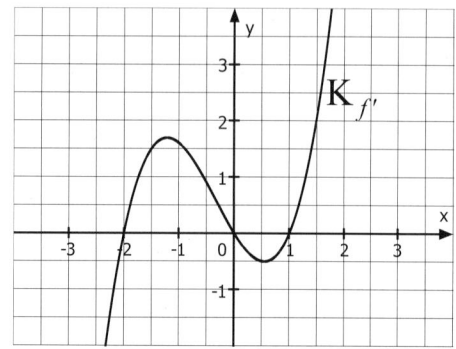

| Aussage | Entscheidung | Begründung |
|---|---|---|
| **a)** Das Schaubild von $f$ besitzt genau drei Extrempunkte. | ☐ wahr<br>☐ falsch | |
| **b)** Das Schaubild von $f$ besitzt genau drei Wendepunkte. | ☐ wahr<br>☐ falsch | |
| **c)** Das Schaubild von $f$ besitzt einen Sattelpunkt. | ☐ wahr<br>☐ falsch | |
| **d)** Das Schaubild von $f$ hat an der Stelle 0 eine waagrechte Tangente. | ☐ wahr<br>☐ falsch | |
| **e)** $f$ ist bei $x = -1$ steigend. | ☐ wahr<br>☐ falsch | |
| **f)** Es gilt: $f(-2) < f(-1)$ | ☐ wahr<br>☐ falsch | |
| **g)** Das Schaubild von $f$ ist symmetrisch zur $y$-Achse. | ☐ wahr<br>☐ falsch | |

**Aufgabe 26**

Ermitteln Sie die Funktionsgleichung
zum nebenstehenden Schaubild mit
Hilfe des Nullstellenansatzes.

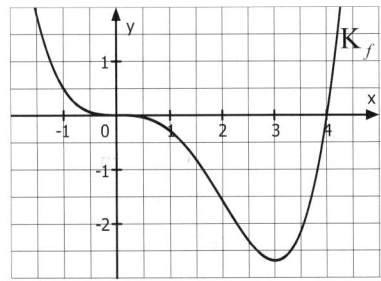

**Aufgabe 27 :** Das Schaubild einer Funktion 4. Grades ist symmetrisch zur $y$-Achse, verläuft durch $P(0 \mid 2)$ und besitzt den Tiefpunkt $T(1 \mid 0)$. Bestimmen Sie die zugehörige Funktionsgleichung.

**Aufgabe 28 :** Das Schaubild einer ganzrationalen Funktion 3. Grades ist symmetrisch zum Ursprung und hat hier die Steigung 4. Es schneidet an der Stelle $-2$ die $x$-Achse. Bestimmen Sie die zugehörige Funktionsgleichung.

**Aufgabe 29 :** Geben Sie die zugehörigen mathematischen Bedingungen an.

| Beschreibungen des Schaubildes | Mathematische Bedingungen |
|---|---|
| Schaubild besitzt an der Stelle 2 eine waagrechte Tangente | |
| Schaubild besitzt den Wendepunkt $W(1 \mid -2)$ | |
| Schaubild besitzt den Sattelpunkt $S(-4 \mid 5)$ | |
| Schaubild berührt an der Stelle 2 die $x$-Achse | |
| Schaubild ist achsensymmetrisch zur $y$-Achse | |
| Schaubild besitzt an der Stelle 2 eine Steigung von 4 | |
| Schaubild schneidet das Schaubild der bekannten Funktion $g(x)$ an der Stelle 2 | |
| Schaubild verläuft an der Stelle 3 parallel zur Geraden $y = -2x + 3$ | |

**Aufgabe 30** (aus Abiturprüfung 2022)

Gegeben sind die Punkte $T_1(-2|2)$, $T_2(2|2)$ und $H(0|4)$.

Bestimmen Sie einen Funktionsterm der Polynomfunktion vom Grad 4, deren Schaubild K die folgenden drei Eigenschaften hat:

• K ist symmetrisch zur $y$-Achse.

• K schneidet die $y$-Achse im Punkt H.

• K hat einen Extrempunkt in $T_1$.

**Aufgabe 31**

Ein Computervirus verbreitet sich gemäß nachfolgender Tabelle.

| Anzahl der Tage nach erstmaligem Auftritt | 0 | 1 | 2 | 3 | 4 | 5 | 6 | 7 |
|---|---|---|---|---|---|---|---|---|
| Gesamte Anzahl an infizierten Computern | 1 | 3 | 8 | 27 | 88 | 198 | 699 | 2452 |

**a)** Die Funktion $f$ soll den Vorgang näherungsweise beschreiben. Welcher Funktionstyp erscheint Ihnen hierfür sinnvoll?

**b)** Ermitteln Sie den zugehörigen Funktionsterm durch Regression mit Hilfe des WTR.

**c)** Der zugehörige Wert des Bestimmtheitsmaßes lautet: $r^2 \approx 0,9986$. Interpretieren Sie diesen Wert.

**Aufgabe 32**

Gegeben ist die Funktion $f$ mit $f(x) = -x^2 + 4$, deren Schaubild $K_f$ zwei Schnittpunkte mit der $x$-Achse besitzt.

Zwei Eckpunkte eines zur $y$-Achse symmetrischen Rechtecks befinden sich auf der $x$-Achse, zwischen diesen beiden Schnittpunkten. Die anderen beiden Eckpunkte des Rechtecks befinden sich auf dem Schaubild $K_f$.

Berechnen Sie den maximalen Umfang eines solchen Rechtecks.

**Aufgabe 33**

Nachfolgend sind 6 Extremwertaufgaben dargestellt. Hierbei gehört zu jeder eine der unten stehenden Zielfunktionen. Ordnen Sie zu.

(Der Punkt Q befindet sich jeweils „irgendwo" auf dem Schaubild $K_f$.)

| | | |
|---|---|---|
| **1.** Flächeninhalt eines derartigen Rechtecks mit Eckpunkt im Ursprung soll maximal werden. | **2.** Abstand zwischen den Punkten P(1\|0) und Q soll maximal werden. | **3.** Flächeninhalt eines derartigen Dreiecks mit Eckpunkt P(1\|0) soll maximal werden. |
| 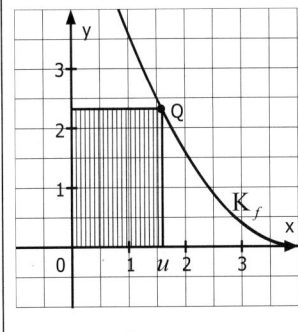 | 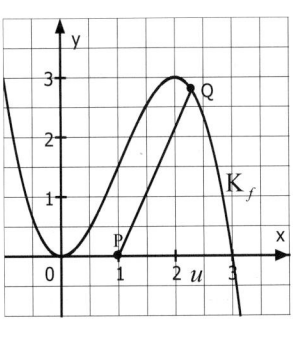 | 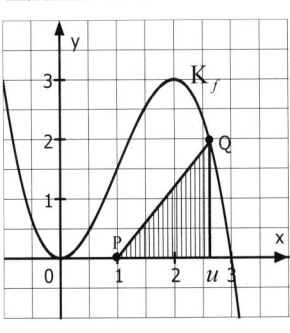 |
| **Zielfunktion :** ___ | **Zielfunktion :** ___ | **Zielfunktion :** ___ |
| **4.** Senkrechter Abstand zwischen den Schaubildern $K_f$ und $K_g$ soll maximal werden. | **5.** Flächeninhalt eines derartigen Dreiecks mit Eckpunkt P(0\|1) soll maximal werden. | **6.** Umfang eines derartigen Rechtecks mit Eckpunkt im Ursprung soll maximal werden. |
| 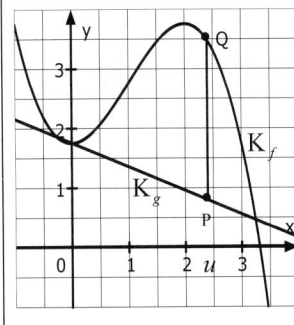 | 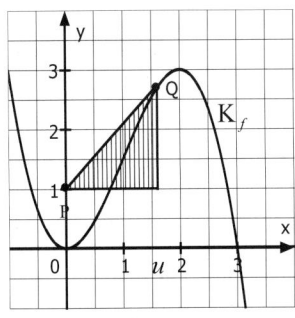 | 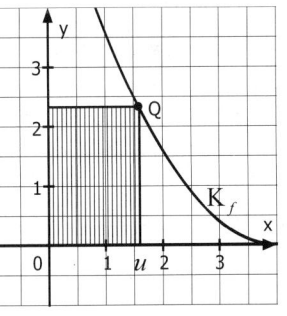 |
| **Zielfunktion :** ___ | **Zielfunktion :** ___ | **Zielfunktion :** ___ |

**A:** $\dfrac{1}{2} \cdot (u-1) \cdot f(u) \quad (u > 1)$　　　**B:** $f(u) - g(u)$　　　**C:** $\sqrt{(u-1)^2 + \big(f(u)\big)^2}$

**D:** $\dfrac{1}{2} \cdot u \cdot \big(f(u)-1\big) \quad \big(f(u) > 1\big)$　　　**E:** $u \cdot f(u)$　　　**F:** $2 \cdot u + 2 \cdot f(u)$

## 1.4 Integralrechnung

**Aufgabe 34 :** Bestimmen Sie jeweils die Funktionsgleichung einer Stammfunktion.

**a)** $f(x) = -x^3 + 1$    $F(x) = $ _____

**b)** $f(x) = \dfrac{1}{2}x^4 - x + 1$    $F(x) = $ _____

**c)** $f(x) = 2e^{x-3} - 4$    $F(x) = $ _____

**d)** $f(x) = 2e^{2x-3} - 4$    $F(x) = $ _____

**e)** $f(x) = \cos(4x - 4)$    $F(x) = $ _____

**f)** $f(x) = (1 - 4x)^4$    $F(x) = $ _____

**g)** $f(x) = x^2 + 2e^{2x}$    $F(x) = $ _____

**h)** $f(x) = \sin(3x - 5)$    $F(x) = $ _____

**i)** $f(x) = (3x - 2)^4$    $F(x) = $ _____

**j)** $f(x) = 0{,}5x^5 - 2x^3 - x$    $F(x) = $ _____

**k)** $f(x) = -x^3 - 2 + x$    $F(x) = $ _____

**l)** $f(x) = -e^{-2x} - 2x$    $F(x) = $ _____

**m)** $f(x) = -\sin(6x)$    $F(x) = $ _____

**n)** $f(x) = -2x^4 + e^x$    $F(x) = $ _____

**o)** $f(x) = \dfrac{1}{x} + \dfrac{1}{2x - 5}$    $F(x) = $ _____

**p)** $f(x) = 4x^3 - e^{-x}$    $F(x) = $ _____

**q)** $f(x) = -e^{1-2x} + x$    $F(x) = $ _____

**r)** $f(x) = e^{ax+b}$    $F(x) = $ _____

**s)** $f(x) = -\sin(2ax - b)$    $F(x) = $ _____

**t)** $v(t) = 0{,}6 \cdot \sin\left(\dfrac{5\pi}{3} \cdot t\right)$    $V(t) = $ _____

(aus Abiturprüfung 2020)

**Aufgabe 35**

**a)** Erklären Sie rechnerisch, weshalb eine Funktion unendlich viele Stammfunktionen besitzt.

**b)** Erklären Sie grafisch, weshalb eine Funktion unendlich viele Stammfunktionen besitzt.

**c)** Bei welcher Stammfunktion der Funktion $f$ mit $f(x) = x^2 - 8x$ verläuft das Schaubild durch den Punkt $P(3 \mid -31)$?
(Hinweis: Berechnen Sie den hierzu notwendigen Wert der Integrationskonstanten.)

**Aufgabe 36**

In der unteren Zeile befinden sich die Schaubilder $K_f$, $K_g$ und $K_h$. In der oberen Zeile befinden sich die Schaubilder der zugehörigen Stammfunktionen. Ordnen Sie zu, indem Sie diese mit $K_F$, $K_G$ und $K_H$ beschriften.

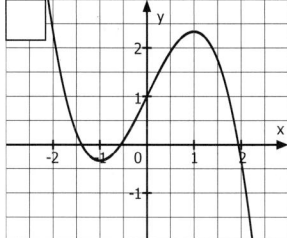 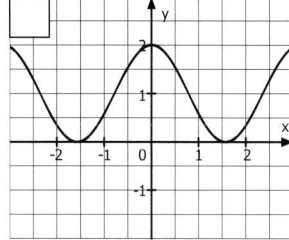 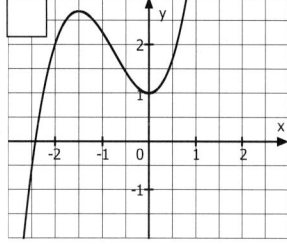

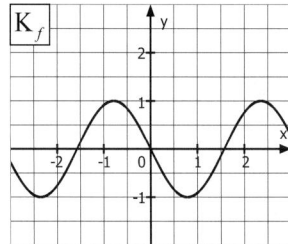 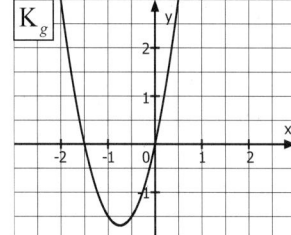 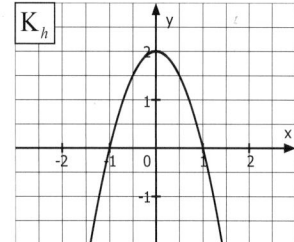

**Tipp**

N E W
  N E W
    N E W

**Aufgabe 37**

Berechnen Sie jeweils den Inhalt der schraffierten Fläche.

**a)** $f(x) = -2x^3 + 4x^2$

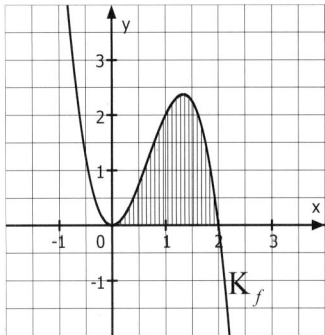

**b)** $f(x) = -2\cos\left(\dfrac{\pi}{3}x\right)$

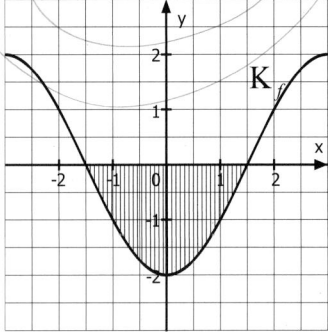

**c)** $f(x) = -e^{0,5x+1} + 2$

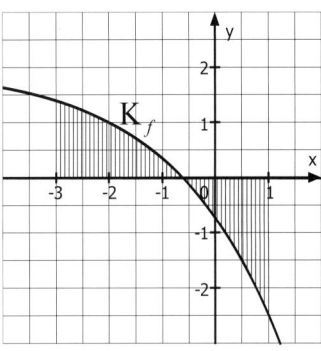

**d)** $f(x) = x - 1 + e^{-x}$; $g(x) = x - 1$

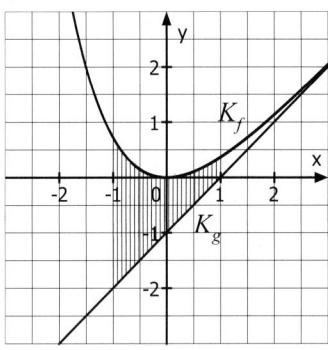

(aus Abiturprüfung 2019)

s

**Aufgabe 38**

Die Schaubilder der Funktionen $f(x)$ und $g(x)$ schließen drei Flächen mit den Inhalten $A_1 = 4,1$ FE, $A_2 = 1,5$ FE und $A_3 = 1,7$ FE ein.

Geben Sie zu jedem der nachfolgenden Flächenberechnungsansätze das zugehörige Ergebnis an.

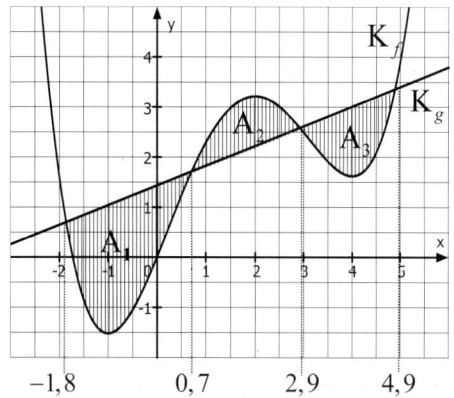

| Flächenberechnungsansatz | Ergebnis |
|---|---|
| **a)** $\displaystyle\int_{0,7}^{2,9}\left(f(x)-g(x)\right)dx$ | _____ |
| **b)** $\displaystyle\int_{2,9}^{4,9}\left(f(x)-g(x)\right)dx$ | _____ |
| **c)** $\displaystyle\int_{-1,8}^{2,9}\left(f(x)-g(x)\right)dx$ | _____ |
| **d)** $\displaystyle\int_{-1,8}^{4,9}\left(g(x)-f(x)\right)dx$ | _____ |
| **e)** $\displaystyle\int_{-1,8}^{0,7}\left(g(x)-f(x)\right)dx+\int_{0,7}^{2,9}\left(f(x)-g(x)\right)dx+\int_{2,9}^{4,9}\left(g(x)-f(x)\right)dx$ | _____ |
| **f)** $\displaystyle\int_{-1,8}^{2,9}g(x)-f(x)\,dx$ | _____ |
| **g)** $\displaystyle\int_{4,9}^{2,9}\left(g(x)-f(x)\right)dx$ | _____ |

**Von Schnittstelle zu Schnittstelle integrieren!**

Ansonsten werden positive und negative Flächeninhaltswerte zu einer **„Flächenbilanz"** verrechnet.

**Aufgabe 39**

Gegeben ist die Funktion $f$ mit $f(x) = -\frac{3}{4}x^2 + 3$.

**a)** Die markierte Fläche rotiert um
die $x$-Achse. Berechnen Sie das zugehörige
Rotationsvolumen.

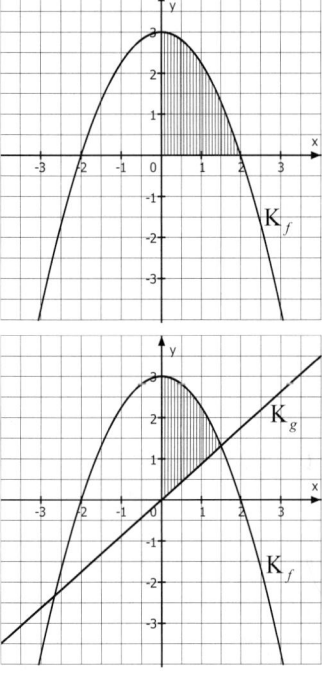

**b)** Hinzu kommt die Funktion $g$ mit $g(x) = \frac{7}{8}x$.

Die markierte Fläche zwischen den beiden
Schaubildern rotiert um die $x$-Achse.
Berechnen Sie das zugehörige Rotationsvolumen.

**Aufgabe 40**

Ein Designer für Glasvasen möchte eine Vase herstellen, deren Innenwand sich durch
Rotation des Schaubildes der Funktion $f$ mit $f(x) = \sqrt{x+2}$ (in cm) um die $x$-Achse
beschreiben lässt. Die Vase soll 14 cm hoch werden.

**a)** Welchen Inhalt fasst die Vase?

**b)** Die Glaswand ist 1 cm dick. Geben Sie die Gleichung der Funktion $g$ an, welche die
äußere Glaswand beschreibt: $g(x) =$ _____ .

**c)** Notieren Sie einen Ansatz zur Berechnung der Glasmenge, die für die Vasenwand
benötigt wird.

# 1.5 Anwendungsorientierte Aufgaben (Zusatz)

### Aufgabe 41

Die Funktion $f(t) = 0,5t^3 - 6,5t^2 + 20t + 42$ beschreibt den Kurs einer Aktie über einen Zeitraum von 10 Sekunden.

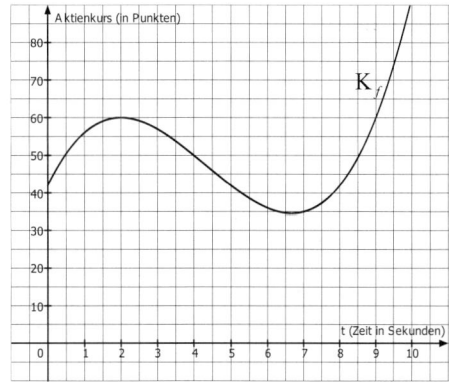

**a)** Welcher Aktienkurs liegt zum Zeitpunkt $t = 3$ vor?

**b)** Zu welchem Zeitpunkt liegt der geringste Aktienkurs vor. Wie hoch ist dieser?

**c)** An welchem der beiden nachfolgenden Zeitpunkte nimmt der Aktienkurs stärker zu: $t = 1$ oder $t = 7,7$?

**d)** Zu welchem Zeitpunkt nimmt der Aktienkurs am stärksten ab?

### Aufgabe 42

Ein Biogasspeicher ist mit einer Zuflussleitung und einer Abflussleitung versehen. Die Funktion $f$ mit
$f(t) = -0,05t^3 + 0,8t^2 - 2,95t + 2,2$
beschreibt die momentane Zu- bzw. Abflussmenge über einen Zeitraum von 10 Sekunden. Positive Funktionswerte stehen hierbei für einen Gaszufluss, negative für einen Gasabfluss.

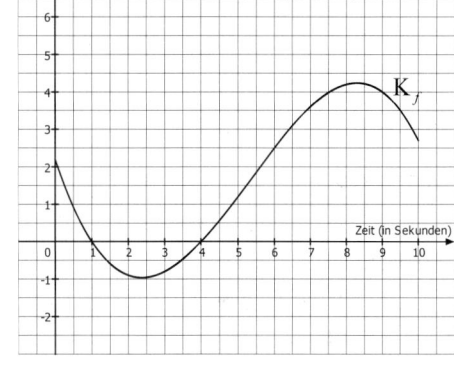

**a)** Berechnen Sie $f(3)$ und $f(9)$. Interpretieren Sie die Ergebnisse.

**b)** Beschreiben Sie auf Basis des Schaubildes: Wann liegt ein Zufluss bzw. Abfluss vor?

**c)** An wie vielen Zeitpunkten fließt genau 1 Liter pro Sekunde zu?

**d)** Zu welchem Zeitpunkt liegt der stärkste Gaszufluss vor? Geben Sie diesen an.

**e)** Welche Gasmenge fließt während der Abflusszeit insgesamt ab?

**f)** Es gilt: $\int_{2}^{7} (f(t)) \, dt \approx 4,15$. Interpretieren Sie.

**g)** Zum Zeitpunkt $t = 3$ befinden sich 50 $l$ im Gasspeicher. Bestimmen Sie hiermit die Gleichung der Funktion, die zu jedem Zeitpunkt den aktuellen Gasbestand im Speicher angibt.

**Aufgabe 43**

Die Population einer vom Aussterben bedrohten Spezies besteht aus 350 Individuen und verringert sich jährlich um ein Drittel. Im Schaubild ist die Entwicklung dargestellt.

**a)** Begründen Sie, dass hier exponentieller Zerfall vorliegt.

**b)** Geben Sie die Gleichung der Funktion $f$ mit $f(t)$ an, welche zu jedem Zeitpunkt die noch vorhandene Anzahl an Individuen angibt.

**c)** Geben Sie die Funktionsgleichung $f(t)$ in der Form mit (der eulerschen Zahl) $e$ als Basis an.

**d)** Berechnen Sie die Halbwertszeit.

**e)** Wann ist nur noch 10 % des Anfangsbestandes der Population vorhanden?

**f)** Berechnen Sie die höchste momentane Zerfallsgeschwindigkeit der Population.

**Aufgabe 44**

Für einen Betrieb gelten die Erlösfunktion $E(x) = 50x$ und die Gesamtkostenfunktion
$K(x) = 0,2x^3 - 8x^2 + 120x + 20$ ($x$ in ME, K und E in EUR).
Die entsprechenden Schaubilder sind dargestellt.

**a)** Wie hoch ist der Preis pro Mengeneinheit des hergestellten Produktes?

**b)** Wie hoch sind die fixen Kosten des Betriebs?

**c)** Geben Sie die Grenzkostenfunktion an.

**d)** Zeigen Sie mithilfe der Gewinnfunktion,
dass das Intervall $[13,47; 26,8]$ (gerundet)
die Gewinnzone des Betriebes darstellt.

**e)** Bei welcher Produktionsmenge macht der
Betrieb den maximalen Gewinn?

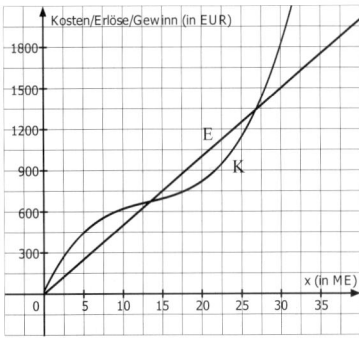

# 2 Basisübungen zur Vektorgeometrie

## 2.1 Lineare Gleichungssysteme

**Aufgabe 45**

Lösen Sie die Linearen Gleichungssysteme.

**a)**
$$x_1 + 4x_2 + 6x_3 = 1$$
$$2x_1 + 3x_2 + 7x_3 = 1$$
$$3x_1 + 2x_2 + 8x_3 = 2$$

**b)**
$$2x_1 - 3x_2 + 4x_3 = 8$$
$$3x_1 + 4x_2 - 5x_3 = -4$$
$$4x_1 - 6x_2 + 3x_3 = 1$$

**c)**
$$-4 + 3x_2 - x_3 = -x_1$$
$$2x_1 - 7 = -x_2 - x_3$$
$$2x_1 - 4x_2 + 4x_3 = 6$$

## 2.2 Vorwissen (Punkte, Vektoren, Rechenoperationen)

**Aufgabe 46 :** Gegeben sind die Punkte A(1| 2|−3) und B(0|−2|2).

**a)** Berechnen Sie den Vektor $\overrightarrow{AB}$.

**b)** Berechnen Sie dessen Länge.

**Aufgabe 47:** Prüfen Sie, ob die beiden Vektoren senkrecht aufeinander stehen.

**a)** $\vec{a} = \begin{pmatrix} 1 \\ -1 \\ -2 \end{pmatrix}$, $\vec{b} = \begin{pmatrix} 2 \\ -1 \\ 3 \end{pmatrix}$

**b)** $\vec{a} = \begin{pmatrix} 4 \\ -1 \\ 4 \end{pmatrix}$, $\vec{b} = \begin{pmatrix} 2 \\ 4 \\ -1 \end{pmatrix}$

**Aufgabe 48 :** Gegeben sind die Vektoren $\vec{a} = \begin{pmatrix} 1 \\ 2 \\ -2 \end{pmatrix}$ und $\vec{b} = \begin{pmatrix} 4 \\ 0 \\ 2 \end{pmatrix}$.

**a)** Ermitteln Sie durch das Vektorprodukt einen Vektor, welcher auf den gegebenen Vektoren senkrecht steht.

**b)** Kontrollieren Sie Ihr Ergebnis aus a) mithilfe des Skalarproduktes.

## 2.3 Geraden

**Aufgabe 49 :** Gegeben ist die Gerade g mit $g : \vec{x} = \begin{pmatrix} -2 \\ 1 \\ 2 \end{pmatrix} + r \cdot \begin{pmatrix} 2 \\ -2 \\ 1 \end{pmatrix}$ mit $r \in \mathbb{R}$.

Untersuchen Sie, ob die Punkte auf g liegen.

**a)** $A\left(2 \mid -3 \mid 4\right)$

**b)** $B\left(0 \mid 3 \mid 3\right)$

**Aufgabe 50 :** Gegeben sind Punkte A(−1 | 2 | 0) und B(2 | 1 | − 2). Die Punkte liegen auf der Geraden g. Bestimmen Sie eine mögliche Geradengleichung von g.

**Aufgabe 51 :** Die Gerade $h$ schneidet die Gerade $g$ mit $g : \vec{x} = \begin{pmatrix} -2 \\ 1 \\ 3 \end{pmatrix} + r \cdot \begin{pmatrix} 2 \\ -1 \\ -3 \end{pmatrix}$ (mit $r \in \mathbb{R}$)

in deren Stützpunkt senkrecht.

Ermitteln Sie eine mögliche Geradengleichung der Geraden $h$.

**Aufgabe 52:** Untersuchen Sie die gegenseitige Lage der Geraden $g$ und $h$. Berechnen Sie gegebenenfalls die Koordinaten des Schnittpunktes S.

**a)** $g : \vec{x} = \begin{pmatrix} -2 \\ -2 \\ 0 \end{pmatrix} + r \cdot \begin{pmatrix} 5 \\ 4 \\ 3 \end{pmatrix}$ ; $\quad h : \vec{x} = \begin{pmatrix} 0 \\ 0 \\ 2 \end{pmatrix} + s \cdot \begin{pmatrix} 1 \\ 1 \\ 1 \end{pmatrix}$ $\quad$ mit $r, s \in \mathbb{R}$

**b)** $g : \vec{x} = \begin{pmatrix} -1 \\ 0 \\ 2 \end{pmatrix} + r \cdot \begin{pmatrix} 1 \\ 1 \\ -1 \end{pmatrix}$ ; $\quad h : \vec{x} = \begin{pmatrix} 4 \\ 0 \\ 0 \end{pmatrix} + s \cdot \begin{pmatrix} -2 \\ -2 \\ 2 \end{pmatrix}$ $\quad$ mit $r, s \in \mathbb{R}$

## 2.4 Ebenen

**Aufgabe 53 :** Gegeben ist die Ebene E mit $E : \vec{x} = \begin{pmatrix} -2 \\ -1 \\ 3 \end{pmatrix} + r \cdot \begin{pmatrix} 1 \\ 0 \\ 2 \end{pmatrix} + s \cdot \begin{pmatrix} 1 \\ 1 \\ -2 \end{pmatrix}$ mit $r, s \in \mathbb{R}$.

Untersuchen Sie, ob der Punkt $A(1 | 1 | 1)$ in E liegt.

**Aufgabe 54 :** Gegeben sind Punkte A(1 | 2 | 4), B(0 | 2 | –2) und C(1 | 3 | 4), welche in der Ebene E liegen. Bestimmen Sie eine mögliche Ebenengleichung.

**Aufgabe 55 :** Gegeben ist die Gerade $g$ mit $g : \vec{x} = \begin{pmatrix} 1 \\ 2 \\ 3 \end{pmatrix} + r \cdot \begin{pmatrix} -1 \\ 2 \\ 1 \end{pmatrix}$ mit $r \in \mathbb{R}$.

Geben Sie die Normalengleichung einer zu $g$ senkrechten Ebene an.

**Aufgabe 56 :** Gegeben ist die Ebene E mit $E : 2x_1 + 3x_2 - x_3 = 4$.

**a)** Untersuchen Sie, ob der Punkt $A(2 | -1 | 0)$ in E liegt.

**b)** Geben Sie Gleichung einer zu E parallelen Ebene an, in welcher $O(0 | 0 | 0)$ liegt.

**c)** Geben Sie Gleichung einer Geraden an, welche E senkrecht schneidet.

**Aufgabe 57 :** Eine Ebene hat die Spurpunkte $S_1(2 | 0 | 0)$, $S_2(0 | -5 | 0)$ und $S_3(0 | 0 | \frac{3}{2})$.

Geben Sie zwei mögliche zugehörige Ebenengleichungen in Koordinatenform an.

**Aufgabe 58 :** Gegeben ist die Ebene E mit $E : \vec{x} = \begin{pmatrix} 2 \\ 1 \\ 3 \end{pmatrix} + r \cdot \begin{pmatrix} 1 \\ 0 \\ 2 \end{pmatrix} + s \cdot \begin{pmatrix} 1 \\ -1 \\ 0 \end{pmatrix}$ mit $r, s \in \mathbb{R}$.

a) Wandeln Sie die Parameterform in die Koordinatenform um.
b) Wandeln Sie die Parameterform in die Normalenform um.
c) Wandeln Sie die Normalenform in die Koordinatenform um.
d) Wandeln Sie die Koordinatenform in die Parameterform um.

## 2.5 Gegenseitige Lage

**Aufgabe 59 :** Untersuchen Sie die gegenseitige Lage der Ebene E zur Geraden g.
Berechnen Sie gegebenenfalls die Koordinaten des Schnittpunktes S.

**a)** $E: x_1 + 2x_2 + 3x_3 = 5; \quad g : \vec{x} = \begin{pmatrix} 1 \\ 0 \\ -1 \end{pmatrix} + t \cdot \begin{pmatrix} 0 \\ 4 \\ 2 \end{pmatrix}$ mit $t \in \mathbb{R}$

**b)** $E: \quad 2x_2 - x_3 = 4; \quad g : \vec{x} = \begin{pmatrix} 2 \\ -1 \\ 7 \end{pmatrix} + t \cdot \begin{pmatrix} 3 \\ 0 \\ 0 \end{pmatrix}$ mit $t \in \mathbb{R}$

**Aufgabe 60 :** Untersuchen Sie die gegenseitige Lage der Ebene E und der Ebene F.
Berechnen Sie gegebenenfalls die Gleichung der Schnittgeraden.

**a)** $E: 3x_1 - 2x_2 + 5x_3 = 1; \quad F: 6x_1 - 4x_2 + 10x_3 = -2$

**b)** $E: \vec{x} = \begin{pmatrix} 1 \\ 1 \\ 0 \end{pmatrix} + r \cdot \begin{pmatrix} 0 \\ 1 \\ -1 \end{pmatrix} + s \cdot \begin{pmatrix} 2 \\ 0 \\ -1 \end{pmatrix}$ mit $r, s \in \mathbb{R}$; $\quad F: 2x_1 + x_2 - 2x_3 = 6$

## 2.6 Schnittwinkel

**Aufgabe 61 :** Berechnen Sie den Schnittwinkel.

**a)** Zwischen $g : \vec{x} = \begin{pmatrix} 1 \\ 0 \\ -1 \end{pmatrix} + r \cdot \begin{pmatrix} 1 \\ 2 \\ 3 \end{pmatrix}$ und $E: -x_1 + 2x_2 = -6$.

**b)** Zwischen $E: 4x_1 + 2x_2 - 3x_3 = 1$ und $F: \left( \vec{x} - \begin{pmatrix} -1 \\ 0 \\ 3 \end{pmatrix} \right) \cdot \begin{pmatrix} -1 \\ 2 \\ 1 \end{pmatrix} = 0$.

## 2.7 Abstandsberechnungen

**Aufgabe 62 :** Welchen Abstand haben die Punkte $A(-2|0|1)$ und $B(1|-3|5)$ voneinander?

**Aufgabe 63 :** Berechnen Sie den Abstand.

**a)** Zwischen $Q(0\,|\,2\,|-1)$ und $g:\vec{x}=\begin{pmatrix}0\\1\\2\end{pmatrix}+r\cdot\begin{pmatrix}-2\\1\\2\end{pmatrix}$ mit $r\in\mathbb{R}$.

**b)** Zwischen $A(-3\,|\,0\,|\,1)$ und $E:x_1+x_2+2x_3=5$

**c)** Zwischen $g:\vec{x}=\begin{pmatrix}-3\\2\\1\end{pmatrix}+r\cdot\begin{pmatrix}-1\\2\\1\end{pmatrix}$ und $E:-x_1+4x_2-3x_3=2$

## 2.9 Modellieren mit Vektoren

**Aufgabe 64 :** Ein U-Boot bewegt sich nach der Bahngleichung

$$\vec{x}=\begin{pmatrix}24\\36\\-2\end{pmatrix}+t\cdot\begin{pmatrix}-15\\0\\-3,75\end{pmatrix}$$ ($t$ in Stunden, sonstige Angaben in km).

Die $x_1x_2$-Ebene stellt die Wasseroberfläche des Meeres dar.

**a)** Befindet sich das U-Boot auf einer Steig- oder Sinkfahrt?

**b)** Welche Geschwindigkeit hat es?

**c)** Nach wie vielen Stunden hat das U-Boot eine Tiefe von 17 km?

## 2.10 Das Vektorprodukt zur Flächen- und Volumenberechnung

**Aufgabe 65 :** Die Vektoren $\vec{a}=\begin{pmatrix}3\\1\\1\end{pmatrix}$, $\vec{b}=\begin{pmatrix}1\\-3\\0,5\end{pmatrix}$ und $\vec{c}=\begin{pmatrix}1\\0,5\\3\end{pmatrix}$

$\vec{c}$

spannen, wie grafisch dargestellt, eine Pyramide mit dreieckiger Grundfläche auf.
Berechnen Sie deren Volumen.

$\vec{b}$

$\vec{a}$

# 3 Basisübungen zur Stochastik

## 3.1 Baumdiagramm und Pfadregeln

**Aufgabe 66:** In einer Urne befinden sich 3 blaue, 4 rote und 5 grüne Kugeln.
Es werden 3 Kugeln nacheinander gezogen. Gezogene Kugeln werden zurückgelegt.
Berechnen Sie die Wahrscheinlichkeiten der folgenden Ereignisse.

**a)** Man erhält 3 Kugeln der gleichen Farbe.

**b)** Man erhält genau eine rote Kugel.

**c)** Man erhält 3 Kugeln mit verschiedenen Farben.

**d)** Man erhält zuerst eine grüne Kugel und dann 2 blaue Kugeln.

**e)** Man erhält mindestens eine grüne Kugel.

**Aufgabe 67:** In einem Stapel aus 13 Karten befinden sich 4 Asse, 2 Könige, 4 Damen und 3 Buben. Ein Spieler hebt zwei Karten ab.
Berechnen Sie die Wahrscheinlichkeiten der folgenden Ereignisse.

**a)** Der Spieler erhält kein Ass.

**b)** Der Spieler erhält höchstens ein Ass.

**c)** Der Spieler erhält genau einen König.

**d)** Der Spieler erhält ein Ass und einen Bube.

**Aufgabe 68:** In einer Urne befinden sich 10 blaue, 10 rote und 10 grüne Kugeln.
Wie viele Kugeln muss man mindestens (mit zurücklegen) entnehmen, sodass die Wahrscheinlichkeit, mindestens eine blaue Kugel zu ziehen, mindestens 98 % beträgt?

## 3.2 Bedingte Wahrscheinlichkeit, Unabhängigkeit, Vierfeldertafel

**Aufgabe 69:** An einer Schule sind 24 % der Autos alt. 18 % der Autos sind schmutzig. 65 % der Autos sind weder alt noch schmutzig.

**a)** Mit welcher Wahrscheinlichkeit ist ein zufällig ausgewähltes Auto alt und schmutzig?

**b)** Mit welcher Wahrscheinlichkeit ist ein zufällig ausgewähltes Auto alt oder schmutzig?

**c)** Man sieht ein altes Auto. Mit welcher Wahrscheinlichkeit ist es schmutzig?

**d)** Sind die beiden Eigenschaften „alt" und „schmutzig" voneinander abhängig oder unabhängig?

**Aufgabe 70:** An einer Schule wurden im Laufe des Schuljahres 46 % der Schüler vom Hausmeister ermahnt. 20 % der ermahnten Schüler verhalten sich ordentlich. Insgesamt verhalten sich 53 % der Schüler ordentlich.

**a)** Geben Sie ein vollständig ausgefülltes Baumdiagramm an.

**b)** Mit welcher Wahrscheinlichkeit ist ein zufällig ausgewählter Schüler unordentlich und wurde noch nicht vom Hausmeister ermahnt?

**c)** Man trifft auf einen ordentlichen Schüler. Mit welcher Wahrscheinlichkeit wurde er schon vom Hausmeister ermahnt?

## 3.3 Zufallsvariable, Erwartungswert und Standardabweichung

**Aufgabe 71:** Eine Klasse bietet bei der Weihnachtsfeier ein Glücksspiel an. Hierbei wird ein Würfel ein Mal geworfen. Falls eine 1 oder 3 geworfen wird, bekommt der Spieler 2 € ausbezahlt. Bei einer 6 bekommt er 5 € ausbezahlt. Ansonsten bekommt er 1 € ausbezahlt. Wie hoch sollte die Klasse den Eintrittspreis für das Spiel festlegen, sodass sie pro Spiel durchschnittlich 0,50 € Gewinn macht?

## 3.4 Binomialverteilung

**Aufgabe 72:** Berechnen Sie die gesuchten Wahrscheinlichkeiten mithilfe der Bernoulliformel.

**a)** Eine Maschine produziert mit einer Wahrscheinlichkeit von 78 % fehlerfreie Chips. Es werden 17 Chips überprüft. Mit welcher Wahrscheinlichkeit sind genau 11 fehlerfrei?

**b)** Emir verwandelt einen Freiwurf mit einer Wahrscheinlichkeit von 80 %. Mit welcher Wahrscheinlichkeit verwandelt er von 15 Freiwürfen genau 13?

**c)** Ein Glücksrad hat 3 gleich große Felder mit den Farben gelb, grün und blau. Das Glücksrad wird 8 Mal gedreht. Mit welcher Wahrscheinlichkeit erscheint 3 Mal die Farbe blau?

**Aufgabe 73:** Die Zufallsvariable X ist binomialverteilt mit $n = 30$ und $p = 0,4$. Bestimmen Sie mithilfe des WTR.

**a)** $P(X = 18) = $ _____

**b)** $P(X < 9) = $ _____

**c)** $P(X \geq 15) = $ _____

**d)** $P(X > 11) = $ _____

**e)** $P(9 \leq X \leq 13) = $ _____

**Aufgabe 74:** Dan trifft einen Elfmeter mit einer Wahrscheinlichkeit von 75 %. Er schießt 20 Elfmeter. Für welche Anzahl an Treffern beträgt die Wahrscheinlichkeit etwa 16,86 %?

**Aufgabe 75:** Dan trifft einen Elfmeter mit einer Wahrscheinlichkeit von 75 %. Wie viele Elfmeter darf er höchstens schießen, sodass die Wahrscheinlichkeit, höchstens 10 zu treffen, mehr als 50 % beträgt?

## 3.5 Normalverteilung

**Aufgabe 76:** Die Zufallsgröße X gibt das Gewicht von Menschen an.

**a)** Begründen Sie, dass X nicht binomialverteilt ist.

**b)** Für das Gewicht eines Menschen gelten $\mu = 80$ und $\sigma = 8$. Berechnen Sie folgende Wahrscheinlichkeiten mithilfe der Normalverteilung.

$P(X \leq 90) = $ _____

$P(X < 90) = $ _____

$P(X \geq 65) = $ _____

$P(70 \leq X \leq 80) = $ _____

**Aufgabe 77:** Eine faire Münze wird 150 Mal geworfen. Die Zufallsgröße X gibt an, wie oft „Zahl" geworfen wurde.

a) Begründen Sie, dass X binomialverteilt ist.

b) Begründen Sie, dass Wahrscheinlichkeitsberechnungen trotzdem auch anhand der Normalverteilung durchgeführt werden können.

c) Berechnen Sie folgende Wahrscheinlichkeiten. Verwenden Sie hierzu entweder die Binomial- oder die Normalverteilung.

$P(X \leq 80) = $ _____

$P(X \geq 70) = $ _____

# 3.6 Sigma–Regeln (Prognoseintervalle)

**Aufgabe 78:** 14 % der hergestellten Displays auf einer Maschine sind grundsätzlich fehlerhaft. Die Displays werden in Paketen mit 100 Stück verkauft.
Wie viele Displays pro Paket sind mit einer Wahrscheinlichkeit von 90 % fehlerhaft?

# 3.7 Vertrauensintervalle (Konfidenzintervalle)

**Aufgabe 79:** Im Training trifft ein Basketballspieler 51 von 60 Freiwürfen. Der Trainer möchte die grundsätzliche Trefferwahrscheinlichkeit (*p*) des Spielers abschätzen. Geben Sie ein 95,4 % - Vertrauensintervall für *p* an.

**Aufgabe 80:** 7 von 25 Schüler aus einer Klasse geben an, ein iPhone zu nutzen.
**a)** Schätzen Sie den gesamten Anteil (*p*) an iPhone-Nutzern in der Schule ab. Geben Sie hierfür ein 99 % - Vertrauensintervall an.

**b)** Das Vertrauensintervall soll nun höchstens eine Länge von 20 % haben. Wie viele Schüler müssten hierfür mindestens befragt werden?

# 4 Basisübungen zum Problemlösen

**Aufgabe 81**: Jakob und Lovis können sich nicht einigen und wollen deshalb eine Münze werfen. Leider ist die Münze verbogen.
Wie können sie mithilfe der verbogenen Münze ein faires Glückspiel mit gleichen Gewinnchancen für beide durchführen?

**Aufgabe 82:** Jonas hat eine 4 kg schwere Wassermelone, deren Masse zu 99 % aus Wasser besteht. Unvorsichtigerweise lässt sie sie zu lange in der Sonne liegen, bis die Melone nur noch zu 98 % aus Wasser besteht.
Wie schwer ist die Melone dann noch?

**Aufgabe 83:** Mara legt Blättchen nach nebenstehendem
Muster. Die ersten drei Muster hat sie schon gelegt.
Ab welchem Muster benötigt Mara mehr als 1000 Blättchen? Begründen Sie.

**Aufgabe 84:** Gegeben ist ein Dreieck mit den Eckpunkten A(3 | 3 | 3), B(3 | 5 | 3), C(9 | 5 | 3). Bestimmen Sie die Koordinaten eines Punktes D, sodass das Volumen der Pyramide ABCD gleich 10 ist.

**Aufgabe 85:** Daniel startet seine Wanderung um 8 Uhr im Tal. Er kommt um 18 Uhr auf der Berghütte an und übernachtet dort. Am nächsten Morgen beginnt er seinen Rückweg um 8 Uhr und erreicht um 18 Uhr das Tal.
Hierbei wandert Daniel nicht unbedingt mit konstanter Geschwindigkeit.
Beweisen Sie, dass es eine Uhrzeit zwischen 8 Uhr und 18 Uhr gibt, zu welcher sich Daniel an beiden Tagen an der exakt gleichen Stelle seiner Wanderung befindet.

**Aufgabe 86:** In ein Quadrat ist ein Kreis einbeschrieben.
Der Kreis stellt wiederum den Umkreis eines
kleineren Quadrates dar.
In welchem Verhältnis stehen die die Flächeninhalte
der beiden Quadrate zueinander?

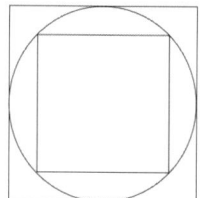

**Aufgabe 87:** Ein Quadrat wird in immer kleinere Quadrate zerlegt: Das Ausgangsquadrat wird geviertelt. Das Viertelquadrat links unten wird schwarz eingefärbt. Das Quadrat rechts oben wird wieder geviertelt usw..
Auf diese Weise entstehen unendlich viele schwarze Quadrate, die immer kleiner werden.
Wie groß ist der prozentuale Anteil der schwarz gefärbten Fläche am Ausgangsquadrat?

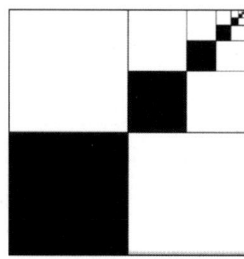

15 Merkur-Nr. 0383

# VIII Ausführliche Lösungen

## Lösungen Analysis

## 1 Funktionen

### Aufgabe 1

**Lösungsweg 1**

1. Steigung bestimmen:

$$m = \frac{y_2 - y_1}{x_2 - x_1} = \frac{4 - (-2)}{-1 - 3} = \frac{6}{-4} = -1,5$$

*ist egau welcher Punkt?* Ja.

2. Punkt $(P_1(3|-2))$ und Steigung

in $y = mx + b$ einsetzen:

$y = mx + b$

$-2 = -1,5 \cdot 3 + b$

$-2 = -4,5 + b$

$2,5 = b$

$\Rightarrow$ Gesuchte Gerade: $y = -1,5x + 2,5$

**Lösungsweg 2**

Beide Punkte in $y = mx + b$ einsetzen. Man erhält
2 lineare Gleichungen mit 2 Unbekannten.
Dieses Lineare Gleichungssystem lösen:

$P_1(3|-2):\ -2 = m \cdot 3 + b \quad \Leftrightarrow \quad 3m + b = -2 \quad (1)$

$P_2(-1|4):\ \ \ 4 = m \cdot (-1) + b \Leftrightarrow -m + b = 4 \quad (2)$

Gleichung $(1) - (2)$: $3m - (-m) + b - b = -2 - 4 \Leftrightarrow$

$4m = -6 \Leftrightarrow m = -1,5$

Einsetzen in Gleichung (2): $-(-1,5) + b = 4 \Leftrightarrow$

$b = 2,5$

$\Rightarrow$ Gesuchte Gerade: $y = -1,5x + 2,5$

### Aufgabe 2

**a)** $m_1 = -2$;

Bedingung für parallel: $m_1 = m_2$

$y = -2x + 1$   ($b$ beliebig)

**b)** $m_1 = -1$;

Bedingung für parallel: $m_1 = m_2$

$y = -x + 1$   ($b$ beliebig)

**c)** $m_1 = -2$;

Bedingung für senkrecht: $m_2 = \frac{-1}{m_1} = \frac{-1}{-2} = \frac{1}{2}$

$y = \frac{1}{2}x + 1$   ($b$ beliebig)

**d)** $m = \tan(60°) = \sqrt{3}$; $y = \sqrt{3}x$

**e)** $y = -4$;

**f)** $x = 2$

### Aufgabe 3

$f(x) = -x^3 - 2x + 2$; Grad 3; $S_y(0|2)$;
von II nach IV; weder noch

$f(x) = 2x^3 + x$; Grad 3; $S_y(0|0)$;
von III nach I; symm. zum Ursprung

$f(x) = -x^4 - 2x^2 - 1$; Grad 4; $S_y(0|-1)$;
von III nach IV; symm. zur $y$-Achse

$f(x) = 0,5x \cdot (x^3 - 2) = 0,5x^4 - x$; Grad 4;
$S_y(0|0)$; von II nach I; weder noch

$f(x) = (1 - x^2) \cdot (x^2 + 1)$
$\quad = x^2 + 1 - x^4 - x^2 = -x^4 + 1$
Grad 4; $S_y(0|1)$; von III nach IV;
symm. zur $y$-Achse

### Aufgabe 4

Hinweis: Prüfen Sie Grad, Schnittpunkt mit $y$-Achse,
Verlauf und Symmetrie.

**a)** A: $f_5(x)$   C: $f_9(x)$   **b)** A: $f_4(x)$   C: $f_8(x)$

   B: $f_6(x)$   D: $f_7(x)$      B: $f_1(x)$   D: $f_7(x)$

### Aufgabe 5

$K_f:\ \ f(x) = 5 \cdot (x + 6) \cdot (x + 5) \cdot (x + 4)$

$K_g:\ \ f(x) = -2 \cdot (x + 2) \cdot x^3$

$K_h:\ \ f(x) = 3 \cdot (x - 2) \cdot (x - 4)^2$

$K_i:\ \ f(x) = -(x - 7)^4$

**Aufgabe 6**

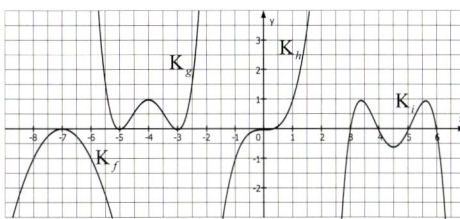

**Aufgabe 7**

C : $f_1(x) = \sqrt{x}$

D : $f_2(x) = \dfrac{1}{x^3}$

B : $f_3(x) = x^4$

A : $f_4(x) = x^{-2}$

**Aufgabe 8**

**a)** Das Schaubild der Funktion $g$ mit $g(x) = -2e^x - 1$ entsteht aus dem Schaubild von $f$ mit $f(x) = e^x$ durch Spiegelung an der x-Achse, durch Streckung um den Faktor 2 in y-Richtung und durch Verschiebung um 1 nach unten.

**b)** Das Schaubild der Funktion $g$ mit $g(x) = e^{-(x-2)}$ entsteht aus dem Schaubild von $f$ mit $f(x) = e^x$ durch Spiegelung an der y-Achse und Verschiebung um 2 nach rechts.

**c)** Das Schaubild der Funktion $g$ mit $g(x) = -e^{-x} + 2$ entsteht aus dem Schaubild von $f$ mit $f(x) = e^x$ durch Spiegelung an der x-Achse, durch Spiegelung an der y-Achse und Verschiebung um 2 nach oben.

**Aufgabe 9**

| | Asymptote | für $x \to +\infty$ | für $x \to -\infty$ |
|---|---|---|---|
| **a)** | $y = -2$ | | X |
| **b)** | $y = 1$ | X | |
| **c)** | $y = -2x - 1$ | X | |
| **d)** | $y = -x + 1$ | | X |
| **e)** | $y = x - 1$ | X | |

**Aufgabe 10**

**a)** Das Schaubild der Funktion $g$ mit $g(x) = -4\sin(x) + 1$ entsteht aus dem Schaubild von $f$ mit $f(x) = \sin(x)$ durch Spiegelung an der x-Achse, durch Streckung um den Faktor 4 in y-Richtung und durch Verschiebung um 1 nach oben.

**b)** Das Schaubild der Funktion $g$ mit $g(x) = \sin(2(x+4))$ entsteht aus dem Schaubild von $f$ mit $f(x) = \sin(x)$ durch Streckung um den Faktor $\dfrac{1}{2}$ in x-Richtung (Periodenlänge $= \dfrac{2\pi}{2} = \pi$) und durch Verschiebung um 4 nach links.

**c)** Das Schaubild der Funktion $g$ mit $g(x) = 2,5\cos(x-2) - 2$ entsteht aus dem Schaubild von $f$ mit $f(x) = \cos(x)$ durch Streckung um den Faktor 2,5 in y-Richtung, durch Verschiebung um 2 nach rechts und durch Verschiebung um 2 nach unten.

**Aufgabe 11**

Mit $f(x) = a \cdot \sin(b \cdot (x - c)) + d$ :

**a)** • $d = -1$  Mittellinie auf Höhe $-1$

$\left(\text{oder mit } \dfrac{1+(-3)}{2} = \dfrac{-2}{2} = -1\right)$

• $a = 2$ (max. Abstand von 2 zur

Mittellinie) $\left(\text{oder mit } \dfrac{1-(-3)}{2} = \dfrac{4}{2} = 2\right)$

• $c = 0$  keine Verschiebung bei sin

• $b = \dfrac{2\pi}{p} = \dfrac{2\pi}{\pi} = 2$

$\Rightarrow f(x) = 2 \cdot \sin(2x) - 1$

Alternativ: $f(x) = 2 \cdot \cos(2 \cdot (x - 0,79)) - 1$

**b)** • $d = 1,5$ Mittellinie auf Höhe 1,5

$$\left(\text{oder mit } \frac{2,5+0,5}{2} = \frac{3}{2} = 1,5\right)$$

• $a = 1$ (max. Abstand von 1 zur

Mittellinie) $\left(\text{oder mit } \frac{2,5-0,5}{2} = \frac{2}{2} = 1\right)$

• $c = -0,5$ Verschiebung um 0,5 nach links

• $b = \dfrac{2\pi}{p} = \dfrac{2\pi}{2} = \pi$

$\Rightarrow f(x) = \sin(\pi \cdot (x+0,5)) + 1,5$

Alternativ: $f(x) = \sin(\pi \cdot (x-1,5)) + 1,5$

Alternativ: $f(x) = \cos(\pi \cdot x) + 1,5$

**c)**

Mit $f(x) = a \cdot \sin(b \cdot (x-c)) + d$ :

• $d = 0$ Mittellinie auf Höhe 0

$$\left(\text{oder mit } \frac{1,5+(-1,5)}{2} = \frac{0}{2} = 0\right)$$

• $a = 1,5$ (max. Abstand von 1,5 zur

Mittellinie) $\left(\text{oder mit } \frac{1,5-(-1,5)}{2} = \frac{3}{2} = 1,5\right)$

• $c = -1$ Verschiebung um 1 nach links

• $b = \dfrac{2\pi}{p} = \dfrac{2\pi}{2\pi} = 1$

Es kann nicht verlangt werden, dass die exakte Periodenlänge von $2\pi$ ($\approx 6,28$) abgelesen wird. Auch eine abgelesene Periodenlänge von bspw. 6,1 mit einem zugehörigen $b$-Wert von

$b = \dfrac{2\pi}{6,1} = 1,03$ ist „richtig".

$\Rightarrow f(x) = 1,5 \cdot \sin(x+1)$

Alternativ: $f(x) = 1,5 \cdot \cos(x-0,57)$

**Aufgabe 12**

$f(x) = \sin(x^2) \cdot x$

Die allg. Bedingung für Symmetrie
zum Ursprung lautet: $f(-x) = -f(x)$

$f(-x) = \sin\left((-x)^2\right) \cdot (-x) = \sin\left(x^2\right) \cdot (-x) = \underline{-\sin\left(x^2\right) \cdot x}$

$-f(x) = \underline{-\sin\left(x^2\right) \cdot x}$

$\Rightarrow$ Es gilt: $f(-x) = -f(x)$

**Aufgabe 13**

• Rechnerische Bestimmung
Umkehrfunktion zu $f(x) = -0,5x + 2$.
1. Schritt: Vertauschen von $x$ und $y$.
$y = -0,5x + 2$
$x = -0,5y + 2$
2. Schritt: Auflösen nach $y$. Ersetzen durch $f^{-1}(x)$.

$\quad x = -0,5y + 2 \qquad |-2$

$\quad x - 2 = -0,5y \qquad |:(-0,5)$

$-2x + 4 = y \quad \Rightarrow \quad f^{-1}(x) = -2x + 4$

• Grafische Bestimmung
Spiegelung an der 1.Winkelhalbierenden ($y = x$).

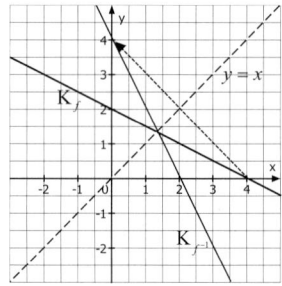

# 2 Gleichungen

**Aufgabe 14**

**a)**
$$-x^4 + 1 = 4 - 4x^4 \quad |+4x^4 \ -1$$
$$3x^4 = 3 \quad |:3$$
$$x^4 = 1 \quad |\sqrt[4]{\ }$$
$$x_1 = 1$$
$$x_2 = -1$$
(Typ 1; 4. Grad)

**b)**
$$x^3 - 2x^2 = x^2 \quad |-x^2$$
$$x^3 - 3x^2 = 0$$
$$x^2 \ \cdot \ (x-3) = 0$$
S. v. Nullpr.
$$x^2 = 0 \ |\sqrt{\ } \qquad x-3 = 0 \quad |+3$$
$$x_{1/2} = 0 \qquad\qquad x_3 = 3$$
(Typ 2; 3. Grad)

**c)**
$$6e^x - 3 = 1 - 4e^x \quad |+4e^x +3$$
$$10e^x = 4 \quad |:10$$
$$e^x = \frac{2}{5} \quad |\ln$$
$$x = \ln\left(\frac{2}{5}\right)$$
$$x \approx -0,92$$
(Typ1; Exponentialgleichung)

**d)**
$$1 - e^{4x+3} = -4 \quad |-1$$
$$-e^{4x+3} = -5 \quad |\cdot(-1)$$
$$e^{4x+3} = 5 \quad |\ln$$
$$4x + 3 = \ln(5) \quad |-3$$
$$4x = \ln(5) - 3 \quad |:4$$
$$x = \frac{\ln(5) - 3}{4}$$
$$x \approx -0,35$$
(Typ 1; Exponentialgleichung)

**e)**
$$2x(x^2 - 1) = 0,5 - 2x$$
$$2x^3 - 2x = 0,5 - 2x \quad |+2x$$
$$2x^3 = 0,5 \quad |:2$$
$$x^3 = 0,25 \quad |\sqrt[3]{\ }$$
$$x = \sqrt[3]{0,25}$$
$$x \approx 0,63$$
(Typ 1; 3. Grad)

**f)**
$$2e^{2x} - e^x = 2e^x \quad |-2e^x$$
$$2e^{2x} - 3e^x = 0$$
$$e^x \cdot (2e^x - 3) = 0$$
S. v. Nullpr.
$$e^x = 0 \ |\ln \qquad 2e^x - 3 = 0 \quad |+3$$
keine Lösung $\qquad 2e^x = 3 \quad |:2$
$$\qquad\qquad e^x = 1,5 \quad |\ln$$
$$\qquad\qquad x = \ln(1,5)$$
$$\qquad\qquad x \approx 0,405$$
(Typ 2; Exponentialgleichung)

**g)**
$$\frac{3}{2}x^4 - 2 = x^4 \quad |-x^4 + 2$$
$$\frac{1}{2}x^4 = 2 \quad |:\frac{1}{2}$$
$$x^4 = 4 \quad |\sqrt[4]{\ }$$
$$x_1 = \sqrt[4]{4} \approx 1,41$$
$$x_2 = -\sqrt[4]{4} \approx -1,41$$
(Typ 1; 4. Grad)

**h)**
$$\sin(x) = 0,2 \quad |\sin^{-1}$$
$$x = \sin^{-1}(0,2)$$
$$x_1 \approx 0,2 \text{ (nicht in Merkhilfe, nur durch WTR)}$$
$$x_2 = \pi - x_1 \approx \pi - 0,2 = 2,94$$

alle Lösungen:
$$x \approx 0,2 + k \cdot 2\pi$$
und
$$x \approx 2,94 + k \cdot 2\pi$$
$$(k = ..., -1, 0, 1, 2, ...)$$

(Typ 1; Sinusgleichung)

**i)** $\quad 2x^4 - 24x^2 = -72 + 2x^2 \quad | +72 - 2x^2$

$\quad 2x^4 - 26x^2 + 72 = 0 \quad\quad |:2$

$\quad x^4 - 13x^2 + 36 = 0$

Substitution: $\left(x^4 = u^2;\ x^2 = u\right)$

$\quad u^2 - 13u + 36 = 0$

$u_{1/2} = \dfrac{-(-13) \pm \sqrt{(-13)^2 - 4 \cdot 1 \cdot 36}}{2 \cdot 1}$ (abc-Formel)

$\quad = \dfrac{13 \pm \sqrt{25}}{2} = \dfrac{13 \pm 5}{2}$

$u_1 = \dfrac{13 + 5}{2} = \dfrac{18}{2} = 9; \quad u_2 = \dfrac{13 - 5}{2} = \dfrac{8}{2} = 4$

Rücksubstitution:

$x^2 = 9 \quad | \sqrt{} \quad\quad\quad x^2 = 4 \quad | \sqrt{}$

$x_1 = 3 \quad\quad\quad\quad\quad\quad x_3 = 2$

$x_2 = -3 \quad\quad\quad\quad\quad\ x_4 = -2$

$\quad\quad$ (Typ S; 4. Grad)

**j)** $\quad 2e^{2x} - 17e^x + 8 = 0$

Substitution: $\left(e^{2x} = u^2;\ e^x = u\right)$

$\quad 2u^2 - 17u + 8 = 0$

$u_{1/2} = \dfrac{-(-17) \pm \sqrt{(-17)^2 - 4 \cdot 2 \cdot 8}}{2 \cdot 2}$ (abc-Formel)

$\quad = \dfrac{17 \pm \sqrt{225}}{4} = \dfrac{17 \pm 15}{4}$

$u_1 = \dfrac{17 + 15}{4} = \dfrac{32}{4} = 8; \quad u_2 = \dfrac{17 - 15}{4} = \dfrac{2}{4} = 0,5$

Rücksubstitution:

$e^x = 8 \quad | \ln \quad\quad\quad e^x = 0,5 \quad | \ln$

$x_1 = \ln(8) \quad\quad\quad\quad\ x_2 = \ln(0,5)$

$x_1 \approx 2,08 \quad\quad\quad\quad\ x_2 \approx -0,69$

$\quad\quad$ (Typ S; Exponentialgleichung)

**k)** $\quad \dfrac{1}{x^3} - 4 = 4 \quad\quad | +4$

$\quad\quad \dfrac{1}{x^3} = 8 \quad\quad\ | \cdot x^3$

$\quad\quad 1 = 8x^3 \quad\quad | :8$

$\quad\quad \dfrac{1}{8} = x^3 \quad\quad | \sqrt[3]{}$

$\quad\quad \dfrac{1}{2} = x$

(Typ 1; 3. Grad)

**l)** $\quad \cos(2x) - 0,5 = 0 \quad | +0,5$

$\quad\quad \cos(2x) = 0,5$

Substitution: $(2x = u)$

$\quad\quad \cos(u) = 0,5 \quad | \cos^{-1}$

$\quad\quad u = \cos^{-1}(0,5)$

$u_1 = \dfrac{1}{3}\pi \ (\approx 1,05)$ (durch Merkhilfe oder WTR)

$u_2 = 2\pi - u_1 = \pi - \dfrac{1}{3}\pi = \dfrac{5}{3}\pi \ (\approx 5,24)$

alle Lösungen:

$u = \dfrac{1}{3}\pi + k \cdot 2\pi$

und

$u = \dfrac{5}{3}\pi + k \cdot 2\pi \quad\quad (k = ..., -1, 0, 1, 2, ...)$

Rücksubstitution:

$2x = \dfrac{1}{3}\pi + k \cdot 2\pi \quad\quad |:2$

$x = \dfrac{1}{6}\pi + k \cdot \pi$

und

$2x = \dfrac{5}{3}\pi + k \cdot 2\pi \quad\quad |:2$

$x = \dfrac{5}{6}\pi + k \cdot \pi$

(Typ 1S; Kosinusgleichung)

**Aufgabe 15**

| Nr. | Typ | Begründung (umformbar auf ...) |
|-----|-----|-------------------------------|
| 1 | 1; 3. Grad | $x^3 = ...$ |
| 2 | 2; 3. Grad | Alle mit mind. $x$ |
| 3 | 2; 4. Grad | Alle mit mind. $x^2$ |
| 4 | 3; 2. Grad | $...x^2 + ...x + ... = 0$ |
| 5 | S; 4. Grad | $...x^4 + ...x^2 + ... = 0$ |
| 6 | 1; Exponentialgl. | $e^{1-2x} = ...$ |
| 7 | 2; Exponentialgl. | Alle mit mind. $e^x$ |
| 8 | S; Exponentialgl. | $...e^{2x} + ...e^x + ... = 0$ |
| 9 | 2; Exponentialgl. | Alle mit mind. $e^x$ |
| 10 | 1; Sinusgl. | $\sin(x) = ...$ |
| 11 | 1S; Sinusgl. | $\sin(\text{„nicht nur } x\text{“}) = ...$ |

# 3 Differenzialrechnung

## Aufgabe 16

**a)** $f'(x) = 6x^2 - 2$

**b)** $f'(x) = 4x^3 - 0,5$

**c)** $f'(x) = e^{7x-3} \cdot 7 = 7e^{7x-3}$

**d)** $f'(x) = -2\cos(x-3)$

**e)** $f'(x) = -\sin(2x-3) \cdot 2 = -2\sin(2x-3)$

**f)** $f'(x) = 4 \cdot (1-x^3)^3 \cdot (-3x^2) = -12x^2(1-x^3)^3$

**g)** $f'(x) = 2x + e^{2x} \cdot 2$

**h)** $f'(x) = 2x \cdot e^{2x} + x^2 \cdot e^{2x} \cdot 2 = 2xe^{2x} + 2x^2e^{2x}$

**i)** $f'(x) = 12x^2 \cdot e^{4x} + 4x^3 \cdot e^{4x} \cdot 4$
$= 12x^2e^{4x} + 16x^3e^{4x}$

**j)** $f'(x) = 2,5x^4 + \dfrac{1}{x}$

**k)** $f'(x) = \dfrac{1}{4x-1} \cdot 4 = \dfrac{4}{4x-1}$

**l)** $f'(x) = -e^{-2x} \cdot (-2) - 2 = 2e^{-2x} - 2$

**m)** $f'(x) = -\cos(3x^3) \cdot 9x^2$

**n)** $f'(x) = -a - 3$

**o)** $f'(x) = \cos(x) \cdot x + \sin(x)$

**p)** $f(x) = 2x^4 - 4x^3; \; f'(x) = 8x^3 - 12x^2$

**q)** $f'(x) = 3ax^2 + 2bx + c$

**r)** $f(x) = 3x^2 - x - x^{-1};$
$f'(x) = 6x - 1 + x^{-2} = 6x - 1 + \dfrac{1}{x^2}$

**s)** $f(x) = 2\sqrt{x} = 2 \cdot x^{0,5};$
$f'(x) = 2 \cdot 0,5 \cdot x^{-0,5} = \dfrac{1}{\sqrt{x}}$

**t)** $f(x) = \sqrt{1-2x} = (1-2x)^{0,5};$
$f'(x) = 0,5 \cdot (1-2x)^{-0,5} \cdot (-2)$
$= -\dfrac{1}{(1-2x)^{0,5}} = -\dfrac{1}{\sqrt{1-2x}}$

## Aufgabe 17

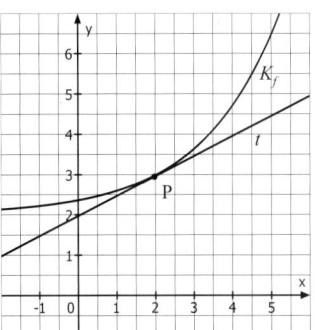

1. Aufgabentyp

Berechnung der Tangentengleichung:

1. $y$-Wert des Berührpunktes berechnen
$f(2) = e^{0,5 \cdot 2 - 1} + 2 = e^0 + 2 = 1 + 2 = 3 \rightarrow B(2 \,|\, 3)$

2. Tangentensteigung berechnen
$f'(x) = e^{0,5x-1} \cdot 0,5 = 0,5e^{0,5x-1}$
$f'(2) = 0,5 \cdot e^{0,5 \cdot 2 - 1} = 0,5 \cdot e^0 = 0,5 \cdot 1 = 0,5 \; (= m_t)$

3. Tangentengleichung berechnen
$y = m_t \cdot x + b$
$3 = 0,5 \cdot 2 + b$
$3 = 1 + b \qquad |-1$
$2 = b$
$\Rightarrow$ Tangente: $y = 0,5x + 2$

**Aufgabe 18**

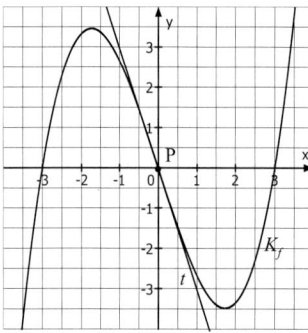

2. Aufgabentyp
Berechnung der Tangentengleichung:

1. $f'(x) = m_t$ liefert $x$-Wert des
Berührpunktes

$f'(x) = x^2 - 3$

$\quad f'(x) = m_t$

$\quad x^2 - 3 = -3 \quad | +3$

$\qquad x^2 = 0 \quad | \sqrt{}$

$\qquad x = 0$

(An dieser Stelle hat das Schaubild
die gegebene Steigung.)

2. $y$-Wert des Berührpunktes berechnen

$f(0) = \dfrac{1}{3} \cdot 0^3 - 3 \cdot 0 = 0 \rightarrow B(0 \mid 0)$

3. Tangentengleichung berechnen

$y = m_t \cdot x + b$

$0 = -3 \cdot 0 + b$

$0 = b$

$\Rightarrow$ Tangente: $y = -3x$

**Aufgabe 19**

**a)** Ansatz: $f(0) = 0{,}25 \cdot 0^4 - 2 \cdot 0^3 + 4 \cdot 0^2 - 1$

$\qquad\qquad = -1$

$\rightarrow S_y(0 \mid -1)$

**b)** $f(x) = 0{,}25x^4 - 2x^3 + 4x^2 - 1$

$f'(x) = x^3 - 6x^2 + 8x$

$f''(x) = 3x^2 - 12x + 8$

1. Schritt:

$\qquad\qquad f'(x) = 0$

$\qquad x^3 - 6x^2 + 8x = 0$

$x \cdot \left( x^2 - 6x + 8 \right) - 0$

$\qquad$ S. v. Nullpr.

$x_1 = 0 \qquad x^2 - 6x + 8 = 0$

$\quad x_{2/3} = \dfrac{-(-6) \pm \sqrt{(-6)^2 - 4 \cdot 1 \cdot 8}}{2 \cdot 1}$

$\qquad = \dfrac{6 \pm \sqrt{36 - 32}}{2} = \dfrac{6 \pm 2}{2}$

$x_2 = \dfrac{6 - 2}{2} = 2; \quad x_3 = \dfrac{6 + 2}{2} = 4$

2. Schritt:

$f''(0) = 3 \cdot 0^2 - 12 \cdot 0 + 8 = 8 \quad > 0 \quad \rightarrow T$

$f''(2) = 3 \cdot 2^2 - 12 \cdot 2 + 8 = -4 \quad < 0 \quad \rightarrow H$

$f''(4) = 3 \cdot 4^2 - 12 \cdot 4 + 8 = 8 \quad > 0 \quad \rightarrow T$

3. Schritt:

$f(0) = 0{,}25 \cdot 0^4 - 2 \cdot 1^3 + 4 \cdot 0^2 - 1 = -1 \rightarrow T(0 \mid -1)$

$f(2) = 0{,}25 \cdot 2^4 - 2 \cdot 2^3 + 4 \cdot 2^2 - 1 = 3 \quad \rightarrow H(2 \mid 3)$

$f(4) = 0{,}25 \cdot 4^4 - 2 \cdot 4^3 + 4 \cdot 4^2 - 1 = -1 \rightarrow T(4 \mid -1)$

**c)** 1. Schritt:

$\qquad\qquad f''(x) = 0$

$\qquad 3x^2 - 12x + 8 = 0$

$x_{1/2} = \dfrac{-(-12) \pm \sqrt{(-12)^2 - 4 \cdot 3 \cdot 8}}{2 \cdot 3}$

$\qquad = \dfrac{12 \pm \sqrt{48}}{6}$

$x_1 = \dfrac{12 - \sqrt{48}}{6} \approx 0{,}85; \quad x_2 = \dfrac{12 + \sqrt{48}}{6} \approx 3{,}15$

2. Schritt:

$f'''(x) = 6x - 12$

$f'''(0{,}85) \approx 6 \cdot 0{,}85 - 12 = -6{,}9 \qquad \neq 0 \quad \rightarrow W$

$f'''(3{,}15) \approx 6 \cdot 3{,}15 - 12 = 6{,}9 \qquad \neq 0 \quad \rightarrow W$

3. Schritt:

$f(0,85) = 0,25 \cdot 0,85^4 - 2 \cdot 0,85^3 + 4 \cdot 0,85^2 - 1$

$\approx 0,79 \qquad \rightarrow \; W_1(0,85 \,|\, 0,78)$

$f(3,15) = 0,25 \cdot 3,15^4 - 2 \cdot 3,15^3 + 4 \cdot 3,15^2 - 1$

$\approx 0,79 \qquad \rightarrow \; W_2(3,15 \,|\, 0,78)$

**d)** Steigungen in den Wendepunkten:

$f'(3,15) = 3,15^3 - 6 \cdot 3,15^2 + 8 \cdot 3,15 \approx -3,08 < 0$

$f'(0,85) = 0,85^3 - 6 \cdot 0,85^2 + 8 \cdot 0,85 \approx 3,08 > 0$

somit muss Wendetangente in $W_1(0,85\,|\,0,79)$
berechnet werden:

1. Berührpunkt: $W_1(0,85\,|\,0,79)$

2. Tangentensteigung berechnen

$f'(0,85) = 0,85^3 - 6 \cdot 0,85^2 + 8 \cdot 0,85 \approx 3,08 \,(= m_t)$

3. Tangentengleichung berechnen

$y = m_t \cdot x + b$

$0,79 = 3,08 \cdot 0,85 + b$

$0,79 = 2,62 + b \qquad |-2,62$

$-1,83 = b$

$\Rightarrow$ Tangente: $y = 3,08x - 1,83$

**Aufgabe 20**

**a)** Ansatz: $\dfrac{1}{3}x^3 - x^2 = 0$

$\qquad x^2 \cdot \left( \dfrac{1}{3}x - 1 \right) = 0$

S. v. Nullpr.

$x^2 = 0 \;\;|\sqrt{\phantom{x}} \qquad \dfrac{1}{3}x - 1 = 0 \quad |+1$

$x_{1/2} = 0 \qquad\qquad \dfrac{1}{3}x = 1 \quad |\cdot 3$

$\qquad\qquad\qquad\qquad x_3 = 3$

$\rightarrow N_{1/2}(0\,|\,0); \; N_3(3\,|\,0)$

**b)** Ansatz: $f(0) = \dfrac{1}{3} \cdot 0^3 - 0^2 = 0$

$\rightarrow S_y(0\,|\,0)$

**c)**

$f(x) = \dfrac{1}{3}x^3 - x^2$

$f'(x) = x^2 - 2x$

$f''(x) = 2x - 2$

1. Schritt:

$\qquad\qquad f'(x) = 0$

$\qquad\qquad x^2 - 2x = 0$

$\qquad\qquad x \cdot (x-2) = 0$

$\qquad\qquad$ S. v. Nullpr.

$x_1 = 0 \qquad\qquad x - 2 = 0 \qquad |+2$

$\qquad\qquad\qquad\qquad\quad x_2 = 2$

2. Schritt:

$f''(0) = 2 \cdot 0 - 2 = -2 \; < 0 \qquad \rightarrow H$

$f''(2) = 2 \cdot 2 - 2 = 4 - 2 = 2 > 0 \; \rightarrow T$

3. Schritt:

$f(0) = \dfrac{1}{3} \cdot (-1)^3 - 0^2 \quad \rightarrow H(0\,|\,0)$

$f(2) = \dfrac{1}{3} \cdot 2^3 - 1 \cdot 2^2$

$\qquad = \dfrac{8}{3} - 4 = -\dfrac{4}{3} \; \rightarrow T\left(2\,|\,-\dfrac{4}{3}\right)$

**d)** 1. Schritt:

$\qquad\qquad f''(x) = 0$

$\qquad\qquad 2x - 2 = 0 \quad |+2$

$\qquad\qquad 2x = 2 \quad |:2$

$\qquad\qquad x = 1$

2. Schritt:

$f'''(x) = 2$

$f'''(1) = 2 \; \neq 0 \; \rightarrow W$

3. Schritt:

$f(1) = \dfrac{1}{3} \cdot 1^3 - 1^2 = \dfrac{1}{3} - 1 = -\dfrac{2}{3} \rightarrow W\left(1\,|\,-\dfrac{2}{3}\right)$

## Aufgabe 21

Untersuchung auf Extrempunkte:
$$f(x) = -2e^{-x} - 4x$$
$$f'(x) = -2e^{-x} \cdot (-1) - 4 = 2e^{-x} - 4$$
$$f''(x) = -2e^{-x}$$

1. Schritt:
$$f'(x) = 0$$
$$2e^{-x} - 4 = 0 \qquad |+4$$
$$2e^{-x} = 4 \qquad |:2$$
$$e^{-x} = 2 \qquad |\ln$$
$$-x = \ln(2) \qquad |\cdot(-1)$$
$$x = -\ln(2) \approx -0,69$$

2. Schritt:
$$f''(-\ln(2)) = -2e^{-(-\ln(2))} = -2e^{\ln(2)}$$
$$= -2 \cdot 2 = -4 \quad < 0 \rightarrow H$$

3. Schritt:
$$f(-\ln(2)) = -2e^{-(-\ln(2))} - 4 \cdot (-\ln(2))$$
$$= -2e^{\ln(2)} + 4 \cdot \ln(2) = -2 \cdot 2 + 4 \cdot \ln(2)$$
$$= -4 + 4 \cdot \ln(2) \approx -1,23$$
$$\rightarrow H(-\ln(2) \mid -4 + 4 \cdot \ln(2)) \approx H(-0,69 \mid -1,23)$$

Untersuchung auf Wendepunkte:
1. Schritt:
$$f''(x) = 0$$
$$-2e^{-x} = 0 \qquad |:(-2)$$
$$e^{-x} = 0 \qquad |\ln$$
$$\text{keine Lösung}$$

Schaubild hat also keinen Wendepunkt

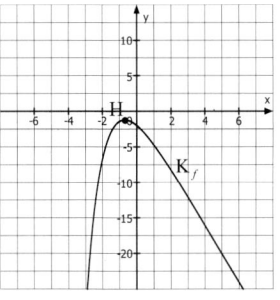

## Aufgabe 22

Vorgehen: Da der $x$-Wert des Sattelpunktes gegeben ist, können die Eigenschaften eines Sattelpunktes $\left( f'(x) = 0 \text{ und } f''(x) = 0 \text{ und } f'''(x) \neq 0 \right)$ schnell nachgewiesen werden:

$$f(x) = \sin(x) + x$$
$$f'(x) = \cos(x) + 1$$
$$f''(x) = -\sin(x)$$
$$f'''(x) = -\cos(x)$$

Nachweis:
$$f'(\pi) = \cos(\pi) + 1 = -1 + 1 \quad = 0$$
$$f''(\pi) = -\sin(\pi) \quad = 0$$
$$f'''(\pi) = -\cos(\pi) = -(-1) = 1 \quad \neq 0$$
Somit liegt hier ein Sattelpunkt vor.

## Aufgabe 23

Vorgehen:
Die ausführliche Version des Zusammenhanges zwischen den Schaubildern von Funktion und Ableitung enthält im Gegensatz zur NEW, NEW NEW-Regel auch Informationen zu einem Sattelpunkt. Dies kann bei b) verwendet werden.

**a)**

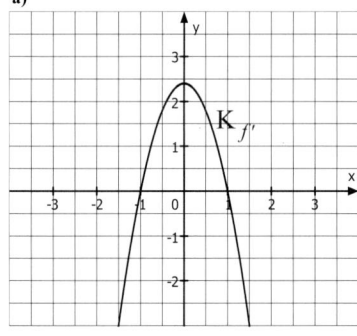

**b)**

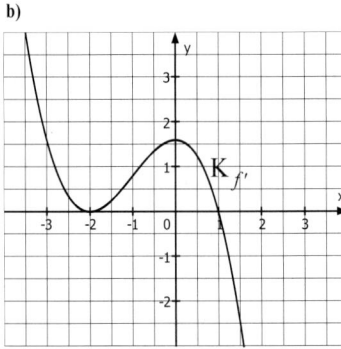

**Aufgabe 24**

**a)** wahr; Schaubild von $f$ besitzt einen Sattelpunkt

**b)** wahr; Schaubild von $f$ besitzt 2 Wendepunkte

**c)** falsch; das Schaubild von $f$ müsste hier dann einen Wendepunkt aufweisen

**d)** falsch; das Schaubild von $f$ hat hier eine negative Steigung

**e)** wahr; das Schaubild von $f$ hat hier eine negative Steigung

**f)** richtig; das Schaubild von $f$ hat hier einen Wendepunkt

**g)** falsch; das Schaubild von $f$ ist hier linksgekrümmt (Fahrradfahrer). Deshalb gilt: $f''(-0,5) > 0$

**h)** falsch; hierfür müsste das Schaubild von $f$ symmetrisch zur $y$-Achse sein (S. 48)

**Aufgabe 25**

**a)** richtig; da das Schaubild von $f'$ drei Nullstellen (mit Vorzeichenwechsel) aufweist.

**b)** falsch; das Schaubild von $f'$ müsste dann 3 Extrempunkte aufweisen (bei Funktion 3. Grades unmöglich)

**c)** falsch; das Schaubild von $f'$ müsste in diesem Fall einen Extrempunkt auf der $x$-Achse bzw. eine doppelte Nullstelle aufweisen

**d)** Ablesen aus Schaubild: $f'(0) = 0$, somit hat das Schaubild von $f$ hier Steigung 0.

**e)** wahr; das Schaubild von $f'$ verläuft hier im positiven Bereich, es gilt also: $f'(-1) > 0$.

**f)** richtig; das Schaubild von $f'$ verläuft zwischen $x = -2$ und $x = -1$ im positiven Bereich. Somit ist das Schaubild von $f$ hier ansteigend. Deshalb liegt bei $x = -1$ ein höherer $y$-Wert vor als bei $x = -2$.

**g)** falsch; hierfür müsste das Schaubild von $f'(x)$ symmetrisch zum Ursprung sein (S. 48)

**Aufgabe 26**

Ablesen: $N_{1/2/3}(0 \,|\, 0)$; $N_4(4 \,|\, 0)$; $P(-1 \,|\, 0,5)$

$$f(x) = a \cdot x^3 \cdot (x - 4)$$

Weiteren Punkt $P(-1 \,|\, 0,5)$ einsetzen:
$$0,5 = a \cdot (-1)^3 \cdot (-1 - 4)$$
$$0,5 = a \cdot (-1) \cdot (-5)$$
$$0,5 = 5a \qquad |:5$$
$$0,1 = a$$

$$\Rightarrow f(x) = 0,1 \cdot x^3 \cdot (x - 4)$$

**Aufgabe 27**

Allg. Ansatz: $\quad f(x) = ax^4 + cx^2 + e$
(nur gerade Hochzahlen, da symmetrisch zur $y$-Achse)
$$f'(x) = 4ax^3 + 2cx$$
$$f''(x) = 12ax^2 + 2c$$

$P(0 \,|\, 2)$ *(Punktprobe)*: $f(0) = 2$
$$e = 2$$
$T(1 \,|\, 0)$ *(Punktprobe)*: $f(1) = 0$
$$a + c + 2 = 0$$
$$a + c = -2$$
$T(1 \,|\, 0)$ *(Bed. $f'(x) = 0$)*:
$$f'(1) = 0$$
$$4a + 2c = 0$$

LGS für die Unbekannen $a$ und $c$:

$$\begin{pmatrix} 1 & 1 & | & -2 \\ 4 & 2 & | & 0 \end{pmatrix} \sim \begin{pmatrix} 1 & 1 & | & -2 \\ 0 & 2 & | & -8 \end{pmatrix}$$

II: $2c = -8$

$\qquad c = -4$

in I: $a + (-4) = -2$

$\qquad\quad a = 2$

Man erhält: $f(x) = 2x^4 - 4x^2 + 2$

### Aufgabe 28

Allg. Ansatz: $\quad f(x) = ax^3 + cx$

(nur ungerade Hochzahlen, da symmetrisch zum Ursprung)

$$f'(x) = 3ax^2 + c$$
$$f''(x) = 6ax$$

*Steigung* 4 *im* Ursprung: $f'(0) = 4$

$\qquad\qquad\qquad 3a \cdot 0^2 + c = 4 \Rightarrow c = 4$

P($-2 | 0$) (*Punktprobe*): $f(-2) = 0$

$\qquad\qquad a \cdot (-2)^3 + c \cdot (-2) = 0$

$\qquad\qquad\qquad\quad -8a - 2c = 0$

Einsetzen von $c = 4$: $-8a - 2 \cdot 4 = 0 \Leftrightarrow$

$-8a = 8 \Rightarrow a = -1$

Man erhält: $f(x) = -x^3 + 4x$

### Aufgabe 29

Schaubild besitzt an der Stelle 2 eine waagrechte Tangente:

$f'(2) = 0$

Schaubild besitzt den Wendepunkt W($1 | -2$):

$f(1) = -2$ und $f''(1) = 0$

Schaubild besitzt den Sattelpunkt S($-4 | 5$):

$f(-4) = 5$ und $f'(-4) = 0$ und $f''(-4) = 0$

Schaubild berührt an der Stelle 2 die $x$-Achse:

$f(2) = 0$ und $f'(2) = 0$

Schaubild ist achsensymmetrisch zur $y$-Achse:

$f(x)$ enthält nur gerade Hochzahlen

Schaubild besitzt an der Stelle 2 eine Steigung von 4: $f'(2) = 4$

Schaubild schneidet das Schaubild der bekannten Funktion $g(x)$ an der Stelle 2:

$f(2) = g(2)$

Schaubild verläuft an der Stelle 3 parallel zur Geraden $y = -2x + 3$:

$f'(3) = -2$

### Aufgabe 30

Allg. Ansatz: $\quad f(x) = ax^4 + cx^2 + e$

(nur gerade Hochzahlen, da symm. zur $y$-Achse)

$$f'(x) = 4ax^3 + 2cx$$

H($0 | 4$) (*Punktprobe*): $\qquad f(0) = 4$

$\qquad\qquad\qquad\qquad\qquad\quad e = 4$

$T_1(-2 | 2)$ (*Punktprobe*): $f(-2) = 2$

$\qquad\qquad 16a + 4c + 4 = 2 \Rightarrow 16a + 4c = -2$

$T_1(-2 | 2)$ (*Bed.* $f'(x) = 0$): $f'(-2) = 0$

$\qquad\qquad\qquad\qquad -32a - 4c = 0$

LGS für die Unbekannen $a$ und $c$:

$$\begin{pmatrix} 16 & 4 & | & -2 \\ -32 & -4 & | & 0 \end{pmatrix} \sim \begin{pmatrix} 16 & 4 & | & -2 \\ 0 & 4 & | & -4 \end{pmatrix}$$

II: $4c = -4 \Rightarrow c = -1$

in I: $16a - 4 = -2 \Rightarrow a = \dfrac{1}{8}$

Man erhält: $f(x) = \dfrac{1}{8}x^4 - x^2 + 4$

### Aufgabe 31

**a)** Hier sollte eine Exponentialfunktion verwendet werden, da ein starker Wachstumsprozess mit einem (für große $x$-Werte) sehr steilen Schaubild vorliegt. Zudem ist das Kennzeichen eines exponentiellen Wachstumsprozesses anzutreffen: Je mehr Computer schon infiziert sind ($y$-Wert), desto größer ist der Zuwachs an infizierten Computern (Steigung).

**b)** Regression am WTR führt (näherungsweise) zu:

$f(x) = 0,9626 \cdot 3,0148^x$

($f(x) = 0,9626 \cdot e^{1,1035 \cdot x}$, da $\ln(3,0148) \approx 1,1035$)

**c)** Das Bestimmtheitsmaß bewertet die Güte der Regression, also wie gut die Kurve zur Punktwolke „passt".

Der Wert von $r^2$ liegt nahe bei 1, somit „passt" die Kurve in diesem Fall sehr gut zu den Punkten.

## Aufgabe 32

1. Skizze machen.

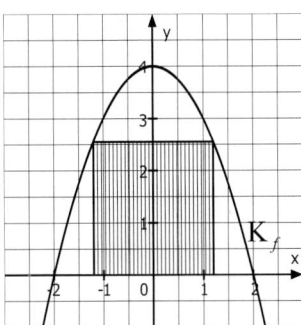

2. Koordinaten möglichst vieler relevanter Punkte (eventuell in Abhängigkeit von $u$) angeben.

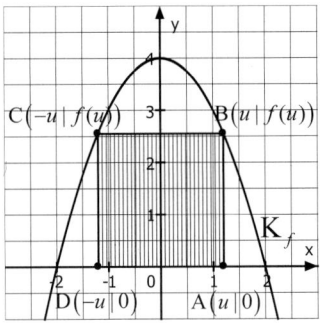

3. Allgemeine Zielfunktion bestimmen.
$U = 2 \cdot a + 2 \cdot b$

4. Benötigte Strecken $(a,\ b)$ für die Formel in die Skizze einzeichnen.

5. Streckenlängen durch die Koordinaten der Punkte aus 2. ausdrücken.

Hierbei beachten:
- horizontale Streckenlänge: $x_{\text{rechts}} - x_{\text{links}}$
- vertikale Streckenlänge: $y_{\text{oben}} - y_{\text{unten}}$

Funktionsterm aus Aufgabe einsetzen.
$$\begin{aligned}
U(u) &= 2 \cdot a + 2 \cdot b \\
&= 2 \cdot \left(u - (-u)\right) + 2 \cdot \left(f(u) - 0\right) \\
&= 2 \cdot \left(u + u\right) + 2 \cdot \left(-u^2 + 4\right) \\
&= 2 \cdot (2u) - 2u^2 + 8 \\
&= 4u - 2u^2 + 8 \\
&= -2u^2 + 4u + 8 \quad \text{(Konkrete Zielfunktion)}
\end{aligned}$$

6. Schaubild der Konkreten Zielfunktion auf Hochpunkt untersuchen:
$U'(u) = -4u + 4;$
$U''(u) = -4$
$$\begin{aligned}
U'(u) &= 0 \\
-4u + 4 &= 0 \\
u &= 1
\end{aligned}$$

$U''(1) = -4 < 0 \rightarrow H$

$U(1) = -2 \cdot 1^2 + 4 \cdot 1 + 8 = 10 \rightarrow H(1 \,|\, 10)$

7. Randwertuntersuchung
Die Randwerte für $u$ sind in der Aufgabenstellung nicht explizit genannt, ergeben sich aber aus der Beschreibung:
$u > 0$ (sonst verschwindet Rechtecksseite $a$)
$u < 2$ (sonst befinden sich die Eckpunkte nicht zwischen den Schnittpunkten von $K_f$ mit der $x$-Achse)

Wenn $u$ gegen 0 strebt, strebt $U(u)$ gegen 8 ($< 10$!).
($u = 0$ darf nicht in die Zielfunktion eingesetzt werden, da $u > 0$ gilt.
Stattdessen: $U(0,0001) = 8,0004$)

Wenn $u$ gegen 2 strebt, strebt $U(u)$ gegen 8 ($< 10$!).
($U(1,999) = 8,0004$)

8. Antwortsatz
Für $u = 1$ wird der Umfang des Rechtecks maximal. Dieser beträgt dann 10 Längeneinheiten.

237

**Aufgabe 33**

1. Extremwertaufgabe hat zugehörige Zielfunktion:

E: $u \cdot f(u)$

(Formel für den Flächeninhalt eines Rechtecks:

$A = a \cdot b$)

2. Extremwertaufgabe hat zugehörige Zielfunktion:

C: $\sqrt{(u-1)^2 + (f(u))^2}$

(Formel für Abstand zwischen zwei Punkten:

$\overline{PQ} = \sqrt{(x_2 - x_1)^2 + (y_2 - y_1)^2}$ )

3. Extremwertaufgabe hat zugehörige Zielfunktion:

A: $\frac{1}{2} \cdot (u-1) \cdot f(u) \quad (u > 1)$

(Formel für Flächeninhalt eines rechtwinkligen

Dreiecks: $A = \frac{1}{2} \cdot a \cdot b$)

4. Extremwertaufgabe hat zugehörige Zielfunktion:

B: $f(u) - g(u)$

(Formel für Abstand zwischen zwei übereinander-

liegenden Punkten: $\overline{PQ} = y_{oben} - y_{unten}$ )

5. Extremwertaufgabe hat zugehörige Zielfunktion:

D: $\frac{1}{2} \cdot u \cdot (f(u) - 1) \quad (f(u) > 1)$

(Formel für Flächeninhalt eines rechtwinkligen

Dreiecks: $A = \frac{1}{2} \cdot a \cdot b$)

6. Extremwertaufgabe hat zugehörige Zielfunktion:

F: $2 \cdot u + 2 \cdot f(u)$

(Formel für den Umfang eines Rechtecks:

$U = 2a + 2b$)

# 4 Integralrechnung

**Aufgabe 34**

**a)** $F(x) = -\frac{1}{4}x^4 + x$

(Ebenso wäre z.B. $F(x) = -\frac{1}{4}x^4 + x + 4$

eine zugehörige Stammfunktion, da der

hintere Summand beim Ableiten verschwindet.)

**b)** $F(x) = \frac{1}{10}x^5 - \frac{1}{2}x^2 + x$

**c)** $F(x) = 2e^{x-3} - 4x$

**d)** $F(x) = 2e^{2x-3} \cdot \frac{1}{2} - 4x = e^{2x-3} - 4x$

**e)** $F(x) = \sin(4x-4) \cdot \frac{1}{4} = \frac{1}{4}\sin(4x-4)$

**f)** $F(x) = \frac{1}{5} \cdot (1-4x)^5 \cdot \frac{1}{-4} = -\frac{1}{20} \cdot (1-4x)^5$

**g)** $F(x) = \frac{1}{3} \cdot x^3 + 2e^{2x} \cdot \frac{1}{2} = \frac{1}{3}x^3 + e^{2x}$

**h)** $F(x) = -\cos(3x-5) \cdot \frac{1}{3} = -\frac{1}{3}\cos(3x-5)$

**i)** $F(x) = \frac{1}{5} \cdot (3x-2)^5 \cdot \frac{1}{3} = \frac{1}{15} \cdot (3x-2)^5$

**j)** $F(x) = \frac{0,5}{6}x^6 - \frac{2}{4}x^4 - \frac{1}{2} \cdot x^2$

$\quad = \frac{1}{12}x^6 - \frac{1}{2}x^4 - \frac{1}{2}x^2$

**k)** $F(x) = -\frac{1}{4}x^4 - 2x + \frac{1}{2}x^2$

**l)** $F(x) = -e^{-2x} \cdot \frac{1}{-2} - x^2 = \frac{1}{2}e^{-2x} - x^2$

**m)** $F(x) = \cos(6x) \cdot \frac{1}{6} = \frac{1}{6}\cos(6x)$

**n)** $F(x) = -\frac{2}{5}x^5 + e^x$

**o)** $F(x) = \ln(x) + \ln(2x-5) \cdot \frac{1}{2}$

**p)** $F(x) = x^4 - e^{-x} \cdot \frac{1}{-1} = x^4 + e^{-x}$

**q)** $F(x) = -e^{1-2x} \cdot \frac{1}{-2} + \frac{1}{2}x^2 = \frac{1}{2}e^{1-2x} + \frac{1}{2}x^2$

**r)** $F(x) = e^{ax+b} \cdot \frac{1}{a} = \frac{1}{a}e^{ax+b}$

**s)** $F(x) = \cos(2ax-b) \cdot \frac{1}{2a}$

**t)** $V(t) = 0,6 \cdot \left( -\cos\left(\dfrac{5\pi}{3} \cdot t\right) \cdot \dfrac{1}{\dfrac{5\pi}{3}} \right)$

$= -0,6 \cdot \dfrac{3}{5\pi} \cdot \cos\left(\dfrac{5\pi}{3} \cdot t\right)$

$= -\dfrac{1,8}{5\pi} \cdot \cos\left(\dfrac{5\pi}{3} \cdot t\right)$

## Aufgabe 35

**a)** Die Funktionsterme aller Stammfunktionen unterscheiden sich nur durch den Wert des „hinteren Summanden" (Integrationskonstante). Dieser verschwindet jedoch beim Ableiten.

**b)** Die Integrationskonstante verschiebt die Schaubilder der Stammfunktionen nur nach oben bzw. unten.
An jedem $x$-Wert weisen jedoch alle Schaubilder die gleiche Steigung auf.

**c)** Die allg. Stammfunktion von $f(x) = x^2 - 8x$

lautet: $F(x) = \dfrac{1}{3}x^3 - \dfrac{8}{2}x^2 + c$.

Die Punktprobe mit $P(3\,|\,{-}31)$ führt zum benötigten Wert der Integrationskonstanten:

$-31 = \dfrac{1}{3} \cdot 3^3 - \dfrac{8}{2} \cdot 3^2 + c$

$-31 = 9 - 36 + c$

$-4 = c \qquad \Rightarrow F(x) = \dfrac{1}{3}x^3 - \dfrac{8}{2}x^2 - 4$

## Aufgabe 36

- S. 52 für den Zusammenhang zwischen den Schaubildern der Stammfunktion $F(x)$ und der Funktion $f(x)$.

- An jedem $x$-Wert, an welchem das Schaubild von $F(x)$ einen Extrempunkt aufweist, besitzt das Schaubild von $f(x)$ eine Nullstelle.

Links: $K_H$   Mitte: $K_F$   Rechts: $K_G$

## Aufgabe 37

**a)** $A = \displaystyle\int_0^2 f(x)\,dx = \int_0^2 \left(-2x^3 + 4x^2\right)dx$

$= \left[ -\dfrac{2}{4}x^4 + \dfrac{4}{3}x^3 \right]_0^2 = -\dfrac{2}{4} \cdot 2^4 + \dfrac{4}{3} \cdot 2^3 - \left( -\dfrac{2}{4} \cdot 0^4 + \dfrac{4}{3} \cdot 0 \right)$

$= \dfrac{8}{3} - 0 = \dfrac{8}{3}$ FE

**b)** $A = \displaystyle\int_{-1,5}^{1,5} \left(-f(x)\right)dx = \int_{-1,5}^{1,5} \left( -\left(-2\cos\left(\dfrac{\pi}{3}x\right)\right) \right)dx$

$\displaystyle\int_{-1,5}^{1,5} \left( 2\cos\left(\dfrac{\pi}{3}x\right) \right)dx = \left[ 2\sin\left(\dfrac{\pi}{3}x\right) \cdot \dfrac{1}{\dfrac{\pi}{3}} \right]_{-1,5}^{1,5}$

$= \left[ 2\sin\left(\dfrac{\pi}{3}x\right) \cdot \dfrac{3}{\pi} \right]_{-1,5}^{1,5} = \left[ \dfrac{6}{\pi}\sin\left(\dfrac{\pi}{3}x\right) \right]_{-1,5}^{1,5}$

$= \dfrac{6}{\pi}\sin\left(\dfrac{\pi}{3} \cdot 1,5\right) - \left( \dfrac{6}{\pi}\sin\left(\dfrac{\pi}{3} \cdot (-1,5)\right) \right)$

$\approx 1,91 - (-1,91) \approx 3,82$ FE

**c)** Zusammengesetzte Fläche
1. Nullstelle bestimmen

$f(x) = 0$

$-e^{0,5x+1} + 2 = 0 \qquad\qquad |+e^{0,5x+1}$

$2 = e^{0,5x+1} \qquad\qquad |\ln(\ )$

$\ln(2) = 0,5x + 1 \qquad\qquad |-1$

$-0,31 \approx 0,5x \qquad\qquad |:0,5$

$-0,62 \approx x$

2. Teilflächeninhalte bestimmen und 3. Gesamtflächeninhalt bestimmen

$A \approx A_1 + A_2 \approx \displaystyle\int_{-3}^{-0,62} f(x)\,dx + \int_{-0,62}^{1} -f(x)\,dx$

$\approx \displaystyle\int_{-3}^{-0,62} \left(-e^{0,5x+1} + 2\right)dx + \int_{-0,62}^{1} \left(-\left(-e^{0,5x+1} + 2\right)\right)dx$

$\approx \left[ -e^{0,5x+1} \cdot \dfrac{1}{0,5} + 2x \right]_{-3}^{-0,62} + \left[ e^{0,5x+1} \cdot \dfrac{1}{0,5} - 2x \right]_{-0,62}^{1}$

$\approx -e^{0,5\cdot(-0,62)+1} \cdot \dfrac{1}{0,5} + 2 \cdot (-0,62) -$

$\left( -e^{0,5\cdot(-3)+1} \cdot \dfrac{1}{0,5} + 2 \cdot (-3) \right) + e^{0,5\cdot1+1} \cdot \dfrac{1}{0,5} - 2 \cdot 1 -$

$\left( e^{0,5\cdot(-0,62)+1} \cdot \dfrac{1}{0,5} - 2 \cdot (-0,62) \right)$

$\approx -5,22 - (-7,21) + 6,96 - 5,22$

$\approx 1,99 + 1,74 \approx 3,73$ FE

**d)** $A = \int\limits_{-1}^{1} \left( f(x) - g(x) \right) dx$

$= \int\limits_{-1}^{1} \left( x - 1 + e^{-x} - (x-1) \right) dx$

$= \int\limits_{-1}^{1} \left( x - 1 + e^{-x} - x + 1 \right) dx$

$= \int\limits_{-1}^{1} \left( e^{-x} \right) dx$

$= \left[ -e^{-x} \right]_{-1}^{1}$

$= -e^{-1} - \left( -e^{-(-1)} \right) = -e^{-1} + e$

$\approx 2,35$ FE

**Aufgabe 38**

**a)** $\int\limits_{0,7}^{2,9} \left( f(x) - g(x) \right) dx = 1,5$ FE

Inhalt der Fläche $A_2$ wird berechnet.

**b)** $\int\limits_{2,9}^{4,9} \left( f(x) - g(x) \right) dx = -1,7$

Problem: Falsche Reihenfolge der Funktionen.

**c)** $\int\limits_{-1,8}^{2,9} \left( f(x) - g(x) \right) dx = -4,1 + 1,5 = -2,6$

Problem: Es wird über eine Schnittstelle hinweg-integriert.

**d)** $\int\limits_{-1,8}^{4,9} \left( g(x) - f(x) \right) dx = 4,1 - 1,5 + 1,7 = 4,3$ FE

Problem: Es wird über zwei Schnittstellen hinweg-integriert.

**e)** $\int\limits_{-1,8}^{0,7} \left( g(x) - f(x) \right) dx + \int\limits_{0,7}^{2,9} \left( f(x) - g(x) \right) dx$

$+ \int\limits_{2,9}^{4,9} \left( g(x) - f(x) \right) dx = 4,1 + 1,5 + 1,7 = 7,3$ FE

Inhalt der Fläche $A_1 + A_2 + A_3$ wird berechnet.

**f)** $\int\limits_{-1,8}^{2,9} g(x) - f(x) \, dx = 4,1 - 1,5 = 2,6$ FE

Problem: Es wird über eine Schnittstelle hinweg-integriert.

**g)** $\int\limits_{4,9}^{2,9} \left( g(x) - f(x) \right) dx = -1,7$

Problem: Grenzen wurden vertauscht.

**Aufgabe 39**

**a)** $V_{rot} = \pi \cdot \int\limits_{0}^{2} \left( f(x) \right)^2 dx = \pi \cdot \int\limits_{0}^{2} \left( -\frac{3}{4}x^2 + 3 \right)^2 dx$

$= \pi \cdot \int\limits_{0}^{2} \left( 3 - \frac{3}{4}x^2 \right)^2 dx$

$= \pi \cdot \int\limits_{0}^{2} \left( 9 - \frac{9}{2}x^2 + \frac{9}{16}x^4 \right) dx$  (2. Binomische Formel)

$= \pi \cdot \left[ 9x - \frac{9}{6}x^3 + \frac{9}{80}x^5 \right]_{0}^{2}$

$= \pi \cdot \left( 9 \cdot 2 - \frac{9}{6} \cdot 2^3 + \frac{9}{80} \cdot 2^5 - \left( 9 \cdot 0 - \frac{9}{6} \cdot 0^3 + \frac{9}{80} \cdot 0^5 \right) \right)$

$= \pi \cdot \left( \frac{48}{5} - (0) \right) \approx 30,16$ VE

**b)** $V_{rot} = \pi \cdot \int\limits_{0}^{1,5} \left( f(x) \right)^2 dx - \pi \cdot \int\limits_{0}^{1,5} \left( g(x) \right)^2 dx$

$= \pi \cdot \int\limits_{0}^{1,5} \left( -\frac{3}{4}x^2 + 3 \right)^2 dx - \pi \cdot \int\limits_{0}^{1,5} \left( \frac{7}{8}x \right)^2 dx$

$= \pi \cdot \int\limits_{0}^{1,5} \left( 3 - \frac{3}{4}x^2 \right)^2 dx - \pi \cdot \int\limits_{0}^{1,5} \left( \frac{7}{8}x \right)^2 dx$

$= \pi \cdot \int\limits_{0}^{1,5} \left( 9 - \frac{9}{2}x^2 + \frac{9}{16}x^4 \right) dx - \pi \cdot \int\limits_{0}^{1,5} \left( \frac{49}{64}x^2 \right) dx$

$= \pi \cdot \left[ 9x - \frac{9}{6}x^3 + \frac{9}{80}x^5 \right]_{0}^{1,5} - \pi \cdot \left[ \frac{49}{192}x^3 \right]_{0}^{1,5}$

$= \pi \cdot \left( 9 \cdot 1,5 - \frac{9}{6} \cdot 1,5^3 + \frac{9}{80} \cdot 1,5^5 - \left( 9 \cdot 0 - \frac{9}{6} \cdot 0^3 + \frac{9}{80} \cdot 0^5 \right) \right)$

$- \pi \cdot \left( \frac{49}{192} \cdot 1,5^3 - \left( \frac{49}{192} \cdot 0^3 \right) \right)$

$\approx \pi \cdot (9,29 - 0) - \pi \cdot (0,86 - 0)$

$\approx 29,19 - 2,70 \approx 26,49$ VE

**Aufgabe 40**

Vase wird um $90°$ nach rechts gedreht;

**a)** $V_{rot} = \pi \cdot \int\limits_{0}^{14} \left( f(x) \right)^2 dx = \pi \cdot \int\limits_{0}^{14} \left( \sqrt{x+2} \right)^2 dx$

$= \pi \cdot \int\limits_{0}^{14} (x+2) \, dx = \pi \cdot \left[ \frac{1}{2}x^2 + 2x \right]_{0}^{14}$

$= \pi \cdot \left( \frac{1}{2} \cdot 14^2 + 2 \cdot 14 - \left( \frac{1}{2} \cdot 0^2 + 2 \cdot 0 \right) \right)$

$= 126\pi \approx 395,84$ cm$^3$

**b)** $g(x) = \sqrt{x+2} + 1$

**c)** $V_{rot} = \pi \cdot \int_{0}^{14} (g(x))^2 \, dx - \pi \cdot \int_{0}^{14} (f(x))^2 \, dx$

# 5 Anwendungsorientierte Aufgaben

**Aufgabe 41**

**a)** $f(3) = 0,5 \cdot 3^3 - 6,5 \cdot 3^2 + 20 \cdot 3 + 42 = 57$
Zu diesem Zeitpunkt liegt ein Kurs von 57 Punkten vor.

**b)** Am Tiefpunkt des Schaubildes liegt der geringste Aktienkurs vor:
$f(t) = 0,5t^3 - 6,5t^2 + 20t + 42$
$f'(t) = 1,5t^2 - 13t + 20$
$f''(t) = 3t - 13$

1. Schritt:
$$f'(t) = 0$$
$$1,5t^2 - 13t + 20 = 0$$
$$t_{1/2} = \frac{-(-13) \pm \sqrt{(-13)^2 - 4 \cdot 1,5 \cdot 20}}{2 \cdot 1,5}$$
$$= \frac{13 \pm \sqrt{49}}{3} = \frac{13 \pm 7}{3}$$
$$t_1 = \frac{13+7}{3} = \frac{20}{3};$$
$$t_2 = \frac{13-7}{3} = \frac{6}{3} = 2$$

2. Schritt:
$$f_t''\left(\frac{20}{3}\right) = 3 \cdot \frac{20}{3} - 13 = 7 > 0 \quad \rightarrow \text{T}$$
$$\left(f_t''(2) = 3 \cdot 2 - 13 = -7 < 0 \quad \rightarrow \text{H}\right)$$

3. Schritt:
$$f\left(\frac{20}{3}\right) = 0,5 \cdot \left(\frac{20}{3}\right)^3 - 6,5 \cdot \left(\frac{20}{3}\right)^2 + 20 \cdot \left(\frac{20}{3}\right) + 42$$
$$= 34,59 \quad \rightarrow \text{T}\left(\frac{20}{3} \mid 34,59\right)$$

Nach $\frac{20}{3} \approx 6,67 \, s$ liegt der geringste Aktienkurs von 34,59 Punkten vor.

**c)** Die Zu- bzw. Abnahme des Aktienkurses wird durch die Steigung des Schaubildes dargestellt. Die Ableitungsfunktion gibt also die Änderung des Aktienkurses an.

Mit Hilfe der Ableitungsfunktion wird die Steigung an den beiden $t$-Werten verglichen.
$f'(1) = 1,5 \cdot 1^2 - 13 \cdot 1 + 20 = 8,5$
$f'(7,7) = 1,5 \cdot 7,7^2 - 13 \cdot 7,7 + 20 = 8,84$
Somit nimmt der Kurs zum Zeitpunkt $7,7 \, s$ stärker zu.

**d)** Hierzu muss der Tiefpunkt der Ableitungsfunktion bestimmt werden (Wendepunkt von $f(t)$).
$f'(t) = 1,5t^2 - 13t + 20$
$f''(t) = 3t - 13$ (1. Ableitung der Funktion $f'(t)$)
$f'''(t) = 3$ (2. Ableitung der Funktion $f'(t)$)

1. Schritt:
$$f''(t) = 0$$
$$3t - 13 = 0 \qquad | +13$$
$$3t = 13 \qquad |:3$$
$$t = \frac{13}{3} \approx 4,33$$

2. Schritt:
$$f'''\left(\frac{13}{3}\right) = 3 > 0 \rightarrow \text{T}$$

Zum Zeitpunkt 4,33 s nimmt der Kurs am stärksten ab.

241

**Aufgabe 42**

**a)** $f(3) = -0,05 \cdot 3^3 + 0,8 \cdot 3^2 - 2,95 \cdot 3 + 2,2 = -0,8$
Zu diesem Zeitpunkt liegt ein Abfluss von 0,8 Litern pro Sekunde vor.

$f(9) = -0,05 \cdot 9^3 + 0,8 \cdot 9^2 - 2,95 \cdot 9 + 2,2 = 4$
Zu diesem Zeitpunkt liegt ein Zufluss von 4 Litern pro Sekunde vor.

**b)** - Zufluss bis zum Zeitpunkt 1 $s$
- Dann Abfluss bis zum Zeitpunkt 4 $s$
- Dann Zufluss bis zum Zeitpunkt 10 $s$

**c)** An 2 Zeitpunkten gilt: $f(t) = 1$
(Ungefähres Ablesen: $t_1 \approx 0,5$; $t_2 \approx 4,9$)

**d)** Der stärkste Gaszufluss liegt am Hochpunkt des Schaubildes vor.
$f(t) = -0,05t^3 + 0,8t^2 - 2,95t + 2,2$
$f'(t) = -0,15t^2 + 1,6t - 2,95$
$f''(t) = -0,3t + 1,6$

1. Schritt:
$$f'(t) \quad = 0$$
$$-0,15t^2 + 1,6t - 2,95 \quad = 0$$
$$t_{1/2} = \frac{-1,6 \pm \sqrt{1,6^2 - 4 \cdot (-0,15) \cdot (-2,95)}}{2 \cdot (-0,15)}$$
$$= \frac{-1,6 \pm \sqrt{0,79}}{-0,3} \approx \frac{-1,6 \pm 0,89}{-0,3}$$
$$t_1 \approx \frac{-1,6 + 0,89}{-0,3} = 2,37;$$
$$t_2 \approx \frac{-1,6 - 0,89}{-0,3} = 8,3$$
2. Schritt:
$(f''(2,37) = -0,3 \cdot 2,37 + 1,6 = 0,89 > 0 \rightarrow T)$
$f''(8,3) = -0,3 \cdot 8,3 + 1,6 = -0,89 < 0 \rightarrow H$
3. Schritt:
$f(8,3) = -0,05 \cdot 8,3^3 + 0,8 \cdot 8,3^2 - 2,95 \cdot 8,3 + 2,2$
$= 4,24 \rightarrow H(8,3 \mid 4,24)$
Nach 8,3 Sekunden liegt der stärkste Gaszufluss von 4,24 Litern pro Sekunde vor.

**e)** Zwischen der 1. und der 4. Sekunde fließt Gas ab. Der Inhalt der Fläche zwischen dem Schaubild und der $x$-Achse im Abflusszeitraum gibt den gesamten Gasabfluss an.

$$\int_1^4 \left( -f(t) \right) dt$$
$$= \int_1^4 \left( -\left( -0,05t^3 + 0,8t^2 - 2,95t + 2,2 \right) \right) dt$$
$$= \int_1^4 \left( 0,05t^3 - 0,8t^2 + 2,95t - 2,2 \right) dt$$
$$= \frac{0,05}{4} \cdot 4^4 - \frac{0,8}{3} \cdot 4^3 + \frac{2,95}{2} \cdot 4^2 - 2,2 \cdot 4 -$$
$$\left( \frac{0,05}{4} \cdot 1^4 - \frac{0,8}{3} \cdot 1^3 + \frac{2,95}{2} \cdot 1^2 - 2,2 \cdot 1 \right)$$
$$\approx 0,93 - \left( -0,98 \right) \approx 1,91$$
Es sind also insgesamt ca. 1,91 Liter abgeflossen.

**f)** $\int_2^7 \left( f(t) \right) dt \approx 4,15$

Interpretation:
Da über die Nullstelle des Schaubildes „hinweg-integriert" wird, wird der negative Flächeninhalt im Abflusszeitraum mit dem positiven Flächen-inhalt im Zuflusszeitraum verrechnet.
Der Zufluss überwiegt um 4,15 Liter. Die Gas-menge im Speicher ist also nach 7 Sekunden um 4,15 Liter größer als nach 2 Sekunden.

**g)** Die gesuchte Funktion ist die Stammfunktion von $f(t)$. Über diese ist bekannt, dass ihr Schaubild durch den Punkt $P(3 \mid 50)$ verläuft. Hierdurch wird der Wert der Integrations-konstante berechnet.
$$F(t) = -\frac{0,05}{4}t^4 + \frac{0,8}{3}t^3 - \frac{2,95}{2}t^2 + 2,2t + c$$
$$= -\frac{1}{80}t^4 + \frac{4}{15}t^3 - \frac{59}{40}t^2 + 2,2t + c$$
Punktprobe mit $P(3 \mid 50)$:
$$50 = -\frac{1}{80} \cdot 3^4 + \frac{4}{15} \cdot 3^3 - \frac{59}{40} \cdot 3^2 + 2,2 \cdot 3 + c$$
$$50 = -\frac{39}{80} + c \qquad \qquad | + \frac{39}{80}$$
$$\frac{4039}{80} = c \quad \text{(entspricht auch dem Anfangsbestand)}$$
$$\Rightarrow F(t) = -\frac{1}{80}t^4 + \frac{4}{15}t^3 - \frac{59}{40}t^2 + 2,2t + \frac{4039}{80}$$

## Aufgabe 43

**a)** Hier liegt exponentieller Zerfall vor, da sich der Bestand von Zeitschritt zu Zeitschritt stets um den gleichen Faktor bzw. Prozentsatz ändert.
Der Bestand strebt langfristig gegen Null.

**b)** Mit dem gegebenen Anfangsbestand erhält man: $f(t) = 350 \cdot \left(\dfrac{2}{3}\right)^t$

(Anfangsbestand: 350; jährlich bleiben $\dfrac{2}{3}$ des Bestands übrig.)

**c)** $f(t) = 350 \cdot e^{\ln\left(\frac{2}{3}\right) \cdot t} \approx 350 \cdot e^{-0,405 \cdot t}$

**d)** Formel für die Halbwertszeit:

$$t_h = \frac{\ln(0,5)}{k} = \frac{\ln(0,5)}{\ln\left(\dfrac{2}{3}\right)} \approx 1,71 \text{ Jahre}$$

**e)** Restbestand: $0,1 \cdot 350 = 35$
Für $f(t)$ einsetzen:

$$
\begin{aligned}
35 &= 350 \cdot e^{-0,405 \cdot t} &&|:350 \\
0,1 &= e^{-0,405 \cdot t} &&| \ln \\
\ln(0,1) &= -0,405 \cdot t &&|:(-0,405) \\
5,68 &\approx t &&\text{Nach ca. 5,68 Jahren.}
\end{aligned}
$$

**f)** Momentane Zerfallsgeschwindigkeit:

$$
\begin{aligned}
f(t) &= 350 \cdot e^{-0,405 \cdot t} \\
f'(t) &= 350 \cdot e^{-0,405 \cdot t} \cdot (-0,405) \\
&= -141,75 \cdot e^{-0,405 \cdot t}
\end{aligned}
$$

Die höchste mom. Zerfallsgeschw. liegt zu Beginn vor: $f'(0) = 141,75 \cdot e^{-0,405 \cdot 0} = 141,75$; 141,75 Individuen pro Tag.

## Aufgabe 44

**a)** Aus $E(x) = 50x$ lässt sich der Preis pro Mengeneinheit in Höhe von 50 EUR ablesen.

**b)** Aus $K(x) = 0,2x^3 - 8x^2 + 120x + 20$ lassen sich die fixen Kosten in Höhe von 20 EUR ablesen.
(Fixe Kosten fallen immer an, unabhängig wie viel produziert wird. Z.B. Kosten für Hallenbeleuchtung.)

**c)** Als Grenzkostenfunktion wird die Ableitungsfunktion von K(x) bezeichnet.

$$K(x) = 0,2x^3 - 8x^2 + 120x + 20$$
$$K'(x) = 0,6x^2 - 16x + 120$$

**d)** Die Gewinnzone liegt zwischen den (positiven) Nullstellen der Gewinnfunktion bzw. zwischen den (positiven) Schnittstellen von Erlös- und Kostenfunktion.

Berechnung der Gewinnfunktion:

$$
\begin{aligned}
G(x) &= E(x) - K(x) = 50x - (0,2x^3 - 8x^2 + 120x + 20) \\
&= 50x - 0,2x^3 + 8x^2 - 120x - 20 \\
&= -0,2x^3 + 8x^2 - 70x - 20
\end{aligned}
$$

Untersuchung, ob $x = 13,47$ und $x = 26,8$ die Nullstellen der Gewinnfunktion darstellen:
$G(13,47) \approx 0$
$G(26,8) \approx 0$
Somit stellt $x = 13,47$ die Nutzenschwelle und $x = 26,8$ die Nutzengrenze dar. Dazwischen liegt die Gewinnzone des Betriebes.

**e)** $G(x) = -0,2x^3 + 8x^2 - 70x - 20$
$G'(x) = -0,6x^2 + 16x - 70$
$G''(x) = -1,2x + 16$

1. Schritt:
$$
\begin{aligned}
G'(x) &= 0 \\
-0,6x^2 + 16x - 70 &= 0
\end{aligned}
$$

$$x_{1/2} = \frac{-16 \pm \sqrt{16^2 - 4 \cdot (-0,6) \cdot (-70)}}{2 \cdot (-0,6)}$$

$$= \frac{-16 \pm \sqrt{88}}{-1,2} \approx \frac{-16 \pm 9,38}{-1,2}$$

$$x_1 \approx \frac{-16 + 9,38}{-1,2} \approx \frac{-6,62}{-1,2} \approx 5,52;$$

(nicht relevant, da außerhalb der Gewinnzone)

$$x_2 \approx \frac{-16 - 9,38}{-1,2} \approx \frac{-25,38}{-1,2} \approx 21,15$$

2. Schritt:
$G''(21,15) = -1,2 \cdot 21,15 + 16 = -3,28 < 0 \rightarrow H$

3. Schritt:
$$
\begin{aligned}
G(21,15) &= -0,2 \cdot 21,15^3 + 8 \cdot 21,15^2 - 70 \cdot 21,15 - 20 \\
&= 185,91 \rightarrow H(21,15 | 185,91)
\end{aligned}
$$

Bei einer Menge von 21,15 ME macht der Betrieb einen maximalen Gewinn in Höhe von 185,91 EUR.

# Lösungen Vektorgeometrie

**Aufgabe 45**

**a)**

$$\begin{pmatrix} 1 & 4 & 6 & | & 1 \\ 2 & 3 & 7 & | & 1 \\ 3 & 2 & 8 & | & 2 \end{pmatrix} \begin{matrix} \\ 2 \cdot I - II \\ 3 \cdot I - III \end{matrix}$$

$$\begin{pmatrix} 1 & 4 & 6 & | & 1 \\ 0 & 5 & 5 & | & 1 \\ 0 & 10 & 10 & | & 1 \end{pmatrix} \begin{matrix} \\ \\ 2 \cdot II - III \end{matrix}$$

$$\begin{pmatrix} 1 & 4 & 6 & | & 1 \\ 0 & 5 & 5 & | & 1 \\ 0 & 0 & 0 & | & 1 \end{pmatrix}$$

LGS hat
keine Lösung

**b)**

$$\begin{pmatrix} 2 & -3 & 4 & | & 8 \\ 3 & 4 & -5 & | & -4 \\ 4 & -6 & 3 & | & 1 \end{pmatrix} \begin{matrix} \\ 3 \cdot I - 2 \cdot II \\ 2 \cdot I - III \end{matrix}$$

$$\begin{pmatrix} 2 & -3 & 4 & | & 8 \\ 0 & -17 & 22 & | & 32 \\ 0 & 0 & 5 & | & 15 \end{pmatrix}$$

LGS hat
eindeutige Lösung

III : $5x_3 = 15$
$\qquad x_3 = 3$

in II : $-17x_2 + 22 \cdot 3 = 32$
$\qquad -17x_2 + 66 = 32$
$\qquad -17x_2 = -34$
$\qquad x_2 = 2$

in I : $2x_1 - 3 \cdot 2 + 4 \cdot 3 = 8$
$\qquad 2x_1 + 6 = 8$
$\qquad 2x_1 = 2$
$\qquad x_1 = 1$

Lösungsvektor: $\vec{x} = \begin{pmatrix} 1 \\ 2 \\ 3 \end{pmatrix}$

**c)** Nach Umstellen:

$$\begin{pmatrix} 1 & 3 & -1 & | & 4 \\ 2 & 1 & 1 & | & 7 \\ 2 & -4 & 4 & | & 6 \end{pmatrix} \begin{matrix} \\ 2 \cdot I - II \\ 2 \cdot I - III \end{matrix}$$

$$\begin{pmatrix} 1 & 3 & -1 & | & 4 \\ 0 & 5 & -3 & | & 1 \\ 0 & 10 & -6 & | & 2 \end{pmatrix} \begin{matrix} \\ \\ 2 \cdot II - III \end{matrix}$$

$$\begin{pmatrix} 1 & 3 & -1 & | & 4 \\ 0 & 5 & -3 & | & 1 \\ 0 & 0 & 0 & | & 0 \end{pmatrix}$$

LGS hat
unendlich viele Lösungen

Setzen von $x_3 = t \ (t \in \mathbb{R})$
in II :
$5x_2 - 3t = 1$
$\qquad 5x_2 = 3t + 1$

$$x_2 = \frac{3}{5}t + \frac{1}{5}$$

in I :

$$x_1 + 3 \cdot (\frac{3}{5}t + \frac{1}{5}) - t = 4$$
$$x_1 + \frac{9}{5}t + \frac{3}{5} - t = 4$$
$$x_1 + \frac{4}{5}t = \frac{17}{5}$$
$$x_1 = -\frac{4}{5}t + \frac{17}{5}$$

Lösungsvektor:

$$\vec{x} = \begin{pmatrix} -\dfrac{4}{5}t + \dfrac{17}{5} \\ \dfrac{3}{5}t + \dfrac{1}{5} \\ t \end{pmatrix} ; \ t \in \mathbb{R}$$

## Aufgabe 46

$A(1|2|-3)$ und $B(0|-2|2)$

**a)** $\overrightarrow{AB} = \begin{pmatrix} 0-1 \\ -2-2 \\ 2-(-3) \end{pmatrix} = \begin{pmatrix} -1 \\ -4 \\ 5 \end{pmatrix}$;

**b)** $\left| \overrightarrow{AB} \right| = \sqrt{(-1)^2 + (-4)^2 + 5^2} = \sqrt{42}$

## Aufgabe 47

**a)** $\vec{a} = \begin{pmatrix} 1 \\ -1 \\ -2 \end{pmatrix}$, $\vec{b} = \begin{pmatrix} 2 \\ -1 \\ 3 \end{pmatrix}$;

$\begin{pmatrix} 1 \\ -1 \\ -2 \end{pmatrix} \cdot \begin{pmatrix} 2 \\ -1 \\ 3 \end{pmatrix} = 1 \cdot 2 + (-1) \cdot (-1) + (-2) \cdot 3 = -3 \neq 0$

somit nicht senkrecht.

**b)** $\vec{a} = \begin{pmatrix} 4 \\ -1 \\ 4 \end{pmatrix}$, $\vec{b} = \begin{pmatrix} 2 \\ 4 \\ -1 \end{pmatrix}$

$\begin{pmatrix} 4 \\ -1 \\ 4 \end{pmatrix} \cdot \begin{pmatrix} 2 \\ 4 \\ -1 \end{pmatrix} = 4 \cdot 2 + (-1) \cdot 4 + 4 \cdot (-1) = 0$

somit senkrecht.

## Aufgabe 48

**a)** Vektorprodukt:

$\begin{pmatrix} 1 \\ 2 \\ -2 \end{pmatrix} \times \begin{pmatrix} 4 \\ 0 \\ 2 \end{pmatrix} = \begin{pmatrix} 2 \cdot 2 - (-2) \cdot 0 \\ (-2) \cdot 4 - 1 \cdot 2 \\ 1 \cdot 0 - 2 \cdot 4 \end{pmatrix} = \begin{pmatrix} 4 \\ -10 \\ -8 \end{pmatrix}$

**b)** Proben: $\begin{pmatrix} 1 \\ 2 \\ -2 \end{pmatrix} \cdot \begin{pmatrix} 4 \\ -10 \\ -8 \end{pmatrix} = 0$ und $\begin{pmatrix} 4 \\ 0 \\ 2 \end{pmatrix} \cdot \begin{pmatrix} 4 \\ -10 \\ -8 \end{pmatrix} = 0$

Somit steht der in a) errechnete Vektor senkrecht auf beiden Vektoren.

## Aufgabe 49

**a)** $A\left(2 \left| -3 \right| 4\right)$ Einsetzen:

$\begin{pmatrix} 2 \\ -3 \\ 4 \end{pmatrix} = \begin{pmatrix} -2 \\ 1 \\ 2 \end{pmatrix} + r \cdot \begin{pmatrix} 2 \\ -2 \\ 1 \end{pmatrix} \Leftrightarrow \begin{matrix} 2 = -2 + 2r \Leftrightarrow r = 2 \\ -3 = 1 - 2r \Leftrightarrow r = 2 \\ 4 = 2 + r \Leftrightarrow r = 2 \end{matrix}$

Gleiche Werte für $r$. Somit liegt A auf $g$.

**b)** $B\left(0 \left| 3 \right| 3\right)$ Einsetzen:

$\begin{pmatrix} 0 \\ 3 \\ 3 \end{pmatrix} = \begin{pmatrix} -2 \\ 1 \\ 2 \end{pmatrix} + r \cdot \begin{pmatrix} 2 \\ -2 \\ 1 \end{pmatrix} \Leftrightarrow \begin{matrix} 0 = -2 + 2r \Leftrightarrow r = 1 \\ 3 = 1 - 2r \Leftrightarrow r = -1 \\ 3 = 2 + r \Leftrightarrow r = 1 \end{matrix}$

Verschiedene Werte für $r$. Somit liegt B nicht auf $g$.

## Aufgabe 50

$A(-1 | 2 | 0)$ und $B(2 | 1 | -2)$

$g: \vec{x} = \overrightarrow{OA} + r \cdot \overrightarrow{AB}$

$g: \vec{x} = \begin{pmatrix} -1 \\ 2 \\ 0 \end{pmatrix} + r \cdot \begin{pmatrix} 2-(-1) \\ 1-2 \\ -2-0 \end{pmatrix}$

$g: \vec{x} = \begin{pmatrix} -1 \\ 2 \\ 0 \end{pmatrix} + r \cdot \begin{pmatrix} 3 \\ -1 \\ -2 \end{pmatrix}$ (mit $r \in \mathbb{R}$)

## Aufgabe 51

Da die beiden Richtungsvektoren senkrecht aufeinander stehen sollen, muss deren Skalarprodukt 0 ergeben.

Beispielhafter Richtungsvektor von $h$ ist $\begin{pmatrix} 2 \\ 1 \\ 1 \end{pmatrix}$,

da: $\begin{pmatrix} 2 \\ -1 \\ -3 \end{pmatrix} \cdot \begin{pmatrix} 2 \\ 1 \\ 1 \end{pmatrix} = 2 \cdot 2 + (-1) \cdot 1 + (-3) \cdot 1 = 0$

Man erhält: $h: \vec{x} = \begin{pmatrix} -2 \\ 1 \\ 3 \end{pmatrix} + s \cdot \begin{pmatrix} 2 \\ 1 \\ 1 \end{pmatrix}$ (mit $s \in \mathbb{R}$)

(Stützpunkt wird von $g$ in $h$ übernommen, da die Geraden sich hier schneiden.)

## Aufgabe 52

**a)** Gleichsetzen: $\begin{pmatrix} -2 \\ -2 \\ 0 \end{pmatrix} + r \cdot \begin{pmatrix} 5 \\ 4 \\ 3 \end{pmatrix} = \begin{pmatrix} 0 \\ 0 \\ 2 \end{pmatrix} + s \cdot \begin{pmatrix} 1 \\ 1 \\ 1 \end{pmatrix}$

LGS in $r$ und $s$ ordnen:

$\begin{matrix} -2 + 5r = s \\ -2 + 4r = s \\ 3r = 2 + s \end{matrix} \Leftrightarrow \begin{matrix} 5r - s = 2 \quad (1) \\ 4r - s = 2 \quad (2) \\ 3r - s = 2 \quad (3) \end{matrix}$

Lösen des LGS aus 2 Gleichungen ergibt:

$r = 0;\ s = -2$

Probe in der dritten Gleichung ergibt eine wahre Aussage.

Schnittpunkt:

$\overrightarrow{OS} = \begin{pmatrix} -2 \\ -2 \\ 0 \end{pmatrix} + 0 \cdot \begin{pmatrix} 5 \\ 4 \\ 3 \end{pmatrix} = \begin{pmatrix} -2 \\ -2 \\ 0 \end{pmatrix} \rightarrow S(-2|-2|0)$

**b)** Gleichsetzen: $\begin{pmatrix} -1 \\ 0 \\ 2 \end{pmatrix} + r \cdot \begin{pmatrix} 1 \\ 1 \\ -1 \end{pmatrix} = \begin{pmatrix} 4 \\ 0 \\ 0 \end{pmatrix} + s \cdot \begin{pmatrix} -2 \\ -2 \\ 2 \end{pmatrix}$

LGS in $r$ und $s$ ordnen:

$$\begin{array}{ll} -1 + r = 4 - 2s & r + 2s = 5 \quad (1) \\ r = -2s & \Leftrightarrow \quad r + 2s = 0 \quad (2) \\ 2 - r = 2s & -r - 2s = -2 \quad (3) \end{array}$$

LGS hat keine Lösung. Widerspruch.

Untersuchung der Richtungsvektoren. Es gilt:

$-2 \cdot \begin{pmatrix} 1 \\ 1 \\ -1 \end{pmatrix} = \begin{pmatrix} -2 \\ -2 \\ 2 \end{pmatrix}$ (sind Vielfache voneinander)

Geraden sind parallel.

Hinweis: Schneller geht es, wenn man gleich die Vielfachheit der Richtungsvektoren erkennt. Dann genügt eine Punktprobe des Aufpunktes der einen Geraden in der anderen um zu ermitteln, ob die Geraden parallel oder identisch sind.

**Aufgabe 53**

$A(1|1|1)$ Einsetzen:

$\begin{pmatrix} 1 \\ 1 \\ 1 \end{pmatrix} = \begin{pmatrix} -2 \\ -1 \\ 3 \end{pmatrix} + r \cdot \begin{pmatrix} 1 \\ 0 \\ 2 \end{pmatrix} + s \cdot \begin{pmatrix} 1 \\ 1 \\ -2 \end{pmatrix}$

$\Leftrightarrow \begin{pmatrix} 3 = r + s \\ 2 = s \\ -2 = 2r - 2s \end{pmatrix}$

Eindeutige Lösung: $r = 1$ und $s = 2$.

Somit liegt A in E.

**Aufgabe 54**

$A(1|2|4)$, $B(0|2|-2)$, $C(1|3|4)$

$E: \quad \vec{x} = \overrightarrow{OA} + r \cdot \overrightarrow{AB} + r \cdot \overrightarrow{AC}$

$E: \quad \vec{x} = \begin{pmatrix} 1 \\ 2 \\ 4 \end{pmatrix} + r \cdot \begin{pmatrix} 0-1 \\ 2-2 \\ -2-4 \end{pmatrix} + s \cdot \begin{pmatrix} 1-1 \\ 3-2 \\ 4-4 \end{pmatrix}$

$E: \quad \vec{x} = \begin{pmatrix} 1 \\ 2 \\ 4 \end{pmatrix} + r \cdot \begin{pmatrix} -1 \\ 0 \\ -6 \end{pmatrix} + s \cdot \begin{pmatrix} 0 \\ 1 \\ 0 \end{pmatrix}$ (mit $r, s \in \mathbb{R}$)

**Aufgabe 55**

Aufpunkt wird übernommen;
Richtungsvektor der Geraden bildet Normalenvektor der Ebene, da senkrecht.

$E: \left( \vec{x} - \begin{pmatrix} 1 \\ 2 \\ 3 \end{pmatrix} \right) \cdot \begin{pmatrix} -1 \\ 2 \\ 1 \end{pmatrix} = 0$

**Aufgabe 56**

**a)** $A(2|-1|0)$ Einsetzen:

$2 \cdot 2 + 3 \cdot (-1) - 0 \overset{?}{=} 4$

$1 \neq 4$

Somit liegt A nicht in E.

**b)** Parallele Ebene, somit kann Normalenvektor übernommen werden:

$2x_1 + 3x_2 - x_3 = d$

Punktprobe mit $O(0|0|0)$:

$2 \cdot 0 + 3 \cdot 0 - 0 = d$

$0 = d$

Man erhält:

F: $\quad 2x_1 + 3x_2 - x_3 = 0$

**c)** Senkrechte Gerade, somit kann Normalenvektor als Richtungsvektor übernommen werden.

Beliebiger Punkt $B(2|0|0)$ dient als Aufpunkt.

$g: \vec{x} = \begin{pmatrix} 2 \\ 0 \\ 0 \end{pmatrix} + r \cdot \begin{pmatrix} 2 \\ 3 \\ -1 \end{pmatrix}$

**Aufgabe 57**

$S_1(2|0|0)$, $S_2(0|-5|0)$, $S_3(0|0|\frac{3}{2})$

Achsenabschnittsform:

$E: \frac{1}{2}x_1 - \frac{1}{5}x_2 + \frac{2}{3}x_3 = 1$

weitere Ebenengleichung durch $(\cdot 2)$:

$E: x_1 - \frac{2}{5}x_2 + \frac{4}{3}x_3 = 2$

**Aufgabe 58**

**a)** Schritt 1: Vektorprodukt der beiden Spannvektoren bilden.
Man erhält den Normalenvektor.

$$\begin{pmatrix} 1 \\ 0 \\ 2 \end{pmatrix} \times \begin{pmatrix} 1 \\ -1 \\ 0 \end{pmatrix} = \begin{pmatrix} 2 \\ 2 \\ -1 \end{pmatrix} = \vec{n}$$

Schritt 2: Einträge des Normalenvektors übernehmen. Koordinaten des Stützpunktes einsetzen.
E: $2x_1 + 2x_2 - x_3 = d$;
P$(2|1|3)$ einsetzen:
E: $2 \cdot 2 + 2 \cdot 1 - 3 = d \Leftrightarrow 3 = d$
$\Rightarrow$ E: $2x_1 + 2x_2 - x_3 = 3$

**b)** Schritt 1: Vektorprodukt der beiden Spannvektoren bilden.
Man erhält den Normalenvektor.

$$\begin{pmatrix} 1 \\ 0 \\ 2 \end{pmatrix} \times \begin{pmatrix} 1 \\ -1 \\ 0 \end{pmatrix} = \begin{pmatrix} 2 \\ 2 \\ -1 \end{pmatrix} = \vec{n} \quad \text{(siehe oben)}$$

Schritt 2: Stützvektor $\vec{p}$ aus Parameterform übernehmen. In E: $\left(\vec{x} - \vec{p}\right) \cdot \vec{n} = 0$ einsetzen.

$$E: \left(\vec{x} - \begin{pmatrix} 2 \\ 1 \\ 3 \end{pmatrix}\right) \cdot \begin{pmatrix} 2 \\ 2 \\ -1 \end{pmatrix} = 0$$

**c)** Schritt 1: Ausmultiplizieren.

$$E: \left(\begin{pmatrix} x_1 \\ x_2 \\ x_3 \end{pmatrix} - \begin{pmatrix} 2 \\ 1 \\ 3 \end{pmatrix}\right) \cdot \begin{pmatrix} 2 \\ 2 \\ -1 \end{pmatrix} = 0$$

$$\Leftrightarrow \begin{pmatrix} x_1 \\ x_2 \\ x_3 \end{pmatrix} \cdot \begin{pmatrix} 2 \\ 2 \\ -1 \end{pmatrix} - \begin{pmatrix} 2 \\ 1 \\ 3 \end{pmatrix} \cdot \begin{pmatrix} 2 \\ 2 \\ -1 \end{pmatrix} = 0$$

$$\Leftrightarrow 2x_1 + 2x_2 - x_3 - \left(2 \cdot 2 + 1 \cdot 2 + 3 \cdot (-1)\right) = 0$$

$$\Leftrightarrow E: 2x_1 + 2x_2 - x_3 = 3$$

**d)** Schritt 1: Koordinaten von 3 „einfachen" Ebenenpunkten ermitteln (z.B. Spurpunkte).
E: $2x_1 + 2x_2 - x_3 = 3$

$$S_1\left(\frac{3}{2}|0|0\right); \quad S_2\left(0|\frac{3}{2}|0\right); \quad S_3\left(0|0|-3\right)$$

Schritt 2: Parameterform aus 3 Punkten aufstellen.

$$\vec{x} = \begin{pmatrix} \frac{3}{2} \\ 0 \\ 0 \end{pmatrix} + r \cdot \begin{pmatrix} -\frac{3}{2} \\ \frac{3}{2} \\ 0 \end{pmatrix} + s \cdot \begin{pmatrix} -\frac{3}{2} \\ 0 \\ -3 \end{pmatrix} \quad \text{mit } r, s \in \mathbb{R}$$

**Aufgabe 59**

**a)** Schritt 1: Geradenvektor $\vec{x}$ als Komponenten $(x_1, x_2$ und $x_3)$ darstellen („allgemeiner Geradenpunkt").
$x_1 = 1; \quad x_2 = 4t; \quad x_3 = -1 + 2t$
$\rightarrow P_t\left(1|4t|-1+2t\right)$

Schritt 2: Einsetzen in die Koordinatengleichung. Auflösen.
$x_1 + 2x_2 + 3x_3 = 5$
$\Leftrightarrow 1 + 2 \cdot (4t) + 3 \cdot (-1 + 2t) = 5$
$\Leftrightarrow t = 0,5$

Schritt 3: Interpretation.
Ebene und Gerade schneiden sich.

Schritt 4: Schnittpunkt bestimmen.

$$g: \vec{x} = \begin{pmatrix} 1 \\ 0 \\ -1 \end{pmatrix} + 0,5 \cdot \begin{pmatrix} 0 \\ 4 \\ 2 \end{pmatrix} = \begin{pmatrix} 1 \\ 2 \\ 0 \end{pmatrix} \rightarrow S(1|2|0)$$

**b)** Schritt 1: Geradenvektor $\vec{x}$ als Komponenten $(x_1, x_2$ und $x_3)$ darstellen („allgemeiner Geradenpunkt").
$x_1 = 2 + 3t; \quad x_2 = -1; \quad x_3 = 7$
$\rightarrow P_t\left(2+3t|-1|7\right)$

Schritt 2: Einsetzen in die Koordinatengleichung. Auflösen.
$$2x_2 - x_3 = 4$$
$$2 \cdot (-1) - 7 = 4$$
$$-9 \neq 4$$
Schritt 3: Interpretation.
Gleichung hat keine Lösung.
Ebene und Gerade sind parallel.

**Aufgabe 60**

**Aufgabe 61**

**a)** Schritt 1: Die beiden Ebenengleichungen als LGS auffassen.

$$3x_1 - 2x_2 + 5x_3 = 1$$
$$6x_1 - 4x_2 + 10x_3 = -2$$

**a)** $\sin(\alpha) = \dfrac{\left| \begin{pmatrix} 1 \\ 2 \\ 3 \end{pmatrix} \cdot \begin{pmatrix} -1 \\ 2 \\ 0 \end{pmatrix} \right|}{\left\| \begin{pmatrix} 1 \\ 2 \\ 3 \end{pmatrix} \right\| \cdot \left\| \begin{pmatrix} -1 \\ 2 \\ 0 \end{pmatrix} \right\|}$

Schritt 2: Durch Gauß-Verfahren „in Richtung" untere Dreiecksform umformen.

$$\begin{pmatrix} 3 & -2 & 5 & | & 1 \\ 6 & -4 & 10 & | & -2 \end{pmatrix} \begin{pmatrix} \cdot 2 \\ \hookleftarrow - \end{pmatrix}$$

$$\begin{pmatrix} 3 & -2 & 5 & | & 1 \\ 0 & 0 & 0 & | & 4 \end{pmatrix}$$

$$\sin(\alpha) = \frac{1 \cdot (-1) + 2 \cdot 2 + 3 \cdot 0}{\sqrt{1^2 + 2^2 + 3^2} \cdot \sqrt{(-1)^2 + 2^2 + 0^2}}$$

$$\sin(\alpha) = \frac{3}{\sqrt{14} \cdot \sqrt{5}} \qquad | \sin^{-1}$$

$$\alpha = 21,01°$$

Schritt 3: Interpretation.
LGS hat keine Lösung.
Ebenen sind parallel.

**b)** Schritt 1: Ebenenvektor $\vec{x}$ als Komponenten $(x_1, x_2$ und $x_3)$ darstellen („allgemeiner Ebenenpunkt").

$$x_1 = 1 + 2s; \quad x_2 = 1 + r; \quad x_3 = -r - s$$
$$\rightarrow P(1 + 2s \,|\, 1 + r \,|\, -r - s)$$

**b)** $\cos(\alpha) = \dfrac{\left| \begin{pmatrix} 4 \\ 2 \\ -3 \end{pmatrix} \cdot \begin{pmatrix} -1 \\ 2 \\ 1 \end{pmatrix} \right|}{\left\| \begin{pmatrix} 4 \\ 2 \\ -3 \end{pmatrix} \right\| \left\| \begin{pmatrix} -1 \\ 2 \\ 1 \end{pmatrix} \right\|}$

Schritt 2: Einsetzen in die Koordinatengleichung. Umformen.

$$2 \cdot (1 + 2s) + 1 + r - 2 \cdot (-r - s) = 6$$
$$2 + 4s + 1 + r + 2r + 2s = 6$$
$$3r + 6s = 3$$

$$\cos(\alpha) = \frac{4 \cdot (-1) + 2 \cdot 2 - 3 \cdot 1}{\sqrt{4^2 + 2^2 + (-3)^2} \cdot \sqrt{(-1)^2 + 2^2 + 1^2}}$$

$$\cos(\alpha) = \frac{3}{\sqrt{29} \cdot \sqrt{6}} \qquad | \cos^{-1}$$

$$\alpha \approx 76,85°$$

Schritt 3: Interpretation.
E und F schneiden sich in einer Geraden.

**Aufgabe 62**

Schritt 4: Gleichung der Schnittgeraden bestimmen. Gleichung nach einem Parameter auflösen:

$$3r + 6s = 3 \Rightarrow r = -2s + 1.$$

Einsetzen in Parametergleichung:

$$\vec{x} = \begin{pmatrix} 1 \\ 1 \\ 0 \end{pmatrix} + (-2s + 1) \cdot \begin{pmatrix} 0 \\ 1 \\ -1 \end{pmatrix} + s \cdot \begin{pmatrix} 2 \\ 0 \\ -1 \end{pmatrix}$$

$$g: \quad \vec{x} = \begin{pmatrix} 1 \\ 2 \\ -1 \end{pmatrix} + s \cdot \begin{pmatrix} 2 \\ -2 \\ 1 \end{pmatrix} \quad \text{(Schnittgerade)}$$

$A(-2 \,|\, 0 \,|\, 1)$ und $B(1 \,|\, -3 \,|\, 5)$

Verbindungsvektor: $\overrightarrow{AB} = \begin{pmatrix} 1 \\ -3 \\ 5 \end{pmatrix} - \begin{pmatrix} -2 \\ 0 \\ 1 \end{pmatrix} = \begin{pmatrix} 3 \\ -3 \\ 4 \end{pmatrix}$;

Länge: $|\overrightarrow{AB}| = \sqrt{3^2 + (-3)^2 + 4^2} = \sqrt{34}$ LE

**Aufgabe 63**

**a) Lösungsmöglichkeit 1 :**

Schritt 1: Verbindungsvektor
zwischen Q und dem allg. Geradenpunkt
$P_r\left(-2r\,|\,1+r\,|\,2+2r\right)$ aufstellen:

$$\overrightarrow{QP_r} = \begin{pmatrix} -2r \\ 1+r \\ 2+2r \end{pmatrix} - \begin{pmatrix} 0 \\ 2 \\ -1 \end{pmatrix} = \begin{pmatrix} -2r \\ r-1 \\ 2r+3 \end{pmatrix}$$

Schritt 2:   Skalarprodukt gleich 0 setzen.
Parameterwert $r$ ermitteln.

$$\begin{pmatrix} -2r \\ r-1 \\ 2r+3 \end{pmatrix} \cdot \begin{pmatrix} -2 \\ 1 \\ 2 \end{pmatrix} = 0 \Leftrightarrow$$

$$(-2r)\cdot(-2)+(r-1)\cdot 1+(2r+3)\cdot 2 = 0$$
$$4r+r-1+4r+6 = 0$$

$$\Leftrightarrow r = -\frac{5}{9}$$

Schritt 3:

$$\overrightarrow{OL} = \vec{x} = \begin{pmatrix} 0 \\ 1 \\ 2 \end{pmatrix} - \frac{5}{9}\cdot\begin{pmatrix} -2 \\ 1 \\ 2 \end{pmatrix} = \begin{pmatrix} \frac{10}{9} \\ \frac{4}{9} \\ \frac{8}{9} \end{pmatrix}$$

$$\rightarrow L\left(\frac{10}{9}\,\Big|\,\frac{4}{9}\,\Big|\,\frac{8}{9}\right)$$

Schritt 4: Abstand zwischen den Punkten
Q und L berechnen:

Lotvektor: $\overrightarrow{QL} = \begin{pmatrix} \dfrac{10}{9} \\ -\dfrac{14}{9} \\ \dfrac{17}{9} \end{pmatrix}$

mit Länge:

$$d = \left|\overrightarrow{QL}\right| = \sqrt{\left(\frac{10}{9}\right)^2 + \left(-\frac{14}{9}\right)^2 + \left(\frac{17}{9}\right)^2} \approx 2,69\,\text{LE}$$

**Lösungsmöglichkeit 2 :**

Schritt 1: Man bildet eine
Hilfsebene H, welche den Punkt Q enthält und
senkrecht auf der Geraden steht:

$$H: -2x_1 + x_2 + 2x_3 = d$$
$$Q \in H: -2\cdot 0 + 1\cdot 2 + 2\cdot(-1) = d \Leftrightarrow 0 = d$$
$$\Rightarrow H: -2x_1 + x_2 + 2x_3 = 0$$

Schritt 2:

Hilfsebene wird mit der Geraden $g$ geschnitten.
Der Schnittpunkt ist der Lotfußpunkt L:
Die Koordinaten des allg. Geradenpunktes
$x_1 = -2r;\;\; x_2 = 1+r;\;\; x_3 = 2+2r$
werden in die Koordinatengleichung eingesetzt:

$$-2x_1 + x_2 + 2x_3 = 0$$
$$\Leftrightarrow -2\cdot(-2r)+1+r+2\cdot(2+2r) = 0$$
$$\Leftrightarrow 4r+1+r+4+4r = 0$$

$$\Leftrightarrow r = -\frac{5}{9}$$

$$\overrightarrow{OL} = \vec{x} = \begin{pmatrix} 0 \\ 1 \\ 2 \end{pmatrix} - \frac{5}{9}\cdot\begin{pmatrix} -2 \\ 1 \\ 2 \end{pmatrix} = \begin{pmatrix} \frac{10}{9} \\ \frac{4}{9} \\ \frac{8}{9} \end{pmatrix}$$

$$\rightarrow L\left(\frac{10}{9}\,\Big|\,\frac{4}{9}\,\Big|\,\frac{8}{9}\right)$$

Schritt 3:

Abstand zwischen den Punkten Q und L berechnen:

Lotvektor: $\overrightarrow{QL} = \begin{pmatrix} \dfrac{10}{9} \\ -\dfrac{14}{9} \\ \dfrac{17}{9} \end{pmatrix}$

mit Länge:

$$d = \left|\overrightarrow{QL}\right| = \sqrt{\left(\frac{10}{9}\right)^2 + \left(-\frac{14}{9}\right)^2 + \left(\frac{17}{9}\right)^2} \approx 2,69\,\text{LE}$$

**b)** Es wird der Abstand von $A(-3\,|\,0\,|\,1)$ zu
$E: x_1 + x_2 + 2x_3 = 5$ berechnet.

**Lösungsmöglichkeit 1:**

$$d = \left| \frac{n_1 a_1 + n_2 a_2 + n_3 a_3 - b}{\sqrt{n_1^2 + n_2^2 + n_3^2}} \right| = \left| \frac{1 \cdot (-3) + 1 \cdot 0 + 2 \cdot 1 - 5}{\sqrt{1^2 + 1^2 + 2^2}} \right|$$

$$= \frac{6}{\sqrt{6}} \text{ LE} = \sqrt{6} \text{ LE}$$

**Lösungsmöglichkeit 2:**

Schritt 1:

Man bildet eine Hilfsgerade $h$, welche
den Punkt A enthält und senkrecht auf
der Ebene steht (Lotgerade):

$$h: \vec{x} = \begin{pmatrix} -3 \\ 0 \\ 1 \end{pmatrix} + r \cdot \begin{pmatrix} 1 \\ 1 \\ 2 \end{pmatrix} \text{ mit } r \in \mathbb{R}$$

Schritt 2:

Die Hilfsgerade wird mit der Ebene geschnitten.
Der Schnittpunkt ist der Lotfußpunkt L.
Die Koordinaten des allg. Geradenpunktes
$x_1 = -3 + r;\ x_2 = r;\ x_3 = 1 + 2r$
werden in die Koordinatengleichung eingesetzt:
$x_1 + x_2 + 2x_3 = 5$
$(-3 + r) + r + 2 \cdot (1 + 2r) = 5$
$\Leftrightarrow -3 + r + r + 2 + 4r = 5 \Leftrightarrow r = 1$

$$\overrightarrow{OL} = \begin{pmatrix} -3 \\ 0 \\ 1 \end{pmatrix} + 1 \cdot \begin{pmatrix} 1 \\ 1 \\ 2 \end{pmatrix} = \begin{pmatrix} -2 \\ 1 \\ 3 \end{pmatrix} \rightarrow L(-2\,|\,1\,|\,3)$$

Schritt 3:

Den Abstand zwischen den Punkten A und L

berechnen. Lotvektor: $\overrightarrow{AL} = \begin{pmatrix} -2 \\ 1 \\ 3 \end{pmatrix} - \begin{pmatrix} -3 \\ 0 \\ 1 \end{pmatrix} = \begin{pmatrix} 1 \\ 1 \\ 2 \end{pmatrix}$

mit Länge:

$$d = \left| \overrightarrow{AL} \right| = \sqrt{1^2 + 1^2 + 2^2} = \sqrt{6} \text{ LE}$$

**c)** Abstand vom Stützpunkt der Geraden zur Ebene

$$d = \left| \frac{n_1 a_1 + n_2 a_2 + n_3 a_3 - b}{\sqrt{n_1^2 + n_2^2 + n_3^2}} \right| = \left| \frac{-1 \cdot (-3) + 4 \cdot 2 - 3 \cdot 1 - 2}{\sqrt{(-1)^2 + 4^2 + (-3)^2}} \right|$$

$$= \frac{6}{\sqrt{26}} \approx 1{,}18 \text{ LE}$$

**Aufgabe 64**

**a)** Da die $x_3$ Koordinate des Richtungsvektors
negativ ist, sinkt das Schiff.

**b)** $\vec{v} = \begin{pmatrix} -15 \\ 0 \\ -3{,}75 \end{pmatrix}$;

$$|\vec{v}| = \sqrt{(-15)^2 + 0^2 + (-3{,}75)^2} \approx 15{,}46 \text{ (km/h)}$$

**c)** $x_3 = -9{,}5 \iff -2 - 3{,}75t = -9{,}5 \Rightarrow t = 2$
Nach 2 Stunden.

**Aufgabe 65**

$$V = \frac{1}{6} \cdot \left| \left( \vec{a} \times \vec{b} \right) \cdot \vec{c} \right|$$

$$= \frac{1}{6} \cdot \left| \left( \begin{pmatrix} 3 \\ 1 \\ 1 \end{pmatrix} \times \begin{pmatrix} 1 \\ -3 \\ 0{,}5 \end{pmatrix} \right) \cdot \begin{pmatrix} 1 \\ 0{,}5 \\ 3 \end{pmatrix} \right|$$

$$= \frac{1}{6} \cdot \left| \begin{pmatrix} 3{,}5 \\ -0{,}5 \\ -10 \end{pmatrix} \cdot \begin{pmatrix} 1 \\ 0{,}5 \\ 3 \end{pmatrix} \right|$$

$$= \frac{1}{6} \cdot \left| -\frac{107}{4} \right| = \frac{107}{24} \text{ VE}$$

# Lösungen Stochastik

## Aufgabe 66

**Tipp:** Fertigen Sie Baumdiagramme an!

**a)** $P = P(rrr) + P(bbb) + P(ggg)$

$= \dfrac{3}{12} \cdot \dfrac{3}{12} \cdot \dfrac{3}{12} + \dfrac{4}{12} \cdot \dfrac{4}{12} \cdot \dfrac{4}{12} + \dfrac{5}{12} \cdot \dfrac{5}{12} \cdot \dfrac{5}{12}$

$= \left(\dfrac{3}{12}\right)^3 + \left(\dfrac{4}{12}\right)^3 + \left(\dfrac{5}{12}\right)^3 = \dfrac{1}{8}$

**b)** $P = P(r\overline{r}\overline{r}) + P(\overline{r}r\overline{r}) + P(\overline{r}\overline{r}r)$

$= 3 \cdot \left(\dfrac{4}{12} \cdot \dfrac{8}{12} \cdot \dfrac{8}{12}\right) = \dfrac{4}{9}$

**c)** $P = P(rbg) + P(rgb) + P(brg) + P(bgr) + P(grb) + P(gbr)$

$= 3! \cdot \left(\dfrac{3}{12} \cdot \dfrac{4}{12} \cdot \dfrac{5}{12}\right) = 6 \cdot \left(\dfrac{3}{12} \cdot \dfrac{4}{12} \cdot \dfrac{5}{12}\right) = \dfrac{5}{24}$

**d)** $P = P(gbb) = \dfrac{5}{12} \cdot \dfrac{3}{12} \cdot \dfrac{3}{12} = \dfrac{5}{192}$

**e)** $P(\text{mind. } 1g) = 1 - P(\overline{g}\,\overline{g}\,\overline{g}) = 1 - \left(\dfrac{7}{12}\right)^3 = \dfrac{1385}{1728}$

## Aufgabe 67

**a)** $P = P(\overline{a}\,\overline{a}) = \dfrac{9}{13} \cdot \dfrac{8}{12} = \dfrac{6}{13}$

**b)** $P(\text{höchst. } 1a) = 1 - P(aa) = 1 - \dfrac{4}{13} \cdot \dfrac{3}{12} = \dfrac{12}{13}$

**c)** $P = P(k\overline{k}) + P(\overline{k}k) = \dfrac{2}{13} \cdot \dfrac{11}{12} + \dfrac{11}{13} \cdot \dfrac{2}{12} = \dfrac{11}{39}$

**d)** $P = P(ab) + P(ba) = \dfrac{4}{13} \cdot \dfrac{3}{12} + \dfrac{3}{13} \cdot \dfrac{4}{12} = \dfrac{2}{13}$

## Aufgabe 68

$P(\text{mind. ein Mal } b) \geq 0,98$

$1 - P(\text{kein Mal } b) \geq 0,98$

$1 - P(\overline{b}\overline{b}...\overline{b}) \geq 0,98$

$1 - \left(\dfrac{20}{30}\right)^n \geq 0,98 \qquad |-1$

$-\left(\dfrac{2}{3}\right)^n \geq -0,02 \qquad |\cdot(-1)$

$\left(\dfrac{2}{3}\right)^n \leq 0,02 \qquad |\ln$

$\ln\left(\dfrac{2}{3}\right)^n \leq \ln(0,02)$

$n \cdot \ln\left(\dfrac{2}{3}\right) \leq \ln(0,02)$

$n \cdot (-0,405) \leq -3,912 \qquad |:(-0,405)$

$n \geq 9,66$

**A :** Mindestens 10-mal ziehen!

Alternativ: $\log_{\frac{2}{3}}(0,02) = 9,65$

## Aufgabe 69

| | $s$ | $\overline{s}$ | |
|---|---|---|---|
| $a$ | 0,07 | 0,17 | 0,24 |
| $\overline{a}$ | 0,11 | 0,65 | 0,76 |
| | 0,18 | 0,82 | 1 |

**a)** $P(as) = 0,07$

**b)** $P(\text{alt oder schmutzig}) = P(as) + P(a\overline{s}) + P(\overline{a}s)$

$= 1 - P(\overline{a}\overline{s}) = 1 - 0,65 = 0,35$

**c)** $P_a(s) = \dfrac{P(s \cap a)}{P(a)} = \dfrac{P(sa)}{P(a)} = \dfrac{0,07}{0,24} = \dfrac{7}{24}$

**d)** Testformel für Unabhängigkeit:

$P(a \cap s) \overset{?}{=} P(a) \cdot P(s)$

$0,07 \overset{?}{=} 0,24 \cdot 0,18$

$0,07 \neq 0,0432$

Somit sind die Eigenschaften nicht unabhängig, also abhängig.

**Aufgabe 70**

**a)**

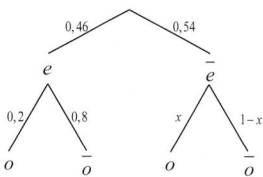

$$P(eo) + P(\bar{e}o) = P(o)$$
$$0,46 \cdot 0,2 + 0,54 \cdot x = 0,53$$
$$0,092 + 0,54x = 0,53 \qquad |-0,092$$
$$0,54x = 0,438 \qquad |:0,54$$
$$x \approx 0,81$$

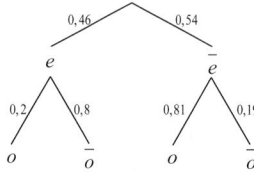

**b)** $P(\overline{eo}) = 0,54 \cdot 0,19 = 0,1026$

**c)** $P_o(e) = \dfrac{P(e \cap o)}{P(o)} = \dfrac{0,46 \cdot 0,2}{0,53}$

$= \dfrac{0,092}{0,53} \approx 0,174$

**Aufgabe 71**

X: Auszahlung an den Spieler

Wahrscheinlichkeitsverteilung von X:

| Ergeb-nisse | 1; 3 | 6 | 2; 4; 5 |
|---|---|---|---|
| $x_i$ | 2 | 5 | 1 |
| $P(X = x_i)$ | $\dfrac{2}{6} = \dfrac{1}{3}$ | $\dfrac{1}{6}$ | $\dfrac{3}{6} = \dfrac{1}{2}$ |

Erwartete Auszahlung an den Spieler:

$$E(X) = 2 \cdot \frac{1}{3} + 5 \cdot \frac{1}{6} + 1 \cdot \frac{1}{2} = 2$$

Um erwartungsgemäß einen Gewinn von 0,50 € pro Spiel zu machen, muss die Klasse einen Eintrittspreis von 2,50 € verlangen.

**Aufgabe 72**

**a)** X: Anzahl fehlerfreier Chips.

$$P(X = 11) = \binom{17}{11} \cdot 0,78^{11} \cdot 0,22^6 \approx 0,0912$$

**b)** X: Anzahl verwandelter Elfmeter.

$$P(X = 13) = \binom{15}{13} \cdot 0,80^{13} \cdot 0,20^2 \approx 0,2309$$

**c)** X: Anzahl Farbe blau.

$$P(X = 3) = \binom{8}{3} \cdot \left(\frac{1}{3}\right)^3 \cdot \left(\frac{2}{3}\right)^5 \approx 0,2731$$

**Aufgabe 73**

**a)** $P(X = 18) = 0,0129$

**b)** $P(X < 9) = P(X \le 8) \approx 0,0940$

**c)** $P(X \ge 15) = 1 - P(X \le 14) \approx 1 - 0,8246 = 0,1754$

**d)** $P(X > 11) = P(X \ge 12) = 1 - P(X \le 11)$
$\approx 1 - 0,4311 = 0,5689$

**e)** $P(9 \le X \le 13) = P(X \le 13) - P(X \le 8)$
$\approx 0,7145 - 0,0940 = 0,6205$

## Aufgabe 74

**Joker - Liste**

$\boxed{X}$ BV oder $\square$ kum. BV

über Gegenereignis $\square$ ja
$\boxed{X}$ nein

$n = 20$ oder $\square$ gesucht

$p = 0,75$ oder $\square$ gesucht

$k = ?$ oder $\boxed{X}$ gesucht

$P \approx 0,1686$ oder $\square$ gesucht

X : Anzahl der Treffer

verschiedene Werte von $k$ probieren
bis $P \approx 0,1686$ gilt.

$P(X = 14) \approx 0,1686$

A: Für 14 Treffer.

## Aufgabe 75

**Joker - Liste**

$\square$ BV oder $\boxed{X}$ kum. BV

über Gegenereignis $\square$ ja
$\boxed{X}$ nein

$n = ?$ oder $\boxed{X}$ gesucht

$p = 0,75$ oder $\square$ gesucht

$k = 10$ oder $\square$ gesucht

$P > 0,50$ oder $\square$ gesucht

X : Anzahl der Treffer

$n$ erhöhen, bis 50 % unterschritten wird.

$n = 12$   $P(X \le 10) \approx 0,8416 > 0,50$

$n = 13$   $P(X \le 10) \approx 0,6674 > 0,50$

$n = 14$   $P(X \le 10) \approx 0,4787 < 0,50$

A: Höchstens 13 Mal schießen.

## Aufgabe 76

**a)** Für das Gewicht gibt es nicht nur 2 mögliche Werte. Zudem muss das Gewicht nicht ganzzahlig sein, kann auch „Kommazahlen" annehmen (ist also nicht diskret, sondern stetig verteilt).

**b)** $P(X \le 90) \approx 0,8944$

$P(X < 90) = P(X \le 90) \approx 0,8944$

$P(X \ge 65) \approx 0,9696$

$P(70 \le X \le 80) = P(X \le 80) - P(X \le 70)$
$\approx 0,3944$

## Aufgabe 77

**a)** Es gibt nur 2 mögliche Ergebnisse.
Die Wahrscheinlichkeiten bleiben gleich.

**b)** Laplace-Bedingung ist erfüllt:

$\sigma = \sqrt{150 \cdot 0,5 \cdot (1 - 0,5)} \approx 6,124$ **> 3**

**c)** mit Binomialverteilung
$P(X \le 80) \approx 0,8154$

$P(X \ge 70) = 1 - P(X \le 69) \approx 1 - 0,1846 = 0,8154$

oder

mit Normalverteilung
$P(X \le 80) \approx 0,7929$

$P(X \ge 70) \approx 0,7929$

**Aufgabe 78**

Gesamtheit → Stichprobe

X: Anzahl an defekten Displays (binomialverteilt)

1. $\mu = n \cdot p = 100 \cdot 0,14 = 14$

$\sigma = \sqrt{100 \cdot 0,14 \cdot (1-0,14)} \approx 3,470 > 3$

(Laplace-Bedingung erfüllt)

2. Tabelle: $\gamma = 0,90 \rightarrow c = 1,64$

3. $[14 - 1,64 \cdot 3,470; \ 14 + 1,64 \cdot 3,470]$

$= [8,309; \ 19,691] = [9; \ 19]$

A: Zu 90 % sind mind. 9 und höchstens 19 Displays

fehlerhaft.

**Aufgabe 79**

Stichprobe → Gesamtheit

1. $h = \dfrac{51}{60} = 0,85; \qquad n = 60;$

Tabelle: $\gamma = 0,954 \rightarrow c = 2$

2. $\left[ 0,85 - 2 \cdot \sqrt{\dfrac{0,85 \cdot 0,15}{60}}; \ 0,85 + 2 \cdot \sqrt{\dfrac{0,85 \cdot 0,15}{60}} \right]$

$= [0,758; \ 0,942]$

3. Zu 95,4 % wird die grundsätzliche

Trefferwahrscheinlichkeit des Spielers mind. 75,8 %

und höchstens 94,2 % betragen.

**Aufgabe 80**

Stichprobe → Gesamtheit

**a)**

1. $h = \dfrac{7}{25} = 0,28; \qquad n = 25;$

Tabelle: $\gamma = 0,99 \rightarrow c = 2,58$

2.

$\left[ 0,28 - 2,58 \cdot \sqrt{\dfrac{0,28 \cdot 0,72}{25}}; \ 0,28 + 2,58 \cdot \sqrt{\dfrac{0,28 \cdot 0,72}{25}} \right]$

$= [0,048; \ 0,512]$

3. Zu 99 % werden mind. 4,8 % der Schüler und

höchstens 51,2 % der Schüler ein iPhone nutzen.

(Hinweis: Das Intervall ist viel zu lang, um

aussagekräftig zu sein.)

**b)**

Formel: $\quad n \geq \dfrac{c^2}{l^2}$

$n \geq \dfrac{2,58^2}{0,20^2}$

$n \geq 166,41$

Hierfür müsste man also mindestens 167 Schüler

befragen.

# Lösungen Problemlösen

## Aufgabe 81

Sie könnten beispielsweise zwei Mal werfen. Jakob gewinnt wenn zuerst Kopf dann Zahl kommt.
Lovis gewinnt, wenn zuerst Zahl dann Kopf kommt.
Falls bei beiden Würfen dieselbe Seite der Münze oben liegt, wird wiederholt.

## Aufgabe 82

Zunächst besteht die Melone zu 99 % aus Wasser und zu 1 % aus Trockenmasse. Die Trockenmasse wiegt demnach 40 g.
Durch die Sonneneinstrahlung sinkt die Wassermenge, wohingegen das Gewicht der Trockenmasse gleich bleibt.
Nach der Sonneneinstrahlung liegt der Wasseranteil bei 98 % und der Anteil der Trockenmasse bei 2 % der Gesamtmasse.
Aus 2 % $\hat{=}$ 40 g folgt 100 % $\hat{=}$ 2000 g.
Somit wiegt die Melone dann nur noch 2 kg.

## Aufgabe 83

Mustererkennung anhand von Beispielen.
Die Anzahl der Blättchen entspricht der Quadratzahl der zugehörigen Nummer des Musters.

| Nr. | Anzahl Blättchen |
|-----|------------------|
| 1 | $1 = 1^2$ |
| 2 | $4 = 2^2$ |
| 3 | $9 = 3^2$ |
| 4 | $16 = 4^2$ |
| 5 | $25 = 5^2$ |
| $n$ | $n^2$ |

Auch anhand grafischer Überlegungen wird dies deutlich: Aus den 4 Blättchen des zweiten Musters kann man ein quadratisches Muster der Seitenlänge 2 legen. Aus den 9 Blättchen des dritten Musters ein quadratisches Muster der Seitenlänge 3. Und so weiter.

Alternativer Zugang: Die Anzahl der Blättchen ergibt sich durch geschicktes Aufsummieren mit Mittelwerten.

| Nr. | Anzahl Blättchen | |
|-----|------------------|---|
| 1 | 1 | $= 1 + 2 \cdot 0$ |
| 2 | $4 = 1 + 3$ | $= 1 + 1 \cdot 3$ |
| 3 | $9 = 1 + 3 + 5$ <br> (Hinweis: 4 ist der Mittelwert der Zahlen 3 und 5) | $= 1 + 2 \cdot 4$ |
| 4 | $16 = 1 + 3 + 5 + 7$ <br> (Hinweis: 5 ist der Mittelwert der Zahlen 3, 5 und 7) | $= 1 + 3 \cdot 5$ <br> $= 1 + (4-1) \cdot (4+1)$ |
| 5 | $25 = 1 + 3 + 5 + 7 + 9 = 1 + 4 \cdot 6$ <br> $= 1 + (5-1) \cdot (5+1)$ | |
| $n$ | $1 + 3 + 5 + 7 + ... = 1 + (n-1) \cdot (n+1)$ | |

Wegen $1 + (n-1) \cdot (n+1) = 1 + n^2 - 1 = n^2$
führen beide Zugänge zum gleichen Term.
Es gelten: $31^2 = 961 < 1000$ und
$$32^2 = 1024 > 1000$$
Somit benötigt Mara ab dem 32. Muster mehr als 1000 Blättchen.

## Aufgabe 84

Anhand der Koordinaten der Punkte A, B und C wird deutlich, dass diese in der Ebene $x_3 = 3$ liegen und dass das Dreieck ABC in B einen rechten Winkel aufweist. Das Dreieck ABC stellt die Grundfläche G der Pyramide ABCD dar.

Es gilt: $G = \dfrac{1}{2} \cdot 2 \cdot 6 = 6$

Berechnung der Höhe der Pyramide:
$$V = 6$$
$$\frac{1}{3} \cdot G \cdot h = 6$$
$$\frac{1}{3} \cdot 6 \cdot h = 10$$
$$h = 5$$

Beispielsweise kann D die Koordinaten $\left( 3 \mid 3 \mid 8 \right)$ aufweisen.

**Aufgabe 85**

Transformation in andere Darstellungsart:
Die Wanderungen an beiden Tagen werden in einem Koordinatensystem dargestellt.

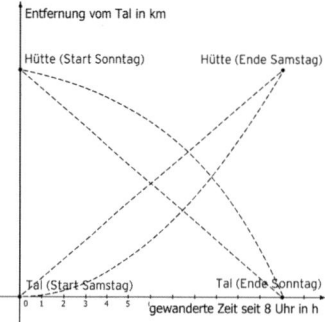

Am Samstag startet Daniel im Ursprung und erreicht nach 8 h die Hütte. Sein Wanderverhalten (Geschwindigkeit, Pausen, ...) bestimmt hierbei den Verlauf seiner Weg-Zeit-Kurve.
Am Sonntag verringert er die am Samstag erwanderte Entfernung vom Tal. Auch hier bestimmt sein Wanderverhalten den Verlauf der Weg-Zeit-Kurve. Beispielhaft sind für beide Tage jeweils zwei Weg-Zeit-Kurven dargestellt.
Unabhängig von dem Verlauf der Weg-Zeit-Kurven für Hin- und Rückweg existiert jedoch stets ein Schnittpunkt. An diesem befindet er sich an beiden Tagen zur gleichen Uhrzeit an der gleichen Stelle der Wanderung.

Alternative Lösung: Umformulierung der Aufgabenstellung (Standpunkt, Perspektive, Blickwinkel wechseln)
Gedanklich startet Daniela zeitgleich wie Daniel die gleiche Wanderung in umgekehrter Richtung. Sie startet also von der Hütte in Richtung Tal.
Daniel und Daniela werden sich in jedem Fall begegnen. In diesem Moment befinden sie sich zeitgleich an der exakt gleichen Stelle der Wanderung.

**Aufgabe 86**

Wenn man das innere Quadrat um 45° dreht und die beiden Diagonalen betrachtet wird deutlich, dass das kleine Quadrat aus 4 Dreiecken besteht, das große Quadrat aus 8 Dreiecken.
Die Flächeninhalte stehen also im Verhältnis 2 : 1 zueinander.

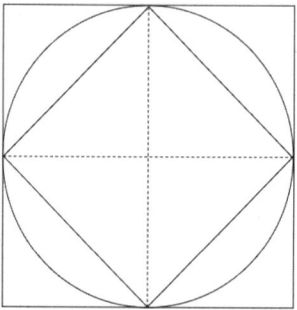

Strategie: Perspektivwechsel

**Aufgabe 87**

Jedes schwarze Quadrat von zwei gleich großen weißen Quadraten flankiert. Somit muss der Anteil der schwarzen Flächen bei 1/3 liegen.

Alternativ: Jede Quadratgröße taucht genau dreimal auf - zwei Mal in weiß und ein Mal in schwarz. Der schwarze Anteil an jeder Quadratgröße beträgt also genau 1/3. Das Ausgangsquadrat besteht ausschließlich aus kleineren Quadraten: Somit muss der Anteil der schwarzen Flächen auch hier insgesamt bei 1/3 liegen.

Alternativ durch Berechnung des Anteils der schwarz gefärbten Fläche:

$$\frac{1}{4} + \frac{1}{16} + \frac{1}{64} + ... = \frac{1}{4} + \frac{1}{4^2} + \frac{1}{4^3} + ... = \sum_{n=1}^{\infty} \frac{1}{4^n}$$

Eingabe in den WTR $\sum_{x=1}^{100} \frac{1}{4^x}$ führt zum Ergebnis $\frac{1}{3}$.